高等院校经济学系列
精品规划教材

第3版

CONOMETRICS THEORY AND APPLICATION

计量经济学及其应用

主　编　杜　江
副主编　李　恒　贾　文
参　编　张伟科　田晓丽　刘诗园
————————————四川大学

机械工业出版社
China Machine Press

图书在版编目（CIP）数据

计量经济学及其应用 / 杜江主编 . —3 版 . —北京：机械工业出版社，2018.10（2023.10 重印）

（高等院校经济学系列精品规划教材）

ISBN 978-7-111-61085-4

I. 计… II. 杜… III. 计量经济学 – 高等学校 – 教材 IV. F224.0

中国版本图书馆 CIP 数据核字（2018）第 225099 号

    本书立足于计量经济学的基本理论思想，本着通俗易懂的原则，深入浅出，将数学公式的运用最少化，注重理论和方法的具体应用，使读者在阅读后可以比较容易地领悟到计量经济学原理的思想内涵，掌握计量经济学最基本的研究方法，学会使用计量经济学软件分析解决现实的经济问题，是一本让人读了就会懂，懂了就会用，兼具理论性与实用性的教材。

    本书既适合大学本科以及研究生的教学和实践，也可以作为科研工作者在经济研究过程中的参考书籍，还可以作为广大计量经济学爱好者的科普性教材。

出版发行：机械工业出版社（北京市西城区百万庄大街 22 号　邮政编码：100037）

责任编辑：贾　萌　　　　　　　　　　　　责任校对：殷　虹

印　　刷：北京建宏印刷有限公司　　　　　版　　次：2023 年 10 月第 3 版第 9 次印刷

开　　本：185mm×260mm　1/16　　　　　印　　张：22.5

书　　号：ISBN 978-7-111-61085-4　　　　定　　价：45.00 元

客服电话：(010) 88361066　68326294

版权所有·侵权必究
封底无防伪标均为盗版

第3版前言

《计量经济学及其应用》自出版以来,受到广大读者的欢迎和好评,激励了本书编者的热情和动力。2015 年,我们对本书做了修订,第 2 版问世。随着计量经济学的快速发展和广泛应用,第 2 版的内容已经不适应当前读者的需求。为此,我们吸纳了广大读者的反馈和建议,重新编写本书第 3 版,为学习计量经济学的读者提供更多便利。

本书为"四川大学精品立项建设教材"。第 3 版在第 2 版的基础上进行了修订和扩展,将数据进行了更新,在 EViews 软件的运用上采用新版本的 EViews8.0,同时新增了 Stata 软件简介与基本操作一章,并在之后的每章中增加了 Stata 软件应用案例,为读者解决实际经济问题提供帮助。本书提供可选择的操作软件和具体的案例,旨在提升读者在学习计量经济学过程中的自主意识,使读者能将计量经济学运用到现实经济生活中去。

感谢四川大学经济学院的学生姜婷、雷宵、孟佳、秦雨桐、单文鑫、王月华、夏誉芸、许倩、曾明、张阳、张译尹在本书部分内容的修订过程中付出的努力。

感谢四川大学经济学院的领导和同事们对本书的撰写提供的支持与帮助,感谢讲授计量经济学课程的诸位老师的建设性建议。同时,本书在编写过程中借鉴了诸多学者的成果,对这些学者表示由衷感谢。最后要感谢机械工业出版社编辑的详尽指导及辛勤劳动。

计量经济学是一门运用数学、统计学和计算机技术等多个学科的课程,数学的大量运用尤其给学习过程带来了困难,要认识诸多公式和数字背后的含义并不是一件容易的事情。我的观点仍然是:要学好计量经济学,需要一把不动的椅子和一个充满智慧的脑袋,要耐下心坐得住,多思考、勤实践。首先,掌握理论方法,看懂数学公式中包含的道理,厘清内在机理。在此基础上,学习计量经济学的实际运用,将理论和方法相融合,让计量成为一项实用的工具,在分析经济现象和探究经济规律时充分发挥它的价值和意义。

如今，计量经济学在很多领域都得到了广泛运用，希望本书能够为读者提供些许助力，为计量经济学的发展尽一份绵薄之力。

由于水平受限，对于本文存在的问题和不足，恳请读者再次斧正。

杜 江

2018 年 8 月于四川大学望江园

第2版前言

在《计量经济学及其应用》第1版中,我就提及过编写的初衷,就是让读者拥有一册既通俗又上手的计量经济学读物,使读者一读就懂,懂即会用。的确,读者对这本读物给予了很多"点赞",这让我们感到欣慰和振奋,也激励了我们要更好地续写《计量经济学及其应用》,以不辜负读者的更高期望。

本书在第1版的基础上,做了部分修订和扩展,增加了单变量时间序列模型、虚拟被解释变量模型和面板数据模型三章内容。同时,更新和丰富了案例,以便读者对计量经济学的应用有更深的理解。尽管有更高版本的 EViews,但本书仍然沿用第1版的,这对读者使用喜欢的版本没有影响,甚至对使用其他软件也不会产生多大影响。毕竟,本书主要是讲计量经济学的理论和应用,而不是推销哪款软件更好。

本书新增加的三章内容由杜江主笔,杨文溥博士给予了大力协助。宋跃刚博士也参与了本书部分内容的修订工作,全书的统稿和部分内容的修订由杜江完成。

第2版的完成有赖于诸多人士的帮助,在此首先表示感谢。特别是很多高校讲授计量经济学课程的老师们,对《计量经济学及其应用》第1版中存在的问题以及对这本读物的建议,都通过直接或间接的方式知会了我们。这些高校主要包括北京师范大学、东南大学、华南理工大学、上海交通大学、四川大学、厦门大学、浙江财经大学等。此外,对四川大学经济学院的吴良、邓国营和赵绍阳老师,还有尚未提及的高校或素未相识的老师和同行,在此,一并表示感谢。同时,我们也借鉴了诸多学者的成果,对这些学者也表示感谢。最后感谢四川大学经济学院始终如一的热情鼓励和鼎力支持,感谢机械工业出版社的编辑详尽指导。

尽管我们竭力实现"一读就懂,懂即会用"的初衷,但我还是强调一点,学习计量经济学与做其他任何事基本类似,需要两件东西:一把不移动的椅子和一个充满智慧的脑袋。也就是说,学习计量经济学需要的是理性,而不是任性,要坐得住,踏踏实实,集中精力,勤学善思,勇于求教，像学习驾驶一样，反复实践才能不断取得硕果。我们期待这部教材能给经济学、金融学、统计学、管理学、社会学、心理学等领域的读者带来更多的帮助，使他们能够熟练掌握计量经济学的基础知识，善于运用计量经济模型分析经济社会中的各种现象。让我们拥抱"大数据时代"，顺着计算机与信息科学快速发展的风口，应用计量经济学充分揭示经济学以及其他学科的真谛。

由于水平有限，书中不足之处在所难免，敬请再次斧正。

杜　江

2015 年初春于四川大学望江园

第1版前言

当今社会,"月光族"已经成为一个越来越普遍的现象。但是,所谓的"月光族",真的"月光"了吗?要想搞清楚这个经济现象是否存在,我们可以采用计量经济学方法来检验。通过建立收入与消费之间的计量经济学模型,采用大量的抽样调查数据,如果在统计意义上得出消费者的边际消费倾向恰好等于1的话,才能称之为严格意义上的"月光族"。这个有趣的结论仅仅是运用计量经济学解决现实经济问题的无数事例之一。事实上,在现实社会中,几乎所有的经济问题都可以用计量经济学加以分析和处理,可以说计量经济学在解决各种各样的社会现象和经济现象中起到举足轻重的作用。

目前,我国计量经济学与以往相比有了长足的发展,也出现了很多优秀的教材,但大多数教科书中烦琐的数学公式和理论推导,使得计量经济学这门学科的应用普及还不太广泛。我们经过深思熟虑后,把这本教材命名为《计量经济学及其应用》,在编纂过程中,我们不仅最小限度地运用数学公式,还采用同一组数据基本上贯穿了所有章节,竭力将计量经济学原理以最直观、最通俗易懂的形式表述出来。

从事计量经济学教学十多年来,我在教学过程中发现,很多学生虽然学习了不少理论方法,但是不知道如何运用这些知识来分析解决实际的经济问题,空有一肚子计量经济学理论知识,却缺乏灵活应用和实际操作的能力,没有真正领悟到计量经济学的内涵所在。倘若不能将其运用到实际经济问题的解决中,则好比一个人买了一台8G内存的电脑却只用于看电子小说——极好的资源完全没有得到充分的应用。因此,在本书中,我们十分强调计量经济学方法的实际应用,每讲述完一个计量经济学的理论方法,都详尽地介绍了相应的EViews软件的操作方法和步骤,并在此基础上,通过一些精选出来的案例使读者能够更直观地了解如何将计量经济学运用到现实的经济生活中去。

总的来说,本书立足于计量经济学的基本理论思想,本着通俗易懂的原则,深入浅出,将数学公式的运用最少化,注重理论和方法的具体应用,使读者在阅读后可以比较容易地领悟到计量经济学原理的思想内涵，掌握计量经济学最基本的研究方法，学会如何使用计量经济学软件分析解决现实的经济问题。这是一本让人读了就会懂，懂了就会用，兼具理论性与实用性的教材。

从炎炎夏日到隆冬之季，一路走来，感触良多。在编纂这本计量经济学教材的过程中，我与我的同事，还有参与帮忙的勤奋好学的学生们都伴随着这本书的编写一起成长。为了力图使这本书通俗易懂而又不失深度，每个章节都经过了反复修改，每一页都进行了反复校对，每个原理都被反复斟酌，每个公式都经再三推敲，每一步 EViews 软件操作都经过仔细核实，字字句句都凝聚了无数的心血和精力。功夫不负有心人，耗费数个月的艰辛与汗水，我们基本达到了既定的目标——编成一本最通俗易懂的计量经济学教材。可以这样说，这本《计量经济学及其应用》可以让你

一读即懂　懂即会用

回首过去的数月，每天在锦江之滨，望江楼下，薛涛井边，浸润着百年名校四川大学的人文气息，徜徉于计量经济学的海洋，思忖着如何使这门经典的学科能为更多人所知、所识、所用，为普及计量经济学的应用尽自己的一份绵薄之力。这本书既适合大学本科以及研究生的教学和实践，也可以作为科研工作者在经济研究过程中的参考书籍，同时，该书还可以作为广大计量经济学爱好者的科普性教材。笔者希望这本书可以让读者在探索经济学这个奇妙世界的道路上如虎添翼。

本书的完成有赖于众多人士的帮助和支持。感谢四川大学经济学院一如既往的鼓励和支持；感谢机械工业出版社编辑在编写过程中给予的详尽指导与耐心说明；感谢我的学生陈博、华夏欣、黄玥、刘璐、康忠伟、李政、唐韵、万光、王晨曦、许多、张宸铭等在本书的编写和校订过程中所付出的努力和汗水；特别地，我要感谢我的夫人丁怡对我的充分理解和倾力支持，使我能够顺利地完成书稿；最后，还要感谢一大批未曾谋面的作者和学者，他们的著作和研究成果对本书的编纂完成具有极大的借鉴意义。

由于水平有限，书中不足之处在所难免，恳请广大读者朋友斧正。

2009 年 12 月于四川大学望江园

教学建议

教学目的

本课程教学的目的在于让学生掌握计量经济学的基本知识和原理,主要包括经典假设下的计量经济学模型、放宽假设的计量经济学模型、联立方程模型的理论及其应用、时间序列计量经济学模型及其应用与计量经济学高级应用五个部分,要求学生不仅要熟练掌握计量经济学的基础知识,能够运用计量经济模型分析经济现象,更要能够熟练使用 EViews 软件和 Stata 软件完成相应的数据处理。

前期需要掌握的知识

微积分、线性代数、概率论与数理统计、微观经济学、宏观经济学等课程相关知识。

课时分布建议

教学内容	学习要点	课时安排	
		本科	研究生
第 1 章 EViews 软件简介与数据处理方法	(1) 了解 EViews 软件 (2) 了解 EViews 软件中的数据分类 (3) 了解数据获取途径以及如何将数据录入 EViews (4) 掌握基于 EViews 的数据处理	3	2
第 2 章 Stata 软件简介与基本操作	(1) 了解 Stata 软件 (2) 了解如何将数据录入 Stata (3) 掌握使用 Stata 软件进行数据处理的基本命令 (4) 了解 Stata 软件图形绘制	3	2

(续)

教学内容	学习要点	课时安排 本科	课时安排 研究生
第3章 最小二乘法	(1) 掌握散点图的画法 (2) 理解函数的形式与参数的经济意义 (3) 掌握最小二乘法的思想 (4) 掌握最小二乘法的EViews和Stata实现方法	3	2
第4章 一元线性回归	(1) 了解总体回归函数和样本回归函数的概念 (2) 了解一元线性回归模型的基本假设以及最小二乘估计的基本特征 (3) 掌握判定系数的概念及其意义 (4) 掌握参数显著性检验的概念及其意义 (5) 了解点预测与区间预测 (6) 掌握本章涉及知识点的EViews和Stata实现方法	5	3
第5章 多元回归分析（一）	(1) 了解多元回归模型概念及其假设 (2) 掌握多元回归模型的参数估计方法 (3) 理解判定系数和校正后的判定系数 (4) 掌握多元回归模型的显著性检验 (5) 了解多元回归模型的点预测和区间预测 (6) 掌握本章涉及知识点的EViews和Stata实现方法	5	3
第6章 多元回归分析（二）	(1) 掌握虚拟变量的概念及其引入方式 (2) 掌握虚拟变量的引入原则 (3) 了解虚拟变量与Chow检验的联系与区别 (4) 理解参数标准化的意义 (5) 掌握参数标准化的方法 (6) 掌握本章涉及知识点的EViews和Stata实现方法	4	4
第7章 异方差性	(1) 理解异方差性的概念、类型 (2) 了解异方差性产生的后果 (3) 掌握异方差性的诊断方法 (4) 掌握消除异方差的方法 (5) 掌握本章涉及知识点的EViews和Stata实现方法	4	4
第8章 序列相关性	(1) 理解序列相关性的概念 (2) 了解序列相关性产生的后果 (3) 掌握序列相关性的诊断方法 (4) 掌握消除序列相关性的方法 (5) 掌握本章涉及知识点的EViews和Stata实现方法	4	4
第9章 多重共线性	(1) 理解多重共线性的概念 (2) 了解多重共线性产生的后果 (3) 掌握多重共线性的诊断方法 (4) 掌握消除多重共线性的方法 (5) 掌握本章涉及知识点的EViews和Stata实现方法	4	4
第10章 联立方程模型和识别	(1) 了解联立方程模型的概念 (2) 了解结构式模型和简约式模型，并掌握两者的转化过程 (3) 了解联立方程模型识别的概念 (4) 掌握联立方程模型识别的方法	2	2

(续)

教学内容	学习要点	课时安排 本科	课时安排 研究生
第 11 章 联立方程模型的参数估计方法	(1) 了解递归模型及其估计方法 (2) 掌握工具变量方法 (3) 掌握间接最小二乘法 (4) 掌握二阶段最小二乘法 (5) 掌握本章涉及知识点的 EViews 和 Stata 实现方法	4	2
第 12 章 时间序列的平稳性及其检验	(1) 了解平稳性的概念 (2) 掌握平稳性检验方法和步骤 (3) 掌握本章涉及知识点的 EViews 和 Stata 实现方法	4	2
第 13 章 单变量时间序列模型	(1) 了解自回归(AR)模型 (2) 了解移动平均(MA)模型 (3) 掌握自回归移动平均(ARMA)模型估计方法 (4) 掌握本章涉及知识点的 EViews 和 Stata 实现方法	6	4
第 14 章 向量自回归模型及其应用	(1) 了解向量自回归模型的概念 (2) 了解向量自回归模型的参数估计 (3) 掌握脉冲响应函数 (4) 掌握预测误差方差分解 (5) 掌握 Granger 因果关系检验 (6) 掌握本章涉及知识点的 EViews 和 Stata 实现方法	6	4
第 15 章 协整与误差修正模型	(1) 了解协整理论 (2) 掌握 E-G 两步法 (3) 了解 Johansen 检验的思想 (4) 掌握误差修正模型 (5) 掌握向量误差修正模型 (6) 掌握本章涉及知识点的 EViews 和 Stata 实现方法	6	4
第 16 章 虚拟被解释变量模型	(1) 了解线性概率模型步法 (2) 掌握二元 logit 模型 (3) 掌握本章涉及知识点的 EViews 和 Stata 实现方法	6	4
第 17 章 面板数据模型	(1) 了解面板数据模型 (2) 了解混合效应、变截距和变系数模型 (3) 掌握固定效应和随机效应 (4) 掌握本章涉及知识点的 EViews 和 Stata 实现方法	6	4
课时总计		75	54

说明:(1) 课时安排与相关内容仅供参考,主讲老师可根据教学特点灵活调整。

(2) EViews 和 Stata 上机操作等可在课程中穿插进行,也可以专门设置特定的试验课程。

目 录

第3版前言
第2版前言
第1版前言
教学建议

绪论 ·· 1
  什么是计量经济学 ·· 1
  为什么要学习计量经济学 ·· 1
  如何学习计量经济学 ·· 2
  计量经济学方法 ··· 2
  思考与练习 ·· 5

第一篇　经典假设下的计量经济学模型

第1章　EViews软件简介与数据处理方法 ································· 8
  1.1　EViews软件简介 ·· 8
  1.2　数据分类 ·· 9
  1.3　数据获取 ·· 11
  1.4　数据处理 ·· 13
  1.5　数据的统计特征 ·· 16
  思考与练习 ·· 18

第2章　Stata软件简介与基本操作 ······································· 20
  2.1　Stata软件简介 ··· 20
  2.2　录入和存储 ··· 22

2.3　数据处理 ………………………………………………………………… 25
　　2.4　绘制图形 ………………………………………………………………… 30
　　2.5　其他命令 ………………………………………………………………… 33
　　思考与练习 …………………………………………………………………… 34

第3章　最小二乘法 ……………………………………………………………… 35
　　3.1　散点图 …………………………………………………………………… 35
　　3.2　函数的形式与参数的经济意义 ………………………………………… 36
　　3.3　最小二乘法 ……………………………………………………………… 37
　　3.4　案例分析 ………………………………………………………………… 40
　　思考与练习 …………………………………………………………………… 43

第4章　一元线性回归 …………………………………………………………… 45
　　4.1　传统假设下的一元线性回归模型 ……………………………………… 45
　　4.2　一元线性回归模型的基本假设 ………………………………………… 47
　　4.3　最小二乘估计值的特征 ………………………………………………… 48
　　4.4　判定系数 ………………………………………………………………… 48
　　4.5　最小二乘回归的若干重要结论 ………………………………………… 50
　　4.6　参数显著性检验 t 检验 ………………………………………………… 51
　　4.7　预测 ……………………………………………………………………… 53
　　4.8　案例分析 ………………………………………………………………… 54
　　思考与练习 …………………………………………………………………… 61

第5章　多元回归分析（一） …………………………………………………… 64
　　5.1　多变量线性回归模型 …………………………………………………… 64
　　5.2　多元线性回归模型的若干假设 ………………………………………… 64
　　5.3　多元线性回归模型的参数估计 ………………………………………… 65
　　5.4　多元回归模型的拟合优度 ……………………………………………… 68
　　5.5　多元线性回归模型的参数检验 ………………………………………… 69
　　5.6　多元线性回归模型的预测 ……………………………………………… 72
　　5.7　案例分析 ………………………………………………………………… 72
　　思考与练习 …………………………………………………………………… 79

第6章　多元回归分析（二） …………………………………………………… 82
　　6.1　带有虚拟变量的回归模型 ……………………………………………… 82

6.2　参数的标准化 ……………………………………………………………… 86
　6.3　非标准线性模型的标准化 …………………………………………………… 87
　6.4　案例分析 ……………………………………………………………………… 88
　思考与练习 ………………………………………………………………………… 97

第二篇　放宽假设的计量经济学模型

第 7 章　异方差性 …………………………………………………………………… 102
　7.1　什么是异方差性 ……………………………………………………………… 102
　7.2　异方差产生的原因与后果 …………………………………………………… 103
　7.3　异方差性的诊断 ……………………………………………………………… 104
　7.4　如何消除异方差 ……………………………………………………………… 107
　7.5　案例分析 ……………………………………………………………………… 109
　思考与练习 ………………………………………………………………………… 125

第 8 章　序列相关性 ………………………………………………………………… 128
　8.1　什么是序列相关性 …………………………………………………………… 128
　8.2　序列相关性会产生什么后果 ………………………………………………… 129
　8.3　序列相关性的诊断 …………………………………………………………… 130
　8.4　如何消除序列相关性 ………………………………………………………… 135
　8.5　案例分析 ……………………………………………………………………… 140
　思考与练习 ………………………………………………………………………… 150

第 9 章　多重共线性 ………………………………………………………………… 153
　9.1　什么是多重共线性 …………………………………………………………… 153
　9.2　多重共线性会产生什么后果 ………………………………………………… 153
　9.3　多重共线性的诊断 …………………………………………………………… 155
　9.4　如何消除多重共线性 ………………………………………………………… 158
　9.5　案例分析 ……………………………………………………………………… 160
　思考与练习 ………………………………………………………………………… 168

第三篇　联立方程模型的理论及其应用

第 10 章　联立方程模型和识别 …………………………………………………… 172
　10.1　联立方程模型的概念 ………………………………………………………… 172
　10.2　结构式模型与简约式模型 …………………………………………………… 175

10.3	模型识别以及识别方法	177
10.4	案例分析	180
思考与练习		181

第11章 联立方程模型的参数估计方法 183

11.1	普通最小二乘法与递归模型	183
11.2	工具变量法	184
11.3	间接最小二乘法	188
11.4	二阶段最小二乘法	188
11.5	案例分析	191
思考与练习		200

第四篇 时间序列计量经济学模型及其应用

第12章 时间序列的平稳性及其检验 204

12.1	时间序列数据的平稳性	204
12.2	时间序列数据的平稳性检验	206
12.3	案例分析	209
思考与练习		216

第13章 单变量时间序列模型 218

13.1	自回归模型	218
13.2	移动平均模型	222
13.3	自回归移动平均模型	225
13.4	案例分析	228
思考与练习		242

第14章 向量自回归模型及其应用 243

14.1	向量自回归模型	243
14.2	向量自回归模型的估计	245
14.3	脉冲响应函数	247
14.4	预测误差方差分解	251
14.5	Granger 因果关系检验	253
14.6	案例分析	256
思考与练习		268

第15章 协整与误差修正模型 ... 269

15.1 协整理论 ... 269
15.2 误差修正模型 ... 276
15.3 向量误差修正模型 ... 280
15.4 案例分析 ... 283
思考与练习 ... 296

第五篇 计量经济学高级应用

第16章 虚拟被解释变量模型 ... 300

16.1 线性概率模型 ... 300
16.2 二元 logit 模型 ... 302
16.3 案例分析 ... 304
思考与练习 ... 309

第17章 面板数据模型 ... 310

17.1 什么是面板数据模型 ... 310
17.2 固定效应模型 ... 312
17.3 随机效应模型 ... 314
17.4 Hausman 检验 ... 315
17.5 案例分析 ... 315
思考与练习 ... 325

附 录

附录A 常用年鉴 ... 328
附录B 标准正态分布表 ... 330
附录C t 分布表 ... 331
附录D χ^2 分布百分位数表 ... 332
附录E F 分布百分位数表 ... 334
附录F 杜宾-沃森检验临界值表 ... 340
附录G ADF 分布临界值表 ... 342
附录H ϕ 的经验分布表 ... 343
参考文献 ... 344

绪　论

什么是计量经济学

计量经济学（econometrics）是一门用于验证和测度的学科，是一门运用数学、统计学和经济理论对经济现象进行定量分析的社会科学学科。社会科学与自然科学在研究过程中的主要区别就是前者没有实验作为基础，而后者的研究都可以通过实验来验证。在计量经济学出现之前，经济学的研究多处于理论分析的阶段，无法对理论分析的结果给出现实的证据；在计量经济学出现之后，经济学者开始采用客观的经济数据来对理论分析的结果进行验证，使得经济研究的结果更令人信服，这在一定程度上解决了社会科学研究缺乏实验验证的缺陷。

为什么要学习计量经济学

计量经济学的功能是验证和测度，我们之所以要学习计量经济学就是因为在现实经济中有许多经济现象需要进行验证和测度。西方经济学微观部分开篇就讲到需求定律，即在其他条件不变的情况下，一种商品的价格上升会引起该商品需求量的下降。根据生活经验，一种商品的价格上涨了，消费者可能不情愿购买，也可能负担不起，从而导致需求量降低。然而，在整个社会中，这种关系是否成立呢？某种商品的价格上涨一单位，需求量会降低多少呢？或者说某种商品的价格上涨1%，需求量会降低几个百分点呢（需求弹性）？这些都是单纯的理论分析无法回答的问题。

1928年美国数学家柯布和经济学家道格拉斯提出了著名的柯布–道格拉斯生产函数，其数学表达式为

$$Y = AK^{\alpha}L^{\beta} \tag{0-1}$$

式中，参数 α、β 分别表示资本与劳动的产出弹性；参数 A 表示效率系数，用于测度广义技术进步水平。如果没有计量经济学就无法测度出以上参数的值，从而无法测度出产出弹性

的大小，也无法衡量技术进步的水平。

采用计量经济学，就可对经济变量及经济运行规律进行定量分析，起到验证和测度的作用，使经济学的研究更为深入。

如何学习计量经济学

从计量经济学的定义可以看出，计量经济学是一门涉及数学、统计学和经济理论的学科。具体来讲，在学习这门学科之前应该掌握微积分、线性代数、概率论与数理统计、微观经济学、宏观经济学等基础知识。在学习的过程中，除了掌握计量经济学的知识要点之外，还应该跳出教材讲解的知识点，与现实经济现象联系起来思考。计量经济学是一门方法论学科，是一种研究工具，只有与现实经济现象联系起来思考才能发挥它的作用。学习计量经济学最大的目的不是单纯地了解这门学科，而是要学会使用这门学科分析和解决经济问题。所以，学习计量经济学就如同学习驾驶一样，要勇于实践。在学习的时候，应该大胆运用计量经济学这门研究工具，力图解决一些现实经济问题。

计量经济学方法

如果我们要用计量经济学去分析一种经济问题，应该采取何种步骤呢？在这里，我们以经典的单方程计量经济学模型为例，介绍采用计量经济学分析经济问题的方法。一般来说，用计量经济学分析经济问题主要采用如下步骤：

(1) 理论分析与理论假设；
(2) 构建计量经济学模型；
(3) 收集样本数据；
(4) 计量经济学模型的参数估计；
(5) 计量经济学模型的检验。

第1步：理论分析与理论假设

在分析一个经济问题时，首先要了解现有的经济理论是如何阐述这个问题的，如果现有的经济理论没有对其进行阐述，那么就应该对其进行合理推导以形成某种结论。例如，在宏观经济学中，凯恩斯的绝对收入假说下的消费理论认为，居民消费水平受到可支配收入的影响，随着居民可支配收入的增加，居民的消费水平也在提高，但是，居民可消费支出的增长速度不及收入的增长速度。

第2步：构建计量经济学模型

计量经济学是通过对模型参数的估计来达到验证和测度的效果的，因此，构建模型就是必需的。计量经济学模型的构建主要包含选择变量，确定变量之间的数学关系，拟定待估参数的理论值。

计量经济学模型是由变量构成的，在单方程计量经济学模型中变量主要分为解释变量和被解释变量两种类型。例如，居民可支配收入影响了居民消费水平，因此，我们把居民可支配收入在理论假设中认为是解释变量，它解释了居民消费水平的变化；与此对应，居民消费水平就是被解释变量，它的变动被居民可支配收入所解释，是由收入的变动引起的。我们在前面的理论分析中已经假设居民消费水平和可支配收入呈现正相关的关系，因此，它们之间的数学关系是一元线性关系（在无法较好给出理论假设的情况下需要借助散点图来观察变量之间的关系，在第3章将有详细介绍）。我们在理论假设基础上，构建计量经济学模型

$$Y_i = \beta_0 + \beta_1 X_i + \mu_i \tag{0-2}$$

式中，μ_i 代表随机干扰项（random error term），简称误差项（error term），模型（0-2）中给定一个 Y_i，就有唯一一个 X_i 与之对应。然而，在现实当中两者并不是精确的函数关系，而是不确定的统计关系，因此，为了反映这种不确定性，在理论假设的基础上引入了随机干扰项 μ_i。随机干扰项的具体含义将在后面的相应章节给予解释和讨论。在估计这个模型之前，通过相关经济理论，我们预期，在通常情况下，$0<\beta_1<1$，在估计出参数 β_1 之后，结合这个理论预期就达到了验证的效果。同时这也测度出了边际消费倾向的大小。

当然，也有特殊情况存在。在现实生活当中，对于某些消费个体而言，可能有的月份消费支出略微大于收入而有的月份则略有结余。那么，从统计意义上来讲，这些消费个体在一段时间内的平均消费支出水平应该恰好等于收入，也就是说 β_1 恰好等于1。这种情况即为我们在序言开头部分所提到的"月光族"现象。

第3步：收集样本数据

采用计量经济学方法进行实证分析离不开数据的收集。数据的数量和质量直接影响到实证分析的效果。一般来说，有三种数据可以用于实证分析。这三种数据的具体形式为：
（1）截面数据；
（2）时间序列数据；
（3）混合数据。

截面数据（cross-section data）是指对于某一经济变量相对于同一时间点上，来自于不同个体的数据集合。例如，某一个年度，某个村落中的所有家庭的收入所构成的数据。

时间序列数据（time series data）是指某一经济变量，按照时间先后顺序排列，来自于某一单独个体的数据集合。例如，某村落中的某个家庭，10年以来的收入构成的数据。

混合数据（pooled data）是指时间序列数据和截面数据的组合。例如，某村落的所有家庭10年以来的收入构成的数据。在这组混合数据中，该村落中的某个家庭10年以来的

收入构成了时间序列，而某一年所有家庭的收入构成了截面数据。在混合数据中，有一类特殊的数据叫面板数据（panel data），也称纵向数据（longitudinal data），指一个截面单位的跨期调查数据。例如，将上述村落中的所有家庭看作一个截面单位，调查所有家庭 10 年以来的收入水平所构成的数据。

第 4 步：计量经济学模型的参数估计

参数估计是计量经济学的核心内容。在建立了计量经济学模型，并收集到模型所需要的所有数据后，就应该选择采用适当的方法来对参数进行估计。例如，我们需要对模型 (0-2) 的参数 β_0 和 β_1 进行估计。参数估计是纯技术过程，包括对模型识别问题的研究、解释变量相关程度的研究、估计方法的选择、计量经济学应用软件的操作等。常用的参数估计方法有普通最小二乘法（OLS）、加权最小二乘法（WLS）、间接最小二乘法（ILS）、二阶段最小二乘法（2SLS）等。

第 5 步：计量经济学模型的检验

当模型的参数估计出来后，可以认为得到了一个计量经济学模型的初步结果。但它能否客观反映经济问题中相关经济变量之间的关系，能否具有指导作用，必须要通过对模型的检验才能决定。一般来说，对模型的检验主要分为以下四个方面：

（1）经济意义的检验。经济意义的检验即检验参数估计值的符号和大小是否符合应有的经济意义。例如，对于模型 (0-2)，是否满足人们的理论预期 $0<\beta_1<1$。如果不满足，则需要找出原因并进行修正。

（2）统计检验。统计检验是采用统计理论来检验参数估计值可靠性的一种检验方法。例如，对于模型 (0-2)，假定估计得出 $\beta_1=0.47$，但我们并不能说明之前的理论假设得到了实证结果的验证。我们必须确保这一估计参数并非偶然的结果，才能真正相信这一估计结果。常用的统计检验有拟合优度检验、变量显著性检验和方程显著性检验等。

（3）计量经济学检验。计量经济学检验是从计量经济学理论出发的，主要检验模型的计量经济学性质是否符合计量经济学相关的假设。最主要的检查标准有异方差检验、序列相关性检验和多重共线性检验。

（4）模型预测检验。模型预测检验主要检验估计值的稳定性以及相对于样本容量变化时的灵敏度，确定所建立的模型是否可以用于样本观测值以外的范围的预测，即模型的所谓超样本特性。具体方法包括：①利用扩大了的样本重新估计模型参数，将估计值与原来的估计值进行比较，并检验两者之间差异的显著性；②将所建立的模型用于样本以外某一时期的实际预测，比较预测值与实际观察值，然后检验两者差异的显著性。

计量经济学模型的应用

经历并通过上述步骤之后，一个计量经济学模型的真正结果就建立起来了，它可以用于预测、结构分析和政策评价等目的。

预测是指利用现有样本数据以外的某些变量值,给出经济变量在未来时期中或其他空间上的预测结果值。

结构分析是应用计量经济学模型对经济变量之间的关系做出定量的测度。

政策评价是通过计量经济学模型仿真或模拟各种政策措施的效果,对不同的政策方案进行比较和选择。图0-1较为完整地反映了计量经济学模型的构建和分析过程。

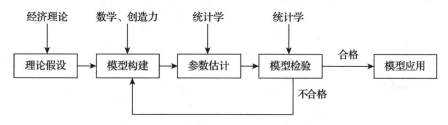

图 0-1 计量经济学模型的构建和分析过程

从图0-1可以看出,计量经济学模型在建立过程中,体现了经济学、统计学和数学的结合。同时也可以看出,"模型构建"在整个过程中处于枢纽地位,模型构建的不合格将直接影响到模型的应用,在构建模型的过程中是离不开构建者的创造力的。

思考与练习

1. 请解释下列名词:计量经济学 被解释变量 解释变量 随机干扰项 截面数据 时间序列数据
2. 计量经济学的研究对象和内容是什么?计量经济学模型研究的经济关系有什么基本特征?
3. 试结合一个具体经济问题说明建立与应用计量经济学模型的主要步骤。
4. 试说明时间序列数据和截面数据有哪些异同,并分别列举出一组时间序列数据和截面数据。
5. 下列设定的计量经济模型是否合理,为什么?
   (1) $SC_t = 8\,300 - 0.24RI_t + 1.12FI_t$

   式中,SC_t 为第 t 年社会消费品零售总额(亿元),RI_t 为第 t 年居民收入总额[城镇居民可支配收入总额与农村居民纯收入总额之和(亿元)],FI_t 为第 t 年全社会固定资产投资总额(亿元)。

   (2) $C_t = 180 + 1.2Y_t$

   式中,C、Y 分别是城镇居民消费支出和可支配收入。

   (3) $\ln Y_t = 1.15 + 1.62\ln K_t - 0.28\ln L_t$

   式中,Y、K、L 分别是工业总产值、工业生产资金和职工人数。

   (4) $GDP = \alpha + \sum \beta_i GDP_i + \varepsilon$

   式中,$GDP_i(i=1, 2, 3)$ 是第 i 产业的国内生产总值。

6. 下列关系中,哪些是确定性关系,哪些具有不确定的统计关系?
   (1) 销售额、销售数量与价格。
   (2) 圆的面积和半径。
   (3) 粮食产量与温度。
   (4) 总成绩、数学成绩和语文成绩。
   (5) 身高、地区、运动时间和饭量。
   (6) 本期投资、上期收入和上期投资。
   (7) 国内生产总值、消费、投资和净出口。
7. 计量经济学与理论经济学的区别和联系是什么?

PART 1 第一篇

经典假设下的计量经济学模型

第1章　EViews软件简介与数据处理方法
第2章　Stata软件简介与基本操作
第3章　最小二乘法
第4章　一元线性回归
第5章　多元回归分析（一）
第6章　多元回归分析（二）

第1章
EViews软件简介与数据处理方法

从后面的章节我们会看到，采用计量经济学的方法来定量分析各种经济关系，其中涉及的计算过程非人力可及，因此，计量经济学软件的使用就显得尤为重要。虽然有很多计量分析软件，但目前普遍采用的是 EViews 软件。EViews 的功能很强，在 Windows 操作系统下，可以实现对复杂数据的统计分析，实现计量经济学中的各种估计方法的参数估计和检验。EViews 软件已经在社会科学，特别是经济学和管理学中被广泛使用。

1.1 EViews 软件简介

EViews 软件主要是通过菜单实现人机对话，完成各种计量分析和处理工作，很适合于不熟悉程序设计语言的使用者。同时，EViews 软件也带有很强的命令功能和程序设计语言，可以解决很多问题。本书主要以 EViews8.0 为基础，讲解它的使用方法。

1.1.1 EViews 软件的启动

方法 1：在 Windows 操作系统的桌面下，单击"开始"按钮，然后选择"所有程序(P)"中的 EViews 执行程序软件。

方法 2：在"我的电脑"下，逐步进入 EViews 目录，选择 EViews 执行程序软件。

方法 3：如果桌面上有 EViews 执行程序图标，则双击该图标。

方法 4：如果存在已经建立的 EViews 文件，则直接双击该文件图标，进入到类似于图 1-3 或图 1-9 的工作文件窗口。

当程序启动后，将显示如图 1-1 的 EViews 的主菜单窗口。这个窗口由 5 个部分组成：标题栏、主菜单、命令窗口、工作区窗口和状态栏。

1.1.2 EViews 软件文件类型

EViews 软件可以处理 4 种类型的文件，这 4 类文件分别是工作文件（Workfile）、程序文件（Program）、数据库文件（Database）和文本文件

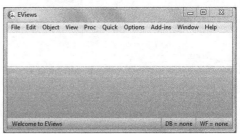

图 1-1　EViews 主菜单窗口

(Text)。本书在后面的软件应用中主要是针对工作文件。

EViews 软件的核心是对象（Object）。对象是指具有关联的信息组织在一起的单元，其中主要对象有：序列（Series）、方程式（Equation）、图形（Graph）、序列组或群（Group）、向量（VAR）等。这些对象所组成的集合构成了一个工作文件。

1.2 数据分类

1.2.1 选择数据类型

EViews 软件主要针对的是数值数据，数据类型各种各样，频率有高有低（时间间隔有短有长），如绪论所讲，可划分为时间序列数据、截面数据和面板数据。在使用 EViews 软件时，如果不存在所要处理的工作文件，就需要建立新的工作文件。建立新工作文件的步骤是：在主菜单下，选择"File/New/Workfile"，然后将显示如图 1-2 所示的对话框。

在图 1-2 的对话框中，要分析处理的数据频率（Workfile freqency）有 8 种选择，分别是年度数据（Annual）、半年度数据（Semi-annual）、季度数据（Quarterly）、月度数据（Monthly）、周度数据（Weekly）、类似于股市的 5 日制数据（Daily[5 day weeks]）、商业企业的 7 日制数据（Daily[7 day weeks]）以及无规则或截面数据（Undated or irregular）。如果样本观测值是频率较低的年度数据，则选择年度数据。

图 1-2　建立新工作文件对话框

当数据频率选定后，则要输入样本范围，可在"起初日期"（Start data）处输入起初日期，在"结束日期"（End data）处输入期末日期。

如果选定年度数据，则起初日期为开始年度，期末日期为结束年度。假定有一组时间序列数据的起始年度为 1978 年，结束年度为 2008 年，则

图 1-3　工作文件窗口

在"起初日期"处输入 1978，在"结束日期"处输入 2008。当输入完毕，选择"OK"后，将显示图 1-3 所示的工作文件窗口。

在工作文件窗口中，c 为系数向量，也就是后面所要讲到的回归模型中的参数估计值，resid 代表残差，是指回归分析得到的实际值与估计值之差。它们将随着不同回归模型而发生变化，这一点尤其需要注意。

如果选定的是半年度数据，则日期的表示格式为年度：1 或 2。若为上半年，则为 1，

否则为 2。例如，起始日期为 1978 年下半年，结束日期为 2008 年上半年，则在"起初日期"输入 1978:2，在"结束日期"输入 2008:1。

如果选定的是季度数据，则日期的表示格式为年度：季度。第 1 季度为 1，依此类推。例如，起始日期为 1978 年第 3 季度，结束日期为 2008 年第 2 季度，则在"起初日期"输入 1978:3，在"结束日期"输入 2008:2。

如果选定的是月度数据，则日期的表示格式为年度：月份。例如，起始日期为 1978 年 7 月，结束日期为 2008 年 6 月，则在"起初日期"输入 1978:7，在"结束日期"输入 2008:6。

如果选定的是周度数据或日数据，则起始日期和结束日期的表示格式为月：日：年。

注意：有些版本的 EViews 软件的数据起始日期和结束日期格式中，":"也用"/"代替。

1.2.2 创建数据对象

对象是具有相关联的信息组织在一起的单元，每个对象都包含与特定分析领域有关的信息。如序列对象（Series）和矩阵对象（Matrix-Vector-Coef）主要包含数值方面的信息，而向量自回归（VAR）对象、方程对象和系统对象除了含有数值方面的信息外，还包含了估计结果方面的信息。

在建立各种对象之前，必须使工作文件处于激活状态，然后选择"Object/New Object"，将出现如图 1-4 所示的对话框，之后，在"对象类型"（Type of object）中选择所要建立的对象，在"对象名称"（Name for object）处输入名称，单击"OK"即可完成对象的建立，该对象名就会出现在工作文件窗口中。

图 1-4 对象选择窗口

建立数据对象的过程包括：

方法 1：在图 1-4 的对象选择窗口中，选择"序列对象"，在"对象名称"处输入名称，如命名为 X，单击"OK"即可。

方法 2：在主窗口下，选择"Quick/Generate series"，或工作文件窗口下，选择工具条上的 Genr，然后，在出现的方程式对话框（Enter equation）中键入对象名称，如 X，单击"OK"即可。如果有具体的方程式，则不仅建立了数据对象，而且给出了这个数据对象的具体数据。

方法 3：在主窗口下，选择"Quick/Empty Group"（Edit Series），之后，在对应的组窗口下，依次输入序列名称 X、Y。具体操作可参考数据录入部分的介绍。

在 EViews 软件中，不区分大小写英文字母，所有的变量名和对象名，包括文件名，都必须采用以英文字母开头的方式，后面可以是字母，也可以是数字，目前不支持汉语。

1.3 数据获取

一项计量经济研究结果的好坏，取决于数据的数量和质量。我们研究任何一种经济现象或关系，必然涉及某些个体的特征，可以用变量来表示，用数据具体描述。例如，居民收入与消费之间的关系，就涉及居民的收入水平和消费支出，居民收入水平用 $PGDP$ 表示，消费支出用 PC 表示。但是为了用数据进行具体描述，就必须有获得数据的方法，然后将这些数据整理录入。

1.3.1 数据的获取方法

方法 1：通过调查与试验获取数据

数据获取方法可以分为调查方法和试验方法。如果是有限总体，则可以通过普查和抽样调查获取样本数据。如果是无限总体，则只能采取抽样调查获取样本数据。

凡是不对被调查对象数据施加任何约束，进行直接调查的数据被称为观测数据。这种数据是众多因素共同作用的结果。例如，农民的收入会受到许多因素的影响，这些因素主要包括气候、自然灾害、产品品种、市场需求等。

若在数据的获取过程中，对数据产生的条件实施约束而得到的数据，则这种数据被称为试验数据。这种数据通常是单一因素作用的结果。例如，在现实经济活动中，企业的诚实报税率无法直接获取，因此，只能通过试验获取。这是因为受法规的限制，企业无法真实地、大幅度地随意改变税率，由此导致我们无法观测到税率变化条件下的企业的诚实报税率。

方法 2：通过统计年鉴和快报获取数据

很多数据都以出版物的形式公开发布，因此，可以通过这些出版物直接获取所需数据。例如，全面反映中国经济发展状况的《中国统计年鉴》，反映中国对外贸易发展水平的《中国经济贸易年鉴》和《中国海关统计年鉴》，反映中国金融发展状况的《中国金融年鉴》，还有反映世界各国地区经济状况、考察世界经济发展动向、追踪世界各经济行业发展状况的《世界经济年鉴》，以及反映行业发展水平的各种统计年鉴和反映区域经济社会发展的区域性统计年鉴。

方法 3：通过各种数据库获取数据

目前，互联网为研究者或读者提供了大量翔实的数据，既有微观数据，也有宏观数据。我们可以充分利用这些数据库，下载最新或历史数据。例如，国家统计局（http://www.stats.gov.cn）、中国经济信息网（http://www.cei.gov.cn；http://db.cei.gov.cn；

http://ceidata.cei.gov.cn)、世界银行（www.worldbank.org）、IMF（www.imf.org）、世界贸易组织（www.wto.org）、万德金融数据库（www.wind.com.cn）、国泰安数据库（http://www.gtarsc.com）等。

1.3.2 数据录入

为了在 EViews 软件下，运用获取后的数据进行各种统计分析和计量分析，就必须将数据录入到 EViews 软件中。

假定存放在 Excel 文件的数据如图 1-5 所示。数据录入方法主要有下面几种。

1. 键盘录入

在主菜单下，选择 "Quick/Empty Group" (Edit Series)，将出现图 1-6 所示的数据录入窗口。然后，选择 "Object/Name"，键入数据的变量名称，即序列对象名称。紧接着，在变量名字处对应列录入数据。如果录入数据后，没有给出变量名，则会按序默认为变量名 SER××，其中，××为顺序号。

图 1-5　Excel 文件中的数据

2. 复制粘贴

如果数据在其他文档中，可在其他文档的管理中先进行复制，然后选择 EViews 软件主菜单中的 "Edit/Paste"，把数据复制到图 1-6 所示的对应的变量名下。

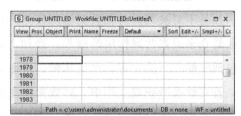

图 1-6　数据录入窗口

3. 文件导入

事实上，大多数数据都存在 Excel 文件中，我们可以把 Excel 的数据导入到 EViews 工作文件中。在主菜单下，选择 "File/Import/Read" 或 "Proc/Import/Read"，或在图 1-3 所示的工作文件窗口下，选择 "Proc/Import/Read"，然

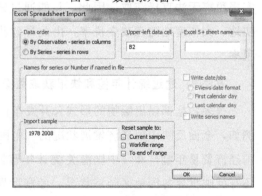

图 1-7　Excel 文件数据导入选择窗口

后，在目录中找到包含所需数据的 Excel（.xls）文件，单击后出现如图 1-7 所示的对话框。

在 "数据排列方式"（Data order）中，选择 Excel 文件中的数据排列方式是按列（in columns）还是按行（in rows）。在 "数据起始位置"（Upper-left data cell）或左上角位置中，输入所需数据在 Excel 文件中左上角的起始单元格。在 "变量名和变量个数"

(Names for series or Number if named in file) 中，按序输入工作文件中的变量名。在"导入样本范围"(Import sample) 中，输入 Excel 的数据要导入到 EViews 工作文件中的样本区间。

如图 1-8，将给出的在 Excel 文件中保存的数据导入 EViews 工作文件中，在数据排列方式中选择按列，起始位置选择 B2（B 列第 2 行），变量名和个数栏中输入"X Y"。注意：变量间要用空格分隔，要与 Excel 文件图列一致。样本范围栏的样本区间自动默认为 1978 2008，若有必要，则可以根据需要自己重新设定（选 Reset sample to 下的选项）。确认后，数据就导入到了 EViews 工作文件中。

从图 1-9 中可明显看出，与图 1-3 相比，多出了序列 X、Y，显示了在数据导入时，也建立了新的序列对象。

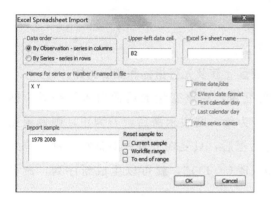

图 1-8　Excel 文件数据导入

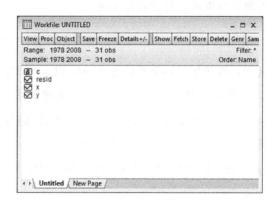

图 1-9　数据导入到 EViews 后的工作文件窗口

1.4　数据处理

在 1.3 节的数据获取和数据录入中，只是提到了获取数据的方法和手段，把数据录入到了工作文件中。也许这些数据中的有些数据并不能直接应用，需要进行必要的加工和处理，转换为真正能够用于分析的数据。常用的方法是利用公式生成新的数据。

1.4.1　用公式生成新数据

用公式生成新数据，就是使用数学公式对 EViews 工作文件中已经有的变量或序列进行变换。例如，如果需要变量 Y 的自然对数，则采用函数

$$\ln Y = \log Y$$

于是生成了一个新的变量或序列 $\ln Y$。

对于这种变换，在 EViews 软件中，可在主菜单下，选择"Quick/Generate series"，或选择工作文件窗口中的工具条上的 Genr，弹出如图 1-10 所示的对话框后，在"方程

式"（Enter equation）对话栏中键入等式"lnY＝log(Y)"即可。注意：无论哪种方式输入的数据，当需要修改时，双击选中的序列对象名称，或在主菜单下，选择"Quick/Show"，或工作文件窗口的工具条上的"Show"。输入序列对象名称后，进入序列窗口或主窗口，通过单击"Edit±"按钮，切换编辑状态，当处于可编辑状态时，可对数据进行修正，也可以通过单击"InsDel"按钮，确定是插入数据还是删除数据。

又如，我们需要某个金融资产的增长率，假定该金融资产以绝对价格标记的本期价格为 P_t，上期价格为 P_{t-1}，则该金融资产的对数收益率为

图 1-10　公式生成新数据窗口

$$g_t = \log \frac{P_t}{P_{t-1}}$$

这样，就产生了一个新的变量或序列 g。而这个变量 g 涉及先行指标和滞后指标。

EViews 软件针对有先行指标和滞后指标的变量，在该变量的后面引入了一对小括号，括号内的数字表示滞后期数或先行期数，若为负，则表示滞后，若为正，则表示先行。与前面的操作相同，在进入到图 1-10 的对话框后，只要在方程式对话栏中键入等式"g＝log (P/P (－1))"或"g＝log (P) －log (P (－1))"，就可以生成新序列，命名为 g。

需要注意的是，如果工作文件中已经存在类似于 lnY 和 g 的变量名，则用公式生成新数据将会替代原始数据，使原始数据丢失，这点需要特别谨慎。

1.4.2　EViews 软件中公式的运算符和函数功能

表 1-1 是常用的运算符号和功能。

表 1-1　运算符号及其功能

运算符号	功　能	运算符号	功　能	运算符号	功　能
＋	加	＞	大于	<＝	小于等于
－	减	＜	小于	＞＝	大于等于
＊	乘	＝	等于	AND	与
/	除	<＞	不等于	OR	或
∧	乘方				

在 EViews 软件中，除了通常意义下的变量外，也可以使用逻辑变量，这些变量有真和假两种结果，用 1 表示真，用 0 表示假。同样，可以通过使用逻辑运算符 AND 与 OR 表述较为复杂的逻辑运算。例如，在图 1-10 的方程式对话栏中键入"Z＝X＜30 AND Y＞＝10"，

就可以实现当 X 小于 30 且 Y 大于等于 10 时，变量 Z 的值赋为 1，否则为 0。

表 1-2 至表 1-4 列出了一些常用的函数及其功能，其他函数没在本书中列出，可参考相关文献。

表 1-2　生成新变量的常用函数及其功能

函　数	功　能
D(X)	变量 X 的 1 阶差分，即 $X-X(-1)=\Delta X$，是变量 X 的变动量
D(X, n)	变量 X 的 n 阶差分，如 2 阶差分 D(X, 2) ……
LOG(X)	变量 X 的自然对数
DLOG(X)	变量 X 的自然对数的 1 阶差分，即变量 X 的对数增长率
EXP(X)	e^X，即 e 的 X 次幂
SQR(X)	变量 X 的平方根，即 $\sqrt{X}$
ABS(X)	变量 X 的绝对值，即 $|X|$
@TREND(d)	生成以 d 期开始的相对期数为 0 起始的时间趋势变量
@SEAS(d)	生成季节虚拟变量。当为第 d 季度时，取值为 1，否则为 0

表 1-3　与描述统计相关的常用函数及其功能

函　数	功　能	函　数	功　能
@MAX(X)	变量 X 的最大值	@SUMSQ(X)	变量 X 的平方和
@MIN(X)	变量 X 的最小值	@OBS(X)	变量 X 的样本观测值个数
@SUM(X)	变量 X 的和	@COV(X, Y)	变量 X 与变量 Y 的协方差
@MEAN(X)	变量 X 的均值	@COR(X, Y)	变量 X 与变量 Y 的相关系数
@VAR(X)	变量 X 的方差		

表 1-4　与回归方程相关的常用函数及其功能

函　数	功　能	函　数	功　能
@R2	判定系数 R^2 的值	@DW	杜宾统计量的值
@RBAR2	调整后的判定系数 $\bar{R}^2$ 的值	@F	F 统计量的值
@SE	回归的标准误差，即随机干扰项的标准差	@MEANDEP	被解释变量的平均值
@SSR	残差的平方和	@SDDEP	被解释变量的标准差

例如，若我们要生成一个趋势变量 T，就可以利用函数 @TREND(d)。如果 EViews 的工作文件中的样本区间为 1978～2008，当表达式 $T=$@TREND(d) 的 d 取 1978 时，T 的观测值依此为 0, 1, 2, …, 30，而 d 取 1977(1979) 时，T 的观测值依此为 1, 2, 3, … 31(−1, 0, 1, …, 29)。把表达式 "$T=$@TREND(d)" 输入到图 1-10 的方程式对话框中，就等价于录入了序列 T 的观测值。

很显然，表 1-3 和表 1-4 的函数给出的结果是一个具体的数值。对于与回归方程相关的函数，如果只关心当前的（最后一次）回归方程的有关结果，则可以直接应用表 1-4 中的相关函数获取；而如果关心以往的其他回归方程的有关结果（假设存在以往的方程），则需要在相应函数的 @ 前冠以原方程名再加一个英文句号 "."。

例如，在第 7 章讲到的 Goldfeld-Quandt 异方差检验需要知道两段回归的残差的平方和，假定第 1 段的回归方程名为 EQU1，第 2 段的回归方程名为 EQU2，则第 1 段的残差平方和采用函数

$$EQU1.@SSR$$

第 2 段的残差平方和采用函数

$$EQU2.@SSR$$

需要注意的是，上述函数的熟练应用是建立在边读边操作的基础之上的。

1.5 数据的统计特征

在 1.4 节中，我们只简单地提到了利用函数获取包括均值、方差、协方差等描述性统计量的方法。本节将阐述如何利用 EViews 软件的各种窗口下的操作获取这些统计量，以及进行操作的途径。

1.5.1 单变量的描述性统计量

在如图 1-9 所示的 EViews 工作文件窗口下，选择一个序列后进入序列窗口。点击序列窗口栏中的 View 键，将出现如图 1-11 所示的下拉菜单，总共有 10 项，其中，在计量经济学中经常用到描述性统计量及其检验的有两项，这两项是描述性统计量及检验 (Descriptive Statistics & Tests) 和平稳性检验 (Unit Root Test)。平稳性检验将在第 12 章中讨论。

1. 描述性统计量

当选择"View/ Descriptive Statistics/ Histogram and Statistics"后，就会出现如图 1-12 所示的直方图和统计量。

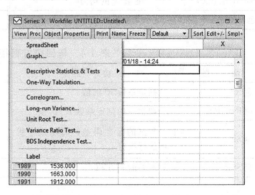

图 1-11 单变量描述性统计量会话框

在图 1-12 显示的直方图中，显示了序列 X 的数据的频率分布。这个直方图把序列 X 的级差（最大值与最小值之差）按相等的组距进行了划分。

在图 1-12 显示的统计量中，主要包括平均值（Mean）、中值（Median）、最大值（Maximum）、最小值（Minimum）以及标准差（Std. Dev.）。其中标准差的计算公式为

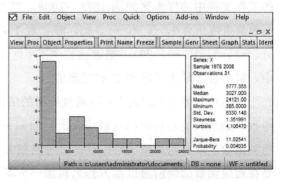

图 1-12 描述性统计量结果

$$s=\sqrt{\frac{\sum_{t=1}^{n}(X_t-\overline{X})^2}{n-1}}$$

式中，X_t 表示第 t 个样本观测值，$\overline{X}$ 表示样本的平均值，n 表示样本观测值的数目。

2. 分组描述性统计量

当选择“View/Descriptive Statistics/Stats by Classification”后，将弹出如图 1-13所示的对话框。通过这个对话框，可以实现序列不同属性的样本的描述性统计量。换句话说，可以实现把指定序列按照不同属性或范围划分为几个子序列，然后分别计算每个子序列的描述统计量。

图 1-13　分组描述性统计量选择

在图 1-13 的统计量（Statistics）选项中，可以选择要显示的统计量，主要包括观测样本的平均值、和（Sum）、中值、最大值、最小值、标准差；在分类序列或序列群中，直接输入要用于分类的序列，或序列组（序列组之间用空格分开），这样就可以把一个序列划分为若干个子序列。选择完毕确认后就可以得到所需要的结果。

例如，在统计量选项中，选择平均值、中值、最大值、最小值与标准差，在序列或序列群中，直接输入变量 X，其他选项保持默认值，确认后得到如图 1-14所示的结果。

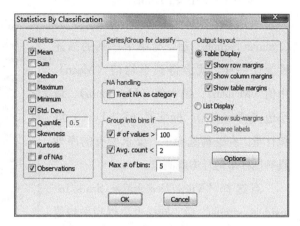

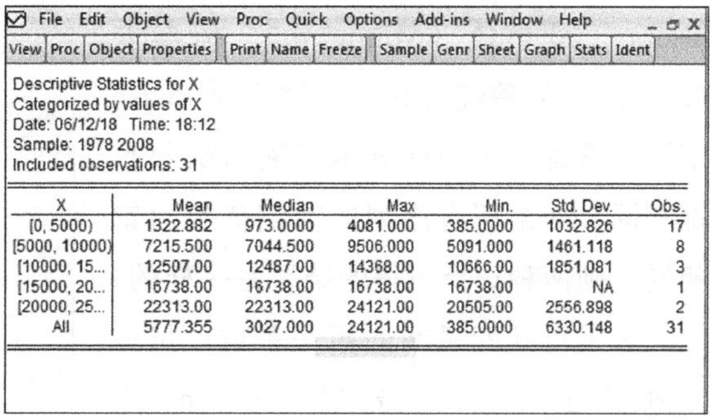

File Edit Object View Proc Quick Options Add-ins Window Help

View Proc Object Properties Print Name Freeze Sample Genr Sheet Graph Stats Ident

Descriptive Statistics for X
Categorized by values of X
Date: 06/12/18 Time: 18:12
Sample: 1978 2008
Included observations: 31

X	Mean	Median	Max	Min.	Std. Dev.	Obs.
[0, 5000)	1322.882	973.0000	4081.000	385.0000	1032.826	17
[5000, 10000)	7215.500	7044.500	9506.000	5091.000	1461.118	8
[10000, 15...	12507.00	12487.00	14368.00	10666.00	1851.081	3
[15000, 20...	16738.00	16738.00	16738.00	16738.00	NA	1
[20000, 25...	22313.00	22313.00	24121.00	20505.00	2556.898	2
All	5777.355	3027.000	24121.00	385.0000	6330.148	31

图 1-14　分组描述性统计量结果

1.5.2　多变量的描述性统计量

在如图 1-9 所示的 EViews 工作文件窗口下，选择一个组对象进入序列组对象窗口。或者，在工作文件窗口下，按住 Ctrl 键，选择所要分析序列，形成一组序列（至少两个序列），然后作为序列组对象打开，进入序列组对象窗口。

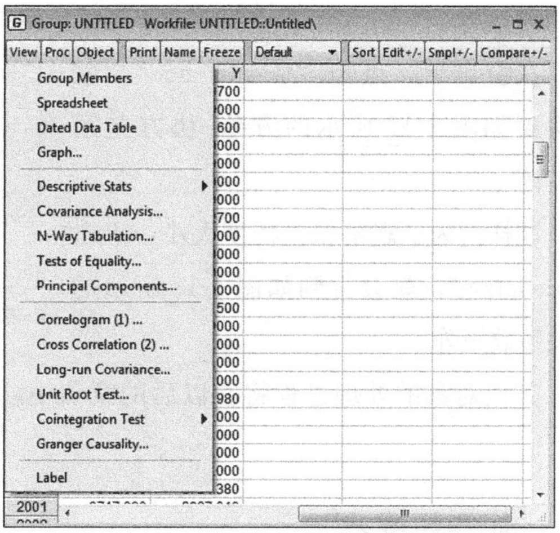

图 1-15　公式生成新数据窗口

点击序列组窗口栏中的 View 键，将出现如图 1-15 所示的下拉菜单，总共有 16 项。其中，在计量经济学中经常用到的描述性统计量及其检验的有 5 项：描述性统计量（Descriptive Stats）、相关系数（Correlation）、方差与协方差（Covariance）、协整检验（Cointegration Test）和因果关系检验（Granger Causality）。其中，协整检验和因果关系检验将在第 14 章和第 15 章中专门讨论。

当选择"View/ Descriptive Stats/ Common Sample"后，与单个序列的描述性统计一样，就会得到平均值（Mean）、中值（Median）、最大值（Maximum）、最小值（Minimum）、标准差（Std. Dev.）等统计量。在这种选择下，要求所有的序列具有同样多的样本观测值。

当选择"View/Descriptive Stats/Individual Sample"后，同样也会得到平均值（Mean）、中值（Median）、最大值（Maximum）、最小值（Minimum）、标准差（Std. Dev.）等统计量。在这种选择下，不必要求每个序列的样本观测值的数目都相同。如果所有序列的观测值数目都相同，则两种选择所得的结果是一样的。

为了得到变量间的相关系数，可在序列组窗口下，点击"View/Convariance Analysis"，就会得到如图 1-16 所示的对话框。

在窗口下，点击"Covariance"，就会得到如图 1-17 所示的方差-协方差系数矩阵。

同样，为了观察相关程度大小，点击"Correlation"，就会得到如图 1-18 所示的相关系数矩阵。

其他对象的处理过程将在以后的章节中陆续提及。

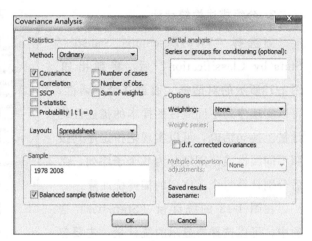

图 1-16　对话框

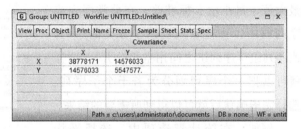

图 1-17　方差-协方差系数矩阵

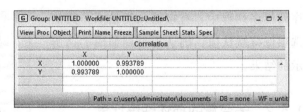

图 1-18　相关系数矩阵

思考与练习

1. 表 1-5 给出了我国 1990～2016 年就业人员数和国民生产总值的数据，试利用本章学习的知识，完成下列要求：

   (1) 在 EViews 中建立两个序列对象，分别命名为 X 和 Y。
(2) 将就业人员数和国民生产总值的数据录入，分别保存在 X 和 Y 中。
(3) 利用 EViews 软件操作获取变量 X 和 Y 的平均值、方差、协方差。

(4) 数据在 Excel 文档，以 label1-5 命名。将数据从 Excel 导入到 EViews 中。
2. 假定有两个变量 X 和 Y，样本区间为 2000～2012。试建立序列对象、组对象和图对象。

表 1-5　我国 1990～2016 年就业人员数和国民生产总值

年　份	就业人员数（万人）	国民生产总值（亿元）	年　份	就业人员数（万人）	国民生产总值（亿元）
1990	64 749	18 923.3	2004	74 264	161 415.4
1991	65 491	22 050.3	2005	74 647	185 998.9
1992	66 152	27 208.2	2006	74 978	219 028.5
1993	66 808	35 599.2	2007	75 321	270 844.0
1994	67 455	48 548.2	2008	75 564	321 500.5
1995	68 065	60 356.6	2009	75 828	348 498.5
1996	68 950	70 779.6	2010	76 105	411 265.2
1997	69 820	78 802.9	2011	76 420	484 753.2
1998	70 637	83 817.6	2012	76 704	539 116.5
1999	71 394	89 366.5	2013	76 977	590 422.4
2000	72 085	99 066.1	2014	77 253	644 791.1
2001	72 797	109 276.2	2015	77 451	686 449.6
2002	73 280	120 480.4	2016	74 264	741 140.4
2003	73 736	136 576.3	—	—	—

资料来源：国泰安 CSMAR 数据库（http://www.gtarsc.com）。

第2章 Stata软件简介与基本操作

除了上一章提到的EViews软件之外，Stata软件也是目前使用范围很广的计量分析软件。Stata软件能够为其使用者提供数据分析、数据管理以及绘制专业图表等功能，具有易操作、运算速度快、绘图功能强等特点。

2.1 Stata软件简介

Stata软件主要是通过输入命令来进行各种计量分析和处理工作，命令语言可以另存为Do-file文件，方便回溯操作过程。本书主要以Stata13.1为基础，讲解它的使用方法。

2.1.1 Stata软件的启动

方法1：在Windows操作系统的桌面下，单击"开始"按钮，然后选择"所有程序（P）"中的Stata执行程序软件。

方法2：在"我的电脑"下，逐步进入Stata目录，选择Stata执行程序软件。

方法3：如果桌面上有Stata执行程序图标，则双击该图标。

方法4：如果存在已经建立的Stata文件，则直接双击该文件图标。

当程序启动后，将显示如图2-1的Stata主菜单界面。这个窗口由6个部分组成：标题栏、主菜单、工具栏、结果窗口、命令窗口、历史记录。

通常，采用操作"Window/Variables"调出变量窗口"Variables"，显示出数据集中的变量名称和变量个数，方便后续进行计量分析，新的主菜单界面如图2-2所示。

如果想对Stata的主菜单窗口进行更改，可以通过操作"Edit/Preference/General Reference"，打开如图2-3所示的对话框，将主菜单界面更改为自己喜欢的布局和颜色。更改后若想回到最初的界面，进行操作"Window/Review"即可。

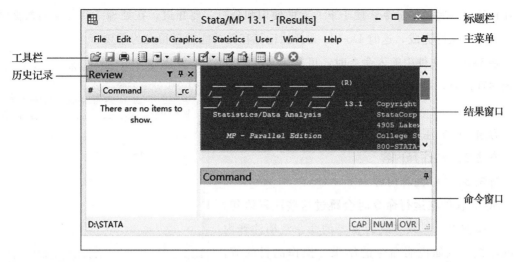

图 2-1　Stata 主菜单界面（一）

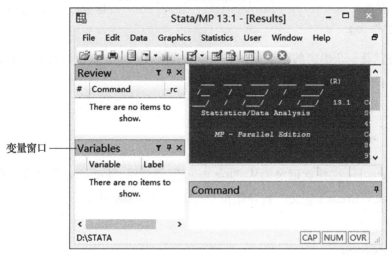

图 2-2　Stata 主菜单界面（二）

2.1.2　Stata 软件基础操作

使用 Stata 软件进行回归分析时，需要养成一些好的习惯，这在进行一些数据量很大、过程复杂的分析时尤其重要。

1. 文件编辑器 Do-file

在 Command 窗口可以直接输入命令，但是这种输入方式限制较大且不便于保存，很不方便。在实际操作中，通常点击工具栏中的图标 ，打开如图 2-4 所示的 Do-file 编辑窗口，在 Do-file 文件中编程。这样做的好处是可以记录我们需要的命令，很方

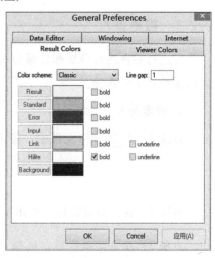

图 2-3　主菜单界面更改对话框

便地执行以前写过的命令，便于下一次的使用和分析。要知道，在处理一些复杂的数据时，常常无法一次性完成，这时 Do-file 文件的记忆存储功能就显得尤为重要。

在 Do-file 文件中输入命令时，可以用一些符号表示注释内容，加入注释语句能增强命令的可读性，格式如下

方法 1：// 注释内容

方法 2：* 注释内容

方法 3：/* 注释内容 */

Stata 软件在运行命令时会跳过这些注释语句，在实际操作中，应该养成为重要的命令注明注释内容的习惯，例如说明命令的结果、操作的目的等，方便后续的工作。

图 2-4　Do-file 编辑窗口

2. 日志文件 log

日志文件像是一个忠实的记录员，它可以帮助记录 Stata 软件运行的所有命令和结果，包括错误。操作命令格式如下

```
-log using C:\Users\Lenovo\Stata.log
……
-log close
```

这样，Stata.log 文件就记录了从"log using"命令到"log close"命令之间 Stata 软件运行的所有结果，Stata.log 文件被存储在 C:\Users\Lenovo 中。

2.2　录入和存储

2.2.1　数据录入

在进行各种统计分析和计量分析之前，首先需要将数据录入到 Stata 软件中，数据录入方法主要有下面几种。

1. 键盘录入

方法 1：在 Do-file 文件中，输入命令并运行

```
-edit
```

方法 2：在工具键栏目，单击 图标。

方法 3：在主菜单栏目，选择"Data/Data Editor/Data Editor（Edit）"，将出现图 2-5 所示的数据录入窗口。

在数据录入窗口中,鼠标选中单元格,直接输入数据即可。点击右方的"属性窗口"(Properties),可以编辑变量的名称、标签、类型等。如果录入数据后,没有给出变量名,则 Stata 软件会按序默认为变量名为 var××,其中,××为顺序号。

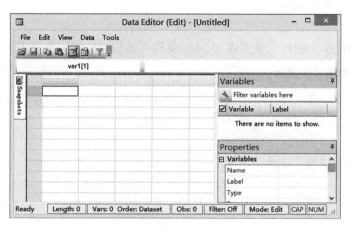

图 2-5 数据录入窗口

2. 复制粘贴

如果数据在其他文档中,可在其他文档的管理中先进行复制,然后把数据粘贴到图 2-5 所示的表中。

3. 文件导入

事实上,大多数数据都存在 Excel 文件中,我们可以把 Excel 中的数据直接导入到 Stata 工作文件中。在主菜单下,选择"File/Import/Excel spreadsheet",出现图 2-6 所示对话框,在"浏览"(Browse)中找到包含所需数据的 Excel (.xls;.xlsx)文件,单击"OK"即可。在"工作页"(Worksheet)可以选择导入的 Excel 表格页面,在"单元格范围"(Cell range)可以选择输入数据的样本区间,在下方可以勾选"将第一行导入为变量名"或者"全部导入为数据"。

4. Stata 命令导入

实际上,上面几种方式在实际操作中都很少使用,我们通常习惯在 Do-file 文件中输入并运行命令,达到将数据导入的目的。导入数据的

图 2-6 Excel 文件数据导入选择窗口

Stata 命令有很多,由于篇幅限制,在这里我们只介绍最常用的几种,其余命令在后面的章节中会陆续出现。

方法 1:input。这个命令一般用于手动输入数据,这种方法其实在 Stata 软件中并不常用,格式如下

```
-clear
-input year GDP CONS
       1990 19067.0 12001.4
       1991 22124.2 13614.2
       1992 27334.2 16225.2
-end
```

点击工具栏中的 图标，或者在 Do-file 文件中运行"browse"命令，可以查看输入的数据集，数据集如图 2-7 所示。

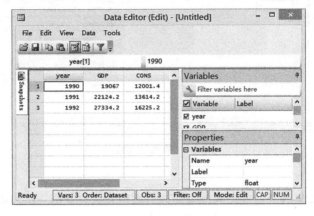

图 2-7　查看数据集

方法 2：import。这个命令功能非常强大，可以导入几乎所有格式的数据，是最常用的导入命令，格式如下

```
-import excel "C:\Users\Lenovo\Stata1.xls"
```

运行上述命令，即可导入存储在"C:\Users\Lenovo\"中的 Excel 文件 Stata1.xls。如果想把 Excel 文件中的第一行转变成变量名，可以借助命令"firstrow"实现，格式如下

```
-import excel "C:\Users\Lenovo\Stata1.xls",firstrow
```

除了上面着重介绍的两个命令，Stata 软件中还有许多其他的命令可以用于输入数据，它们的功能特点如表 2-1 所示。

表 2-1　Stata 输入数据命令

命　　令	功　　能
use	读取 Stata 格式的文件
insheet	读取 tab 分隔的文本文件
infile	读取 txt 格式的文件
xmluse	读取 xml 格式的文件

2.2.2　数据存储

在 Stata 软件中最常用的数据存储命令是"save"，格式如下

```
. clear
. input year GDP CONS
         1990 19067.0 12001.4
         1991 22124.2 13614.2
         1992 27334.2 16225.2
. end
. save Stata1.dta, replace          //保存数据
. use Stata1.dta, clear             //调入数据
```

值得注意的是，在 Stata 软件中多个数据库不能同时运行，所以在调入一个新的数据库之前必须要先清理之前运行的数据库，清理命令是"clear"。

此外，Stata 软件中还有许多其他的命令可以用于导出存储数据，它们的功能特点如表 2-2 所示。

表 2-2 Stata 存储数据命令

命令	功能
outsheet	导出为 tab 分隔的文本文件
outfile	导出为 txt 格式的文件
xmlsave	导出为 xml 格式的文件

2.3 数据处理

导入数据后，可以根据具体的研究目的对数据进行一系列处理，下面介绍一些在 Stata 软件中常用的数据处理命令。

2.3.1 删除和生成变量与数据

1. drop

这个命令用于删除变量，格式如下

```
. use auto.dta,clear          //调用 auto.dta 数据库(这是 Stata 软件自带的数据库)
. drop mpg mpg1               //删除变量 mpg
```

2. keep

这个命令用于保留需要的数据，格式如下

```
. use auto.dta,clear
. keep if price>= 4000        //保留变量 price 的值大于或等于 4000 的数据
```

上述操作也可以借助"drop"命令完成，格式如下

```
. use auto.dta,clear
. drop if price<4000          //删除变量 price 的值小于 4000 的数据
```

3. generate

这个命令用于创建新变量，格式如下

```
-use auto.dta,clear
-generate lnY=log(price)          //新建变量 lnY,取值为变量 price 的自然对数
```

"generate"是一个很好用的命令，借助它可以很方便地对已有的变量或序列进行变换。这里涉及变量的命名，Stata 软件中变量名的设置规则如下：

（1）由英文字母、数字或 _ 组成，至多不超过 32 个；

（2）首字母必须为字母或 _ ；

（3）英文字母的大写和小写具有不同的含义。

2.3.2 修改数据

在 Stata 软件中，可以通过一些简单的命令操作很方便地对原始数据进行修改，以满足后续计量分析的需要。

1. rename

这个命令用于给变量重命名，格式如下

```
-use auto.dta,clear
-rename mpg mpg1                  //将变量 mpg 重命名为 mpg1
```

2. label

这个命令通常用于给数据库和变量添加标签，格式如下

```
-use auto.dta,clear
-label data "1978汽车调查数据"     //给数据库添加标签"1978汽车调查数据"
-label variable rep78 "修理"       //给变量 rep78 添加标签"修理"
```

3. order

这个命令用于给变量排序，格式如下

```
-use auto.dta,clear
-order _all, alphabetic           //将所有变量按照字母表顺序排序
-order mpg, before(price)         //将变量 mpg 移动到变量 price 前面
-order rep78 price mpg            //将变量 rep78、price、mpg 按顺序移动到所有
                                    变量前
```

除了命令"order"外，命令"move"也可以用于给变量排序，格式如下

```
-use auto.dta,clear
-move mpg price                   //将变量 mpg 移动到变量 price 前面
```

4. sort

这个命令的功能也是排序，不过和上面两个命令不同的是，"sort"用于给数据排序，格式如下

```
-use auto.dta,clear
```

-sort mpg   //根据变量 mpg 的取值按从小到大的顺序排序

5. recode

这个命令用于更改变量的值，格式如下

-use auto.dta,clear
-recode rep78 (.= 1)   //将变量 rep78 中为"."的值替换为 1

除此之外，使用命令"replace"也可以达到相同的效果，不过命令格式稍有不同，格式如下

-use auto.dta,clear
-replace rep78=1 if rep78==.

2.3.3 描述数据

在 Stata 软件中，可以通过一些命令查看数据的状态，下面介绍一些描述数据的常用命令。

1. list

这个命令用于列示变量中的数值，格式如下

-use auto.dta,clear
list price   //列表显示变量 price 的值

如果只需要查看一部分值，可以在命令后加限定条件，运行结果如图 2-8 所示，格式如下

-use auto.dta,clear
-list price in 1/8   //列表显示变量 price 中前 8 个值

2. count

这个命令用于统计数据集中有效数值的个数，格式如下

-use auto.dta,clear
-count

可以通过附加限定条件统计特定数值的个数，格式如下

-use auto.dta,clear
-count if price<4000   //统计变量 price 小于 4000 的个数

3. tabulate

这个命令用于列表描述变量的基本统计特征，运行结果如图 2-9 所示，格式如下

-use auto.dta,clear
-tabulate rep78

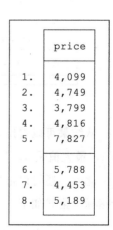

图 2-8 变量 price 中前 8 个取值

其中，第一列为变量 rep78 的取值，频数（Freq）列为各个数值出现的次数，频率（Percent）为各个数值出现的频率，累计（Cum）列为本行及之前数值出现的频率。从以上运行结果可以看出，变量 r78 共有 69 个值，取值为 2 的数据有 8 个，在所有数据中占比11.59%，取值 1 或 2 的比率为 14.49%。

Repair Record 1978	Freq.	Percent	Cum.
1	2	2.90	2.90
2	8	11.59	14.49
3	30	43.48	57.97
4	18	26.09	84.06
5	11	15.94	100.00
Total	69	100.00	

图 2-9　基本统计特征

4. tabstat

命令"tabstat"和命令"tabulate"拼写相似，但作用不同，运行该命令后列表输出的是变量的概要统计指标，运行结果如图 2-10 所示，格式如下

```
-use auto.dta,clear
-tabstat rep78
```

variable	mean
rep78	3.405797

图 2-10　概要统计指标（一）

从运行结果可以看出，变量 rep78 的平均值是 3.41。可以通过附加命令，来得到更为详细的输出结果，运行结果如图 2-11 所示，格式如下

```
-use auto.dta,clear
-tabstat rep78, stat(mean sd p50 min max)
```

variable	mean	sd	p50	min	max
rep78	3.405797	.9899323	3	1	5

图 2-11　概要统计指标（二）

从结果可以看出，变量 rep78 的平均值是 3.41，标准差是 0.99，中位数是 3，最小值是 1，最大值是 5。

此外，还可以根据其他变量的取值对变量 rep78 进行分组，分别求变量 rep78 的概要统计指标，格式如下

```
-use auto.dta,clear
-tabstat rep78, by(foreign) stat(mean sd med min max)
```

图 2-12 显示的是按照变量 foreign 的数据分组求变量 rep78 的概要统计指标，从运行结果可以看到，国内车辆修理的平均次数是 3.02，外国车辆修理的平均次数是 4.29。

foreign	mean	sd	p50	min	max
Domestic	3.020833	.837666	3	1	5
Foreign	4.285714	.7171372	4	3	5
Total	3.405797	.9899323	3	1	5

图 2-12 分组概要统计指标

5. summarize

这个命令用于列表输出变量的描述性统计结果，运行结果如图 2-13 所示，格式如下

-use auto.dta,clear
-summarize rep78

Variable	Obs	Mean	Std. Dev.	Min	Max
rep78	69	3.405797	.9899323	1	5

图 2-13 描述性统计结果（一）

运行结果和图 2-11 相似，不同的是它多了一个有效值个数，有效值的意思是不为空格或"."。如果想要得到更加详细的描述性统计结果，可以运行如下操作命令，运行结果如图 2-14 所示

-use auto.dta,clear
-summarize rep78,detail

```
                    Repair Record 1978
        Percentiles      Smallest
 1%          1                1
 5%          2                1
10%          2                2         Obs                 69
25%          3                2         Sum of Wgt.         69

50%          3                          Mean           3.405797
                             Largest    Std. Dev.      .9899323
75%          4                5
90%          5                5         Variance       .9799659
95%          5                5         Skewness      -.0570331
99%          5                5         Kurtosis       2.678086
```

图 2-14 描述性统计结果（二）

从以上运行结果可以得到更多信息：最左边两列显示的是百分位数，例如变量 rep78 的第一个四分位数（25%）是 3；中间列显示的是变量 rep78 的四个最小值和四个最大值，即变量 rep78 中最小的四个数据分别为 1、1、2、2，最大的四个数据分别为 5、5、5、5；变量 rep78 的方差（Variance）为 0.98，偏度（Skewness）为 -0.06，峰度（Kurtosis）为 2.68。

6. describe

这个命令用于描述变量的整体特征，运行结果如图 2-15 所示，格式如下

```
-use auto.dta,clear
-des rep78
```

variable name	storage type	display format	value label	variable label
rep78	int	%8.0g		Repair Record 1978

图 2-15 整体特征

从运行结果可以看出，变量 rep78 的变量名（variable name）为 rep78，存储类型（storage type）为整数型（int），显示格式（display format）为 8 位、精确到个位数，没有值标签（value label），变量标签（variable label）为 Repair Record 1978（美国 1978 年汽车维修记录）。

7. correlate

这个命令用于求变量间的相关系数，运行结果如图 2-16 所示，格式如下

```
-import excel "C:\Users\Lenovo\Stata1- 5.xls",firstrow   //导入如图 1-5 所示的数据
-correlate X Y
```

添加附加命令可以得到变量间的方差-协方差系数矩阵，运行结果如图 2-17 所示，格式如下

```
-import excel "C:\Users\Lenovo\Stata1- 5.xls",firstrow
-correlate X Y,c
```

	X	Y
X	1.0000	
Y	0.9982	1.0000

图 2-16 相关系数矩阵

	X	Y
X	3.5e+07	
Y	9.5e+07	2.6e+08

图 2-17 方差-协方差系数矩阵

2.4 绘制图形

假定我国人均居民消费水平和人均 GDP 如表 2-3 所示，借助表 2-3 中的数据，本节主要介绍在 Stata 软件中绘制直方图、散点图和曲线图的命令。

表 2-3 我国人均居民消费水平和人均 GDP   （单位：元/人）

年份	人均居民消费水平（C）	人均 GDP（GDP）	年份	人均居民消费水平（C）	人均 GDP（GDP）
1990	831.2	1 663.0	1997	3 002.0	6 481.0
1991	932.0	1 912.0	1998	3 159.0	6 860.0
1992	1 116.0	2 334.0	1999	3 346.0	7 229.0
1993	1 393.0	3 027.0	2000	3 721.4	7 942.0
1994	1 833.0	4 081.0	2001	3 987.0	8 717.0
1995	2 330.0	5 091.0	2002	4 301.5	9 506.0
1996	2 789.0	5 898.0	2003	4 606.0	10 666.0

(续)

年份	人均居民消费水平（C）	人均 GDP（GDP）	年份	人均居民消费水平（C）	人均 GDP（GDP）
2004	5 137.6	12 487.0	2011	13 133.6	36 403.0
2005	5 770.6	14 368.0	2012	14 698.9	40 007.0
2006	6 416.3	16 738.0	2013	16 190.2	43 852.0
2007	7 572.2	20 505.0	2014	17 778.0	47 203.0
2008	8 707.0	24 121.0	2015	19 397.3	50 251.0
2009	9 514.4	26 222.0	2016	21 227.9	53 980.0
2010	10 918.5	30 876.0			

资料来源：国泰安 CSMAR 数据库（http://www.gtarsc.com）。

1. histogram

这个命令用于绘制直方图，运行结果如图 2-18 所示，格式如下

```
-clear
-import excel "C:\Users\Lenovo\Stata2- 3.xls", firstrow
-hist GDP,frequency
```

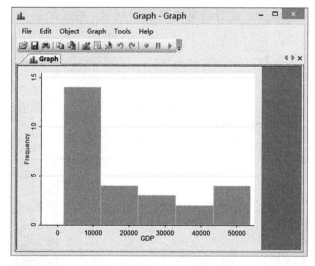

图 2-18　直方图

在图 2-18 中，横轴表示 GDP 的取值范围，纵轴表示频数，可以点击"File/Start Graph Editor"对生成的图形进行更加个性化的修改。

2. scatter

这个命令用于绘制散点图，运行结果如图 2-19 所示，格式如下

```
-clear
-import excel "C:\Users\Lenovo\Stata2-3.xls", firstrow
-graph twoway scatter C GDP
```

值得注意的是，在 Stata 软件中绘制散点图时，应当先输入因变量，再输入自变量，这和 EViews 软件中选择变量的顺序恰好相反。

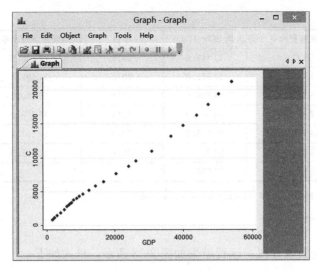

图 2-19　散点图

3. line

这个命令用于绘制曲线图，运行结果如图 2-20 所示，格式如下

```
-clear
-import excel "C:\Users\Lenovo\Stata2- 3.xls", firstrow
-graph twoway line C GDP
```

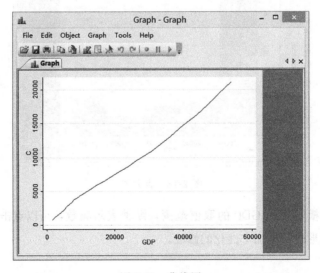

图 2-20　曲线图

4. connected

这个命令用于绘制带数据标记的曲线图，运行结果如图 2-21 所示，格式如下

```
-clear
-import excel "C:\Users\Lenovo\Stata2- 3.xls", firstrow
-graph twoway connected C GDP
```

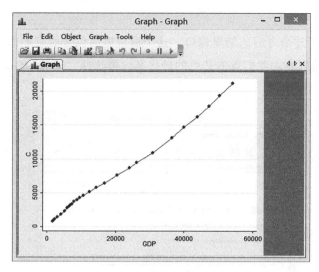

图 2-21　带数据标记的曲线图

2.5　其他命令

在 Stata 软件中，有一些非常有用的辅助命令，可以帮助我们更好地使用 Stata 软件进行计量分析。

1. help

使用这个命令可以很方便地了解并掌握 Stata 软件中一些我们不熟悉的程序命令和操作，例如，我们知道某个命令的名字是"label"，借助"help"命令，就可以很容易地知道它的使用方法，弹出窗口如图 2-22 所示，格式如下

```
.help label
```

帮助框中从上到下会依次列示标题（Title）、语法（Syntax）、菜单（Menu）、描述（Description）、选项（Options）、技术报告（Technical note）、案例（Examples）、存储结果（Stored results）八个方面的内容，详细介绍了这个命令的输入格式和使用方法。

2. findit

在利用 Stata 软件做计量分析时，有时候官方提供的命令包不能够满足我们的需求，这时就需要求助于外部命令，命令"findit"可以帮助我们寻找与安装外部命令。例如，如果我们需要使用外部命令"shellout"，就可以借助命令"findit"寻找并安装这个外部命令，格式如下

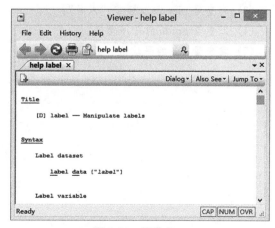

图 2-22　帮助窗口

```
-findit shellout
```

图 2-23 是运行上述命令后的结果窗口,这个窗口里面包含所有和命令 "shellout" 相关的帮助文件名和链接列表,我们点击蓝色的链接名,再选择 "安装"(install),即可安装外部命令 "shellout"。

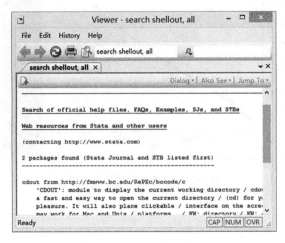

图 2-23 安装外部命令

本章只是简单介绍 Stata 软件的常用命令,更加复杂的计量分析过程将在以后的章节中陆续提及。

 思考与练习

1. 在 Stata 软件中打开 nlsw88 数据库,完成下列操作:
   (1) 将变量 married 移动到变量 age 的前面。
   (2) 将变量 occupation 改名为 occu。
   (3) 为变量 race 添加标签 "人种"。
   (4) 以变量 grade 的升序排序。
   (5) 求变量 age 的平均值、最小值、最大值、方差、偏度和峰度。
   (6) 按变量 race 分组求变量 wage 的平均值、标准差。
   (7) 做变量 hours 的直方图。

2. 按照公式 $Y = \dfrac{X - \min(X)}{\max(X) - \min(X)}$,在 Stata 软件中进行数据处理,绘制变量 Y 的图形。

第3章 最小二乘法

在理论模型中，类似于 $Y=\alpha+\beta X$ 的变量间的函数关系究竟如何表示，是计量经济学关心的主要问题，通过 X 和 Y 样本观测值，运用最小二乘法就可以估计出函数 α 与 β 的值，推断出变量 X 与 Y 间的具体函数形式。

3.1 散点图

假设变量 X、Y 之间存在某种函数关系，即 $Y=f(X)$，那么就存在一组观察值 (X_1, Y_1)，(X_2, Y_2)，…，(X_n, Y_n) 分布于函数 $Y=f(X)$ 的图像上。在现实经济中，虽然存在一组经济变量的观察值 (X_1, Y_1)，(X_2, Y_2)，…，(X_n, Y_n)，但它们之间的依存关系无从得知。在这种情况下，我们可以采用散点图来直观地观察经济变量之间的依存关系。**散点图**是数据点在直角坐标系中的分布图，它表示被解释变量（因变量）随解释变量（自变量）变化的大致趋势。散点图的画法比较简单，直接在直角坐标系中把观测值所对应的点描出来即可。假设变量 X、Y 的观测值由表 3-1 给出，数据源同表 2-3，其中，X 代表人均 GDP，Y 代表人均居民消费水平，则可用 EViews 来生成散点图。其实现方法如图 3-1 所示，结果如图 3-2 所示，在工作文件窗口下，依次选中变量 X 和 Y，点击 "Open/as Group/View/Graph/Scatter/Simple Scatter"。

表 3-1 我国人均居民消费水平和人均 GDP （单位：元/人）

年 份	人均居民消费水平	人均 GDP	年 份	人均居民消费水平	人均 GDP
1990	831.2	1 663.0	2001	3 987.0	8 717.0
1991	932.0	1 912.0	2002	4 301.5	9 506.0
1992	1 116.0	2 334.0	2003	4 606.0	10 666.0
1993	1 393.0	3 027.0	2004	5 137.6	12 487.0
1994	1 833.0	4 081.0	2005	5 770.6	14 368.0
1995	2 330.0	5 091.0	2006	6 416.3	16 738.0
1996	2 789.0	5 898.0	2007	7 572.2	20 505.0
1997	3 002.0	6 481.0	2008	8 707.0	24 121.0
1998	3 159.0	6 860.0	2009	9 514.4	26 222.0
1999	3 346.0	7 229.0	2010	10 918.5	30 876.0
2000	3 721.4	7 942.0	2011	13 133.6	36 403.0

(续)

年份	人均居民消费水平	人均 GDP	年份	人均居民消费水平	人均 GDP
2012	14 698.9	40 007.0	2015	19 397.3	50 251.0
2013	16 190.2	43 852.0	2016	21 227.9	53 980.0
2014	17 778.0	47 203.0			

资料来源：国泰安 CSMAR 数据库（http://www.gtarsc.com）。

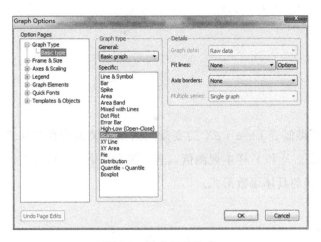

图 3-1　散点图的生成

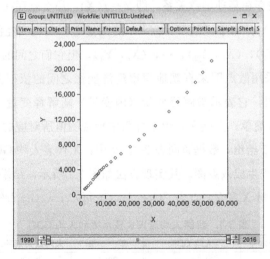

图 3-2　EViews 生成的散点图

3.2　函数的形式与参数的经济意义

在不考虑随机误差项的情况下，我们用 Y 表示人均居民消费水平，X 表示人均 GDP，如果

$$Y = \alpha + \beta X \tag{3-1}$$

那么，参数 α、β 究竟代表什么经济意义呢？

令 $\beta=0$，则有 $Y=\alpha$，α 是在没有人均 GDP 的影响下所自发形成的消费，即所谓的自发性消费。由此，我们可以认为，常数项代表模型在引入解释变量之前所固有的经济状态。

若对解释变量 X 求导，便有：$\beta=\mathrm{d}Y/\mathrm{d}X$，表示 X 每变化 1 单位时，Y 将变化 β 个单位，在宏观经济学中，我们称 β 为**边际消费倾向**（MPC）。因此，解释变量 X 所对应的系数 β 表示 1 单位解释变量的变动会引致多少单位被解释变量的变动。

有趣的是，有时候经济变量之间的关系是以幂函数的形式表示的，例如

$$Y = \alpha X^{\beta} \tag{3-2}$$

那么，模型（3-2）中的参数 α、β 又表示什么经济意义呢？

令 $\beta=0$，则有 $Y=\alpha$，即与模型（3-1）常数项的性质是一样的，仍表示在引入解释变量之前所固有的经济状态。

如果再对模型（3-2）两边取自然对数，则有

$$\ln Y = \ln\alpha + \beta\ln X \tag{3-3}$$

$\ln Y$ 对 $\ln X$ 求导得

$$\beta = \frac{\mathrm{d}\ln Y}{\mathrm{d}\ln X} \tag{3-4}$$

由于，$\mathrm{d}\ln Y=\mathrm{d}Y/Y$，$\mathrm{d}\ln X=\mathrm{d}X/X$，于是

$$\beta = \frac{\mathrm{d}Y/Y}{\mathrm{d}X/X} = \frac{X}{Y}\frac{\mathrm{d}Y}{\mathrm{d}X} \tag{3-5}$$

显然，参数 β 表示解释变量 X 发生 1% 的变动（$\mathrm{d}X/X$ 表示 X 变动的百分比），被解释变量 Y 将发生 β%（$\mathrm{d}Y/Y$ 表示 Y 变动的百分比）的变动，这就是通常所说的**弹性系数**。

3.3 最小二乘法

最小二乘法又称普通最小二乘法（ordinary least squares，OLS），其基本思想是：对于一组样本观测值 (X_i, Y_i)，要找到一条样本回归线，使其尽可能地拟合这组观测值。换句话说，就是使被解释变量的估计值与观测值在总体上最为接近。假定样本回归线为

$$\hat{Y}_i = \hat{\alpha} + \hat{\beta} X_i \tag{3-6}$$

用 e_i 来表示被解释变量的观察值与估计值的差，即有

$$e_i = Y_i - \hat{Y}_i = Y_i - \hat{\alpha} - \hat{\beta} X_i \tag{3-7}$$

e_i 称为**残差项**（residual），它代表了其他影响 Y_i 的随机因素的集合，可以看作随机干扰项的估计值。随机干扰项的概念将在第 4 章中提及。最小二乘法的基本思想也可表述为：确定 $\hat{\alpha}$ 和 $\hat{\beta}$ 的值，使得残差 e_i 的平方和最小。为什么要采用平方和而不对 e_i 进行直接加总呢？因为，样本观测值所对应的点可能在样本回归线的上方，也可能在下方，所以 e_i 的值可正可负，简单加总在很大程度上会将误差抵消掉，找出的回归线可能有多条，只有采用平方和的形式才可以把误差的信息全部包含进来。

如图 3-3 所示，点 (X_i, Y_i) 距回归直线 $\hat{Y}_i = \hat{\alpha} + \hat{\beta} X$ 的垂直距离越近，残差平方就越小。换句话说，残差平方和越小就表明所有的点与回归直线在整体上越接近。于是我们的目标就是寻找在直线 $\hat{Y} = \hat{\alpha} + \hat{\beta} X$ 中能够使得残差平方和最小的 $\hat{\alpha}$ 和 $\hat{\beta}$。

最小二乘法的数学形式为

$$\min_{(\hat{\alpha},\hat{\beta})} : \sum_{i=1}^{n} e_i^2 = \sum_{i=1}^{n} (Y_i - \hat{Y}_i)^2 = \sum_{i=1}^{n} (Y_i - \hat{\alpha} - \hat{\beta} X_i)^2 \tag{3-8}$$

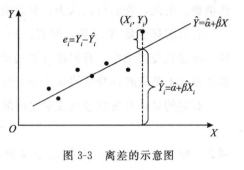

图 3-3　离差的示意图

由微分学的知识可知，方程（3-8）取极小值的条件是 $\sum_{i=1}^{n} e_i^2$ 对 $\hat{\alpha}$ 和 $\hat{\beta}$ 的一阶偏导数为零，即有

$$\frac{\partial (\sum_{i=1}^{n} e_i^2)}{\partial \hat{\alpha}} = -2 \sum_{i=1}^{n} (Y_i - \hat{\alpha} - \hat{\beta} X_i) = 0$$

$$\frac{\partial (\sum_{i=1}^{n} e_i^2)}{\partial \hat{\beta}} = -2 \sum_{i=1}^{n} (Y_i - \hat{\alpha} - \hat{\beta} X_i) X_i = 0 \tag{3-9}$$

事实上，由于 $\dfrac{\partial^2 (\sum_{i=1}^{n} e_i^2)}{\partial \hat{\alpha}^2} = 2n > 0$，$\dfrac{\partial^2 (\sum_{i=1}^{n} e_i^2)}{\partial \hat{\beta}^2} = 2 \sum_{i=1}^{n} X_i^2 > 0$，所以，可以取到最小值。

根据方程（3-9），我们用"$\sum$"来代替"$\sum_{i=1}^{n}$"，于是有

$$\sum (Y_i - \hat{\alpha} - \hat{\beta} X_i) = 0$$
$$\sum (Y_i - \hat{\alpha} - \hat{\beta} X_i) X_i = 0 \tag{3-10}$$

或

$$\sum Y_i = n\hat{\alpha} + \hat{\beta} \sum X_i$$
$$\sum Y_i X_i = \hat{\alpha} \sum X_i + \hat{\beta} \sum X_i^2 \tag{3-11}$$

解方程（3-10）得到 $\hat{\alpha}$，$\hat{\beta}$ 的解为

$$\hat{\alpha} = \frac{\sum X_i^2 \sum Y_i - \sum X_i \sum Y_i X_i}{n \sum X_i^2 - (\sum X_i)^2}$$

$$\hat{\beta} = \frac{n \sum Y_i X_i - \sum Y_i \sum X_i}{n \sum X_i^2 - (\sum X_i)^2} \tag{3-12}$$

我们把方程组（3-10）或（3-11）称为**正规方程组**（normal equations）。

令 $x_i = (X_i - \overline{X})$，$y_i = (Y_i - \overline{Y})$，其中，$\overline{X}$ 和 $\overline{Y}$ 分别为样本观测值的均值，即 $\overline{X} = \sum X_i / n$，$\overline{Y} = \sum Y_i / n$。于是便有

$$\sum x_i^2 = \sum (X_i - \overline{X})^2 = \sum X_i^2 - \frac{1}{n} (\sum X_i)^2 \tag{3-13}$$

$$\sum x_i y_i = \sum (X_i - \overline{X})(Y_i - \overline{Y}) = \sum X_i Y_i - \frac{1}{n}\sum X_i \sum Y_i \tag{3-14}$$

这样一来，对方程组（3-12）中第二个式子等式右边的分子、分母都除以 n，就可得到 $\hat{\beta}$，方程组（3-11）中第一个式子等式左右两侧都除以 n，就可得到 $\hat{\alpha}$，于是有

$$\hat{\beta} = \frac{\sum x_i y_i}{\sum x_i^2}$$
$$\hat{\alpha} = \overline{Y} - \hat{\beta}\overline{X} \tag{3-15}$$

很显然，最小二乘回归线 $\hat{Y} = \hat{\alpha} + \hat{\beta}X$ 通过样本均值点 $(\overline{X}, \overline{Y})$，这是因为

$$\hat{Y} = \hat{\alpha} + \hat{\beta}X = (\overline{Y} - \hat{\beta}\overline{X}) + \hat{\beta}X = \overline{Y} + \hat{\beta}(X - \overline{X})$$

因此，当 $X = \overline{X}$ 时，$Y = \overline{Y}$。

以上只是最小二乘法计算参数的理论方法，在实际运用的过程中，很少人会依照上述方法进行，EViews 可以很容易地实现最小二乘法并给出估计结果。对于方程（3-6），假设 X 代表人均 GDP，Y 代表人均居民消费水平，在类似于图 1-9 的工作文件窗口下依次选中 Y 和 X，"Open/as Equation"，就会出现如图 3-4 所示的界面。

或在主菜单下，选择"Quick/Estimate Equation"或"Object/New object/Equation"，就会进入如下类似于图 3-4 的窗口，在方程表达式对话框中输入"Y X C"，注意输入时"Y X C"之间要用空格分开。

在图 3-4 的白色部分键入回归方程，其格式为因变量在最前面，自变量和常数项在后面（这两者顺序可随意调换），变量与变量之间以空格隔开。EViews 中常用 c 来表示常数项。图 3-4 中显示的就是键入后的情形。图形左下"Method"栏表示估计方法，点击下拉菜单会出现图中的情形，其中包括：LS（最小二乘法）、TSLS（二阶段最小二乘法）、ARCH（自回归条件异方差）、GMM（广义矩法）、BINARY（二元选择模型）、ORDERED（有序选择模型）、CENSORED（删截模型）、COUNT（计数模型）。以上估计方法，除了最小二乘法外还有一些会在后面的章节中涉及。

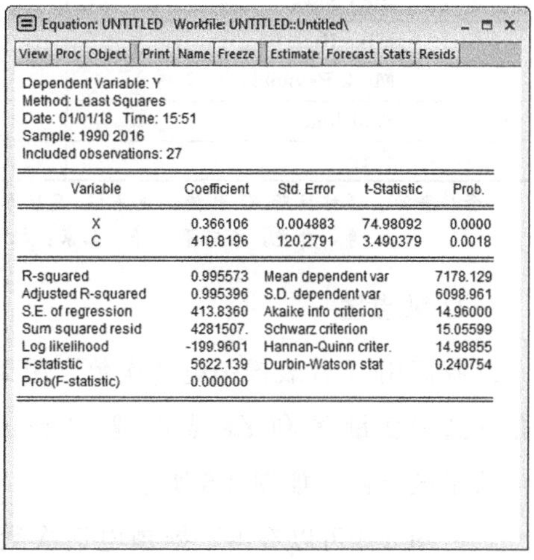

选中"LS"（实际上系统默认的就是最小二乘法），点击"OK"就可以实现最小二乘估计。估计结果如图 3-5 所示。

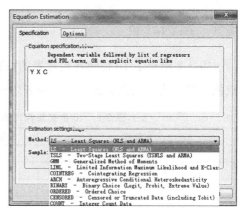

图 3-4 最小二乘法的 EViews 实现

图 3-5 EViews 输出的最小二乘估计结果

在图 3-5 中，Coefficient 对应的列是参数估计值，即式（3-6）中的 $\hat{\alpha}$ 和 $\hat{\beta}$ 的值；Std. Error对应的列是参数的标准误差（用于衡量回归系数的可靠性，该值越小表示估计值越可靠）；t-Statistic 对应的列是 t 统计量；Prob 对应的列是参数估计值为零的概率；R-squared表示可决系数；Adjusted R-squared 表示调整后的可决系数；S. E. of regression表示回归标准误差；Sum squared resid 表示残差平方和；Log likelihood 表示对数似然估计值；Durbin-Watson stat 表示 $D.W.$ 统计量；Mean dependent var 表示被解释变量的均值；S. D. dependent var 表示被解释变量的标准差；Akaike info criterion 表示赤池信息准则；Schwarz criterion 表示施瓦茨信息准则；F-statistic 表示 F 统计量；Prob（F-statistic）表示 F 统计量对应的概率。

读者不需要对上面提到的诸多统计量感到困惑，它们将会逐渐出现在后面的章节。在这里，只需知道最小二乘法的估计结果就可以了。其相应的表达式为

$$Y_i = 419.817 + 0.366 X_i$$

3.4 案例分析

表 3-2 给出了 10 位销售代理商的推销电话次数和复印机的销售数量的数据。试通过散点图观察两者之间的关系，推测两者之间的函数关系，并采用最小二乘法估计出参数值。

表 3-2　10 位销售代理商的推销电话次数和复印机的销售数量

代理商	推销电话次数（次）	复印机的销售数量（台）
Tom Keller	20	30
Jeff Hall	40	60
BrianVirost	20	40
Creg Fish	30	60
Susan Welch	10	30
Carlos Ramirez	10	40
Rich Niles	20	40
Mike Kiel	20	50
Mark Reynolds	20	30
Soni Jones	30	70
合计	220	450

资料来源：道格拉斯 A. 林德，威廉 G. 马歇尔，塞缪尔 A. 沃森. 商务与经济统计方法：全球数据集 [M]. 冯燕奇，叶光，聂巧平，译. 北京：机械工业出版社，2009.

1. 散点图

我们用 X 代表推销电话次数，用 Y 代表复印机的销售数量，将数据录入 EViews 之后，依次选中变量 X 和 Y，点右键"Open/as Group/view/Graph/Scatter/Simple Scatter"，便生成了散点图，如图 3-6 所示。

由图 3-6 可以看出，推销电话次数和复印机的销售数量之间大致呈现一次函数关系，由此，我们采用一次函数来表示它们之间的关系，建立的回归方程为

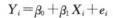

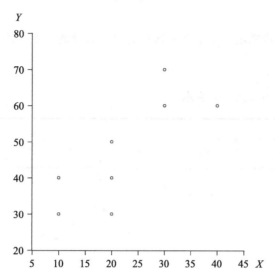

图 3-6 推销电话次数和复印机销售数量的散点图（EViews）

2. 最小二乘法

下面采用最小二乘法来估计参数 β_0 和 β_1 的值。依次选中变量 Y 和 X，点右键"Open/as Equation"，点击"OK"便得到最小二乘法的估计结果，如表 3-3 所示。

表 3-3 最小二乘法的估计结果（EViews）

Dependent Variable: Y				
Method: Least Squares				
Date: 22/12/17 Time: 17:30				
Sample: 1 10				
Included observations: 10				
Variable	Coefficient	Std. Error	t-Statistic	Prob.
X	1.184 211	0.359 141	3.297 345	0.010 9
C	18.947 37	8.498 819	2.229 412	0.056 3
R-squared	0.576 102	Mean dependent var		45.000 00
Adjusted R-squared	0.523 115	S. D. dependent var		14.337 21
S. E. of regression	9.900 824	Akaike info criterion		7.599 969
Sum squared resid	784.210 5	Schwarz criterion		7.660 487
Log likelihood	−35.999 85	Hannan-Quinn criter.		7.533 582
F-statistic	10.872 48	Durbin-Watson stat		2.158 866
Prob (F-statistic)	0.010 902			

根据表 3-3 对应的参数估计结果，写出相应的表达式为

$$Y_i = 18.95 + 1.18 X_i$$

需要注意的是，尽管从估计出的回归方程可以看出推销电话次数和复印机的销售数量之间存在正相关关系，但是这能否说明推销电话越多复印机销售量越大，答案是否定的。因为我们不能仅仅根据相关系数来判断变量间的因果关系。

此外，在 Stata 中以上过程也能轻松实现。在此仅进行简单的介绍，更多更具体的运用将会在之后的章节中体现。

同样，对于本例，推销电话次数和复印机的销售数量的散点图绘制可通过命令

-scatter Y X

来实现，得到散点图如图 3-7 所示。

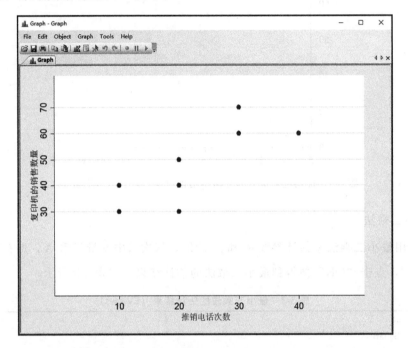

图 3-7　推销电话次数和复印机销售数量的散点图（Stata）

最小二乘法的回归分析通过命令

-reg Y X

来实现，得到回归结果如图 3-8 所示。

```
. reg Y X

      Source |       SS       df       MS              Number of obs =      10
-------------+------------------------------           F(  1,     8) =   10.87
       Model |  1065.78947     1   1065.78947          Prob > F      =  0.0109
    Residual |  784.210526     8   98.0263158          R-squared     =  0.5761
-------------+------------------------------           Adj R-squared =  0.5231
       Total |        1850     9   205.555556          Root MSE      =  9.9008

-----------------------------------------------------------------------------
           Y |      Coef.   Std. Err.      t    P>|t|     [95% Conf. Interval]
-------------+---------------------------------------------------------------
           X |   1.184211    .3591406     3.30   0.011     .3560307    2.01239
       _cons |   18.94737    8.498819     2.23   0.056    -.6509423   38.54568
-----------------------------------------------------------------------------
```

图 3-8　最小二乘法的估计结果

思考与练习

1. 请解释下列名词：散点图 残差项 正规方程组
2. 试阐述普通最小二乘法（OLS）的基本思想。
3. 从经济学角度和现实角度思考，为什么要将 e_i 包含在模型中？
4. 表 3-4 列出了中国 1990～2016 年的财政收入 Y 和国内生产总值 GDP 的统计数据。请利用本章所学内容和 EViews 软件，完成如下要求：
   (1) 画出 GDP 与财政收入 Y 的散点图。
   (2) 根据散点图，请说明这两个变量之间存在什么关系。
   (3) 利用最小二乘法估计出财政收入与 GDP 之间的数量关系。
   (4) 对估计出的参数的经济意义进行解释。
5. 表 3-5 列出的是美国七大软饮料品牌的销量（Y）和广告费用（X）的相关数据。试分析广告费用对美国七大软饮料品牌销量的影响，利用最小二乘法做数量分析，并说明分析结果的经济意义。
6. 为研究中国的商品零售价格和国内生产总值之间的相互依存关系，根据表 3-6 分析 1990～2015 年的中国商品零售价格指数（RPI）与国内生产总值指数（GDP Index）的有关数据。试利用最小二乘法估计这两者之间的关系，并说明分析结果的经济意义。

表 3-4 我国财政收入与国内生产总值

年 份	Y（亿元）	GDP（亿元）	年 份	Y（亿元）	GDP（亿元）
1990	2 937.10	18 872.9	2004	26 396.47	161 840.2
1991	3 149.48	22 005.6	2005	31 649.29	187 318.9
1992	3 483.37	27 194.5	2006	38 760.20	219 438.5
1993	4 348.95	35 673.2	2007	51 321.78	270 232.3
1994	5 218.10	48 637.5	2008	61 330.35	319 515.5
1995	6 242.20	61 339.9	2009	68 518.30	349 081.4
1996	7 407.99	71 813.6	2010	83 101.51	413 030.3
1997	8 651.14	79 715.0	2011	103 874.43	489 300.6
1998	9 875.95	85 195.5	2012	117 253.52	540 367.4
1999	11 444.08	90 564.4	2013	129 209.64	595 244.4
2000	13 395.23	100 280.1	2014	140 370.03	643 974.0
2001	16 386.04	110 863.1	2015	152 269.23	689 052.1
2002	18 903.64	121 717.4	2016	159 604.97	744 127.2
2003	21 715.25	137 422.0			

资料来源：国泰安 CSMAR 数据库（http://www.gtarsc.com）。

表 3-5 销售量与广告费用的相关数据

品牌名称	Y（100 万箱）	X（100 万美元）
可口可乐（Coca-cola）	1 929.3	131.3
百事可乐（Pepsi-cola）	1 384.6	92.4
健怡可乐（Diet-coke）	811.4	60.4
雪碧（Sprite）	541.5	55.7
胡椒博士可乐（Dr. Pepper）	546.9	40.2
激浪（Mountain Dew）	535.6	29.0
七喜（Seven-Up）	219.5	11.6

资料来源：戴维 R. 安德森. 商务与经济统计 [M]. 张健华, 王健, 聂巧平, 译. 北京：机械工业出版社, 2001.

表 3-6 商品零售价格和国内生产总值数据

年 份	RPI (1978=100)	GDP Index (1978=100)	年 份	RPI (1978=100)	GDP Index (1978=100)
1990	207.7	281.9	2003	346.7	989.0
1991	213.7	308.1	2004	356.4	1 089.0
1992	225.2	351.9	2005	359.3	1 213.1
1993	254.9	400.7	2006	362.9	1 367.4
1994	310.2	453.0	2007	376.7	1 562.0
1995	356.1	502.6	2008	398.9	1 712.8
1996	377.8	552.5	2009	394.1	1 873.8
1997	380.8	603.5	2010	406.3	2 073.1
1998	370.9	650.8	2011	426.2	2 270.8
1999	359.8	700.7	2012	434.7	2 449.2
2000	354.4	760.2	2013	440.8	2 639.2
2001	351.6	823.6	2014	445.2	2 831.8
2002	347.0	898.8	2015	445.6	3 027.2

资料来源：国泰安 CSMAR 数据库（http://www.gtarsc.com）。

第4章
一元线性回归

回归分析是在变量间相关关系的基础上,根据样本观测值来考察被解释变量的期望值与解释变量的关系。最简单的回归分析是一元回归分析,它是多元回归分析的基础。

4.1 传统假设下的一元线性回归模型

4.1.1 回归分析的基本概念

回归分析是研究一个变量关于另一个变量的依赖关系的理论和方法,其用意是通过后者的已知或设定值,去估计或者预测前者的(总体)均值。其中,前一个变量称为被解释变量(explained variable)或者因变量(dependent variable),后一个变量称为解释变量(explanatory variable)或者自变量(independent variable)。有一点需要明确的是,回归分析只是检验解释变量与被解释变量之间的相关关系,并不能说明解释变量就是原因而被解释变量就是结果。变量之间是否存在因果关系必须建立在一定的经济理论的基础之上。

4.1.2 总体回归函数和样本回归函数

1. 总体回归函数

在解释变量 X_i 确定的情况下,被解释变量 Y_i 的期望轨迹称为**总体回归线**(population regression line),其相应的函数形式

$$E(Y|X_i) = f(X_i) \tag{4-1}$$

称为**总体回归函数**(population regression function,PRF),或称条件期望函数(conditional expectation function,CEF)。

总体回归函数描述了被解释变量的均值随解释变量变化的规律,至于总体回归函数应该采用什么形式,需要考察总体所固有的特征。然而,在实际研究过程中很难将整个总体值用于分析,因此,这是一个重要的实践经验问题。在确定总体回归函数的时候,可以从理论上对变量之间的关系做出假设,拟定初步的近似形式,然后建立函数关系。例如,前

面我们把人均居民消费水平与人均 GDP 看作线性关系，则方程（4-1）可写为

$$E(Y|X_i) = \beta_0 + \beta_1 X_i \tag{4-2}$$

式中，β_0 和 β_1 是待估参数，称为**回归系数**（regression coefficients）。方程（4-2）本身则称为**线性总体回归函数**。值得注意的是，经典线性回归中涉及的线性指的是 Y 的条件期望是参数 β 的线性函数，而非解释变量的线性函数。例如，在实际研究当中，可能遇到形如

$$E(Y|X_i) = \beta_0 + \beta_1 X_i^2 \tag{4-3}$$

或与此类似的函数形式。很容易看出，它不是解释变量的线性函数，因为解释变量的指数为 2。但它却是参数 β 的线性函数，因为其指数为 1，该函数同样属于经典线性回归的范畴。事实上，我们可以采用换元的思想，将解释变量换成一次方。

2. 随机干扰项

总体回归函数描述了被解释变量的均值随解释变量变动的规律，但在绝大多数情况下被解释变量总是受多种因素影响的，而这些因素不一定全部被包括在模型中，因此，解释变量与被解释变量之间不是一一对应的函数关系，而是一种相关关系。通过方程（4-2）右边计算出的值与被解释变量的期望值 $E(Y|X_i)$ 往往存在一定偏离，称为**离差**（deviation），它是一个不可观测的随机变量，又称为**随机干扰项**（stochastic disturbance）或**随机误差项**（stochastic error）。加入随机干扰项后，方程（4-2）可以改写为

$$Y_i = \beta_0 + \beta_1 X_i + \mu_i \tag{4-4}$$

方程（4-4）称为总体回归函数的随机设定形式，它表明了被解释变量不仅受到解释变量的影响，还受到解释变量之外的诸多因素的影响，随机干扰项 μ_i 便是这些因素的综合代表。当方程（4-4）引入了随机干扰项后，就成为计量经济学模型，因此，方程（4-4）也称为**总体回归模型**（population regression model）。

随机干扰项的内容非常丰富，在计量经济学模型的建立中起着至关重要的作用，它主要代表以下信息。

(1) 代表未知的影响因素。尽管回归模型是建立在一定理论基础上的，然而理论往往是不完全的。也许还存在目前尚未认知的因素。例如某个理论说明了 X 是影响 Y 的因素，但并没有说明 X 是影响 Y 的全部因素，基于这个理论建立的计量经济学模型就只能反映 X 对 Y 的影响，而其他因素对 Y 的影响却是未知的，因此，有必要采用随机干扰项来代表未知的影响因素。

(2) 代表缺失的数据。有时在建立计量经济学模型时，我们明知一些因素会影响被解释变量，但由于数据的限制，不得不在模型中剔除这些因素。例如，在分析居民消费的时候，明知消费习惯是影响居民消费的一个重要因素，但这方面的数据基本上无法获取，因此，不得不省略这个因素，将其归入随机干扰项。

(3) 代表众多次要变量。在影响被解释变量的诸多因素中，有一些变量是非常次要的，即使几个变量综合起来其影响效应也是非常小的。于是，为了模型的简练，并从收集数据

成本方面考虑，往往会忽略掉影响作用很小的变量，将其归入随机干扰项。

（4）代表数据的测量误差。在进行计量分析时采用的观测数据，往往是不完全准确的，常常存在或大或小的测量误差，这些误差也被归入了随机干扰项。

（5）代表模型设定误差。由于经济现象的复杂性，模型的真实函数形式往往难以准确把握，在一元回归中尚可通过散点图来观察被解释变量和解释变量的关系，从而推测采用哪种函数形式，然而在多元回归模型中就不易得出一个多维的散点图来直接观察函数的形式。因而在确定函数形式时很容易出现偏差。随机干扰项包含了这种模型设定的偏差。

（6）变量的内在随机性。即使所有的影响因素都纳入模型当中，所有的观测数据都不存在测量误差，但是由于某些变量存在内在的随机性，我们无论如何也解释不了，而这种随机性又会对被解释变量产生随机性影响，因而这种随机性只能被归入随机干扰项中。

3. 样本回归函数

细心的读者会发现，前面的讨论都是基于特定的解释变量 X 和对应的被解释变量 Y 的总体，即讨论总体被解释变量随特定解释变量的平均变化规律。然而在现实当中，总体的信息往往是无法全部获取的，也就是说总体回归函数实际上是未知的。因此，在计量分析中，常常是通过抽样获取总体的一个样本，再通过样本的信息来估计总体回归函数。

在总体中随机抽取一个样本，对该样本作散点图，并用一条直线尽可能地拟合该散点图。由于样本取自总体，因此，可以采用这条线来近似代表总体回归线。该线称为**样本回归线**（sample regression lines），其函数形式

$$\hat{Y}_i = \hat{\beta}_0 + \hat{\beta}_1 X_i \tag{4-5}$$

称为**样本回归函数**（sample regression function，SRF）。方程（4-5）可以认为是方程（4-4）的近似替代，这样 $\hat{Y}_i$ 就是 Y_i 的估计量，$\hat{\beta}_0$ 是 β_0 的估计量，$\hat{\beta}_1$ 是 β_1 的估计量。将方程（4-5）式转化为随机形式

$$Y_i = \hat{\beta}_0 + \hat{\beta}_1 X_i + e_i \tag{4-6}$$

式中，e_i 称为残差项（residual），可以被看作是随机干扰项 μ_i 的估计值。在加入了随机干扰项后，方程（4-6）就成为计量经济学模型，称为**样本回归模型**（sample regression model）。

回归分析事实上就是在构造一个样本回归函数，使其尽量接近总体回归函数，图 4-1 描述了总体回归线和样本回归线之间的关系。本书后面部分涉及的回归分析都是指针对样本回归模型的分析。

4.2 一元线性回归模型的基本假设

回归分析的主要目的就是通过样本回归函数尽量准确地估计总体回归函数，常用的方法就是

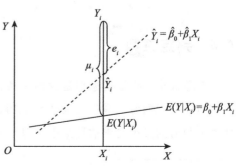

图 4-1　总体回归线与样本回归线的关系

第 3 章介绍的普通最小二乘法（OLS）。为了使普通最小二乘法估计出的结果具有良好的性质，通常要对模型提出若干假设，只有在满足这些假设的前提下，普通最小二乘法才是适用的估计方法；否则，最小二乘法将不再适应，必须发展其他的估计方法。因此，严格地说，以下假设主要是针对普通最小二乘法的，而不是针对模型本身的。

假设 1：解释变量 X_i 是确定性变量，不是随机变量，而且在重复抽样中取固定值。

假设 2：随机干扰项具有零均值、同方差的特性。即

$$E(\mu_i) = 0, \text{Var}(\mu_i) = \sigma^2 \quad i = 1, 2, \cdots, n$$

也就是说，对于每个样本点，随机干扰项的均值都为零，方差都相同。

假设 3：随机干扰项相互独立，即

$$\text{Cov}(\mu_i, \mu_j) = 0 \quad i \neq j \quad i, j = 1, 2, \cdots, n$$

也就是说任意两个样本点上的随机干扰项是不相关的。

假设 4：随机干扰项与解释变量 X_i 之间不相关，即

$$\text{Cov}(X_i, \mu_i) = 0 \quad i = 1, 2, \cdots, n$$

假设 5：随机干扰项服从零均值、同方差的正态分布，即

$$\mu_i \sim N(0, \sigma^2)$$

以上假设称为线性回归模型的**经典假设**或**高斯假设**，满足以上假设的线性回归模型称为**经典线性回归模型**（classic liner regression model，CLRM）。只有满足了上述条件，普通最小二乘法的估计结果才是可靠的。

4.3　最小二乘估计值的特征

在满足经典假设的前提下，普通最小二乘法的估计结果具有非常优良的性质，即线性性、无偏性和最小方差性（有效性），是**最佳线性无偏估计量**（best linear unbiased estimator，BLUE），这就是著名的**高斯-马尔科夫定理**（Gauss-Markov theorem）。

线性性是指 $\hat{\beta}_0$ 和 $\hat{\beta}_1$ 是随机变量 Y 的线性函数，当然也是随机干扰项 μ 的函数。无偏性是指参数估计值 $\hat{\beta}_0$ 和 $\hat{\beta}_1$ 的期望与其真实值是一致的。最小方差性（有效性）是指最小二乘估计量的方差小于其他任何一个无偏估计量的方差，是最小的方差。[⊖]

4.4　判定系数

普通最小二乘法的思想是找出一条拟合曲线，使残差平方和达到最小，也就是说对于所有的样本观测值，最小二乘法都能得出最佳线性无偏估计量。尽管图 4-2 中的直线都是样本观测值的最小二乘估计结果，但是显然图 4-2b 中的样本回归线更能反映变量间的变化

⊖　其证明过程可参考：邓翔，杜江，张蕊．计量经济学［M］．成都：四川大学出版社，2002。

规律，而图 4-2a 则不然。事实上，即使将毫无规律的点散布于坐标系中，最小二乘法也能找出一条样本回归线来，而这样的样本回归线是毫无意义的。因此，需要对样本回归线反映变量间变化规律的程度，即**拟合优度**进行检验。

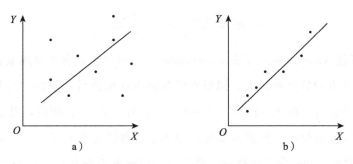

图 4-2 最小二乘法（OLS）的样本回归线

假设样本回归直线 $\hat{Y}_i = \hat{\beta}_0 + \hat{\beta}_1 X_i$ 是由一组样本观测值 $(X_i, Y_i)(i=1, 2, \cdots, n)$ 得出，则 Y 的第 i 个观测值 Y_i 与样本均值 $\overline{Y}$ 的离差 $y_i = Y_i - \overline{Y}$ 可以做如下分解

$$y_i = Y_i - \overline{Y} = (Y_i - \hat{Y}_i) + (\hat{Y}_i - \overline{Y}) = e_i + \hat{y}_i \tag{4-7}$$

图 4-3 显示了这种分解过程，其中，$\hat{y}_i = (\hat{Y}_i - \overline{Y})$ 是回归拟合值与观测值 Y_i 的平均值之差，我们可以把这部分看作回归线能够解释总离差 $y_i = Y_i - \overline{Y}$ 的部分；$e_i = Y_i - \hat{Y}_i$ 是实际观测值与回归拟合值之差，该部分不能被回归直线解释。当 Y_i 落在样本回归线上时，Y 的第 i 个观测值与样本均值的离差全部来自于回归拟合值与样本观测值 Y_i 的平均值之差，即在此点处完全拟合。

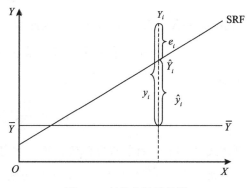

图 4-3 离差分解示意图

对所有的样本点，所有点的样本观测值与样本均值的离差平方和为

$$\sum y_i^2 = \sum \hat{y}_i^2 + \sum e_i^2 + 2\sum \hat{y}_i e_i \tag{4-8}$$

因为，根据方程（3-10），有

$$\sum \hat{y}_i e_i = \sum (\hat{Y}_i - \overline{Y}) e_i = \sum (\hat{\beta}_0 + \hat{\beta}_1 X_i - \overline{Y}) e_i = \hat{\beta}_0 \sum e_i + \hat{\beta}_1 \sum e_i X_i - \overline{Y} \sum e_i = 0$$

所以

$$\sum y_i^2 = \sum \hat{y}_i^2 + \sum e_i^2 \tag{4-9}$$

习惯上，令 $\sum y_i^2 = TSS$，称之为**总离差平方和**（total sum of squares），用于反映样本观测值总体离差的大小；令 $\sum \hat{y}_i^2 = ESS$，称之为**回归平方和**（explained sum of squares），用于反映能被解释变量所解释的那部分离差的大小；令 $\sum e_i^2 = RSS$，称之为**残差平方和**（residual sum of squares），用于反映不能被解释变量解释的那部分离差的大小。于是，式（4-9）就反映了这样一个事实：样本观测值 Y_i 与其均值的总离差平方和可以分解为两部分，

一部分来自于围绕样本回归线的离散程度,另一部分来自于随机势力。由此,我们就可以用来自样本回归线的那部分离差平方和与总离差平方和的比值来衡量样本回归线对样本观测值的拟合程度,称之为拟合优度,用 R^2 表示,即

$$R^2 = \frac{ESS}{TSS} = 1 - \frac{RSS}{TSS} \tag{4-10}$$

R^2 被称为**判定系数**(coefficient of determination),有些书上也称为**可决系数**。显然,回归平方和占总离差平方和的比重越大,回归直线与样本点拟合得就越好。当 $R^2=1$ 时,表明模型与观测值完全拟合,即 $Y=\hat{Y}$;当 $R^2=0$ 时,因为 $\sum \hat{y}^2=0$,所以,对于 Y 的所有观测值,都取样本观测值的均值。然而在实际运用当中这些情况罕有发生。毋庸置疑的是,R^2 越接近于 1,说明模型的拟合优度越高。事实上,回归离差平方和 $\sum \hat{y}^2$ 越大,R^2 越趋近于 1。由于 $\sum \hat{y}^2$ 中含有解释变量 X 的信息,所以,它的变化是由解释变量 X 引起的。因此,R^2 越大意味着 X 对 Y 的解释能力就越强。

由于

$$ESS = \sum \hat{y}_i^2 = \sum (\hat{\beta} x_i)^2 = \hat{\beta}^2 \sum x_i^2$$

式中,$x_i = X_i - \overline{X}$,$\hat{y}_i = \hat{Y}_i - \overline{Y}$,因此有

$$\hat{y}_i = \hat{Y}_i - \overline{Y} = \hat{\beta}_0 + \hat{\beta}_1 X_i - \hat{\beta}_0 - \hat{\beta}_1 \overline{X} = \hat{\beta}_1 (X_i - \overline{X}) = \hat{\beta}_1 x_i$$

于是

$$R^2 = \frac{\hat{\beta}^2 \sum x_i^2}{\sum y_i^2} = \frac{(\sum x_i y_i)^2}{\sum x_i^2 \sum y_i^2} = r^2 \tag{4-11}$$

利用式(4-11),就能很方便地计算出判定系数,其中,r 代表 X 与 Y 的相关系数。值得注意的是,式(4-11)只是对一元回归分析而言的。

事实上,判定系数一般都用不着研究者自己去计算,因为 EViews 直接就给出了判定系数的值,图 3-5 中的 R-squared 对应的数值就是判定系数的输出结果。其值为 0.988 88,非常接近于 1,说明模型的拟合优度非常高。

4.5 最小二乘回归的若干重要结论

在满足经典假设下,就可以采用最小二乘法得出回归模型的 OLS 估计量。然而,OLS 估计量是随机变量,其值会随着样本的不同而变化。因此,就有必要了解这些估计量的抽样差异性,即它们是如何随着样本的变化而变化的。这种差异性一般是采用方差和标准差来衡量的。式(4-12)~式(4-15)给出了 OLS 估计量 $\hat{\beta}_0$ 和 $\hat{\beta}_1$ 的方差和标准差。⊖

⊖ 证明过程可参考:达摩达尔 N 古扎拉蒂. 计量经济学基础(原书第 4 版)[M]. 费剑平,孙春霞,等译. 北京:中国人民大学出版社,2005.

$$\text{Var}(\hat{\beta}_0) = \frac{\sum X_i^2}{n \sum x_i^2} \sigma^2 \tag{4-12}$$

$$\text{Se}(\hat{\beta}_0) = \sqrt{\text{Var}(\hat{\beta}_0)} \tag{4-13}$$

$$\text{Var}(\hat{\beta}_1) = \frac{\sigma^2}{\sum x_i^2} \tag{4-14}$$

$$\text{Se}(\hat{\beta}_1) = \sqrt{\text{Var}(\hat{\beta}_1)} \tag{4-15}$$

式中，Var 表示方差，Se 表示标准差，σ^2 表示随机干扰项 μ 的方差，n 表示样本观测值的个数。根据经典假设，随机干扰项的方差是一个常数。

从式（4-12）和式（4-14）可知，要计算参数估计值的方差，必须要知道随机干扰项的方差 σ^2。然而，随机干扰项的方差 σ^2 实际上是未知的，因为随机干扰项 μ_i 是不可观测的，因此，只能从 μ_i 的估计值，即残差 e_i 来估计随机干扰项的总体方差 σ^2。可以证明 σ^2 的最小二乘估计量为⊖

$$\hat{\sigma}^2 = \frac{\sum e_i^2}{n-2} \tag{4-16}$$

式中，n 为观测值的个数。

式（4-13）和式（4-15）的值都可以由 EViews 直接输出，如图 3-5 所示，Std. Error 的值便是相应参数的标准差，将 Std. Error 的值平方就可以得出式（4-12）和式（4-14）的结果。图 3-5 中的 S. E. of regression 的值就是 $\hat{\sigma}^2$ 的正平方根，只要求这个值的平方便是式（4-16）的结果。

4.6 参数显著性检验 t 检验

事实上，判定系数 R^2，只是对模型的线性关系是否成立给出了一个模糊的推测，而没有在统计上给出严格的结论，因此，有必要对变量进行显著性检验（也称为参数估计值的显著性检验）。

显著性检验的思想是：若变量 X 是显著的影响被解释变量 Y，那么，其对应的参数 β_1 应该显著的不为零。根据数理统计学知识，用于进行显著性检验的方法主要有三种：t 检验、F 检验和 z 检验，其中，运用最广泛的是 t 检验。

4.6.1 t 检验

为了检验参数估计值是否显著为零，采取如下步骤进行检验。

第 1 步：提出原假设 H_0 和备择假设 H_1。通常，研究者都将不期望出现的情况作为原

⊖ 证明过程可参考：达摩达尔 N 古扎拉蒂. 计量经济学基础（原书第 4 版）[M]. 费剑平，孙春霞，等译. 北京：中国人民大学出版社，2005.

假设，其对立的情况作为备择假设，在此，若为双侧 t 检验，则原假设和备择假设分别为

$$H_0: \beta_i = 0$$
$$H_1: \beta_i \neq 0$$

若为单侧检验，则根据问题需要，提出原假设 H_0 和备择假设 H_1。以零为中心的原假设 $H_0: \beta_i = 0$，而备择假设为 $H_1: \beta_i > 0$ 或 $H_1: \beta_i < 0$。

第 2 步：构造 t 统计量

$$t = \frac{\hat{\beta}_i - \beta_i}{\mathrm{Se}(\hat{\beta}_i)} = \frac{\hat{\beta}_i}{\mathrm{Se}(\hat{\beta}_i)} \sim t(n-2) \quad i = 0, 1 \tag{4-17}$$

第 3 步：获取给定显著水平 α 下的临界值。

给定一个显著水平 α，比如 5%（常见的显著水平有 1%、5%、10%），来表示原假设 H_0 成立的概率，查 t 分布表，会得到一个临界值 $t_{\alpha/2}(n-2)$。若 $|t| > t_{\alpha/2}(n-2)$（注意：此处的 t 值是在 $\beta_i = 0$ 的情况下计算出来的），则说明在 $1-\alpha$ 的置信度下拒绝原假设 H_0，说明变量 X（人们习惯上把常数项看作一个始终取值为 1 的常变量）通过了显著性检验，是显著的；若没有发生 $|t| > t_{\alpha/2}(n-2)$ 的情况，则说明在 $1-\alpha$ 的置信度下接受了原假设 H_0，说明变量 X 没有通过显著性检验，是不显著的。

第 4 步：比较 t 统计量与临界值 $t_{\alpha/2}(n-2)$，得出结论如图 4-4 所示。分别令 $i=0$，$i=1$ 就可对一元回归模型的参数估计值进行显著性检验。

检验参数估计值是否显著为零，也可采取 P 值法决策。如果 P 值大于给定的显著水平，则不能拒绝参数真值为零的原假设；否则拒绝原假设，接受备择假设，表明对应的解释变量在给定显著水平下对被解释变量具有显著的影响。

t 统计量的值也可由 EViews 直接输出，图 3-5 中的 t-Statistic 所对应的值便是 t 统计量的值。在实际应用过程中，没有必要依照 t 统计量的值去查 t 分布表，直接依据图 3-5 中的 Prob

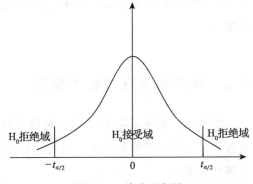

图 4-4 t 检验示意图

对应的值来判断即可。图 3-5 中的 Prob 值表示 t 检验的原假设 H_0 成立的概率，也就是说对应参数真值为零的概率。通过这一统计量就可方便地判断是拒绝还是接受参数真值为零的假设，一般来说，当 Prob 值低于 0.1（0.05，0.01）时就说明对应参数在 10%（5%，1%）的显著水平下显著不为零。如果在 1% 的显著水平下，参数显著不为零的话，则在 5% 或 10% 的显著水平下参数一定显著不为零。图 3-5 中 Prob 值几乎为零，小于 0.01，说明参数显著不为零。

4.6.2 参数的置信区间

通过了显著性检验后，我们还可能会关心参数估计值的可信程度，即参数估计值与其

真值究竟有多接近。一方面，根据式（4-17）可以得到 t 统计量，另一方面在给定显著水平 α 下，通过 t 分布表可以得到临界值 $t_{\alpha/2}$。从图 4-4 中可以看出，t 值落在区间（$-t_{\alpha/2}$，$t_{\alpha/2}$）的概率为（$1-\alpha$），由此即有

$$P(-t_{\alpha/2} < t < t_{\alpha/2}) = 1 - \alpha \tag{4-18}$$

把式（4-17）中的 t 统计量代入式（4-18），则有

$$P\left(-t_{\alpha/2} < \frac{\hat{\beta}_i - \beta_i}{\text{Se}(\hat{\beta}_i)} < t_{\alpha/2}\right) = 1 - \alpha \tag{4-19}$$

式（4-19）可以进一步地改写为

$$P(\hat{\beta}_i - t_{\alpha/2} \times \text{Se}(\hat{\beta}_i) < \beta_i < \hat{\beta}_i + t_{\alpha/2} \times \text{Se}(\hat{\beta}_i)) = 1 - \alpha \tag{4-20}$$

式（4-20）中的区间（$\hat{\beta}_i - t_{\alpha/2} \times \text{Se}(\hat{\beta}_i) < \beta_i < \hat{\beta}_i + t_{\alpha/2} \times \text{Se}(\hat{\beta}_i)$）称为**参数的置信区间**（confidence interval），它衡量了参数估计值与其真值的接近程度。

显然，置信区间越小，参数估计值越接近其真值。那么如何才能缩小置信区间呢？采取的方式有以下两种。

（1）增大样本容量 n。从式（4-20）可以看出，一方面，当样本容量 n 增大时，在给定显著水平下，临界值必然会减小，在参数统计量不变的条件下，置信区间就会缩小；另一方面，当样本容量 n 增大时，一般来讲，随机干扰项的方差会减小，使得参数估计值的方差变小，即参数估计量的标准差减小，这样通过参数估计量与临界值共同变化的作用，置信区间缩小。

（2）提高模型的拟合优度。模型拟合优度越高，意味着残差平方和越小，综合式（4-13）、式（4-15）和式（4-16）的结果可以得到，参数估计值的方差越小，标准差也越小，置信区间也就越小。

结合前面 EViews 的运算结果，就能很容易地计算出参数的置信区间。

4.7 预测

计量经济学除了测度和验证之外，还有一个作用就是预测。所谓预测，就是指在参数估计和显著性检验后，运用解释变量的某一特定值，根据回归方程所描述的变化规律推测被解释变量的值。对被解释变量的预测主要有点预测和区间预测两种。

1. 点预测

点预测就是给定解释变量 X 的某一特定值 X_0，直接利用回归方程来估计被解释变量 Y_0 的值。假设回归方程为

$$\hat{Y}_i = \hat{\beta}_0 + \hat{\beta}_1 X_i \tag{4-21}$$

当解释变量 X 取值为 X_0 时，$\hat{Y}_0 = \hat{\beta}_0 + \hat{\beta}_1 X_0$ 就是对 Y_0 的预测值，这是对 Y_0 的单个值进行的预测。

实际上，点预测估计出的 $\hat{Y}_0$ 仅仅是被解释变量的预测值的估计值，而非其预测值。这是因为：一是参数估计值本身就是随机变量，是不确定的；二是受随机干扰项的影响。因此，点估计得到的只是预测值的一个估计值，预测值的真值处于在某一置信度下以该预测值为中心的一个区间中。

2. 区间预测

区间预测就是在一定的显著水平下找出预测值真值所在区间。

记 e_0 是预测值 $\hat{Y}_0$ 与其真值 Y_0 之差，即预测误差。可以证明（证明过程略）

$$e_0 \sim N\left(0, \sigma^2\left(1 + \frac{1}{n} + \frac{(X_0 - \overline{X})^2}{\sum x_i^2}\right)\right) \tag{4-22}$$

在式（4-22）中用 $\hat{\sigma}^2$ 代替未知的 σ^2，即可对 e_0 构造 t 统计量

$$t = \frac{\hat{Y}_0 - Y_0}{\mathrm{Se}(e_0)} \sim t(n-2) \tag{4-23}$$

在给定显著水平 α 的情况下，可得临界值 $t_{\alpha/2}$，则有

$$P\left(-t_{\alpha/2} < \frac{\hat{Y}_0 - Y_0}{\mathrm{Se}(e_0)} < t_{\alpha/2}\right) = 1 - \alpha \tag{4-24}$$

进一步有

$$P(\hat{Y}_0 - t_{\alpha/2} \times \mathrm{Se}(e_0) < Y_0 < \hat{Y}_0 + t_{\alpha/2} \times \mathrm{Se}(e_0)) = 1 - \alpha \tag{4-25}$$

因此，在 $(1-\alpha)$ 的置信水平下，Y_0 的预测区间，即置信区间为

$$(\hat{Y}_0 - t_{\alpha/2} \times \mathrm{Se}(e_0) < Y_0 < \hat{Y}_0 + t_{\alpha/2} \times \mathrm{Se}(e_0)) \tag{4-26}$$

式中，

$$\mathrm{Se}(e_0) = \hat{\sigma}\sqrt{\left(1 + \frac{1}{n} + \frac{(X_0 - \overline{X})^2}{\sum x_i^2}\right)} \tag{4-27}$$

点预测很容易实现，直接把解释变量的值代入回归方程计算即可。区间预测的 t 统计量临界值可通过查表得到，最重要的是计算 $\mathrm{Se}(e_0)$ 的值。$\mathrm{Se}(e_0)$ 的值可通过生成序列的方法，逐步计算出 $\hat{\sigma}$、$\overline{X}$、$\sum x_i^2$ 的值，就可以计算出 $\mathrm{Se}(e_0)$ 的值。

4.8 案例分析

案例 4-1

我国自改革开放以来提出了"科教兴国"的战略决策，颁布了《国家中长期科学和技术发展规划纲要（2006—2020）》，从财政上加大了对科技的投入力度，使研究与开发投入强度稳定提高，高质量的论文和具有国际水平的专利在数量上不断增加，然而，这些科技成果有没有进入生产领域，促进经济增长呢？本案例正是基于这样的思考，对科技投入对经济增长的影响进行计量分析。表 4-1 是中国 1978~2007 年实际 GDP 及研究和开发支出

(R&D) 的数据，由于科技投入的资金没有价格指数，因此，本案例中，采用 GDP 平减指数进行转化。

表 4-1 我国实际 GDP 与 R&D

年份	实际 GDP（亿元）	实际 R&D（亿元）	年份	实际 GDP（亿元）	实际 R&D（亿元）
1987	8 533.62	52.39	1998	23 349.84	152.47
1988	9 498.78	56.51	1999	25 204.90	190.82
1989	9 893.68	65.39	2000	27 361.04	247.00
1990	10 296.08	69.18	2001	29 565.04	281.07
1991	11 233.83	82.24	2002	32 387.35	346.57
1992	12 813.89	94.25	2003	35 832.44	406.18
1993	14 565.26	102.23	2004	39 563.19	486.58
1994	16 474.40	104.68	2005	43 977.94	588.07
1995	18 012.09	103.31	2006	49 145.54	696.43
1996	19 847.94	112.79	2007	55 130.63	794.78
1997	21 758.76	140.28			

资料来源：中华人民共和国国家统计局，《中国统计年鉴——2008》，中国统计出版社，2008。

1. 作散点图并建立模型

我们以 $RGDP$ 表示实际 GDP，以 RD 表示研究与开发费用，将数据录入 EViews 后，在工作文件窗口下，依次选中两个变量 $RGDP$ 和 RD，进入主窗口，然后点击"View/Graph/Scatter/Simlpe Scatter"，就出现图 4-5 所示的散点图。

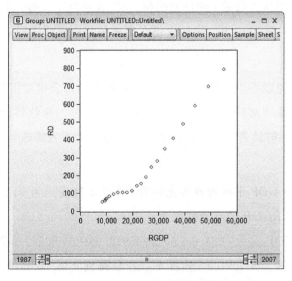

图 4-5 科技投入与经济发展关系的散点图

从图 4-5 显示的散点图来看，$RGDP$ 和 RD 之间是线性关系，基于此，本例建立如下一元回归模型

$$RGDP_i = \beta_0 + \beta_1 RD_i + \mu_i \tag{4-28}$$

接着在主窗口下点击"Quick/Estimate Equation"，在出现的对话框中的方程式中键入"RGDP C RD"，得到如表 4-2 所示的回归结果。

表 4-2 回归结果

Dependent Variable：RGDP
Method：Least Squares
Sample：1987 2007
Included observations：21

Variable	Coefficient	Std. Error	t-Statistic	Prob.
RD	60.194 49	3.066 471	19.629 89	0.000 0
C	9 668.901	1 010.223	9.571 057	0.000 0
R-squared	0.953 009	Mean dependent var		24 497.44
Adjusted R-squared	0.950 536	S. D. dependent var		13 820.63
S. E. of regression	3 073.784	Akaike info criterion		18.989 60
Sum squared resid	1.80E+08	Schwarz criterion		19.089 08
Log likelihood	−197.390 8	F-statistic		385.332 6
Durbin-Watson stat	0.111 495	Prob（F-statistic）		0.000 000

写出回归结果为

$$RGDP_i = 9\ 668.9 + 60.19 RD_i \tag{4-29}$$
$$(9.57) \quad (19.63)$$
$$R^2 = 0.953 \quad F = 385.33 \quad D.W. = 0.11$$

括号内数字表示对应参数的 t 统计量的值，R^2 表示判定系数，同时得出了 F 统计量和 $D.W.$ 统计量。F 统计量和 $D.W.$ 统计量将在后面的相应章节进行讲述。

2. 模型检验

从上面回归结果可以看出，$R^2=0.953$，说明模型的拟合优度很高。从截距项和斜率的参数估计值的 t 统计量所对应的 Prob 值都趋近于零来看，参数估计值为零的概率接近于零。也就是说，在 1‰ 的显著水平下，参数估计值是显著不为零的。

3. 预测

假设 2008 年经过 GDP 平减指数转化后的实际 R&D 支出为 912.05 亿元。则由上述回归方程可知，2008 年 $RGDP$ 的点预测值为

$$RGDP_{2008} = 9\ 668.9 + 60.19 \times 912.05 = 64\ 565.2（亿元）$$

下面进行区间预测。在 EViews 软件下，容易得到实际 GDP 的样本均值和样本方差。具体实现过程如下。

在估计出方程后，点击"Quick/Generate series"，键入"erd=@mean(rd)"（erd 为人为命名的代表样本均值的变量），点击"OK"后返回工作文件就可得到实际 R&D 的样本均值。同理，再点击"Quick/Generate series"，键入"vrd=@var(rd)"，（vrd 为人为命名的代表样本方差的变量），点击"OK"后返回工作文件就可得到实际 R&D 的样本方差，得出

$$erd = 246.34 \quad vrd = 47\,846.46$$

由式（4-26）可知，被解释变量 Y 的预测区间为

$$(\hat{Y}_0 - t_{\alpha/2} \times \text{Se}(e_0) < Y_0 < \hat{Y}_0 + t_{\alpha/2} \times \text{Se}(e_0))$$

在 95% 的置信水平下（显著水平 $\alpha=0.05$），查自由度为 19 的 t 分布表可知 $t_{\alpha/2}=2.093$，又根据式（4-27）有

$$\text{Se}(e_0) = \hat{\sigma}\sqrt{\left(1 + \frac{1}{n} + \frac{(X_0 - \overline{X})^2}{\sum x_i^2}\right)} \tag{4-30}$$

结合上面的计算结果和式（4-16）可知

$$\text{Se}(e_0) = \sqrt{\frac{1.80E+08}{21-2}} \times \sqrt{1 + \frac{1}{21} + \frac{(912.05 - 246.34)^2}{(21-1) \times 47\,846.46}} = 3\,778.05$$

上式用到了 $\sum x_i^2 = (n-1)\text{Var}(X)$（读者可自行证明）。把计算结果代入预测区间可知 2008 年实际 GDP 的预测区间为（56 657.74，72 472.66）。

案例 4-2

政府支出指一国（或地区）为了完成其公共职能，对购买的所需商品和劳务进行的各种财政资金的支付活动，是政府必须向社会付出的成本。经济增长给政府支出提供了资金来源。GDP 越高的地区，其财政支出也越高吗？为了验证这一想法，表 4-3 给出了 2015 年我国 31 个省、市和自治区 GDP 与政府支出的截面数据。我们运用一元线性回归模型来进行分析。

表 4-3　2015 年我国各地区生产总值与政府支出

地区	GDP（亿元）	政府支出（亿元）	地区	GDP（亿元）	政府支出（亿元）
北京	23 014.59	6 032.2	湖北	29 550.19	3 631.8
天津	16 538.19	2 162.5	湖南	28 902.21	3 744.3
河北	29 806.11	3 698.7	广东	72 812.55	8 772.7
山西	12 766.49	1 883.3	广西	16 803.12	2 232.9
内蒙古	17 831.51	2 227.6	海南	3 702.76	698.8
辽宁	28 669.02	2 625.6	重庆	15 717.27	1 837.8
吉林	14 063.13	1 565.8	四川	30 053.10	3 701.5
黑龙江	15 083.67	2 682.3	贵州	10 502.56	1 426.9
上海	25 123.45	3 764.9	云南	13 619.17	2 501.1
江苏	70 116.38	9 796.3	西藏	1 026.39	536.4
浙江	42 886.49	5 077.5	陕西	18 021.86	2 386.5
安徽	22 005.63	2 448.0	甘肃	6 790.32	1 294.3
福建	25 979.82	2 367.4	青海	2 417.05	597.3
江西	16 723.78	1 820.2	宁夏	2 911.77	575.7
山东	63 002.33	5 836.1	新疆	9 324.80	2 452.7
河南	37 002.16	5 001.7			

资料来源：中华人民共和国国家统计局，《中国统计年鉴——2016》，中国统计出版社，2015。

1. 作散点图并建立模型

我们以 GDP 表示地区国内生产总值,以 GE 表示政府支出,将数据录入 EViews 后,在工作文件窗口下,依次选中两个变量 GDP 和 GE,进入主窗口,然后点击"View/Graph/Scatter/Simple Scatter",就出现图 4-6 所示的散点图。

从图 4-6 显示的散点图来看,GDP 和 GE 之间是线性关系,基于此,本例建立如下一元回归模型

$$GE_i = \beta_0 + \beta_1 GDP_i + \mu_i \quad (4\text{-}31)$$

接着在主窗口下点击"Quick/Estimate Equation",在出现的对话框中的方程式中键入"GE C GDP",得到式(4-31)的回归结果,如图 4-7 所示。

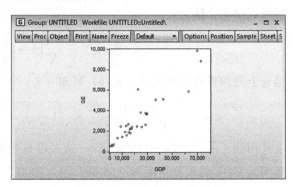

图 4-6 政府支出与经济发展关系的散点图

报告出的回归结果为

$$GE_i = 449 + 0.113 GDP_i \quad (4\text{-}32)$$
$$(1.88) \quad (13.85)$$

$R^2 = 0.869 \quad F = 191.71 \quad D.W. = 1.29$

括号内数字表示对应参数的 t 统计量的值,R^2、F 和 $D.W.$ 的含义与案例 4-1 相同。

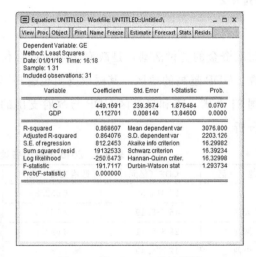

2. 模型检验

从上面回归结果可以看出,$R^2 = 0.869$,说明模型的拟合优度很高。从截距项和斜率的参数估计值的 t 统计量所对应的 Prob 值都趋近于零来看,参数估计值为零的概率接近于零。也就是说,在 1% 的显著水平下,参数估计值是显著不为零的。

图 4-7 式(4-31)估计结果

3. 预测

由于本案例用的是截面数据,因此只能用于预测 2015 年 GDP 与政府支出的关系,假设某省份 2015 年的生产总值为 20 000 亿元,则该省份的政府支出的点估计值为

$$GE = 449 + 0.113 \times 20\,000 = 2\,709 (亿元)$$

为了进行区间预测。在 EViews 软件下,采用案例 4-1 介绍的方法容易得到 GDP 的样本均值和样本方差。GDP 的均值和方差分别为

$$egdp = 23\,315.09 \quad vgdp = 321\,223\,238.81$$

由式(4-26)可知,被解释变量 Y 的预测区间为

$$(\hat{Y}_0 - t_{\alpha/2} \times \text{Se}(e_0) < Y_0 < \hat{Y}_0 + t_{\alpha/2} \times \text{Se}(e_0))$$

在 95% 的置信水平下（显著水平 $\alpha = 0.05$），查自由度为 29 的 t 分布表可知 $t_{\alpha/2} = 2.045$，又根据式（4-27）有

$$\text{Se}(e_0) = \hat{\sigma}\sqrt{\left(1 + \frac{1}{n} + \frac{(X_0 - \overline{X})^2}{\sum x_i^2}\right)} \tag{4-33}$$

结合上面的计算结果和式（4-16）可知

$$\text{Se}(e_0) = \sqrt{\frac{19\,132\,533}{31-2}} \times \sqrt{1 + \frac{1}{31} + \frac{(20\,000 - 23\,315.09)^2}{(31-1) \times 321\,223\,238.81}} = 825.70$$

把计算结果代入预测区间可知 2015 年 GE 的预测区间为（1 040.444，4 377.557）。

案例 4-3

一般公共预算支出是指是指国家以整个社会管理者身份取得的收入和用于维持公共需要、保障国家安全、维护社会稳定和秩序、发展社会公共事业的预算。经济增长为预算支出提供了资金来源。那么，一个国家的一般公共预算支出是否会随着 GDP 的增长而增加呢？表 4-4 是我国 1990～2015 年 GDP 与一般公共预算支出的数据。在这里我们运用一元线性回归模型，作为对比，此处通过 Stata 软件再次对 GDP 增长对一般公共预算支出增加的影响进行计量分析。

表 4-4 我国 GDP 与一般公共预算支出

年份	GDP（亿元）	预算支出（亿元）	年份	GDP（亿元）	预算支出（亿元）
1990	18 872.90	3 083.59	2003	137 422.00	24 649.95
1991	22 005.60	3 386.62	2004	161 840.20	28 486.89
1992	27 194.50	3 742.20	2005	187 318.90	33 930.28
1993	35 673.20	4 642.30	2006	219 438.50	40 422.73
1994	48 637.50	5 792.62	2007	270 232.30	49 781.35
1995	61 339.90	6 823.72	2008	319 515.50	62 592.66
1996	71 813.60	7 937.55	2009	349 081.40	76 299.93
1997	79 715.00	9 233.56	2010	413 030.30	89 874.16
1998	85 195.50	10 798.18	2011	489 300.60	109 247.79
1999	90 564.40	13 187.67	2012	540 367.40	125 952.97
2000	100 280.10	15 886.50	2013	595 244.40	140 212.10
2001	110 863.10	18 902.58	2014	643 974.00	151 785.56
2002	121 717.40	22 053.15	2015	689 052.10	175 877.77

1. 作散点图并建立模型

将数据录入 Stata 后，将 GDP 和一般公共预算支出的变量名称分别赋为 X 和 Y，以便于之后命令键入的操作。首先做出 GDP 与一般公共预算支出的散点图，如图 4-8 所示。命令如下

```
-scatter Y X
```

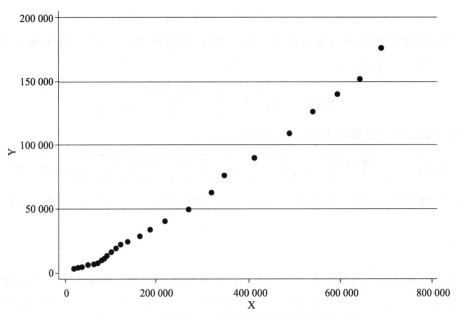

图 4-8　GDP 增长和一般公共预算支出关系的散点图

从图 4-8 显示的散点图来看，GDP（X）和一般公共预算支出（Y）之间是线性关系，基于此，本例建立一元回归模型为

$$Y_i = \beta_0 + \beta_1 X_i + \mu_i \tag{4-34}$$

接着对 X 和 Y 做一元线性回归，得到如图 4-8 所示的回归结果。命令如下

-reg Y X

```
. reg Y X

      Source |       SS       df       MS              Number of obs =      26
-------------+------------------------------           F(  1,    24) = 2889.58
       Model |  6.8410e+10     1  6.8410e+10           Prob > F      =  0.0000
    Residual |   568195405    24   23674808.5          R-squared     =  0.9918
-------------+------------------------------           Adj R-squared =  0.9914
       Total |  6.8978e+10    25   2.7591e+09          Root MSE      =  4865.7

           Y |      Coef.   Std. Err.      t    P>|t|     [95% Conf. Interval]
-------------+----------------------------------------------------------------
           X |   .2482497   .0046182    53.75   0.000     .2387182    .2577811
       _cons |  -8751.123   1415.974    -6.18   0.000    -11673.55   -5828.696
```

图 4-9　回归结果

写出回归结果为

$$Y_i = -8\,751.12 + 0.248 X_i \tag{4-35}$$
$$(-6.18) \quad (53.75)$$
$$R^2 = 0.992 \quad F = 2\,889.58$$

式（4-35）中，括号内数字表示对应参数的 t 统计量的值，判定系数 R^2 和 F 的含义与之前

案例的相同。

2. 模型检验

从上面回归结果可以看出，$R^2=0.9918$，说明模型的拟合优度很高。从截距项和斜率的参数估计值的 P 值都趋近于零来看，参数估计值为零的概率接近于零。也就是说，在 1% 的显著水平下，参数估计值是显著不为零的。

3. 预测

假设 2016 年的年度 GDP 为 744 127 亿元。则由上述回归方程可知，2016 年一般公共预算支出的点预测值为

$$Y_{2016}=-8\,751.12+0.248\times 744\,127=175\,792.38\text{（亿元）}$$

下面进行区间预测。在 Stata 软件下，容易得到 GDP 的样本均值和方差。一般公共预算支出的统计特征如图 4-10。命令如下

-summarize X

```
. summarize X

    Variable |      Obs        Mean    Std. Dev.       Min        Max
-------------+--------------------------------------------------------
           X |       26    226526.6    210718.1    18872.9    689052.1
```

图 4-10　变量 X 的统计特征

由式（4-26）可知，被解释变量 Y 的预测区间为

$$(\hat{Y}_0-t_{\alpha/2}\times\mathrm{Se}(e_0)<Y_0<\hat{Y}_0+t_{\alpha/2}\times\mathrm{Se}(e_0))$$

在 95% 的置信水平下（显著水平 $\alpha=0.05$），查自由度为 24 的 t 分布表可知 $t_{\alpha/2}=2.064$，又根据式(4-27)有

$$\mathrm{Se}(e_0)=\hat{\sigma}\sqrt{\left(1+\frac{1}{n}+\frac{(X_0-\overline{X})^2}{\sum x_i^2}\right)}$$

结合上面的计算结果和式（4-16）可知

$$\mathrm{Se}(e_0)=\sqrt{\frac{568\,195\,405}{26-2}}\times\sqrt{1+\frac{1}{26}+\frac{(744\,127-226\,526.6)^2}{(26-1)\times 210\,718.1^2}}=5\,504.48$$

把计算结果代入预测区间可知 2016 年一般公共预算支出的预测区间为

$$(164\,431.14,187\,153.62)$$

思考与练习

1. 请解释下列名词：总体回归函数　样本回归函数　随机干扰项　拟合优度　残差平方和　t 检验　F 检验。
2. 随机误差项 μ_i 和残差项 e_i 是一回事，为什么？
3. 线性回归模型是否意味着变量是线性的，为什么？
4. 是否可以认为总体回归函数给出了对应于

每一个解释变量的被解释变量的值?
5. 为什么要进行解释变量的显著性检验?
6. 经典线性回归模型有哪些基本假设?
7. 判断下列模型是否为线性回归模型:
   (1) $Y_i = \beta_0 + \beta_1 \dfrac{1}{X_i} + \mu_i$
   (2) $Y_i = \beta_0 + \beta_1 \ln X_i + \mu_i$
   (3) $\ln Y_i = \beta_0 + \beta_1 X_i + \mu_i$
   (4) $\ln Y_i = \beta_0 + \beta_1 \ln X_i + \mu_i$
   (5) $\ln Y_i = \beta_0 + \beta_1 \beta_2 \ln X_i + \mu_i$
   (6) $\ln Y_i = \beta_0 + \beta_1^2 \ln X_i + \mu_i$
8. 最小二乘回归有哪些性质?
9. 假设样本回归函数为: $\hat{Y}_i = \hat{\beta}_0 + \hat{\beta}_1 X_i + e_i$,试证明如下性质:
   (1) 估计值的均值等于真值的均值: $\overline{\hat{Y}} = \overline{Y}$。
   (2) 残差和为零: $\sum e_i = 0$。
   (3) 残差项与解释变量不相关: $\sum e_i X_i = 0$。
10. 对于计量经济学模型 $Y_i = \beta_0 + \beta_1 X_1 + \mu_i$,其最小二乘估计参数 β_1 的特性会因为以下情况受到何种影响:
    (1) 观测值数目增加一倍。
    (2) X_i 各观测值呈等差数列形式排列。
    (3) X_i 各观测值相等。
    (4) $E(\mu_i^2) = 0$。
11. 表 4-5 给出的是 2015 年我国各地区城镇就业人数与地区生产总值数据,请根据本章学习的知识完成下列要求:
    (1) 绘制地区生产总值与城镇就业人数的散点图。
    (2) 建立地区生产总值与城镇就业人数的一元回归模型。
    (3) 对回归结果进行拟合优度检验和 t 检验。
    (4) 解释斜率参数的经济意义。
12. 表 4-6 给出了 1990~2014 年我国进出口总额与国内生产总值的数据,请根据本章学习的知识回答下列问题。
    (1) 做进出口总额对国内生产总值的回归分析,并解释参数的经济意义。
    (2) 做拟合优度检验,并回答回归直线不能解释的部分有多大。
    (3) 做参数显著性检验并求出参数的置信区间。
    (4) 已知 2015 年的进出口总额为 39 530 亿元,请给出 2015 年国内生产总值的点预测值与区间预测值。

表 4-5 2015 年我国各地区城镇就业人数与地区生产总值数据

地区	城镇就业人数(万人)	地区生产总值(亿元)	地区	城镇就业人数(万人)	地区生产总值(亿元)
北京	1 415.7	23 014.59	湖北	1 564.9	29 550.19
天津	453.5	16 538.19	湖南	1 496.7	28 902.21
河北	1 073.5	29 806.11	广东	4 498.9	72 812.55
山西	712.6	12 766.49	广西	785.9	16 803.12
内蒙古	714.6	17 831.51	海南	244.0	37 02.76
辽宁	1 195.1	28 669.02	重庆	1 141.7	15 717.27
吉林	766.2	14 063.13	四川	1 922.0	30 053.10
黑龙江	687.0	15 083.67	贵州	500.2	10 502.56
上海	1 222.9	25 123.45	云南	611.9	13 619.17
江苏	3 529.8	70 116.38	西藏	98.5	1 026.39
浙江	2 578.5	42 886.49	陕西	916.5	18 021.86
安徽	1 268.9	22 005.63	甘肃	472.1	6 790.32
福建	1 329.8	25 979.82	青海	119.4	2 417.05
江西	997.6	16 723.78	宁夏	166.7	2 911.77
山东	2 142.1	63 002.33	新疆	576.4	9 324.80
河南	1 838.6	37 002.16			

资料来源:中华人民共和国国家统计局,《中国劳动年鉴——2016》,中国统计出版社,2016。

表 4-6 1990～2014 年我国进出口总额与国内生产总值数据

年份	GDP（亿元）	进出口总额（亿美元）	年份	GDP（亿元）	进出口总额（亿美元）
1990	18 872.9	1 154.36	2003	137 422.0	8 509.88
1991	22 005.6	1 356.34	2004	161 840.2	11 545.54
1992	27 194.5	1 655.25	2005	187 318.9	14 219.06
1993	35 673.2	1 957.03	2006	219 438.5	17 604.38
1994	48 637.5	2 366.21	2007	270 232.3	21 761.75
1995	61 339.9	2 808.64	2008	319 515.5	25 632.55
1996	71 813.6	2 898.81	2009	349 081.4	22 075.35
1997	79 715.0	3 251.62	2010	413 030.3	29 740.01
1998	85 195.5	3 239.49	2011	489 300.6	36 418.64
1999	90 564.4	3 606.30	2012	540 367.4	38 671.19
2000	100 280.1	4 742.97	2013	595 244.4	41 589.93
2001	110 863.1	5 096.51	2014	643 974.0	43 015.27
2002	121 717.4	6 207.66			

资料来源：中华人民共和国国家统计局，《中国统计年鉴——2015》，中国统计出版社，2015。

第5章 多元回归分析(一)

在现实经济中,某种经济现象一般会受到许多经济变量的影响。在实践中,像第4章中介绍的双变量模型(一元回归模型),往往具有很大的局限性,因为很少有经济现象可以只用一个解释变量解释清楚。例如,在第3章和第4章中我们提到人均GDP是影响人均居民消费水平的因素,但影响居民消费水平的因素不是由收入唯一确定的,影响居民消费水平的因素还有价格水平、互补品和替代品的价格等。因此,为了能够更好地解释经济现象,有必要将双变量回归模型进行扩展,将更多的解释变量纳入模型中,构建包含多个解释变量的回归模型,即**多元回归模型**。本章先从介绍最简单的三变量模型出发(两个解释变量),然后推广到有 k 个解释变量的一般情形。

5.1 多变量线性回归模型

假定被解释变量为 Y,将双变量的总体回归模型进行推广,便可写出三变量的总体回归模型

$$Y_i = \beta_0 + \beta_1 X_{1i} + \beta_2 X_{2i} + \mu_i \quad i = 1, 2, \cdots, n \tag{5-1}$$

式中,Y_i 是被解释变量,X_{1i} 和 X_{2i} 是解释变量,μ_i 是随机干扰项,β_0 是截距项,它代表 X_{1i} 和 X_{2i} 都等于零时的 Y_i 的平均值(期望值)。系数 β_1 和 β_2 被称为**偏回归系数**,反映其他解释变量保持不变的情况下,对应解释变量每变化一个单位引起的被解释变量的变化量。

我们还可对模型(5-1)做更一般的推广,假设影响被解释变量的因素有 k 个,分别记为 $X_1, X_2, \cdots, X_k$;Y 与 X 之间存在线性关系,则有

$$Y_i = \beta_0 + \beta_1 X_{1i} + \cdots + \beta_k X_{ki} + \mu_i \quad i = 1, 2, \cdots, n \tag{5-2}$$

式中,μ_i 表示随机干扰项,β_i 表示偏回归系数。

5.2 多元线性回归模型的若干假设

与一元回归模型类似,采用普通最小二乘法对多元回归模型进行的参数估计也需建立

在一系列假设之上。除了在第 4 章中介绍的 5 点假设之外,多元回归模型还增加了一项假设,即解释变量之间不存在线性关系,即

$$\text{Cov}(X_i, X_j) = 0 \quad i \neq j \quad i, j = 1, 2, \cdots, k$$

5.3 多元线性回归模型的参数估计

5.3.1 三变量线性回归模型的参数估计

与一元回归分析相同,我们仍用普通最小二乘法来估计多元回归模型的参数。对于三变量线性回归模型,我们先根据模型(5-1)写出对应的样本回归模型

$$Y_i = \hat{\beta}_0 + \hat{\beta}_1 X_{1i} + \hat{\beta}_2 X_{2i} + e_i \quad i = 1, 2, \cdots, n \tag{5-3}$$

式中,e_i 表示残差,普通最小二乘法的思想就是要寻找 $\hat{\beta}_0$、$\hat{\beta}_1$ 和 $\hat{\beta}_2$,使残差平方和 $\sum e_i^2$ 达到最小,即

$$\min_{(\hat{\beta}_0, \hat{\beta}_1, \hat{\beta}_2)} \sum e_i^2 = \sum (Y_i - \hat{\beta}_0 - \hat{\beta}_1 X_{1i} - \hat{\beta}_2 X_{2i})^2 \tag{5-4}$$

对待估参数 $\hat{\beta}_0$、$\hat{\beta}_1$、$\hat{\beta}_2$ 求导,并令导数值为零,便得到以下显示的联立方程组

$$\begin{aligned}
\sum Y_i &= n\hat{\beta}_0 + \hat{\beta}_1 \sum X_{1i} + \hat{\beta}_2 \sum X_{2i} \\
\sum Y_i X_{1i} &= \hat{\beta}_0 \sum X_{1i} + \hat{\beta}_1 \sum X_{1i}^2 + \hat{\beta}_2 \sum X_{1i} X_{2i} \\
\sum Y_i X_{2i} &= \hat{\beta}_0 \sum X_{2i} + \hat{\beta}_1 \sum X_{1i} X_{2i} + \hat{\beta}_2 \sum X_{2i}^2
\end{aligned} \tag{5-5}$$

由方程组 (5-5) 解得

$$\begin{aligned}
\hat{\beta}_0 &= \overline{Y} - \hat{\beta}_1 \overline{X}_1 - \hat{\beta}_2 \overline{X}_2 \\
\hat{\beta}_1 &= \frac{(\sum y_i x_{1i})(\sum x_{2i}^2) - (\sum y_i x_{2i})(\sum x_{1i} x_{2i})}{(\sum x_{1i}^2)(\sum x_{2i}^2) - (\sum x_{1i} x_{2i})^2} \\
\hat{\beta}_2 &= \frac{(\sum y_i x_{2i})(\sum x_{1i}^2) - (\sum y_i x_{1i})(\sum x_{1i} x_{2i})}{(\sum x_{1i}^2)(\sum x_{2i}^2) - (\sum x_{1i} x_{2i})^2}
\end{aligned} \tag{5-6}$$

式中,小写字母表示样本观测值与样本均值之差,即离差,例如:$y_i = Y_i - \overline{Y}$。

在得到截距及偏回归系数的 OLS 估计量后,就可以推导出这些估计量的方差以及标准差。这些方差或标准差表示了估计量由于样本的改变而发生的变化。同双变量情形一样,我们计算标准差的主要目的是建立置信区间和检验统计假设。式(5-7)、式(5-9)和式(5-11)分别是参数统计量 $\hat{\beta}_0$、$\hat{\beta}_1$、$\hat{\beta}_2$ 的方差,而式(5-8)、式(5-10)和式(5-12)则分别是 $\hat{\beta}_0$、$\hat{\beta}_1$、$\hat{\beta}_2$ 的标准差。

$$\text{Var}(\hat{\beta}_0) = \left(\frac{1}{n} + \frac{\overline{X}_1^2 \sum x_{2i}^2 + \overline{X}_2^2 \sum x_{1i}^2 - 2\overline{X}_1 \overline{X}_2 x_{1i} x_{2i}}{\sum x_{1i}^2 \sum x_{2i}^2 - (\sum x_{1i} x_{2i})^2} \right) \sigma^2 \tag{5-7}$$

$$\text{Se}(\hat{\beta}_0) = \sqrt{\text{Var}(\hat{\beta}_0)} \tag{5-8}$$

$$\text{Var}(\hat{\beta}_1) = \frac{\sum x_{2i}^2}{\sum x_{1i}^2 \sum x_{2i}^2 - (\sum x_{1i} x_{2i})^2} \sigma^2 \tag{5-9}$$

$$\text{Se}(\hat{\beta}_1) = \sqrt{\text{Var}(\hat{\beta}_1)} \tag{5-10}$$

$$\text{Var}(\hat{\beta}_2) = \frac{\sum x_{1i}^2}{(\sum x_{1i}^2)(\sum x_{2i}^2) - (\sum x_{1i}x_{2i})^2}\sigma^2 \tag{5-11}$$

$$\text{Se}(\hat{\beta}_2) = \sqrt{\text{Var}(\hat{\beta}_2)} \tag{5-12}$$

在式（5-7）～式（5-12）中，σ^2 表示总体误差项 μ_i 方差，其 OLS 估计量为

$$\hat{\sigma}^2 = \frac{\sum e_i^2}{n-3} \tag{5-13}$$

式（5-13）是一元回归模型的直接扩展，只不过自由度变为了 $n-3$。这是因为在估计 RSS 即 $\sum e_i^2$ 时，必须先求出 $\hat{\beta}_0$、$\hat{\beta}_1$、$\hat{\beta}_2$，也就是说，它们消耗了自由度。依此类推，在 3 个解释变量情形下，自由度为 $n-4$；当解释变量个数为 4 时，自由度为 $n-5$。以此类推，当解释变量个数为 k 时，自由度为 $n-(k+1)$。因此，在有 k 个解释变量的情况下，σ^2 的 OLS 估计量为

$$\hat{\sigma}^2 = \frac{\sum e_i^2}{n-(k+1)} \tag{5-14}$$

值得注意的是 $\hat{\sigma}^2$ 的正的平方根是 σ^2 的估计值的标准差，又称**回归标准差**。为了计算 $\hat{\sigma}^2$，首先要求出 $\sum e_i^2$，根据

$$\sum e_i^2 = \sum y_i^2 - \hat{\beta}_1 \sum y_i x_{1i} - \hat{\beta}_2 \sum y_i x_{2i} \tag{5-15}$$

就可以很容易求出 $\sum e_i^2$。

与一元回归分析类似，EViews 可以直接输出式（5-8）、式（5-10）和式（5-12）的结果，对这三个公式取平方就可得式（5-7）、式（5-9）和式（5-11）的结果。$\hat{\sigma}^2$ 的值也可通过求 S. E. of regression 的值的平方得到。

5.3.2 推广到 k 个解释变量时的情况

以上只是两个解释变量时的情形，对于有 k 个解释变量的情况，与两个解释变量的分析类似，根据最小二乘法原理，使得式（5-16）所对应的样本回归函数的残差平方和最小即可。即

$$\min_{\hat{\beta}_0,\hat{\beta}_1,\cdots,\hat{\beta}_k} \sum e_i^2 = \sum [Y_i - (\hat{\beta}_0 + \hat{\beta}_1 X_{1i} + \cdots + \hat{\beta}_k X_{ki})]^2 \tag{5-16}$$

根据极值原理，残差平方和达到最小的必要条件是

$$\frac{\partial(\sum e_i^2)}{\partial \hat{\beta}_i} = 0 \quad i = 1, 2, \cdots, k \tag{5-17}$$

与一元回归分析类似，对应的二阶导数都大于零，所以，可以取到最小值。于是，便得到方程组

$$\begin{matrix}\sum[Y_i - (\hat{\beta}_0 + \hat{\beta}_1 X_{1i} + \cdots + \hat{\beta}_k X_{ki})] = 0 \\ \sum[Y_i - (\hat{\beta}_0 + \hat{\beta}_1 X_{1i} + \cdots + \hat{\beta}_k X_{ki})]X_{1i} = 0 \\ \vdots \\ \sum[Y_i - (\hat{\beta}_0 + \hat{\beta}_1 X_{1i} + \cdots + \hat{\beta}_k X_{ki})]X_{ki} = 0 \end{matrix} \tag{5-18}$$

利用高等代数的知识，就可解出方程组（5-18），从而得到待估参数$\hat{\beta}_i(i=0,1,\cdots,k)$的值。有一点必须明确的是，要使方程组（5-18）得出唯一解，样本容量必须不少于解释变量的个数，即$n\geqslant k+1$。

与一元回归模型的参数估计类似，多元回归模型也无须研究者亲自动手来计算参数估计值。事实上，特别是在多元回归模型中，涉及的运算量非常大，仅仅采用人工计算往往无法完成。不过，EViews 能够非常便捷地输出多元回归模型的参数估计值。在第 4 章中，我们已经建立了人均消费水平与人均 GDP 的一元线性回归模型。然而，根据以往的研究可知，居民消费水平具有一定的惯性，即居民当年的消费支出在一定程度上受到上一年已经实现了的消费支出的影响。因此，我们将居民前一年的人均消费作为另外一个解释变量引入原模型，构建多元回归模型

$$Y_i=\beta_0+\beta_1X_i+\beta_2Y_{i-1}+\mu_i \tag{5-19}$$

采用 EViews 估计的实现过程为：在 EViews 主菜单下，点击“Quick/Estimate Equation”，键入“Y C X Y(−1)”，点击“OK”就得到回归方程（5-19）的估计结果，如图 5-1 所示。

回归方程（5-19）的最终估计结果为

$$Y_i=222.041+0.142X_i+0.676Y_{i-1}$$

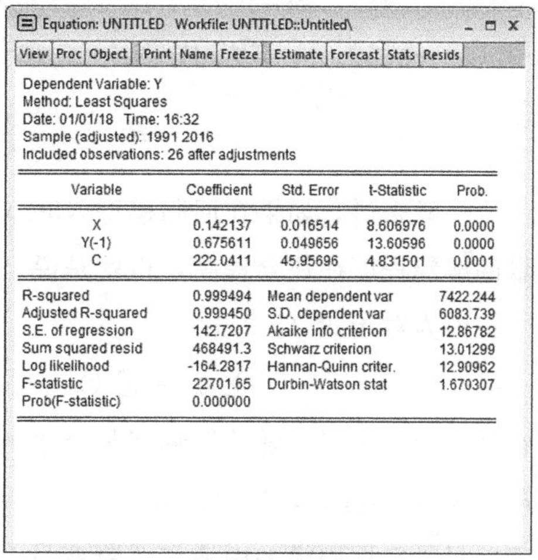
Equation: UNTITLED　Workfile: UNTITLED::Untitled\
View | Proc | Object | Print | Name | Freeze | Estimate | Forecast | Stats | Resids

Dependent Variable: Y
Method: Least Squares
Date: 01/01/18　Time: 16:32
Sample (adjusted): 1991 2016
Included observations: 26 after adjustments

Variable	Coefficient	Std. Error	t-Statistic	Prob.
X	0.142137	0.016514	8.606976	0.0000
Y(-1)	0.675611	0.049656	13.60596	0.0000
C	222.0411	45.95696	4.831501	0.0001

R-squared	0.999494	Mean dependent var	7422.244
Adjusted R-squared	0.999450	S.D. dependent var	6083.739
S.E. of regression	142.7207	Akaike info criterion	12.86782
Sum squared resid	468491.3	Schwarz criterion	13.01299
Log likelihood	-164.2817	Hannan-Quinn criter.	12.90962
F-statistic	22701.65	Durbin-Watson stat	1.670307
Prob(F-statistic)	0.000000		

图 5-1　多元回归的 EViews 输出

5.3.3　多元回归的若干重要结论

在一元回归模型中，我们看到在经典假设下，OLS 估计量是最佳线性无偏估计量。这个性质对于多元回归同样成立。因此，我们知道利用 OLS 估计出的每一个偏回归系数都是线性的和无偏的，即平均而言，它与真实值是一致的。在所有线性无偏估计当中，OLS 估计量具有最小方差性，所以，OLS 估计量比其他线性无偏估计量更“逼近”真实的参数值。这说明，多元回归 OLS 估计量仍然满足高斯-马尔科夫定理。与一元回归分析一样，多元回归模型的 OLS 估计量有着如下性质：

（1）回归线经过样本均值点，这个性质可以推广到一般情形，即

$$\overline{Y}=\beta_0+\beta_1\overline{X}_{1i}+\beta_2\overline{X}_{2i}+\cdots+\beta_k\overline{X}_{ki}$$

（2）Y_i 的估计值的均值等于真实的 Y_i 的均值，即 $E(Y_i)=E(\hat{Y}_i)=\overline{Y}$。

（3）$\sum e_i=\overline{e}=0$。

（4）残差 e_i 与 X_{ji} 都不相关，即 $\sum e_iX_{ji}=0\quad j=1,2,\cdots,k$。

（5）残差 e_i 与 $\hat{Y}_i$ 不相关，即 $\sum e_i\hat{Y}_i=0$。

以上性质的证明留给有兴趣的读者自己进行。

5.4 多元回归模型的拟合优度

与一元回归分析类似，在多元回归模型中，我们同样关心解释变量 X 对被解释变量 Y 解释的程度，仍然采用判定系数 R^2 进行度量。多元回归模型可以改写为

$$Y_i = \hat{\beta}_0 + \hat{\beta}_1 X_{1i} + \hat{\beta}_2 X_{2i} + \cdots + \hat{\beta}_k X_{ki} + e_i = \hat{Y}_i + e_i \tag{5-20}$$

式中，$\hat{Y}_i$ 是通过拟合的回归线估计出的 Y_i 值，它是真实的 $E(Y_i \mid X_{1i}, X_{2i}, \cdots, X_{ki})$ 的一个估计量。若把式（5-20）转换成离差形式后，则式（5-20）又可以改写为

$$y_i = \hat{\beta}_1 x_{1i} + \hat{\beta}_2 x_{2i} + \cdots + \hat{\beta}_k x_{ki} + e_i = \hat{y}_i + e_i \tag{5-21}$$

将式（5-21）的左右两端平方并求和，得

$$\sum y_i^2 = \sum \hat{y}_i^2 + \sum e_i^2 + 2\sum \hat{y}_i e_i \tag{5-22}$$

由于 $\sum \hat{y}_i e_i = 0$，则式（5-22）变为

$$\sum y_i^2 = \sum \hat{y}_i^2 + \sum e_i^2 \tag{5-23}$$

用 TSS 代表 $\sum y_i^2$，ESS 代表 $\sum \hat{y}_i^2$，RSS 代表 $\sum e_i^2$，则有

$$R^2 = \frac{ESS}{TSS} = 1 - \frac{RSS}{TSS} = 1 - \frac{\sum e_i^2}{\sum y_i^2} \tag{5-24}$$

一般来讲，如果在回归模型（5-2）中列入新的解释变量，则所有解释变量对被解释变量的解释程度往往会提高，也就是说，判定系数 R^2 会增大。

因为对于式（5-24）

$$\sum e_i^2 = \sum (Y_i - \hat{\beta}_0 - \hat{\beta}_1 X_{1i} - \hat{\beta}_2 X_{2i} - \cdots - \hat{\beta}_k X_{ki})^2 \tag{5-25}$$

在样本量给定时，随着解释变量个数的增加，残差平方和 $\sum e_i^2$ 很有可能会减小，判定系数 R^2 就可能会提高，这就很容易给人一种拟合优度提高了的错觉，即若要提高模型的解释程度，只需在回归模型中增加解释变量个数即可。但在实际应用过程中，增加解释变量引起的拟合优度的增大与解释程度无关，不仅如此，这种行为还降低了模型中的自由度，使模型的估计结果显得相对不可靠。因此，在同一个被解释变量由不同个数的解释变量进行回归估计时，模型拟合的优劣不能仅凭判定系数 R^2 的大小来辨别。

为了避免增加解释变量带来的误导，在解释能力的提高和估计结果变差之间权衡时，可以采用另外一种判定系数，被称为**校正的判定系数**（adjusted coefficient of determination），记为 $\overline{R}^2$，即

$$\overline{R}^2 = 1 - \frac{RSS/(n-k-1)}{TSS/(n-1)} \tag{5-26}$$

从式（5-26）可以看出，若新引入的解释变量没有解释能力，那么它对残差平方和的减小就没有多大贡献，反而增加了待估参数的个数，从而使得 $\overline{R}^2$ 减小，使得解释能力下降了。因此，引入校正后的判定系数 $\overline{R}^2$ 克服了未校正的判定系数随解释变量个数增加而增大的弊

病。校正的判定系数与未校正的判定系数之间存在如下关系

$$\overline{R}^2 = 1 - (1-R^2)\frac{(n-1)}{(n-k-1)} \tag{5-27}$$

通过式（5-27）可实现两者的转换。

在实际运用过程中，对 $\overline{R}^2$ 的大小并没有一个绝对的标准，有时候 $\overline{R}^2$ 不大也未必说明模型不够好。事实上，研究者更应该关心的是解释变量与被解释变量之间逻辑上的因果关系及统计上的显著性。

与一元回归类似，多元回归中也不需要研究者根据公式来计算 R^2 和 $\overline{R}^2$。如图 5-1 所示，R-squared 和 Adjusted R-squared 对应了 R^2 和 $\overline{R}^2$ 的值，这两个值均为 0.999 5，接近于 1，说明多元回归模型（5-19）的拟合优度很好。

通常情况下，在判断新引入解释变量是否有解释能力的时候还可以利用**赤池信息准则**（Akaike information criterion，AIC）和**施瓦茨准则**（Schwartz criterion，SC），其对应的统计量分别为

$$\text{AIC} = \ln\frac{\sum e_i^2}{n} + \frac{2(k+1)}{n}$$

$$\text{SC} = \ln\frac{\sum e_i^2}{n} + \frac{k}{n}\ln n$$

与校正后的判定系数类似，如果新引入的解释变量对残差平方和的减小没有多大贡献，反而增加了解释变量的个数，这就很可能导致 AIC 或者 SC 的值增加。因此，只有当新引入的解释变量使 AIC 或者 SC 的值下降了，才能接受新的解释变量。可以明显看出，当样本容量 n 很大时，伴随着解释变量数目 k 的增加，SC 的上升速度要快于 AIC。因此，SC 要求的模型中解释变量数要少于 AIC 的，模型要简练些。

5.5 多元线性回归模型的参数检验

5.5.1 参数显著性检验——t 检验

虽然多元回归模型的判定系数 R^2 度量了回归直线的拟合优度，但是 R^2 本身却不能告诉我们估计的偏回归系数是否在统计上是显著的，即使显著不为零，也并不意味着每个解释变量 X_1，X_2，…，X_k，对被解释变量 Y 的影响都是很重要的。如果某个解释变量对被解释变量 Y 的影响不重要，就可以从回归模型中把它剔除掉，重新建立更为简单的回归方程，以利于对经济问题的分析和对被解释变量 Y 进行更准确的预测。为此，如同一元回归模型的单个参数检验一样，需要对每个解释变量 $X_i (i=1, 2, …, k)$ 对被解释变量 Y 的影响进行考察。如果某个解释变量 $X_i (i=1, 2, …, k)$ 对被解释变量 Y 作用不显著，那就意味着在多元回归模型中，该变量的系数为零的概率较大。因此，必须对 β_i 是否为零进行显著性检验。

与一元线性回归模型参数的显著性检验类似,通过构造 t 统计量来检验参数的显著性。同样,用 $\hat{\sigma}^2$ 代替真实的但不可观察的 σ^2,则多元回归模型的 OLS 估计量 $\hat{\beta}_i(i=1, 2, \cdots, k)$ 服从自由度为 $[n-(k+1)]$ 的 t 分布。即

$$t = \frac{\hat{\beta}_i - \beta_i}{\mathrm{Se}(\hat{\beta}_i)} \sim t(n-k-1) \tag{5-28}$$

注意,此时的自由度为 $[n-(k+1)]$,因为在计算 $\sum e_i^2$,继而计算 $\hat{\sigma}^2$ 时,首先需要估计 $\hat{\beta}_0$,$\hat{\beta}_1$,$\cdots$,$\hat{\beta}_k$,即失去了 $k+1$ 个自由度。

根据变量显著性检验的思路,针对参数 $\beta_i(i=0, 1, \cdots, k)$ 构造的原假设 H_0 和备择假设 H_1 分别为

$$H_0 : \beta_i = 0 \quad H_1 : \beta_i \neq 0 \tag{5-29}$$

计算统计量 $t = \dfrac{\hat{\beta}_i}{\mathrm{Se}(\hat{\beta}_i)}$,式中,$\mathrm{Se}(\hat{\beta}_i)$ 是 $\hat{\beta}_i$ 的标准差。

在给定显著性水平 α 下,在 t 分布表中,查自由度为 $[n-(k+1)]$ 的临界值 $t_{\alpha/2}$。若 $|t| > t_{\alpha/2}$,则拒绝 H_0,接受 H_1,认为 β_i 显著不为零;若 $|t| < t_{\alpha/2}$,则接受 H_0,认为 β_i 显著为零。对于单侧检验,类似于一元回归分析讲述的方法。

EViews 在给出回归结果的同时也给出了其他 t 统计量的值,不仅如此,它还给出了 t 检验的原假设 H_0 成立的概率,即 Prob 对应的值。通过这个值就可以直接判断参数的显著水平。从图 5-1 可知,三个参数估计值对应的 Prob 值都接近于零,据此,我们可以认为三个参数估计值为零的概率小于 0.01,表明在 1% 的显著水平下,显著不为零。

5.5.2 参数的置信区间

与一元回归模型类似,在通过了参数的显著性检验后,我们同样会关心参数估计值的可信程度,即参数估计值与其真值究竟有多接近。这就需要对参数估计值的置信区间加以估计。由式(5-28)很容易推出,在 $1-\alpha$ 的显著水平下,β_i 的置信区间为

$$(\hat{\beta}_i - t_{\alpha/2} \times \mathrm{Se}(\beta_i) < \beta_i < \hat{\beta}_i + t_{\alpha/2} \times \mathrm{Se}(\beta_i)) \tag{5-30}$$

5.5.3 方程显著性检验——F 检验

t 检验是假设个别的偏回归系数为零时,分别进行显著性检验的情况。为了对模型总体的显著性进行检验,需要对各个偏回归系数做出同时为零的原假设。其原假设和备择假设分别为

$$\begin{aligned} &H_0 : \beta_1 = \beta_2 = \cdots = \beta_k = 0 \\ &H_1 : \beta_i (i=1,\cdots,k) \text{ 不全为零} \end{aligned} \tag{5-31}$$

这种假设被称为联合假设。

通过对这种联合假设进行检验,就可以检验出被解释变量与解释变量之间是否在总体

上存在显著的线性关系。如果原假设 H_0 成立,则所有的参数都显著为零,表示被解释变量与所有的解释变量之间不存在线性关系;反之,拒绝原假设 H_0,接受备择假设 H_1,由此可以肯定模型中至少有一个解释变量对被解释变量的影响是显著的。因此,对联合假设的检验,即是对模型的总体显著性的检验。其检验方法称为**方程显著性的 F 检验**。

F 检验就是要检验模型 (5-2) 中的参数是否全为零。F 检验的思想来源于总体离差平方和的分解式 $TSS=ESS+RSS$。由于回归平方和 $ESS=\sum \hat{y}_i^2$ 是解释变量的联合体对被解释变量的线性作用的结果。因此,可以用 ESS 与 RSS 的比值来衡量解释变量的联合体对被解释变量的解释程度。如果这个比值较高,解释变量的联合体对被解释变量的解释程度高,我们就认为模型存在总体线性关系。反之,模型不具有总体线性关系。

方程显著性的 F 检验的基本步骤如下所述。

第 1 步:提出原假设 H_0 和备择假设 H_1,分别为

$$H_0: \beta_1 = \beta_2 = \cdots = \beta_k = 0$$
$$H_1: \beta_i(i=1,\cdots,k) \text{ 不全为零}$$

第 2 步:构造 F 统计量

$$F = \frac{\sum \hat{y}_i^2/k}{\sum e_i^2/[n-(k+1)]} = \frac{ESS/k}{RSS/[n-(k+1)]} \sim F[k, n-(k+1)] \quad (5\text{-}32)$$

第 3 步:查给定显著水平下,分子的自由度为 k,分母的自由度为 $n-(k+1)$ 所对应的临界值 $F_\alpha[k, n-(k+1)]$。

第 4 步:比较 F 统计量和 $F_\alpha[k, n-(k+1)]$ 的大小并得出结论。若 $F>F_\alpha$,则拒绝 H_0,认为回归方程在总体上显著成立;若 $F<F_\alpha$,则接受 H_0,认为回归方程在总体上不显著。

5.5.4 R^2 和 F 统计量的关系

根据式 (5-32) 可知 $F = \dfrac{ESS/k}{RSS/[n-(k+1)]}$,结合式 (5-24) 运算得

$$F = \frac{R^2/k}{(1-R^2)/[n-(k+1)]} \quad (5\text{-}33)$$

式 (5-33) 表明了 F 与 R^2 之间的关系,两者同方向变化,R^2 值越大,F 值也越大。考虑极端情况,当 $R^2=0$ 时,$F=0$;当 R^2 取其极限值 1 时,F 值无穷大。有了这个关系式后我们便可以运用 R^2 值来计算 F 统计量的值。

EViews 在输出参数估计值的结果时,也输出了 F 统计量的值。如图 5-1 所示,F 统计量的值为 22 701.65,与 t 检验类似,在进行 F 检验时也没有必要设定临界水平去查表。因为统计量 Prob (F-statistic) 给出了 F 检验的原假设 H_0 成立的概率,据此就可以直接判断出模型的整体显著性。从图 5-1 可知,Prob(F-statistic) = 0.000 0,非常接近于零,说明原假设 H_0 成立的可能性几乎为零,即模型整体不显著的概率几乎为零,表明模型在总体上是显著的。

5.6 多元线性回归模型的预测

计量经济学模型的一个重要运用是进行经济预测,一元回归模型是如此,多元回归模型更是如此。与一元回归模型类似,对多元回归模型的预测也分为点预测和区间预测两种。

多元回归模型的点预测是在估计出参数 $\hat{\beta}_0$, $\hat{\beta}_1$, …, $\hat{\beta}_k$ 后,在已知解释变量观测值 X_{10}, X_{20}, …, X_{k0} 的情况下,计算被解释变量的值 $\hat{Y}_0$。值得注意的是,此处的 $\hat{Y}_0$ 只是被解释变量的预测值的估计值,而非预测值。原因在于参数估计值的非确定性和随机干扰项的影响这两方面的因素。因此,为了进行科学的预测,就有必要计算出预测值的置信区间,即包含点预测值 $\hat{Y}_0$ 的置信区间,这就是区间预测。

与一元回归模型类似,记 e_0 是预测值 $\hat{Y}_0$ 与其真值 Y_0 之差,即预测误差。可对 e_0 构造 t 统计量,即

$$t = \frac{\hat{Y}_0 - Y_0}{\mathrm{Se}(e_0)} \sim t[n-(k+1)] \tag{5-34}$$

在给定显著水平 α 的情况下,可得临界值 $t_{\alpha/2}$,则有

$$P\left(-t_{\alpha/2} < \frac{\hat{Y}_0 - Y_0}{\mathrm{Se}(e_0)} < t_{\alpha/2}\right) = 1-\alpha \tag{5-35}$$

整理得

$$P(\hat{Y}_0 - t_{\alpha/2} \times \mathrm{Se}(e_0) < Y_0 < \hat{Y}_0 + t_{\alpha/2} \times \mathrm{Se}(e_0)) = 1-\alpha \tag{5-36}$$

因此,在 $1-\alpha$ 的置信水平下,Y_0 的预测区间,即置信区间为

$$(\hat{Y}_0 - t_{\alpha/2} \times \mathrm{Se}(e_0) < Y_0 < \hat{Y}_0 + t_{\alpha/2} \times \mathrm{Se}(e_0)) \tag{5-37}$$

式中,$\mathrm{Se}(e_0)$ 的计算涉及较多的高等代数知识,超出本书的范围,在此就不再详述,有兴趣的读者可参考相关书籍[①]。

5.7 案例分析

案例 5-1

生产函数是描述生产过程中投入的生产要素的某种组合与其最大的可能产出之间的数学依存关系的表达式,即

$$Y = f(A, K, L, \cdots) \tag{5-38}$$

式中,Y 表示产出量,A、K、L 等分别表示技术、资本、劳动力等要素的投入量。生产要素的组合对产出的作用和影响,主要是由技术水平决定的,即在一定情况下,技术水平越

---

① 李子奈,潘文卿. 计量经济学 [M]. 北京:高等教育出版社,2005.

高，一定量的要素投入能获得的产出量越高。因此，可以认为生产函数反映的是生产过程中投入要素与产出量之间的技术关系。生产函数具有多种多样的形式，其中最著名的是1928 年美国数学家柯布和经济学家道格拉斯提出的柯布-道格拉斯生产函数模型，即

$$Y = AK^{\alpha}L^{\beta} \tag{5-39}$$

根据产出弹性的定义可知

$$E_K = \frac{\partial Y}{\partial K} \cdot \frac{K}{Y} = \alpha \quad E_L = \frac{\partial Y}{\partial L} \cdot \frac{L}{Y} = \beta \tag{5-40}$$

即 α 和 β 分别为资本和劳动力的产出弹性，根据产出弹性的经济意义有

$$0 \leqslant \alpha \leqslant 1, 0 \leqslant \beta \leqslant 1$$

我们用实际 GDP 代表产出量，固定资本存量代表资本，就业人数代表劳动力，来研究柯布-道格拉斯生产函数，相关数据由表 5-1 给出。

表 5-1 我国实际 GDP、固定资本存量和就业人数

年份	实际 GDP（亿元）	固定资本存量（亿元）	就业人数（万人）
1987	8 533.62	13 736.20	52 783.00
1988	9 498.78	15 263.10	54 334.00
1989	9 893.68	16 254.60	55 329.00
1990	10 296.08	17 233.60	64 749.00
1991	11 233.83	18 519.40	65 491.00
1992	12 813.89	20 315.30	66 152.00
1993	14 565.26	22 775.90	66 808.00
1994	16 474.40	25 778.60	67 455.00
1995	18 012.09	29 205.50	68 065.00
1996	19 847.94	32 925.00	68 950.00
1997	21 758.76	36 676.00	69 820.00
1998	23 349.84	40 763.80	70 637.00
1999	25 204.90	44 996.90	71 394.00
2000	27 361.04	49 593.70	72 085.00
2001	29 565.04	54 856.90	73 025.00
2002	32 387.35	60 981.90	73 740.00
2003	35 832.44	68 761.50	74 432.00
2004	39 563.19	77 873.50	75 200.00
2005	43 977.94	89 617.10	75 825.00
2006	49 145.54	103 049.70	76 400.00

资料来源：实际 GDP 和就业人数的数据来源于：中华人民共和国统计局，《中国统计年鉴—2007》，中国统计出版社，2007；固定资本资本存量的数据来自于：雷辉. 我国资本存量测算及投资效率研究 [J]，经济学家，2009(6)。

1. 建立模型

在模型（5-39）的基础上，引入随机干扰项便形成了计量经济学模型

$$Y_i = AK_i^{\alpha}L_i^{\beta}e^{\mu_i} \tag{5-41}$$

式中，e 为自然对数的底。为了能进行估计，必须将上述模型转换为线性模型，因此，对模型（5-41）两边取对数有

$$\ln Y_i = \ln A + \alpha \ln K_i + \beta \ln L_i + \mu_i \tag{5-42}$$

这样一来，模型就可以估计了。

将数据录入 EViews，在 EViews 主菜单下，点击 "Quick/Estimate Equation"，然后在弹出的对话框的方程式一栏中，键入 "log(Y) C log(K) log(L)"，每项之间用空格分离，点击 "OK" 后便得到表 5-2 给出的回归结果。

表 5-2 模型 (5-42) 的估计结果

Dependent Variable：LOG（Y）				
Method：Least Squares				
Sample：1987 2006				
Included observations：20				
Variable	Coefficient	Std. Error	t-Statistic	Prob.
C	−3.008 205	1.359 114	−2.213 358	0.040 8
LOG(K)	0.806 276	0.024 565	32.821 88	0.000 0
LOG(L)	0.402 699	0.142 082	2.834 267	0.011 4
R-squared	0.997 005	Mean dependent var		9.903 467
Adjusted R-squared	0.996 653	S. D. dependent var		0.547 656
S. E. of regression	0.031 686	Akaike info criterion		−3.928 423
Sum squared resid	0.017 068	Schwarz criterion		−3.779 063
Log likelihood	42.284 23	F-statistic		2 829.504
Durbin-Watson stat	0.652 073	Prob(F-statistic)		0.000 000

根据表 5-2 的结果便可写出回归分析方程

$$\ln Y_i = -3.01 + 0.806 \ln K_i + 0.403 \ln L_i$$
$$(-2.21)\ (32.82)\ \ \ \ (2.83)$$
$$R^2 = 0.997 \quad \overline{R}^2 = 0.997 \quad F = 2\ 829.50 \quad D.W. = 0.65$$

式中，括号内数字表示相应参数的 t 统计量的值，R^2 表示判定系数，$\overline{R}^2$ 表示调整后的判定系数，F 表示 F 统计量的值，$D.W.$ 统计量将在第 8 章讲述。根据估计结果，并利用式 (5-41) 可得到 $A=\mathrm{e}^{-3.01}$，在主窗口下，选择 "Quick/Generate series"，然后输入 "a=exp(−3.01)" 就可得到 $A=0.049$。于是，模型 (5-41) 的估计方程为

$$Y_i = 0.049 K_i^{0.806} L_i^{0.403}$$

2. 模型检验

从回归结果看，$R^2=0.997$，$\overline{R}^2=0.997$，接近于 1，表明模型的拟合优度很高。常数项、$\ln K$、$\ln L$ 对应的 Prob 值分别为 0.040 8，0.000 0，0.011 4，都小于 0.05，表明参数估计值都在 5% 的显著水平下显著。从 Prob(F-statistic) 为零可知，模型的整体显著性很高。如前所述 $0 \leqslant \alpha \leqslant 1$，$0 \leqslant \beta \leqslant 1$，估计出对应的 $\ln K$，$\ln L$ 的系数分别为 0.806 和 0.403，符合经济意义。其中 0.806 表示在其他条件不变的情况下，资本投入量每提高 1%，产出量就提高 0.806%；同理，0.403 表示在其他条件不变的情况下，劳动力投入量每提高 1%，产出量就提高 0.403%。

3. 预测

这里只讲解点预测，对区间预测有兴趣的读者可参考相关书籍。已知 2007 年固定资本

资本存量为 117 908.20，就业人数为 76 990.00。由于涉及对数运算，直接带入计算比较复杂，这里讲解采用 EViews 来进行点预测。

在工作文件下，点击 "Proc(View 旁边)/Structure/Resize Current Page"，在随后弹出的对话框中将原来的工作文件范围由 "1987—2006" 改为 "1987—2007"，然后点开变量 K 和 L，分别在 2007 处填上对应值。接着回到估计出表 5-2 结果的界面，点击 "Forecast"，就会出现如图 5-2 的对话框。

图 5-2 中的 YF 是用来保存预测值的变量，将预测范围从 "1987 2006" 改为 "1987 2007"，点 "OK"，YF 自动生成于工作文件中。返回工作文件，打开 YF 便可得到 2007 年的点预测值 56 283.41。

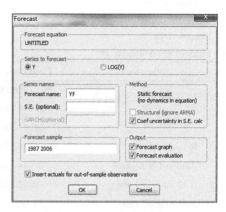

图 5-2 点预测的对话框

案例 5-2

研究发现家庭书刊消费水平受家庭人均收入及户主受教育年数的影响。现对某地区的家庭进行抽样调查，得到样本数据如表 5-3 所示，其中 y 表示家庭书刊消费水平（元/年），x 表示家庭人均收入（元/月），T 表示户主受教育年数。

表 5-3 某地区家庭书刊消费水平及影响因素的调查数据表

家庭书刊消费 y	家庭人均收入 x	户主受教育年数 T	家庭书刊消费 y	家庭人均收入 x	户主受教育年数 T
450.0	1 027.2	8	793.2	1 998.6	14
507.7	1 045.2	9	660.8	2 196.0	10
613.9	1 225.8	12	792.7	2 105.4	12
563.4	1 312.2	9	580.8	2 147.4	8
501.5	1 316.4	7	612.7	2 154.0	10
781.5	1 442.4	15	890.8	2 231.4	14
541.8	1 641.0	9	1 121.0	2 611.8	18
611.1	1 768.8	10	1 094.2	3 143.4	16
1 222.1	1 981.2	18	1 253.0	3 624.6	20

1. 建立模型

以下估计家庭书刊消费水平同家庭人均收入、户主受教育年数之间的二元线性回归模型。设回归模型为

$$y_t = b_0 + b_1 x_t + b_2 T_t + u_t \quad (t = 1, 2, \cdots, n) \tag{5-43}$$

将数据录入 EViews，在 EViews 主菜单下，点击 "Quick/Estimate Equation"，然后在弹出的对话框的方程式一栏中，键入 "Y C X T"，每项之间用空格分离，点击 "OK" 后便得到表 5-4 给出的回归结果。

表 5-4 方程 (5-43) 估计结果

Dependent Variable: Y
Method: Least Squares
Date: 01/05/18   Time: 22:52
Sample: 1 18
Included observations: 18

Variable	Coefficient	Std. Error	t-Statistic	Prob.
C	−50.016 38	49.460 26	−1.011 244	0.327 9
X	0.086 450	0.029 363	2.944 186	0.010 1
T	52.370 31	5.202 167	10.067 02	0.000 0
R-squared	0.951 235	Mean dependent var		755.122 2
Adjusted R-squared	0.944 732	S. D. dependent var		258.720 6
S. E. of regression	60.822 73	Akaike info criterion		11.204 82
Sum squared resid	55 491.07	Schwarz criterion		11.353 21
Log likelihood	−97.843 34	Hannan-Quinn criter		11.225 28
F-statistic	146.297 4	Durbin-Watson stat		2.605 783
Prob(F-statistic)	0.000 000			

对应的回归方程为

$$y = -50.016\,4 + 0.086\,45x + 52.370\,31T$$

$$(-1.01) \quad (2.94) \quad (10.07)$$

$$R^2 = 0.951, \quad \overline{R} = 0.945, \quad F = 146.30$$

其中，括号内数字表示相应参数的 t 统计量的值，R^2 表示判定系数，$\overline{R}^2$ 表示调整后的判定系数，F 表示 F 统计量的值。

2. 模型检验

从回归结果看，$R^2 = 0.951$，说明模型的整体拟合优度很好，X、T 对应系数的 Prob 值分别为 0.010 1，0.000，表明 X 和 T 的系数在 5% 水平下显著不为零。并且各系数的符号与预期一致，当家庭人均收入增加 1 单位，会使家庭书刊消费水平增加 0.086 单位；户主受教育年数增加 1 单位，可以使家庭书刊消费水平增加约 52.37 单位。

案例 5-3

为了确定又一新的大众餐饮连锁店的最佳位置，某研究者经过调查发现，在诸如成本和价格及其他条件相同的情况下，可以用销售额作为确定地理位置属性的变量。如果可以找到影响销售额的因素和对应的函数关系，那么就可以用方程去决定餐饮店的选址位置。有很多因素可以影响餐饮店的总销售额，其中三个最重要，分别是：附近居住的人口密度、当地居民的一般收入水平以及在周围类似餐饮店的数量。表 5-5 给出了餐饮店的数据。其中，N 表示 2km 范围内类似餐饮店的数量，P 表示 3km 内居住人口数，I 表示附近居民平均收入水平，Y 表示餐饮店的总销售额。

表 5-5 餐饮店选址数据

观测值	Y（美元）	N（家）	P（人）	I（美元）
1	107 919	3	65 044	13 240
2	118 866	5	101 376	22 554
3	98 579	7	124 989	16 916
4	122 015	2	55 249	20 967
5	152 827	3	73 775	19 576
6	91 259	5	48 484	15 039
7	123 550	8	138 809	21 857
8	160 931	2	50 244	26 435
9	98 496	6	104 300	24 024
10	108 052	2	37 852	14 987
11	144 788	3	66 921	30 902
12	164 571	4	166 332	31 573
13	105 564	3	61 951	19 001
14	102 568	5	100 441	20 058
15	103 342	2	39 462	16 194
16	127 030	5	139 900	21 384
17	166 755	6	171 740	18 800
18	125 343	6	149 894	15 289
19	121 886	3	57 386	16 702
20	134 594	6	185 105	19 093
21	152 937	3	114 520	26 502
22	109 622	3	52 933	18 760
23	149 884	5	203 500	33 242
24	98 388	4	39 334	14 988
25	140 791	3	95 120	18 505
26	101 260	3	49 200	16 839
27	139 517	4	113 566	28 915
28	115 236	9	194 125	19 033
29	136 749	7	233 844	19 200
30	105 067	7	83 416	22 833
31	136 872	6	183 953	14 409
32	117 146	3	60 457	20 307
33	163 538	2	65 065	20 111

资料来源：施图德蒙德. 应用计量经济学 [M]. 杜江，李恒，译. 北京：机械工业出版社，2011.

1. 建立模型

由于影响销售额的因素有周围竞争对手数量（N）、居住在周边的人口数量（P）和周围人口收入水平（I）。于是，建立如下多元回归方程

$$Y_i = \beta_0 + \beta_1 N_i + \beta_2 P_i + \beta_3 I_i + \mu_i \tag{5-44}$$

将数据录入 EViews，在 EViews 主菜单下，点击"Quick/Estimate Equation"，然后在弹出的对话框的方程式一栏中，键入"Y C N P I"，每项之间用空格分离，点击"OK"后

便得到表 5-6 给出的回归结果。

表 5-6 方程 (5-44) 的估计结果

Dependent Variable：Y				
Method：Least Squares				
Date：01/15/15 Time：10:57				
Sample：1 33				
Included observations：33				
Variable	Coefficient	Std. Error	t-Statistic	Prob.
N	−9 074.674	2 052.674	−4.420 904	0.000 1
P	0.354 668	0.072 681	4.879 810	0.000 0
I	1.287 923	0.543 294	2.370 584	0.024 6
C	102 192.4	12 799.83	7.983 891	0.000 0
R-squared	0.618 154	Mean dependent var		125 634.6
Adjusted R-squared	0.578 653	S. D. dependent var		22 404.09
S. E. of regression	14 542.78	Akaike info criterion		22.120 79
Sum squared resid	6.13E+09	Schwarz criterion		22.302 18
Log likelihood	−360.993 0	Hannan-Quinn criter.		22.181 82
F-statistic	15.648 94	Durbin-Watson stat		1.758 193
Prob(F-statistic)	0.000 003			

在 Stata 中对方程（5-44）做多元回归，得到估计结果如图 5-3 所示。命令如下

```
. reg Y N I P
```

```
. reg Y N I P

      Source |       SS           df       MS          Number of obs  =         33
-------------+----------------------------            F(  3,    29)  =      15.65
       Model |  9.9289e+09         3    3.3096e+09    Prob > F       =     0.0000
    Residual |  6.1333e+09        29     211492485    R-squared      =     0.6182
-------------+----------------------------            Adj R-squared  =     0.5787
       Total |  1.6062e+10        32     501943246    Root MSE       =      14543

           Y |      Coef.   Std. Err.      t    P>|t|     [95% Conf. Interval]
           N |  -9074.674   2052.674    -4.42   0.000    -13272.86   -4876.485
           I |   1.287923   .5432938     2.37   0.025     .1767628    2.399084
           P |   .3546684   .0726808     4.88   0.000     .2060195    .5033172
        _cons|   102192.4   12799.83     7.98   0.000     76013.84      128371
```

图 5-3 方程 (5-44) 的估计结果

根据该估计结果可以写出回归方程

$$Y_i = 102\,192 - 9\,075 N_i + 0.355 P_i + 1.288 I_i$$

$$(-4.42) \quad (4.88) \quad (2.37)$$

$$R^2 = 0.618 \quad \overline{R}^2 = 0.579 \quad F = 15.65$$

其中，括号内数字表示相应参数的 t 统计量的值，R^2 表示判定系数，$\overline{R}^2$ 表示调整后的判定系数，F 表示 F 统计量的值。

2. 模型检验

从回归结果看，$R^2=0.618$，说明模型的整体拟合优度不是很好，但解释变量 N、P 对应的 P 值分别为 0.000，0.000，几乎为零，都小于显著水平 1%，表明 N 和 P 的系数在 1% 显著水平下显著不为零，解释变量 I 的 P 值为 0.025，小于显著水平 5%，表明在 5% 显著水平下显著。在 5% 显著水平下，解释变量 N、P 和 I 对被解释变量 Y 的影响都是显著的，并且各系数的符号与预期一致。当周围竞争对手增加 1 个，会使餐饮店销售额下降 9 075 美元；当地人口数增加 1 人，则可以使销售额提高约 0.355 美元；人均收入水平提高 1 美元，则可以使销售额增加 1.288 美元。

思考与练习

1. 请解释下列名词：多元回归模型　偏回归系数　校正的判定系数　F 检验
2. 多元线性回归模型与一元线性回归模型有哪些异同？
3. 假设模型 A：$Y_t=\alpha_0+\alpha_1 X_{1t}+\alpha_2 X_{2t}+\mu_{1t}$；
   模型 B：$(Y_t-X_{1t})=\beta_0+\beta_1 X_{1t}+\beta_2 X_{2t}+\mu_{2t}$
   请问：(1) α_0 和 β_0 的 OLS 估计量是不是一样的，为什么？
   (2) α_2 和 β_2 的 OLS 估计量是不是一样的，为什么？
   (3) α_1 和 β_1 之间有什么关系？
   (4) 两个模型的判断系数 R^2 具有可比性吗？
4. 记消费函数：$Y_i=\alpha_0+\alpha_1 X_i+\mu_{1i}$
   储蓄函数：$Z_i=\beta_0+\beta_1 X_i+\mu_{2i}$
   其中，$Y=$ 消费，$Z=$ 储蓄，$X=$ 收入，并且 $X=Y+Z$，即收入等于消费加储蓄。
   请问：(1) α_1 和 β_1 是不是相等的？
   (2) 两个模型的 RSS 是不是相等的？
   (3) 两个模型的 R^2 是可比的吗？为什么？
5. 当我们说估计出的回归系数在统计上是显著的，是否意味着其显著不为 1？
6. 多元回归模型通过了 F 检验是否意味着模型中任何一个单独的变量均是显著的？为什么？
7. 多元回归模型的解释变量与自由度之间是什么关系？
8. 在多元回归模型中，为什么要引入校正的判定系数？
9. 考虑三个变量的多元回归模型
   $$Y_i=\beta_0+\beta_1 X_{1i}+\beta_2 X_{2i}+\mu_i$$
   X_1 和 X_2 的参数之和为 θ，即为 $\theta_1=\beta_1+\beta_2$。
   证明：$\hat{\theta}_1=\hat{\beta}_1+\hat{\beta}_2$ 是 θ_1 的无偏估计量。
10. 下表给出了三个变量的回归结果

方差来源	平方和	自由度
ESS	4 532.2	—
RSS	—	—
TSS	4 983.6	18

请问：(1) 样本容量是多少？
(2) RSS 是多少？
(3) 求 R^2 和 $\overline{R}^2$。

11. 考虑下列两个模型
$$Y_i=\beta_1+\beta_2 X_{2i}+\beta_3 X_{3i}+\mu_i$$
$$(Y_i-X_{2i})=\alpha_1+\alpha_2 X_{2i}+\alpha_3 X_{3i}+\mu_i'$$
(1) 证明：$\hat{\alpha}_2=\hat{\beta}_2-1$，$\hat{\alpha}_1=\hat{\beta}_1$，$\hat{\alpha}_3=\hat{\beta}_3$。
(2) 证明：残差的最小二乘估计量相同，即 $\hat{\mu}_i=\hat{\mu}_i'$。

(3) 在何种情况下，后一个模型的拟合优度 R_2^2 会小于前一个模型的拟合优度 R_1^2？

12. 表 5-7 给出了 2016 年我国 31 个省、市、自治区的粮食产量、灌溉面积和化肥施用量的数据。
    (1) 建立粮食产量的计量经济模型。
    (2) 利用表 5-7 所示数据估计参数的值并解释各参数的经济意义。
    (3) 检验灌溉面积和化肥施用量对粮食产量是否有显著影响。

13. 从理论上讲，影响客运总量的因素有人口数、经济发展程度、交通发达程度等。以下用人均 GDP 表示经济发展水平，用全国人口数表示人口因素，用铁路营业里程、公路营业里程、内河道营业里程和民航航线里程来表示交通发达程度。相关数据如表 5-8 所示。
    (1) 建立多元回归模型。
    (2) 估计模型参数并解释参数的经济意义。
    (3) 检验参数的显著性和模型的整体显著性。
    (4) 已知 2013 年我国的人均 GDP 为 41 907.59 元，全国人口数为 136 072 万人，铁路里程数为 10.31 万公里，公里里程数为 435.62 万公里，水路里程数为 12.59 万公里，民航航线里程数为 410.6 万公里，请给出 2013 年客运总量的点预测值。

表 5-7 2016 年我国各地区粮食产量与相关因素数据

地 区	粮食产量（万吨）	灌溉面积（千公顷）	化肥使用量（万吨）
北京	53.7	128.5	9.7
天津	196.4	306.6	21.4
河北	3 460.2	4 457.6	331.8
山西	1 318.5	1 487.3	117.1
内蒙古	2 780.3	3 131.5	234.6
辽宁	2 100.6	1 573.0	148.1
吉林	3 717.2	1 832.2	233.6
黑龙江	6 058.5	5 932.7	252.8
上海	99.2	189.8	9.2
江苏	3 466.0	4 054.1	312.5
浙江	752.2	1 446.3	84.5
安徽	3 417.4	4 437.5	327.0
福建	650.9	1 055.4	123.8
江西	2 138.1	2 036.8	142.0
山东	4 700.7	5 161.2	456.5
河南	5 946.6	5 242.9	715.0
湖北	2 554.1	2 905.6	328.0
湖南	2 953.2	3 132.4	246.4
广东	1 360.2	1 771.7	261.0
广西	1 521.3	1 646.1	262.1
海南	177.9	290.0	50.6
重庆	1 166.0	690.6	96.2
四川	3 483.5	2 813.6	249.0
贵州	1 192.4	1 088.1	103.7
云南	1 902.9	1 809.4	235.6

(续)

地区	粮食产量（万吨）	灌溉面积（千公顷）	化肥使用量（万吨）
西藏	101.9	251.5	5.9
陕西	1 228.3	1 251.4	233.1
甘肃	1 140.6	1 317.5	93.4
青海	103.5	202.4	8.8
宁夏	370.6	515.2	40.7
新疆	1 512.3	4 982.0	250.2

资料来源：中华人民共和国国家统计局，《中国统计年鉴——2017》，中国统计出版社，2017。

表 5-8　客运总量以及相关影响因素的数据

年 份	客运总量（万人）	人均GDP（元）	全国人口数（万人）	铁路营业里程（万公里）	公路营业里程（万公里）	内河道营业里程（万公里）	民航航线里程（万公里）
1990	772 682	1 644.0	114 333	5.79	102.83	10.92	50.68
1991	806 048	1 892.8	115 823	5.78	104.11	10.97	55.91
1992	860 855	2 311.1	117 171	5.81	105.67	10.97	83.66
1993	996 634	2 998.4	118 517	5.86	108.35	11.02	96.08
1994	1 092 883	4 044.0	119 850	5.90	111.78	11.02	104.56
1995	1 172 596	5 045.7	121 121	6.24	115.70	11.06	112.90
1996	1 245 356	5 845.9	122 389	6.49	118.58	11.08	116.65
1997	1 326 094	6 420.2	123 626	6.60	122.64	10.98	142.50
1998	1 378 717	6 796.0	124 761	6.64	127.85	11.03	150.58
1999	1 394 413	7 158.5	125 786	6.74	135.17	11.65	152.22
2000	1 478 573	7 857.7	126 743	6.87	140.27	11.93	150.29
2001	1 534 122	8 621.7	127 627	7.01	169.80	12.15	155.36
2002	1 608 150	9 398.1	128 453	7.19	176.52	12.16	163.77
2003	1 587 497	10 542.0	129 227	7.30	180.98	12.40	174.95
2004	1 767 453	12 335.6	129 988	7.44	187.07	12.33	204.94
2005	1 847 018	14 053.0	130 756	7.54	334.52	12.33	199.85
2006	2 024 158	16 165.0	131 448	7.71	345.70	12.34	211.35
2007	2 227 761	20 169.5	132 129	7.80	358.37	12.35	234.30
2008	2 867 892	23 707.7	132 802	7.97	373.02	12.28	246.18
2009	2 976 898	25 607.5	133 450	8.55	386.08	12.37	234.51
2010	3 269 508	30 015.1	134 091	9.12	400.82	12.42	276.51
2011	3 526 319	35 197.8	134 735	9.32	410.64	12.46	349.06
2012	3 804 035	38 459.5	135 404	9.76	423.75	12.50	328.01

资料来源：中华人民共和国国家统计局，《中国统计年鉴——2013》，中国统计出版社，2013。

第6章 多元回归分析（二）

6.1 带有虚拟变量的回归模型

6.1.1 虚拟变量

在现实经济中，我们常常会看到或听到很多人为了获得更好的收入而"走南闯北"，也就是说，"走南闯北"会对个人乃至家庭收入产生影响。事实上，在进行一些经济分析的时候常常会发现一些因素对被解释变量有重要影响，然而这些因素却无法度量，例如性别、战争、自然灾害、政策的变化、经济环境的突变等都会对经济产生影响，而这些定性的量不能用连续的数值度量。为了在模型中反映出这些因素的影响，提高模型估计的精度，就需要根据这些因素的属性对其进行量化。通常用"1"来表示某种状态，用"0"来表示与其对立的状态，这种只取"0"或"1"的人工变量，通常称为**虚拟变量或哑变量**（dummy variable）。例如，我们想表示一些人上大学，另外一些人没上大学的事实，我们就可以设立一个取值为0或1的虚拟变量，对上大学的人，这个变量取值为1，对没上大学的人它的取值为0。

例如，在研究男女收入是否有差异时，可以建立模型

$$Y_i = \beta_0 + \beta_1 X_i + \beta_2 D_i + \mu_i \tag{6-1}$$

式中，Y 表示工资收入，X 表示工作量，D 表示性别，当性别为男性时 $D=1$，当性别为女性时 $D=0$。像模型（6-1）这样，既含有一般解释变量，又含有虚拟变量的模型称为**虚拟变量模型**。

6.1.2 虚拟变量的引入方式

1. 仅影响截距的情况，也就是说只改变截距的形式

在模型（6-1）中，虚拟变量是以加法的方式引入模型当中，所以女职工的工资为

$$Y_i = \beta_0 + \beta_1 X_i + \mu_i \tag{6-2}$$

男职工的工资为

$$Y_i = \beta_0 + \beta_1 X_i + \beta_2 + \mu_i = (\beta_0 + \beta_2) + \beta_1 X_i + \mu_i \tag{6-3}$$

如果从图 6-1 给出的几何意义上看模型 (6-1)（假定 $\beta_2 > 0$），男职工和女职工的工资函数具有相同的斜率、不同的截距。也就是说，两者的工资变化规律是相同的，但两者的收入水平的起点不同，男职工比女职工高出了 β_2。因此，要检测工资收入水平是否有性别差异，只需检验 β_2 是否显著为 0 即可。若 β_2 显著为零，说明性别不影响男女职工的工资水平；若 β_2 显著不为零，说明性别影响了男女职工的工资水平。

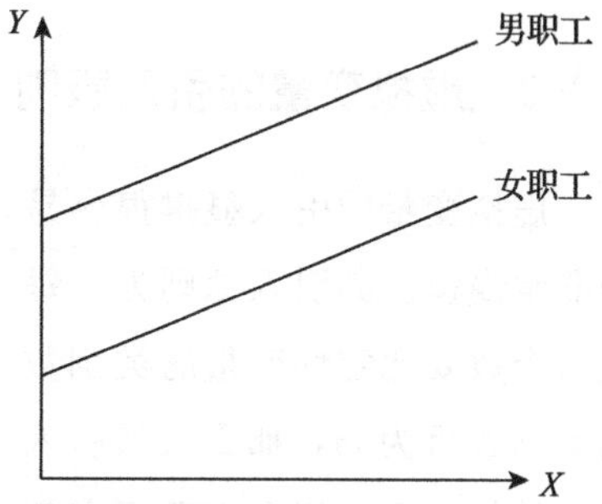

2. 仅影响斜率的情况

有些时候，经济环境的变化对模型的影响不是表现在截距项上，而是表现在斜率上。例如，我们想考察金融危机对我国职工工资的边际水平是否有影响，换句话说，为了考察金融危机前与金融危机后，每多工作 1 单位时间，工资的收入增加量是否有显著差异，我们可以引入虚拟变量 D，定义为

$$D = \begin{cases} 0 & \text{金融危机前} \\ 1 & \text{金融危机后} \end{cases}$$

图 6-1　男女职工工资差别示意图

则工资模型可建立为

$$Y_i = \beta_0 + \beta_1 X_i + \beta_2 D_i X_i + \mu_i \tag{6-4}$$

式中，Y 表示工资收入，X 表示工作量，D 为虚拟变量。

于是在金融危机前工资模型为

$$Y_i = \beta_0 + \beta_1 X_i + \mu_i \tag{6-5}$$

而在金融危机后工资模型为

$$Y_i = \beta_0 + (\beta_1 + \beta_2) X_i + \mu_i \tag{6-6}$$

如图 6-2 所示，从几何意义上看（假定 $\beta_2 < 0$），金融危机前后，职工工资水平具有相同的截距、不同的斜率。说明金融危机前后职工工资的起点是相同的，但变化规律不同，金融危机后，职工每多工作 1 单位时间，工资的增加量减小了 $|\beta_2|$。因此，要检验金融危机对职工的边际工资有没有影响，只需检验 β_2 是否为零即可。若 β_2 显著为零，说明金融危机对边际工资没有影响；若 β_2 显著不为零，说明金融危机对边际工资有影响。

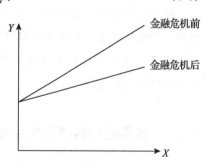

图 6-2　金融危机前后职工边际工资的变化示意图

3. 既影响截距又影响斜率的情况

金融危机对工资的影响不仅表现在工资的边际水平上，很可能同时表现在工资的起点上，为了同时将这两种情况反映出来，可将工资收入模型构造为

$$Y_i = \beta_0 + \beta_1 X_i + \beta_2 D_i X_i + \beta_3 D_i + \mu_i \tag{6-7}$$

如同前面一样,此时只需检验 β_2 和 β_3 的显著性即可。图 6-3 展示了工资起点和工资边际水平的变化情况(假设 $\beta_2<0$,$\beta_3<0$)。

6.1.3 虚拟变量的引入原则

虚拟变量的引入显得很容易,但在引入的过程中必须非常谨慎。其引入原则为:每一定性变量所需的虚拟变量个数要比定性变量的类别数目少 1,假如定性变量的类别数目为 m,那么只需引入 $(m-1)$ 个虚拟变量。

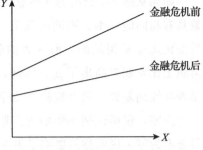

图 6-3 同时考虑截距和斜率情况下工资的变动情况

例如,我们想考察我国东部、中部和西部职工工资水平的差异时,除了已知的工资水平 Y 和工作时间 X 外,只需引入两个虚拟变量即可

$$D_{1i} = \begin{cases} 1 & 东部 \\ 0 & 其他 \end{cases}$$

$$D_{2i} = \begin{cases} 1 & 中部 \\ 0 & 其他 \end{cases}$$

则工资收入模型为

$$Y_i = \beta_0 + \beta_1 X_i + \alpha_1 D_{1i} + \alpha_2 D_{2i} + \mu_i \tag{6-8}$$

对模型 (6-8),若再引入第三个虚拟变量

$$D_{3i} = \begin{cases} 1 & 西部 \\ 0 & 其他 \end{cases}$$

模型 (6-8) 变为

$$Y_i = \beta_0 + \beta_1 X_i + \alpha_1 D_{1i} + \alpha_2 D_{2i} + \alpha_3 D_{3i} + \mu_i \tag{6-9}$$

此时会出现什么情况呢?此时,$D_{1i}+D_{2i}+D_{3i}=1$ 恒成立,因为东部、中部、西部必然有一个取值为 1,另外两个取值为 0。这样解释变量之间就不独立了,违背了多元回归的基本假设。这种情况称为完全共线性,将在第 9 章中详细讲述。在完全共线性的情况下,参数估计值无法求出。

6.1.4 模型的结构稳定性:虚拟变量与 Chow 检验

当经济环境发生突变,如政策和体制发生变化时,涉及时间序列数据的回归模型有可能发生结构变化,如图 6-4 所示。例如,1997 年爆发了东南亚金融危机,若想考察 1997 年前后我国职工的边际工资收入水平是否发生变化,可以用引入虚拟变量的方法来描述这种结构变化,然后通过虚拟变量的显著性检验来验证这种突变是否存在。

除了引入虚拟变量外还可以采用 Chow 检验来验证这种突变是否存在。

1. Chow 检验

为了分析某一经济问题，可建立以下 k 元线性回归模型

$$Y_i = b_0 + b_1 X_{1i} + \cdots + b_k X_{ki} + \mu_i \tag{6-10}$$

假设有两个不同时期的关于 X 和 Y 的两个样本，一个样本有 n_1 个观测值，另一个样本有 n_2 个观测值。利用这两个样本分别对模型（6-10）进行估计，得回归方程为

$$\hat{Y}_{1i} = \hat{\alpha}_0 + \hat{\alpha}_1 X_{1i} + \cdots + \hat{\alpha}_k X_{ki} \tag{6-11}$$

$$\hat{Y}_{2i} = \hat{\beta}_0 + \hat{\beta}_1 X_{1i} + \cdots + \hat{\beta}_k X_{ki} \tag{6-12}$$

问题是回归方程（6-11）与回归方程（6-12）是否显著不同。如果显著不同，则说明模型所反映的经济结构由于受有关因素的影响而发生了变化；反之，

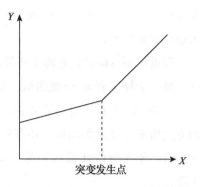

图 6-4 发生突变情况下的回归示意图

如果这两个回归方程的差别并不显著，说明模型所反映的经济结构在时间上是稳定的。因此，这里的关键就是检验上面两个式子是否显著不同，即检验经济结构是否稳定，使用的检验方法是邹至庄提出的 Chow 检验。其检验步骤如下：

第 1 步：合并两个样本，构成观测值个数为 n_1+n_2 的样本，对模型（6-10）进行回归，得到回归方程为

$$\hat{Y}_i = \hat{b}_0 + \hat{b}_1 X_{1i} + \cdots + \hat{b}_k X_{ki} \tag{6-13}$$

求得残差平方和 $\sum e_i^2$，其自由度为 (n_1+n_2-k-1)，式中，k 为解释变量个数。

第 2 步：利用上面给定的两个小样本，分别对模型（6-10）进行回归，然后得到两个回归方程（6-11）和方程（6-12）。求得残差平方和分别为 $\sum e_{1i}^2$、$\sum e_{2i}^2$，其对应自由度分别为 $[n_1-(k+1)]$ 和 $[n_2-(k+1)]$。

第 3 步：利用以上得出的各残差平方和，构造 F 统计量

$$F = \frac{[\sum e_i^2 - (\sum e_{1i}^2 + \sum e_{2i}^2)]/(k+1)}{(\sum e_{1i}^2 + \sum e_{2i}^2)/(n_1+n_2-2k-2)} \sim F[k+1, n_1+n_2-2(k+1)] \tag{6-14}$$

通过 F 统计量来检验模型所反映的经济结构是否已发生突变。

第 4 步：提出假设。原假设 H_0 为结构没有发生变化，备择假设 H_1 为结构发生了变化。即

$$H_0: \alpha_i = \beta_i \quad i=1,2,\cdots,k$$

$$H_1: \alpha_i \neq \beta_i \text{ 中至少有一个成立} \quad i=1,2,\cdots,k$$

第 5 步：查临界值。给定显著水平 α，查分子自由度为 $k+1$，分母自由度为 $n_1+n_2-2(k+1)$ 的 F 分布表，得临界值 F_α。

第 6 步：比较 F 统计量和临界值 F_α。若 $F > F_\alpha$，则拒绝原假设 H_0，接受备择假设 H_1，认为回归方程（6-11）和方程（6-12）之间有差异显著，即两个样本反映的两个经济关系显

著不同，即经济结构发生了变化，反之，我们认为经济结构关系比较稳定。

2. 虚拟变量和 Chow 检验的比较

从上面的分析可以看出，在验证模型是否发生突变方面，Chow 检验和引入虚拟变量可谓是殊途同归。但在有的情况下，即便有结构突变，但无法用 Chow 检验进行验证，而引入虚拟变量却可以。

假设模型 (6-10) 有两个不同时期的关于 X 和 Y 的两个样本，一个样本有 n_1 个观测值，另一个样本有 n_2 个观测值，其中 $n_2 < (k+1)$。根据第 5 章的知识可知，当样本容量为 n_2 时，模型 (6-10) 将不能被估计，Chow 检验也无法进行下去。然而，采用引入虚拟变量的方式则不存在此类问题。还有就是 Chow 检验将样本分为了两部分，减少了样本观测值的数目，使参数估计值的质量下降，此时通过 Chow 检验验证的结构变化的可靠性也会下降。

事实上，在介绍带有虚拟变量的模型时，我们看到，当引入的虚拟变量对应的参数显著不为零时，就意味着结构发生了变化。所以，在检验经济结构是否发生突变方面，引入虚拟变量的方式优于 Chow 检验。

6.2 参数的标准化

6.2.1 参数标准化的问题

在多元回归分析中，我们通过单个参数的显著性检验只知道解释变量对被解释变量是否有显著影响，但因为没有统一的标准，系数之间不具有可比性，所以，并不知道影响被解释变量最大的、次要的、最不重要的解释变量是哪个。因此，我们就不能直接运用参数估计值的绝对量大小顺序来决定众多解释变量中哪一个解释变量对被解释变量的影响程度最大。换句话说，我们除了关注被解释变量对解释变量的反映是否显著外，还要关心反映程度的大小，依次排序，就有必要寻找哪一个解释变量 X_i 是被解释变量的重要影响因素，哪一个是次要影响因素，哪一个是最不重要的影响因素。关于这一点，从事管理的决策者都十分重视。对于多元线性回归模型

$$Y_i = \beta_0 + \beta_1 X_{1i} + \beta_2 X_{2i} + \cdots + \beta_k X_{ki} + \mu_i \tag{6-15}$$

我们不能直接采用 β_i 的大小来反映 X_i 对 Y_i 的影响程度大小。这是因为，一来 X_i 的单位属性不同，二来 β_i 会随着 X_i 的计量单位的不同而不同。考虑模型

$$Y_i = \beta_0 + \beta_1 X_{1i} + \beta_2 X_{2i} + \mu_i \tag{6-16}$$

式中，Y_i 表示运输时间，X_{1i} 表示距离，X_{2i} 表示货物重量，此时 β_1 的单位是长度，β_2 的单位为重量，两者根本不可比；并且 X_{1i} 的单位由米变成千米时，X_{2i} 的单位由千克变成吨时，β_1 和 β_2 的值将会发生变化。因此，用 β_1 和 β_2 的值无法直接反映 X_{1i} 和 X_{2i} 对 Y_i 的影响程度大小。

6.2.2 线性模型的参数标准化

为了使得参数估计值能够准确反映解释变量对被解释变量的影响程度大小，需要按照以下规则重新定义解释变量和被解释变量。

$$\begin{cases} Y_i^* = \dfrac{Y_i - \overline{Y}}{\text{Se}_Y} \\ X_{ji}^* = \dfrac{X_{ji} - \overline{X}}{\text{Se}_{X_j}} \end{cases} \quad i = 1, 2, \cdots, n; \quad j = 1, 2, \cdots, k$$

式中，

$$\text{Se}_Y = \sqrt{\dfrac{1}{n-1} \sum_{i=1}^n (Y_i - \overline{Y})^2}, \text{Se}_{X_j} = \sqrt{\dfrac{1}{n-1} \sum_{i=1}^n (X_{ji} - \overline{X})^2}, j = 1, 2, \cdots, k$$

于是模型（6-15）就可改写为

$$Y_i^* = \beta_1^* X_{1i}^* + \beta_2^* X_{2i}^* + \cdots + \beta_k^* X_{ki}^* + \mu_i^* \tag{6-17}$$

式中，Y_i^* 和 X_{ji}^* 被称为**标准化变量**（standardized variables），β_j^* 被称为**标准化系数**（standardized coefficient）。标准化变量的一个显著特点是均值总是为 0，标准差总是为 1（有兴趣的读者可以自己证明）。无论是量纲不同（如长度和重量），还是单位不同（如同为重量，有的取公斤，有的取克），标准化后的变量都统一为同一基准，表示所有变量在一单位标准差下偏离均值的程度。由于多元回归的样本回归函数要过样本均值点（$\overline{Y}^*$，$\overline{X}_1^*$，$\overline{X}_2^*$，$\cdots$，$\overline{X}_k^*$），因此，有

$$\text{截距项} = \overline{Y}^* - \beta_1^* \overline{X}_1^* - \beta_2^* \overline{X}_2^* - \cdots - \beta_k^* \overline{X}_k^* = 0 \tag{6-18}$$

这就是方程（6-17）没有截距项的原因。

在使用 EViews 估计标准化系数时，只需将原来键入的"Y X c"，改写为"(Y-@mean(Y))/(@var(Y)^0.5) (X-@mean(X))/(@var(X)^0.5)"（切记此处没有截距项）即可。

事实上，标准化之前的系数 β_j 与标准化之后的系数 β_j^* 之间具有如下关系式

$$\beta_j^* = \beta_j \dfrac{\text{Se}_{X_j}}{\text{Se}_Y} \quad j = 1, 2, \cdots, k \tag{6-19}$$

式中，Se_{X_j} 为第 j 个解释变量 X_j 的样本标准差，Se_Y 为被解释变量 Y 的样本标准差。通过这个式子就可以实现两者系数的转换。

6.3 非标准线性模型的标准化

非标准线性模型指的是变量之间是非线性的，但被解释变量与参数之间却是线性的，可以用变量直接代换法将非标准线性模型化为标准线性模型。

1. 多项式模型

对于形如

$$Y_i = \beta_0 + \beta_1 X_i + \beta_2 X_i^2 + \cdots + \beta_k X_i^k + \mu_i \tag{6-20}$$

的多项式模型，令 $Z_{1i}=X_i$，$Z_{2i}=X_i^2$，$\cdots$，$Z_{ki}=X_i^k$，则式（6-20）可转化为标准线性模型

$$Y_i = \beta_0 + \beta_1 Z_{1i} + \beta_2 Z_{2i} + \cdots + \beta_k Z_{ki} + \mu_i \tag{6-21}$$

2. 半对数模型和双对数模型

习惯上，我们把形如

$$\ln Y_i = \beta_0 + \beta_1 X_i + \mu_i \tag{6-22}$$

$$Y_i = \beta_0 + \beta_1 \ln X_i + \mu_i \tag{6-23}$$

这两种形式的模型称为半对数模型，而把形如

$$\ln Y_i = \beta_0 + \beta_1 \ln X_i + \mu_i \tag{6-24}$$

的模型称为双对数模型。对以上模型只需令 $Y_i^* = \ln Y_i$，$X_i^* = \ln X_i$，即可将原模型转化为标准线性模型。值得说明的是，式（6-22）的半对数模型可以用来描述奢侈品消费随收入变化的规律，表示收入每增加 1 个单位，奢侈品消费增加 $\beta_1 \%$；式（6-23）的半对数模型可以用来描述必需品消费随收入变化的规律，表示收入每增加 1%，必需品消费增加 β_1 个单位；式（6-24）中的 β_1 表示弹性系数。

3. 双曲线函数模型

对于形如

$$Y_i = \beta_0 + \beta_1 \frac{1}{X_i} + \mu_i \tag{6-25}$$

的模型称为双曲线模型，此时令 $X_i^* = \frac{1}{X_i}$，$Y_i^* = Y_i$，即可将原模型转化为标准线性模型。

有些非线性模型通过适当的变换就可以化为标准线性模型。例如，我们可以对式（6-26）的柯布-道格拉斯生产函数的计量经济模型

$$Q_i = A L_i^\alpha K_i^\beta e^{\mu_i} \tag{6-26}$$

两边取对数，得到

$$\ln Q_i = \ln A + \alpha \ln L_i + \beta \ln K_i + \mu_i \tag{6-27}$$

然后，令 $Y_i = \ln Q_i$，$X_{1i} = \ln L_i$，$X_{2i} = \ln K_i$，$a = \ln A$，即可将原模型转化为标准线性模型。对于不可线性化的模型可借助泰勒级数展开式进行逐次的线性近似估计⊖。

对于非标准线性模型和非线性模型的标准化问题，只需将其转换成标准线性模型，然后按照前述方法进行标准化处理就行了。

6.4 案例分析

案例 6-1

由于我国在 20 世纪 90 年代初出现了较严重的通货膨胀，并为此从 1994 年施行了紧缩

⊖ 邓翔，杜江，张蕊. 计量经济学 [M]. 成都：四川大学出版社，2002.

性的政策。因此，为了研究经济发展对进口的影响在不同时期是否存在差异，我们将表 6-1 所示数据分为 1978~1994 年和 1995~2015 年两个时期，建立带虚拟变量的模型。如果有虚拟变量的解释变量对应系数显著不为零，就说明这两个时期确实发生了结构突变。

表 6-1　1978~2015 年我国 GDP 与进出口总额数据

时间	GDP（亿元）	进出口总额（亿美元）	时间	GDP（亿元）	进出口总额（亿美元）
1978	3 678.7	206.40	1997	79 715.0	3 251.60
1979	4 100.5	293.30	1998	85 195.5	3 239.50
1980	4 587.6	381.40	1999	90 564.4	3 606.30
1981	4 935.8	440.30	2000	100 280.1	4 742.90
1982	5 373.4	416.10	2001	110 863.1	5 096.50
1983	6 020.9	436.20	2002	121 717.4	6 207.70
1984	7 278.5	535.50	2003	137 422.0	8 509.88
1985	9 098.9	696.00	2004	161 840.2	11 545.50
1986	10 376.2	738.50	2005	187 318.9	14 219.10
1987	12 174.6	826.50	2006	219 438.5	17 604.40
1988	15 180.4	1 027.90	2007	270 232.3	21 765.70
1989	17 179.7	1 116.80	2008	319 515.5	25 632.55
1990	18 872.9	1 154.40	2009	349 081.4	22 075.35
1991	22 005.6	1 357.00	2010	413 030.3	29 739.98
1992	27 194.5	1 655.30	2011	489 300.6	36 418.60
1993	35 673.2	1 957.00	2012	540 367.4	38 671.19
1994	48 637.5	2 366.20	2013	595 244.4	41 589.93
1995	61 339.9	2 808.60	2014	643 974.0	43 015.27
1996	71 813.6	2 898.80	2015	689 052.1	39 530.33

资料来源：中华人民共和国国家统计局，《中国统计年鉴——2016》，中国统计出版社，2016。

1. GDP 和进出口总额的线图

我们用 GDP 表示国内生产总值，用 IM 表示进出口总额，将数据录入 EViews 之后，依次选中 GDP 和 IM，点右键 "Open/as Group/view/Graph/Line&symbol"，便生成了线图，如图 6-5 所示。

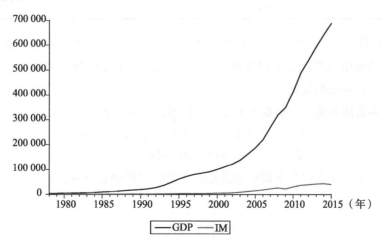

图 6-5　国内生产总值和进出口总额的线图

2. 建立模型

从图 6-5 可以看出，GDP 在 1994 年后大幅上升，而进出口总额则上升较慢。因此，大致判断 GDP 和进出口总额在 1995 年发生结构突变，于是，建立如下带结构突变的模型

$$IM_t = \beta_0 + \beta_1 GDP_t + \beta_2 DV_t + \beta_3 DV_t GDP_t + \mu_i$$

式中，DV 为虚拟变量，当 $t=1978\sim1994$ 年时 DV 取 0，1994 年后取 1。在 EViews 中，建立虚拟变量 DV 的方法为，点击"Quick/Generate Series"，键入"DV=0"，之后把样本区间从"1978 2015"改成"1978 1994"，点击"OK"，再点击"Quick/Generate Series"，键入"DV=1"，然后把样本区间改成"1995 2015"，点击"OK"，此时虚拟变量便生成了。在工作文件下，双击"DV"便可看到虚拟变量的赋值情况。

在工作文件下，点击"Quick/Estimate Equation"，键入"IM GDP DV DV * GDP C"，点击"OK"就得到表 6-2 的结果。

表 6-2 虚拟变量估计结果

Dependent Variable: IM
Method: Least Squares
Sample: 1978 2015
Included observations: 38

Variable	Coefficient	Std. Error	t-Statistic	Prob.
C	193.812 2	788.044 8	0.245 941	0.807 2
GDP	0.048 778	0.041 013	1.189 317	0.242 6
DV	−1012.171	1 089.994	−0.928 602	0.359 6
DV * GDP	0.020 829	0.041 073	0.507 124	0.615 3
R-squared	0.979 846	Mean dependent var		10 467.75
Adjusted R-squared	0.978 068	S. D. dependent var		13 929.24
S. E. of regression	2 062.850	Akaike info criterion		18.200 87
Sum squared resid	1.45E+08	Schwarz criterion		18.373 24
Log likelihood	−341.816 4	Hannan-Quinn criter.		18.262 20
F-statistic	551.008 0	Durbin-Watson stat		0.700 165
Prob (F-statistic)	0.000 000			

从表 6-2 可以看出，DV 变量对应的 Prob 值为 0.359 6，不显著，因而表明 GDP 和进出口总额方程的截距项不存在结构变化。而 $DV*GDP$ 系数的 Prob 值为 0.615 3，也不显著，表明斜率不存在结构变化。

若不考虑系数的显著性，根据表 6-2 写出模型的估计方程为

$$IM_t = 193.81 + 0.049 GDP_t \quad t \leqslant 1994$$
$$IM_t = -818.36 + 0.070 GDP_t \quad t > 1994$$

显然，存在结构性变化，因为不同时期的截距项和斜率都存在差异。

案例 6-2

"三农"问题一直是关系我国民生以及经济增长的一个重大问题。粮食生产收入是农民

收入的一项重要来源。如何通过增加粮食生产收入来增加农民收入，从而缓解"三农"问题，是个值得研究的课题。为了寻找增加粮食生产收入的途径，有必要先弄清楚影响粮食生产收入的因素。接下来以稻谷的亩均实际净收益（RNP）为被解释变量，粮食价格指数（GPI）、亩均实际物质与服务费（RMSC）、亩产量（OPM）为解释变量来研究影响粮食生产收入的因素。表 6-3 给出了相关数据。

表 6-3 稻谷生产的每亩相关成本收益指标

年 份	亩均实际净收益（%）	粮食价格指数（%）	亩均实际物质与服务费（元）	亩产量（公斤）
1984	54.87	100.00	46.43	384.00
1985	50.99	104.01	46.75	376.90
1986	56.76	106.18	48.59	386.24
1987	51.22	113.30	51.60	377.15
1988	56.19	124.32	57.04	373.10
1989	59.63	118.34	56.43	391.11
1990	51.00	94.05	59.64	414.10
1991	30.22	97.95	60.35	399.80
1992	31.76	102.76	58.23	403.80
1993	63.40	137.90	57.40	410.10
1994	113.47	176.02	71.55	412.10
1995	93.06	115.36	69.13	408.20
1996	67.04	98.19	68.93	415.80
1997	43.45	86.11	68.73	423.10
1998	34.70	96.39	67.86	421.90
1999	11.84	84.56	69.66	420.60
2000	5.79	91.44	66.05	415.10
2001	15.81	103.75	66.40	427.20
2002	8.28	95.74	68.80	420.40
2003	26.42	116.86	68.09	408.80
2004	80.90	132.90	67.16	450.90
2005	54.59	97.29	66.45	431.00
2006	58.64	103.84	68.92	436.30
2007	64.61	105.68	69.19	450.20

资料来源：彭克强. 中国粮食生产收益及其影响因素的协整分析——以 1984—2007 年稻谷、小麦、玉米为例 [J]. 中国农村经济, 2009 (6).

假设变量之间是线性关系，构建模型如下

$$RNP_i = \beta_0 + \beta_1 GPI_i + \beta_2 RMSC_i + OPM_i + \mu_i$$

从各变量的量纲来看，RNP 的量纲为元，GPI 无量纲，RMSC 的量纲为元，OPM 的量纲为公斤。由于，各变量的量纲不同，因此不能直接利用参数估计值的大小来判断各解释变量对被解释变量的影响，需要对模型进行标准化处理。因此，在选中变量 RNP、GPI、RMSC、OPM 后，点右键"Open/as Group/Quick/Estimate Equation"，键入"(RNP-@mean(RNP))/(@var(RNP)^0.5) (GPI-@mean(GPI))/(@var(GPI)^0.5) (RMSC-@mean

(RMSC))/(@var(RMSC)^0.5)(OPM-@mean(OPM))/(@var(OPM)^0.5)",点击"OK"即可得到如下估计结果。

表 6-4 标准化系数的估计结果

Dependent Variable:(RNP-@MEAN(RNP," 1984 2007"))/(@VAR(RNP," 1984 2007")^0.5)
Method:Least Squares
Sample:1984 2007
Included observations:24

Variable	Coefficient	Std. Error	t-Statistic	Prob.
(GPI-@MEAN(GPI," 1984 2007"))/(@VAR(GPI," 1984 2007")^0.5)	0.731 362	0.153 882	4.752 734	0.000 1
(RMSC-@MEAN(RMSC," 1984 2007" E))/(@VAR(RMSC," 1984 2007")^0.5)	−0.208 748	0.250 629	−0.832 895	0.414 3
(OPM-@MEAN(OPM," 1984 2007"))/(@VAR(OPM," 1984 2007")^0.5)	0.226 846	0.251 427	0.902 236	0.377 2
R-squared	0.518 314	Mean dependent var		5.55E-17
Adjusted R-squared	0.472 440	S. D. dependent var		1.021 508
S. E. of regression	0.741 955	Akaike info criterion		2.357 413
Sum squared resid	11.560 45	Schwarz criterion		2.504 670
Log likelihood	−25.288 96	Hannan-Quinn criter.		2.396 481
Durbin-Watson stat	0.598 704			

从表 6-4 可以看出,RMSC 和 OPM 对应的 Prob 值分别为 0.414 3 和 0.377 2,都大于 0.1,说明 RMSC 和 OPM 对 RNP 没有显著影响。GPI 对应的 Prob 值为 0.000 1<0.01,说明 GPI 在 1% 的水平下对 RNP 有显著影响。由于经过了标准化处理,此时标准化后 GPI 的系数表示当粮食价格指数在标准差下偏离均值的程度每变动 1%,将会使稻谷的亩均实际净收益在标准差下偏离均值的程度变动 0.731%。

案例 6-3

离婚、失业的人更喜欢饮酒吗?运用 Donald Kenkel 和 Joseph Terza(2001 年)的数据建立虚拟变量模型可以进行验证,具体数据见表 6-5。其中,$DRINKS_i$ 表示第 i 个人过去两周的饮酒量;$EDUG_i$ 表示第 i 人受教育的年限;$DIVSEP_i$ 表示虚拟变量,第 i 个人离婚或者分居则为 1,否则为 0;$UNEMP_i$ 表示虚拟变量,第 i 个人失业则为 1,否则为 0。

表 6-5 离婚、失业模型的数据

OBS	DRINKS	EDUG	DIVSEP	UNEMP
1	24.0	13	0	1
2	10.0	14	0	0
3	0.0	14	0	0
4	24.0	7	0	0

（续）

OBS	DRINKS	EDUG	DIVSEP	UNEMP
5	0.0	12	0	0
6	1.5	13	0	0
7	45.0	15	0	0
8	0.0	12	0	0
9	0.0	16	0	0
10	0.0	10	0	0
11	2.0	16	0	0
12	13.5	9	0	0
13	8.0	12	0	0
14	0.0	14	1	0
15	25.0	13	0	0
16	11.3	12	1	0
17	0.0	17	0	0
18	0.0	16	0	0
19	7.0	14	0	0
20	40.0	16	0	0
21	28.0	14	0	0
22	1.0	15	0	0
23	0.0	10	0	0
24	0.0	10	0	0
25	56.0	16	0	0
26	0.0	16	1	0
27	24.0	12	1	0
28	5.0	13	0	0
29	28.0	7	0	0
30	14.0	12	0	0
31	3.0	18	0	0
32	0.0	7	0	0
33	0.0	18	0	0
34	0.0	11	0	0
35	3.0	12	0	0
36	10.0	16	0	0
37	42.0	17	0	0
38	1.0	12	0	0
39	14.0	15	1	0
40	9.0	18	0	0
41	0.0	18	0	0
42	15.0	14	0	0
43	12.0	18	0	0
44	6.0	14	1	0
45	6.0	17	0	0
46	0.0	12	0	0
47	0.0	12	0	0
48	0.0	8	0	0
49	2.0	9	1	0

（续）

OBS	DRINKS	EDUG	DIVSEP	UNEMP
50	0.0	12	0	0
51	10.0	12	0	0
52	58.5	6	0	0
53	14.0	14	0	0
54	0.0	18	0	0
55	0.0	12	0	0
56	5.0	13	0	0
57	0.0	7	0	0
58	14.0	12	0	0
59	36.0	13	0	0
60	0.0	8	0	0
61	2.0	8	1	0
62	70.0	16	0	1
63	12.0	12	0	0
64	3.0	12	0	0
65	30.0	9	1	0
66	10.0	15	0	0
67	12.0	16	0	0
68	84.0	12	0	0
69	71.5	12	0	0
70	49.0	18	0	0
71	4.0	13	0	0
72	3.0	8	0	0
73	1.0	12	0	0
74	33.8	13	0	0
75	21.0	14	0	0
76	12.0	12	0	0
77	14.0	18	1	0
78	0.0	17	0	0
79	0.0	7	0	0
80	1.0	12	0	0
81	0.0	12	0	0
82	70.0	15	1	0
83	4.0	16	1	0
84	4.0	14	0	0
85	21.0	14	1	0
86	2.0	16	0	0
87	30.0	10	0	0
88	10.0	13	0	0
89	16.0	9	1	0
90	36.0	13	0	0
91	0.0	11	0	0
92	0.0	12	0	0
93	108.0	12	1	0
94	0.0	12	0	0

(续)

OBS	DRINKS	EDUG	DIVSEP	UNEMP
95	0.0	12	0	0
96	11.0	13	1	0
97	28.5	0	0	0
98	56.0	13	0	0
99	3.0	12	0	0
100	2.0	12	0	0

资料来源：施图德蒙德．应用计量经济学 [M]．杜江，李恒，译．北京：机械工业出版社，2011.

1. 建立模型

教育、离婚和失业均会对饮酒量产生影响。据此，可以建立如下模型

$$DRINKS_i = \alpha + \beta_0 EDUG_i + \beta_1 DIVSEP_i + \beta_2 UNEMP_i + \mu_i$$

2. 模型估计

根据该模型，在 Stata 中进行带有虚拟变量的模型分析。命令如下

```
xi:reg DRINKS EDUG i.UNEMP i.DIVSEP
```

得到估计结果如图 6-6 如示。

```
. xi:reg DRINKS EDUG i.UNEMP i.DIVSEP
i.UNEMP          _IUNEMP_0-1      (naturally coded; _IUNEMP_0 omitted)
i.DIVSEP         _IDIVSEP_0-1     (naturally coded; _IDIVSEP_0 omitted)

    Source |       SS       df       MS              Number of obs =     100
-----------+------------------------------           F(  3,    96) =    2.36
     Model |  3042.72062     3   1014.24021          Prob > F      =  0.0762
  Residual |  41234.6717    96   429.527831          R-squared     =  0.0687
-----------+------------------------------           Adj R-squared =  0.0396
     Total |  44277.3924    99   447.246388          Root MSE      =  20.725

    DRINKS |      Coef.   Std. Err.      t    P>|t|     [95% Conf. Interval]
-----------+----------------------------------------------------------------
      EDUG |  -.0481394   .6496046    -0.07   0.941    -1.337594    1.241316
 _IUNEMP_1 |   34.45893   14.87627     2.32   0.023     4.929765    63.98809
_IDIVSEP_1 |   8.211951   5.664882     1.45   0.150     -3.03275    19.45665
     _cons |   13.23909   8.589043     1.54   0.127    -3.810023    30.28821
```

图 6-6 带有虚拟变量的分析结果

根据图 6-6，可以写出离婚、失业对饮酒量影响的模型为

$$DRINKS_i = 13.24 - 0.048EDUG_i + 8.21DIVSEP_i + 34.46UNEMP_i$$
$$\quad\quad (1.54) \quad\quad (-0.07) \quad\quad (1.45) \quad\quad (2.32)$$

从模型可以看出，EDUG 的系数为负，表明受教育程度越高的人饮酒量越少；DIVSEP 和 UNEMP 的系数为正数，说明离婚和失业人口饮酒量更多。另外，值得注意的是模型中 EDUG 和 DIVSEP 系数不是很显著，R^2 也较低。

案例 6-4

第 5 章案例 5-3 中我们分析了大众餐饮店的最佳位置选择问题，当时根据 t 统计量我们可以得出附近居住的人口密度、当地居民的一般收入水平以及周围类似餐饮店的数量是影响餐饮店位置选择的重要因素。但是哪个因素更为重要呢？我们需要把参数标准化后再进行比较。

我们曾用 N 表示 2km 范围内类似餐饮店的数量，P 表示 3km 内居住人口数，I 表示附近居民平均收入水平，Y 表示餐饮店的总销售额。建立了如下模型

$$Y_i = \alpha + \beta_0 N_i + \beta_1 P_i + \beta_2 I_i + \mu_i$$

从各变量的量纲来看，N 的量纲为个，P 的量纲为人，I 的量纲为美元，Y 的量纲为美元。由于各变量的量纲不同，因此不能直接利用参数估计值的大小来判断各解释变量对被解释变量的影响程度的大小，需要对模型进行标准化处理，得到标准化系数的估计结果，如图 6-7。命令如下

```
.reg Y N I P,beta
```

```
. reg Y N I P,beta

      Source |       SS       df       MS              Number of obs =      33
-------------+------------------------------           F(  3,    29) =   15.65
       Model |  9.9289e+09     3   3.3096e+09          Prob > F      =  0.0000
    Residual |  6.1333e+09    29    211492485          R-squared     =  0.6182
-------------+------------------------------           Adj R-squared =  0.5787
       Total |  1.6062e+10    32    501943246          Root MSE      =   14543

------------------------------------------------------------------------------
           Y |      Coef.   Std. Err.      t    P>|t|                     Beta
-------------+----------------------------------------------------------------
           N |  -9074.674   2052.674    -4.42   0.000                -.7774037
           I |   1.287923   .5432938     2.37   0.025                 .2955857
           P |   .3546684   .0726808     4.88   0.000                 .8846808
       _cons |   102192.4   12799.83     7.98   0.000                        .
------------------------------------------------------------------------------
```

图 6-7 标准化系数的估计结果

从图 6-7 可以看出，标准化后回归的系数在 Beta 一列，N 和 P 对应的 $P>|t|$ 的值都小于 0.01，说明 2km 范围内类似餐饮店的数量和 3km 内居住人口数在 1% 显著水平下对餐饮店位置选择有影响，I 对应的 $P>|t|$ 的值为 0.025，表明在 5% 显著水平下收入对餐饮店位置选择有影响。由于经过了标准化处理，N、P 和 I 在 1 个标准差下偏离均值的程度每变动 1% 将分别使 Y 在 1 个标准差下偏离均值的程度变动 -0.78%、0.88% 和 0.30%，因此，人口数量 P 对餐饮店位置选择的影响程度最大，类似餐饮店的数量 N 次之，附近居民的收入 I 最小。我们可以认为，餐饮店应该首先选择在人口稠密，竞争较小的地方，再考虑附近居民的收入水平。

思考与练习

1. 解释下列名词：虚拟变量　标准化系数　Chow 检验
2. 虚拟变量的引入有哪几种情况，它们在模型中分别有什么作用？
3. 虚拟变量的引入原则是什么？假如采用季度数据资料建立模型，为了验证季节之间的差异性，应该引入多少个虚拟变量？
4. 在验证结构性变化方面，Chow 检验和引入虚拟变量有何异同？
5. 为了研究工龄与工资水平的差异，某调查小组在某个社区随机抽取了 85 名居民进行调查（其中男性 39 人，女性 46 人），并得到如下两种回归模型

$$\hat{W}_i = 1\,030.4 + 315.7 T_i$$
$$\qquad\quad (3.58)\quad (4.32)$$
$$\hat{W}_i = 896.8 + 274.3 T_i + 432.9 D_i$$
$$\qquad\quad (2.89)\quad (3.34)\quad (4.76)$$

式中，W 表示工资水平，T 表示工作年限，即工龄，虚拟变量

$$D = \begin{cases} 1 & 男 \\ 0 & 女 \end{cases}$$

请问：

(1) 哪个模型更科学一些？为什么？
(2) 如果第 2 个模型确实优于第 1 个模型，而你错误选择了第 1 个模型，那么你忽略了哪些信息？
(3) D 的系数通过了显著性检验，说明了什么？

6. 在何种情况下，需要对模型中的变量进行标准化？
7. 为什么带有截距项的模型在标准化后没有截距项？
8. 设标准化之前的系数为 β_i 与标准化之后的系数为 β_i^*，试证明

$$\beta_i^* = \beta_i \frac{\mathrm{Se}_{X_i}}{\mathrm{Se}_Y}$$

9. 在研究家庭书刊消费支出时有如下模型

$$EXP_i = \beta_0 + \beta_1 Income_i + \beta_2 Time_i + \mu_i$$

式中，EXP 表示书刊消费支出，$Income$ 表示家庭月平均收入，$Time$ 表示户主受教育年限。

请问：

(1) 能不能直接运用 β_1 和 β_2 的值来判断，究竟那个变量对于家庭年书刊消费支出的影响更大？
(2) 如不能直接利用 β_1 和 β_2 的值来判断，那应该如何判断两个解释变量对被解释变量的影响程度大小呢？

10. 现代上市公司的一个显著特点就是所有权与控制权是分离的，上市公司的实际控制人往往掌握着超出其所有权比例的控制权。因此，研究上市公司实际控制人的控制权与所有权的分离程度与公司绩效之间的关系就成为必要。表 6-6 提供了 35 家上市公司的相关数据，其中分离程度指实际控制人的控制权比例除以所有权比例，每股收益代表公司绩效。虚拟变量指实际控制人是否担任董事长或总经理，若实际控制人担任董事长或总经理则取 1，否则取 0。

要求：

(1) 构建含有虚拟变量的公司绩效模型。
(2) 估计模型，并进行参数显著性检验。
(3) 若虚拟变量的参数是显著的，能得出什么结论？若不显著又能得出什么结论？

11. 从理论上分析，能源消费量与人口数和经济发展水平有关。表 6-7 中给出了相应数据。

要求：

(1) 构建多元回归模型并估计相应参数。
(2) 解释参数的经济意义。
(3) 比较人口数和 GDP 哪个变量对能源消费的影响大些。

表 6-6 35 家上市公司的相关数据

证券代码	实际控制人是否担任董事长或总经理	分离程度	每股收益
000009	0	1.17	0.35
000017	0	2.27	0.13
000035	0	4.84	0.79
000038	0	5.09	0.18
000040	0	3.00	0.15
000046	1	1.30	0.87
000062	0	6.26	0.21
000150	0	1.23	0.36
000159	0	1.82	0.29
000506	0	1.28	0.28
000510	0	1.75	0.13
000511	0	2.95	0.23
000513	1	2.30	1.71
000516	0	9.57	0.60
000527	1	1.16	1.33
000533	0	2.25	0.22
000534	1	1.93	0.55
000540	1	1.34	0.31
000541	0	1.66	0.92
000545	1	2.47	0.12
000546	1	1.94	0.11
000547	1	3.04	0.17
000558	1	1.33	1.01
000559	1	1.25	0.38
000560	1	3.16	0.72
000567	0	1.53	0.16
000572	1	1.58	1.06
000584	0	2.50	0.93
000587	0	8.64	0.10
000592	0	1.15	1.29
000602	0	1.57	0.53
000609	0	2.99	0.95
000613	0	20.36	0.38
000615	0	1.79	0.15
000616	1	1.19	0.73

资料来源：国泰安信息技术有限公司开发的《中国民营上市公司数据库》。

表 6-7　1990～2015 年我国能源消费、GDP 以及人口数的数据

年　份	能源消费（万吨标准煤）	GDP（亿元）	人口数（万人）
1990	98 703.00	18 872.9	114 333
1991	103 783.00	22 005.6	115 823
1992	109 170.00	27 194.5	117 171
1993	115 993.00	35 673.2	118 517
1994	122 737.00	48 637.5	119 850
1995	131 176.00	61 339.9	121 121
1996	135 192.00	71 813.6	122 389
1997	135 909.00	79 715.0	123 626
1998	136 184.00	85 195.5	124 761
1999	140 569.00	90 564.4	125 786
2000	146 964.00	100 280.1	126 743
2001	155 547.00	110 863.1	127 627
2002	169 577.00	121 717.4	128 453
2003	197 083.00	137 422.0	129 227
2004	230 281.00	161 840.2	129 988
2005	261 369.00	187 318.9	130 756
2006	286 467.00	219 438.5	131 448
2007	311 442.00	270 232.3	132 129
2008	320 611.00	319 515.5	132 802
2009	336 126.00	349 081.4	133 450
2010	360 648.00	413 030.3	134 091
2011	387 043.00	489 300.6	134 735
2012	402 138.00	540 367.4	135 404
2013	416 913.00	595 244.4	136 072
2014	425 806.00	643 974.0	136 782
2015	430 000.00	689 052.1	137 462

资料来源：中华人民共和国国家统计局，《中国统计年鉴——2016》，中国统计出版社，2016。

表 6.7 1990—2015 年我国能源消费、GDP 以及人口数的变化

年份	能源消费（万吨标准煤）	GDP（亿元）	人口数（万人）
1990	98 703.00	18 872.9	114 333
1991	103 783.00	22 005.6	115 823
1992	109 170.00	27 194.5	117 171
1993	115 993.00	35 673.2	118 517
1994	122 737.00	48 637.5	119 850
1995	131 176.00	61 339.9	121 121
1996	135 192.00	71 813.6	122 389
1997	135 909.00	79 715.0	123 626
1998	136 184.00	85 195.5	124 761
1999	140 569.00	90 564.4	125 786
2000	146 964.00	100 280.1	126 743
2001	155 547.00	110 863.1	127 627
2002	169 577.00	121 717.4	128 453
2003	197 083.00	137 422.0	129 227
2004	230 281.00	161 840.2	129 988
2005	261 369.00	187 318.9	130 756
2006	286 467.00	219 438.5	131 448
2007	311 442.00	270 232.3	132 129
2008	320 611.00	319 515.5	132 802
2009	336 126.00	349 081.4	133 450
2010	360 648.00	413 030.3	134 091
2011	390 078.00	489 300.6	134 735
2012	402 138.00	540 367.4	135 404
2013	416 913.00	595 244.4	136 072
2014	425 806.00	643 974.0	136 782
2015	430 000.00	685 505.8	137 462

资料来源：中国人民共和国国家统计局.《中国统计年鉴—2015》.中国统计出版社，2016.

PART 2 第二篇
放宽假设的计量经济学模型

第7章 异方差性
第8章 序列相关性
第9章 多重共线性

第7章 异方差性

在以截面数据研究家庭人均年收入与年人均食品支出之间关系的时候,假定两者为线性关系,有如下模型

$$Y_i = \beta_0 + \beta_1 X_i + \mu_i \tag{7-1}$$

式中,Y_i 表示人均食品支出,X_i 表示人均年收入。在其他条件不变的情况下,收入越高的家庭,对食品支出的选择范围也就越大,表现出随意性较强的特征,稳定性变差,个体之间的差异也越来越大。也就是说,随着收入水平 X_i 的提高,随机干扰项的方差也会发生变动,这便违背了线性回归模型中随机干扰项的波动是稳定的经典假设,普通最小二乘法失效,必须用其他方法对模型进行估计。

7.1 什么是异方差性

7.1.1 异方差的概念

经典线性回归模型的基本假设之一是对于有 k 个因素 $X_1, X_2, \cdots, X_k$ 影响被解释变量 Y 的模型

$$Y_i = \beta_0 + \beta_1 X_{1i} + \cdots + \beta_k X_{ki} + \mu_i \quad i = 1, 2, \cdots, n \tag{7-2}$$

随机干扰项 μ_i 具有同方差性,即随机干扰项具有相同的分散程度,这一假设用符号表示为 $E(\mu_i^2) = \sigma^2$。若经典线性回归模型的这一基本假设不能成立,即至少有一个 i,使得 $\text{Var}(\mu_i) = \sigma_i^2 \neq \sigma^2$ 时,换句话说,对于不同的样本点,方差不再是一个固定的常数,而有些是互不相同的,则称模型存在**异方差性**(heteroskedasticity)。

7.1.2 异方差的类型

异方差一般可归结为三种类型:

(1) 单调递增型,即 σ_i^2 随 X 的增大而增大。例如,以截面资料研究居民家庭的储蓄行为,建立储蓄函数

$$Y_i = \beta_0 + \beta_1 X_i + \mu_i \tag{7-3}$$

式中，Y_i 为第 i 个家庭的储蓄额，X_i 为第 i 个家庭的可支配收入。在其他条件不变的情况下，可支配收入的增加往往可以使人们对其储蓄行为有更多的选择，即 μ_i 的方差往往随 X_i 的增加而增加，呈现单调递增型变化。

(2) 单调递减型，即 σ_i^2 随 X 的增大而减小。例如，按照边错边改的学习模型，人们在学习过程中，其行为误差随时间而减少。在这种情况下，预期的 μ_i 的方差会减小。

(3) 复杂型，即 σ_i^2 与 X 的变化呈复杂形式。例如，以截面数据为样本建立居民消费函数

$$C_i = \beta_0 + \beta_1 X_i + \mu_i \tag{7-4}$$

式中，C_i 为第 i 个家庭的消费额，X_i 为第 i 个家庭的可支配收入。若将居民按照收入的级差（最大值与最小值之差）等距离分成 n 组，取每组平均数为样本观测值。则在一般情况下，居民收入服从正态分布，即中等收入组人数多，两端收入组人数少。因此，根据统计学原理，我们知道人数多的组的平均数的误差小，人数少的组的平均数的误差大。在这种情况下，u_i 的方差随解释变量的观测值的增大而呈 U 形变化，呈现为复杂型的一种。

7.2 异方差产生的原因与后果

7.2.1 异方差产生的原因

随机干扰项 μ 中包括了测量误差和模型中被省略的一些因素对因变量的影响。异方差产生的原因主要来自于这两个方面。

(1) 模型中缺少某些解释变量，从而使得随机干扰项产生某种系统模式，而不是一个常数。回归模型为

$$Y_i = \beta_0 + \beta_1 X_{1i} + \mu_i \tag{7-5}$$

假设模型中缺少了解释变量 X_{2i}、X_{3i}，则随机干扰项 μ_i 里就包含了 X_{2i}、X_{3i} 对 Y_i 的影响，同时，在经济生活中，X_{2i}、X_{3i} 又与 X_{1i} 具有某种联系，这时随机干扰项 μ_i 就往往随着 X_{1i} 的变化而变化。

(2) 测量误差。样本数据测量误差也是导致异方差产生的原因之一。随着数据采集技术的改进，随机干扰项的方差可能减小。另外，异常值的出现也可能导致异方差。

经验表明，采用截面数据做样本的计量经济学问题，由于在不同样本点上解释变量以外的其他因素差异较大，所以往往存在异方差。

7.2.2 异方差产生的后果

计量回归模型一旦出现异方差性，如果仍然采用 OLS 估计模型参数，则会产生下列不良后果。

1. 参数估计量非有效

OLS 估计量仍然是线性无偏的，但不具有有效性（最小方差），即不再是 BLUE 估计。观察式（4-12）和式（4-14）可知，当出现异方差时，参数估计值的方差将不再是常数，因而也不再是最小的。因此，参数估计值不再有效。

2. t 检验和 F 检验失效

这是因为，用于参数显著性检验的 t 统计量是在同方差假定下服从 t 分布的。如果违背了同方差假定，则其分布不再服从 t 分布，t 检验也就失去意义，这是因为在方差不同的情况下，无法计算出唯一的 t 统计量，导致 t 统计量的值要么偏大要么偏小。在这种情况下，建立在 t 统计量和 F 分布之上的参数置信区间和显著性检验是不可靠的，一般会低估存在的异方差，高估 t 统计量和 F 统计量，从而夸大参数的显著性。

3. 模型的预测失效

由于随机干扰项 μ_i 的异方差性，参数估计量的方差随着样本观测值的变化而变化，将导致预测区间变大或者变小，预测功能失效。

7.3 异方差性的诊断

7.3.1 图示法

由于异方差是指随机干扰项的方差随着解释变量的变化而变化，因此，如果对异方差性的性质没有任何先验或经验信息，可先在无异方差性的假定下做回归分析，然后对残差的平方做一事后检查，根据 $X - e^2$ 的散点图，看这些残差的平方是否呈现任何系统性的样式，如图 7-1 所示。

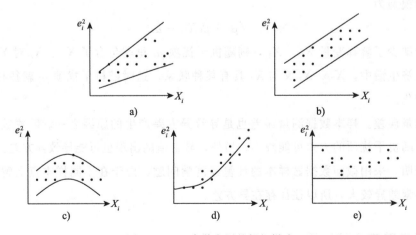

图 7-1 $X - e^2$ 散点图的假想样式

如图 7-1e 中没有发现任何系统性样式，表明数据中也许不存在异方差性，图 7-1a～图 7-1d 都呈现了一定的样式。其中，图 7-1a 表示 e_i^2 随 X_i 的变大呈现加速增长的趋势；图 7-1b

表示 e_i^2 和与 X_i 之间存在线性关系；而图 7-1c 和图 7-1d 则表示 e_i^2 和与 X_i 之间存在二次关系。有一点需要说明的是，图示法是一种直观的方法，但却是一种非正式的方法，因为它不能严格地告诉我们数据中是否存在异方差性。

7.3.2 Goldfeld-Quandt 检验法

Goldfeld-Quandt 检验法由 S. M. Goldfeld 和 R. E. Quandt 在 1965 年提出。该检验法适用的情况是：样本容量较大，即观测值的数目一般不低于参数个数的两倍；除了同方差假定之外，古典线性回归模型的其他假定是被满足的；异方差的类型是单调型。

该检验法的思路是：由于同方差的方差之比等于 1，递增型异方差的方差之比大于 1，而递减型异方差的方差之比小于 1。因此，可以将样本分为两个部分，再对这两个部分的子样本分别进行回归，然后用两个部分子样本残差平方和之比构造一个 F 统计量进行异方差检验。

Goldfeld-Quandt 检验法的具体步骤是：

第 1 步：将 n 对观察值 (X_i, Y_i) 按解释变量 X_i 的大小顺序由小到大排列。

第 2 步：将其中间的 c（一般情况下是样本观察值的 1/4）个观察值除去，将余下的 $n-c$ 个观测值划分为容量相等的前后两个子样本。

第 3 步：用两个子样本都为 $(n-c)/2$ 的观测值，将两个子样本分别进行回归。

第 4 步：分别计算两个子样本回归方程的残差平方和 $\sum e_{1i}^2$ 和 $\sum e_{2i}^2$，其中 $\sum e_{1i}^2$ 代表 X 值较小的子样本的残差平方和，$\sum e_{2i}^2$ 代表 X 值较大的子样本的残差平方和。这两个残差平方和各有 $[(n-c)/2-(k+1)]$ 个自由度，其中 k 是模型中解释变量的个数。

第 5 步：提出原假设 H_0 和备择假设 H_1。

H_0：μ_i 是同方差的，即两个子样本的随机干扰项方差相等。

H_1：μ_i 是异方差的，即两个子样本的随机干扰项方差不相等。

第 6 步：构造 F 统计量。

$$F = \frac{\sum e_{2i}^2 / \left[\frac{n-c}{2} - (k+1)\right]}{\sum e_{1i}^2 / \left[\frac{n-c}{2} - (k+1)\right]} = \frac{\sum e_{2i}^2}{\sum e_{1i}^2} \sim F\left[\frac{n-c}{2} - (k+1), \frac{n-c}{2} - (k+1)\right] \quad (7\text{-}6)$$

如果 F 值趋近于 1，则两个子样本的随机干扰项的方差相同，接受原假设；如果 F 值大于 1，则两个方差不同，拒绝原假设。

第 7 步：查临界值 F_α。给定显著性水平 α，查 F 分布表，可得对应于自由度 $[(n-c)/2-(k+1), (n-c)/2-(k+1)]$ 的临界值 F_α。

第 8 步：进行 F 检验，得出结论。若 $F \geq F_\alpha$，则拒绝原假设 H_0，即存在异方差性；若 $F \leq F_\alpha$，则不能拒绝原假设 H_0，即不存在异方差性。显而易见，F 值越大，异方差性越强。

对于单调递减的情况，只需将式（7-6）的分子与分母对调即可。需要注意的是，这种方法无法识别复杂型的异方差性。

7.3.3 Park 检验法

Park 检验法（Park test）的思路是：把图示法进行量化，给出 e_i^2 关于 X_i 的具体函数形式，然后检验这种结构是否显著。从而判定模型是否存在异方差及给出异方差的函数形式。

Park 检验法的具体步骤是：

第 1 步：建立被解释变量 Y 对所有解释变量 X 的回归方程，然后计算残差。

第 2 步：建立辅助模型 $e_i^2 = \sigma^2 x_i^\beta e^{\mu_i}$，或改写成对数形式

$$\ln(e_i^2) = \ln\sigma^2 + \beta\ln x_i + \mu_i \tag{7-7}$$

式中，$\ln\sigma^2$ 与 β 是未知参数。这就是 Park 检验常用的函数形式。

第 3 步：可将式（7-7）改写为 $\ln(e_i^2) = \alpha + \beta\ln x_i + \mu_i$，然后对这个模型应用 OLS 法，得出参数 α 和 β 的估计值。

第 4 步：对参数 β 进行 t 检验。如果 β 不显著，则说明 e_i^2 实际上与 X_i 无关，即不存在异方差性，反之，则表明存在异方差性。

7.3.4 Glesjer 检验法

Glesjer 检验法（Glesjer test）的思路是：通过建立 e_i 与 X_i 的关系，对新模型进行估计。与 Park 检验法相比较，在 Park 检验法中 e_i^2 与 X_i 之间的关系是给定的，而 Glesjer 检验法则是同时拟合若干种函数，将其中显著成立的函数关系作为异方差结构的函数形式。

Glesjer 检验法的具体步骤是：

第 1 步：直接估计可能存在异方差的模型（7-2），然后计算残差 e_i。

第 2 步：将 e_i^2 作为被解释变量，将模型（7-2）中易引起异方差的某一解释变量 X_j 作为解释变量，建立回归方程

$$|e_i| = f(X_{ji}) + v_i \tag{7-8}$$

常用的回归方程的函数形式为

$$|e_i| = a + \beta X_{ji} + v_i \qquad |e_i| = a + \beta \frac{1}{\sqrt{X_{ji}}} + v_i$$

$$|e_i| = a + \beta \sqrt{X_{ji}} + v_i \qquad |e_i| = \sqrt{a + \beta X_{ji}} + v_i$$

$$|e_i| = a + \beta \frac{1}{X_{ji}} + v_i \qquad |e_i| = \sqrt{a + \beta X_{ji}^2} + v_i$$

第 3 步：选择第 2 步给出的不同的函数形式，并对方程进行估计，然后进行参数的显著性检验和模型的显著性检验，如果存在某一种函数形式，使得方程显著成立，则说明原模型存在异方差性。

7.3.5 White 检验法

前面提到的 Goldfeld-Quandt 检验法要求按照被认为是引起异方差性的解释变量的大小

顺序，将观测值重新排序；而 Parker 检验法和 Glejser 检验法则有一定的局限性，只能试验几种常见的 e_i^2 与 X_i 或 e_i 与 X_i 的回归形式。而 White 所提出的检验法则不同于这几种检验法，并不要求排序，也不依赖于几种常见的回归形式，而且更易于付诸实施。本节以二元回归模型为例讲解 White 检验的基本思想，假定回归模型为

$$Y_t = \beta_0 + \beta_1 X_{1t} + \beta_2 X_{2t} + \mu_t \tag{7-9}$$

White 检验法的具体步骤是：

第 1 步：用最小二乘法估计模型（7-9），得到残差平方 e_i^2。

第 2 步：建立辅助回归方程

$$e_i^2 = a_0 + a_1 X_{1i} + a_2 X_{2i} + a_3 X_{1i}^2 + a_4 X_{2i}^2 + a_5 X_{1i} X_{2i} + u_i \tag{7-10}$$

辅助回归是为了检验 e_i 与解释变量可能组合的显著性，因此，辅助回归方程中还可引入解释变量的更高次方。而在某些情况下，尤其在多元回归模型中，辅助回归方程中可能有太多解释变量，从而使自由度减少。在这种情况下，有时可去掉交叉项。

第 3 步：计算统计量 nR^2，其中 n 为辅助回归方程的有效样本容量，R^2 为辅助回归的判定系数。可以证明，在同方差假设下，nR^2 渐近服从自由度等于辅助回归中不包括截距项的解释变量个数 k 的 χ^2 分布，即

$$nR^2 \sim \chi^2(k)$$

第 4 步：进行检验。如果得到的统计量 nR^2 超过给定显著性水平下的 χ^2 临界值，则认为原线性回归模型（7-9）中存在异方差性。如果 nR^2 不超过 χ^2，则认为原模型中不存在异方差性，也就是说，在辅助回归中，

$$a_1 = a_2 = a_3 = a_4 = a_5 = 0$$

White 检验法可通过 EViews 直接实现。在估计出方程结果后，在方程窗口下，点击"View/Residual Diagnostics"，会出现如图 7-2 的界面。

在图 7-2 中，点击"Heteroskedasticity Test"后，在"Test type"中选择"White"，就可以实现 White 检验，White 检验的输出结果将在 7.5 节的案例分析中详细讲解。

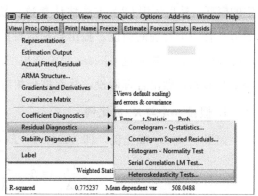

图 7-2　White 检验示意图

7.4　如何消除异方差

7.4.1　加权最小二乘法

加权最小二乘法的基本思想是：对原模型进行加权，使其成为一个不存在异方差性的新模型，然后采用普通最小二乘法进行估计。而加权的基本思路是：对较小的 σ_i^2 赋予较大

的权重，对较大的 σ_i^2 赋予较小的权重。加权最小二乘法适用于随机干扰项的方差 σ_i^2 已知的情况。

以一元回归分析为例，加权最小二乘法的具体步骤是：假定回归模型

$$Y_i = \beta_0 + \beta_1 X_i + \mu_i \tag{7-11}$$

的异方差已知，$\mathrm{Var}(\mu_i) = E(u_i^2) = \sigma_i^2$，将模型（7-11）两边同除以 σ_i，则有

$$\frac{Y_i}{\sigma_i} = \beta_0 \left(\frac{1}{\sigma_i}\right) + \beta_1 \left(\frac{X_i}{\sigma_i}\right) + \left(\frac{u_i}{\sigma_i}\right) \tag{7-12}$$

令 $Y_i^* = \frac{Y_i}{\sigma_i}$，$X_1^* = \frac{1}{\sigma_i}$，$X_2^* = \frac{X_i}{\sigma_i}$，$\mu_i^* = \frac{\mu_i}{\sigma_i}$，则模型（7-12）可以写为

$$Y_i^* = \beta_0 X_1^* + \beta_1 X_2^* + \mu_i^* \tag{7-13}$$

这时，经过变换后的模型（7-13）的随机干扰项 μ_i^* 的方差为

$$\mathrm{Var}(u_i^*) = E(u_i^*)^2 = E\left(\frac{u_i}{\sigma_i}\right)^2 = \frac{E(u_i^2)}{\sigma_i^2} = \frac{\sigma_i^2}{\sigma_i^2} = 1 \tag{7-14}$$

因为变换后的随机干扰项是同方差，恒等于 1，满足随机干扰项是同方差的经典假设，所以可以用 OLS 法进行回归。由于随机干扰项的方差 σ_i^2 通常是未知的，因此，在实际运用中，常常采用残差的绝对值的倒数 $1/|e_i|$ 作为权重进行加权最小二乘法。

7.4.2 模型变换法

模型变换法是对存在异方差的总体回归模型作适当的代数变换，使之成为满足同方差假定的模型，然后运用 OLS 方法估计参数。模型变换法的关键是事先对异方差 $\sigma_i^2 = \sigma^2 f(X_i)$ 的形式有一个合理的假设。提出合理假设的方法主要分为两种：一是通过对具体经济问题的经验分析；二是通过 Glejser 检验结果所提供的信息加以确定，即拟合 $|e_i| = a + \beta f(X_i)$ 等函数形式，做出合理假设，从而进行相应的变换。

1. 假设 σ_i^2 与 X_i 成比例

如果 σ_i^2 与 X_i 成比例，即 $\mathrm{Var}(\mu_i) = E(\mu_i^2) = \sigma_i^2 = \sigma^2 X_i$，其中 σ 为常数，可做变换得

$$\frac{Y_i}{\sqrt{X_i}} = \beta_0 \frac{1}{\sqrt{X_i}} + \beta_1 \frac{X_i}{\sqrt{X_i}} + \frac{u_i}{\sqrt{X_i}} \tag{7-15}$$

变换后的随机干扰项为 $\frac{u_i}{\sqrt{X_i}}$，此时

$$\mathrm{Var}\left(\frac{u_i}{\sqrt{X_i}}\right) = \frac{\mathrm{Var}(u_i)}{X_i} = \frac{1}{X_i} \sigma^2 \cdot X_i = \sigma^2 \tag{7-16}$$

由此得到，变换后的模型（7-15）的随机干扰项已经是同方差，可以用 OLS 法进行估计了。

2. 假设 σ_i^2 与 X_i^2 成比例

如果 σ_i^2 与 X_i^2 成比例，$\mathrm{Var}(\mu_i) = E(\mu_i^2) = \sigma_i^2 = \sigma^2 X_i^2$，其中 σ^2 为常数，则可进行变换

$$\frac{Y_i}{X_i} = \beta_0 \left(\frac{1}{X_i}\right) + \beta_1 \left(\frac{X_i}{X_i}\right) + \frac{\mu_i}{X_i} \tag{7-17}$$

令 $Y_i^* = \frac{Y_i}{X_i}$，$X_i^* = \frac{1}{X_i}$，$u_i^* = \frac{\mu_i}{X_i}$，则有

$$\mathrm{Var}(\mu_i^*) = \frac{\mathrm{Var}(\mu_i)}{X_i^2} = \frac{X_i^2 \sigma^2}{X_i^2} = \sigma^2 \tag{7-18}$$

于是，变换后的模型（7-17）的随机干扰项是同方差，可以用 OLS 法进行估计。

请注意，无论 σ_i^2 与 X_i 之间是何种函数形式，都可以对模型（7-11）进行变换，使变换后模型中的随机干扰项的方差为常数，满足同方差的经典假设，然后用 OLS 法对变换后的模型进行估计，间接得到原模型（7-11）的参数估计值。

7.4.3 对数变换法

对数变化法的基本思想是，对数变换可以使解释变量的尺度缩小，从而缩小变量差异的倍数。而且，对数变换后，用 OLS 法得到的残差 e_i^2 表示一种相对误差，而相对误差一般比绝对误差有较小的数值差异。

对数变换法的具体步骤是：将以下原模型

$$Y_i = \beta_0 + \beta_1 X_i + \mu_i \tag{7-19}$$

中的变量 X 与 Y 都取对数，采用双对数模型，则有

$$\ln Y_i = \beta_0' + \beta_1' \ln X_i + \mu_i' \tag{7-20}$$

要注意的是，变换后的模型中，参数的意义发生了变化，这里的 β_1' 表示的是 X_i 对 Y_i 的弹性，也可以把其中的一个变量取对数，采用左（右）半对数模型。

事实上，由于随机干扰项的方差 σ_i^2 通常是未知的。因此，在实际运用中，特别是在涉及截面数据的模型中，人们很少去检验模型是否具有异方差性，而是直接采用加权最小二乘法进行估计。如果模型存在异方差性，则采用加权最小二乘法；如果模型不存在异方差性，那么加权最小二乘法与普通最小二乘法的估计结果是相同的。

7.5 案例分析

案例 7-1

现在来看一个完整的异方差性实例。这个例子是研究美国各州汽油消耗量的截面模型，可能的解释变量包括：与各州规模大小相关的变量（比如公路里程数、机动车注册数和人口数量）；与各州规模大小无关的变量（比如汽油价格和最高限速）。数据如表 7-1 所示。其中，PCON 表示第 i 个州的汽油消耗量（单位：100 万 BTU，BTU 为英国热量单位）；PRICE 表示第 i 个州的汽油价格（单位：美分/加仑）；REG 表示第 i 个州的机动车注册数（单位：千辆）。

表 7-1 汽油消耗量数据表

州	PCON	PRICE	REG	州	PCON	PRICE	REG
Alabama	580	2.11	4 545	Montana	161	2.17	1 009
Alaska	284	2.13	673	Nebraska	231	2.21	1 703
Arizona	537	2.23	3 972	Nevada	242	2.38	1 349
Arkansas	377	2.10	1 940	New Hampshire	198	2.08	1 174
California	3 837	2.47	32 487	New Jersey	1 233	1.99	6 262
Colorado	463	2.19	1 808	NewMexico	250	2.19	1 548
Connecticut	463	2.17	3 059	New York	1 776	2.23	11 863
Delaware	148	2.07	737	North Carolina	947	2.14	6 148
Florida	1 940	2.21	15 691	North Dakota	121	2.19	695
Georgia	1 058	2.09	8 063	Ohio	1 340	2.19	10 634
Hawaii	270	2.47	948	Oklahoma	545	2.08	3 725
Idaho	139	2.14	1 374	Oregon	370	2.28	2 897
Illinois	1 313	2.22	9 458	Pennsylvania	1 466	2.14	9 864
Indiana	901	2.19	4 955	Rhode Island	102	2.12	812
Iowa	393	2.13	3 398	South Carolina	517	2.06	3 339
Kansas	434	2.17	2 368	South Dakota	113	2.20	854
Kentucky	664	2.14	3 428	Tennessee	782	2.11	4 980
Louisiana	1 610	2.10	3 819	Texas	5 628	2.07	17 470
Maine	262	2.16	1 075	Utah	276	2.12	2 210
Maryland	561	2.15	4 322	Vermont	86	2.13	508
Massachusetts	734	2.08	5 420	Virginia	965	2.10	6 591
Michigan	1 010	2.24	8 247	Washington	793	2.28	5 598
Minnesota	694	2.11	4 647	West Virginia	255	2.20	1 352
Mississippi	484	2.11	1 978	Wisconsin	597	2.26	4 725
Missouri	737	2.09	4 589	Wyoming	162	2.08	646

资料来源：2008 Statistical Abstract (U. S. Department of Commerce).

1. 建立模型

根据上述分析，建立如下回归模型

$$PCON_i = \beta_0 + \beta_1 REG_i + \beta_2 PRICE_i + \mu_i \tag{7-21}$$

按照第 2 章讲述的数据录入方法，将数据录入 EViews，在工作文件窗口中按先后顺序，选中 PCON、REG、PRICE，点右键"Open/as Equation"，点击"OK"；或在主菜单下，选择"Quick/Estimate Equation"，键入"PCON REG PRICE C"，点击"OK"，得到如表 7-2 的结果。

表 7-2 汽油消耗量的回归结果

Dependent Variable：PCON
Method：Least Squares
Sample：1 50
Included observations：50

Variable	Coefficient	Std. Error	t-Statistic	Prob.
PRICE	−1 885.111	750.913 3	−2.510 425	0.015 6
REG	0.158 060	0.012 748	12.398 74	0.000 0
C	4 101.288	1 609.684	2.547 884	0.014 2

(续)

R-squared	0.767 937	Mean dependent var	780.980 0
Adjusted R-squared	0.758 062	S. D. dependent var	952.806 3
S. E. of regression	468.658 8	Akaike info criterion	15.195 75
Sum squared resid	10 323 130	Schwarz criterion	15.310 47
Log likelihood	−376.893 8	Hannan-Quinn criter.	15.239 44
F-statistic	77.765 57	Durbin-Watson stat	2.154 649
Prob(F-statistic)	0.000 000		

2. 异方差性的检验

(1) 图示法。点击 "Quick/Generate Series"，键入 "e2＝resid^2"（这里的 e2 表示残差的平方），如此便生成了残差平方的序列。在工作文件窗口下，选中 e2 和 REG，点右键 "Open/as Group"，弹出新的窗口，在新窗口中点击 "View/Graph"，在 "Specific" 中选择 "Scatter"，单击 "OK"，即可得到 e2 和 REG 的散点图，如图 7-3 所示。按照同样的方法可以做出 e2 和 PRICE 的散点图。

从图 7-3 可以看出，散点图的点主要分布在左下角，大致可以看出，残差平方 e_i^2 随 REG 增大似乎呈现变大的趋势。用同样的方法，可以发现随 PRICE 的增大，e_i^2 也随之增大。因此，我们可以认为模型很可能存在异方差性。但这只是一种直观的判断，模型是否真的存在异方差性，还需用其他方法进一步检验。

(2) Goldfeld-Quandt 检验。首先，对解释变量进行排序。在工作文件下，点击 "Proc（View 旁边那个键）/Sort Current Page"，将出现如图 7-4 的对话框。

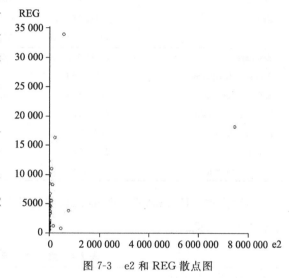

图 7-3　e2 和 REG 散点图

图 7-4　排序对话框

图 7-4 中，Ascending 表示升序排列，Descending 表示降序排列。在空白处键入需要排序的变量名就可以实现排序。如果有多个变量，可按照主次先后顺序，在空白处键入这些对应变量名，变量名之间用空格隔开。本例中，需要对解释变量进行排序，因此在空白处键入 "REG"，并按升序排列，点击 "OK" 后就实现了对应解释变量的排序。

其次，构造子样本区间，建立子回归模型。在本例中样本容量为 50，删去中间的 1/4 的观察值，大约 12 个，余下部分分为两个子样本区间：1～19 和 32～50，其样本容量都是

19，即 $n_1=n_2=19$。在输出表 7-2 结果的界面下，点击"Estimate"，将 Sample 里面的"1 50"改为"1 19"，点击"OK"就得到如表 7-3 的结果。

表 7-3　第一个子样本的回归结果

Dependent Variable：PCON
Method：Least Squares
Sample：1 19
Included observations：19

Variable	Coefficient	Std. Error	t-Statistic	Prob.
PRICE	56.309 97	181.611 5	0.310 057	0.760 5
REG	0.189 560	0.039 123	4.845 172	0.000 2
C	−114.933 4	395.464 8	−0.290 629	0.775 1
R-squared	0.598 100	Mean dependent var		228.842 1
Adjusted R-squared	0.547 863	S. D. dependent var		114.310 1
S. E. of regression	76.863 45	Akaike info criterion		11.665 88
Sum squared resid	94 527.83	Schwarz criterion		11.815 00
Log likelihood	−107.825 8	Hannan-Quinn criter.		11.691 11
F-statistic	11.905 46	Durbin-Watson stat		1.888 487
Prob(F-statistic)	0.000 681			

再次点击"Estimate"，将 Sample 里面的"1 19"改为"32 50"，点击"OK"就得到如表 7-4 的结果。

表 7-4　第二个子样本的回归结果

Dependent Variable：PCON
Method：Least Squares
Sample：32 50
Included observations：19

Variable	Coefficient	Std. Error	t-Statistic	Prob.
PRICE	−5 335.128	1 847.857	−2.887 198	0.010 7
REG	0.197 233	0.029 020	6.796 528	0.000 0
C	11 187.63	3 851.682	2.904 608	0.010 3
R-squared	0.752 607	Mean dependent var		1 460.579
Adjusted R-squared	0.721 682	S. D. dependent var		1 245.232
S. E. of regression	656.932 4	Akaike info criterion		15.956 98
Sum squared resid	6 904 964	Schwarz criterion		16.106 10
Log likelihood	−148.591 3	Hannan-Quinn criter.		15.982 22
F-statistic	24.337 15	Durbin-Watson stat		2.583 117
Prob(F-statistic)	0.000 014			

最后，计算 F 统计量。从表 7-3 和表 7-4 中的 Sum squared resid 便可获得两个子样本的残差平方和的值。从表 7-3 可知，$\sum e_{1i}^2 = 94\,527.83$；从表 7-4 可知，$\sum e_{2i}^2 = 6\,904\,964$。因此，Goldfeld-Quandt 检验的 F 统计量为

$$F = \frac{\sum e_{2i}^2}{\sum e_{1i}^2} = \frac{6\,904\,964}{94\,527.83} = 73.05$$

在 5% 的显著水平下，查分子和分母自由度均为 16 的 F 分表，可得临界值 $F_{0.05}(16, 16) \approx 2.33$。由于 $F \geqslant F_{0.05}(16, 16)$，所以拒绝原假设，认为模型存在异方差性。

3. White 检验

在输出表 7-2 结果的界面下，点击"View/Residual Diagnostics/Heteroskedasticity Test"，弹出对话框如图 7-5 所示。在"Test type"中选择"White"，单击"OK"，输出结果如表 7-5 所示。

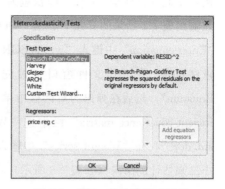

图 7-5 White 检验选择对话框

表 7-5 White 检验的输出结果

Heteroskedasticity Test：White			
F-statistic	49.748 21	Prob. F(5, 44)	0.000 0
Obs * R-squared	42.484 83	Prob. Chi-Square(5)	0.000 0
Scaled explained SS	437.863 2	Prob. Chi-Square(5)	0.000 0
Test Equation：			
Dependent Variable：RESID^2			
Method：Least Squares			
Sample：1 50			
Included observations：50			

Variable	Coefficient	Std. Error	t-Statistic	Prob.
C	−58 389 558	24 620 450	−2.371 588	0.022 2
PRICE^2	−9 870 261.	4 963 549.	−1.988 549	0.053 0
PRICE * REG	−1 854.205	135.828 4	−13.651 09	0.000 0
PRICE	48 538 753	22 133 447	2.193 005	0.033 6
REG^2	0.023 796	0.002 185	10.889 20	0.000 0
REG	3 782.880	269.656 9	14.028 49	0.000 0
R-squared	0.849 697	Mean dependent var		206 462.6
Adjusted R-squared	0.832 617	S. D. dependent var		1 007 321.
S. E. of regression	412 120.3	Akaike info criterion		28.808 18
Sum squared resid	7.47E+12	Schwarz criterion		29.037 63
Log likelihood	−714.204 6	Hannan-Quinn criter.		28.895 56
F-statistic	49.748 21	Durbin-Watson stat		1.665 713
Prob (F-statistic)	0.000 000			

从表 7-5 可知，调整 $R^2 = 0.832\,6$，统计量 $nR^2 = 50 \times 0.832\,6 \approx 41.63$。同时由表 7-5 得，辅助回归方程中不包括截距项的解释变量个数 k 为 5。查表可得，在 5% 的显著水平下，$\chi_{0.05}^2(5) = 11.071 < nR^2 = 41.63$。因此，可以在 5% 的显著水平下，拒绝原假设，认为模型存在异方差性。

4. 异方差性的修正

(1) 加权最小二乘法。我们采用最常用的权重，由 Goldfeld-Quandt 检验可以得到，引起异方差的主要原因是变量 REG 的水平值，因此可以认为随机干扰项的方差与 REG 成比例，由此根据模型（7-15）取权重为 $1/REG^{0.5}$，并运用加权最小二乘法对原模型进行估计。在输出表 7-2 结果的界面下点击"Quick/Generate Series"，就会出现对话框如图 7-6 所示，在"Enter equation"中键入"w=1/SQR(REG)"（或"w=1/REG^0.5"）。单击"OK"即生成权重序列 w。在工作文件窗口中按先后顺序选中 PCON、REG、PRICE，点右键"Open/as Equation"，然后在弹出的对话框中单击右侧的"Options"，弹出新的对话框图 7-7，在"Coefficient covariance matrix"栏中选"White"，在"Weights"中的"Type"一项选择"Inverse std. dev."，在"Weight series"中输入"w"，单击"OK"，即可得到进行异方差修正后加权最小二乘估计的结果（如表 7-6 所示）。

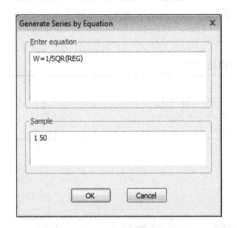

图 7-6　设置权重序列公式

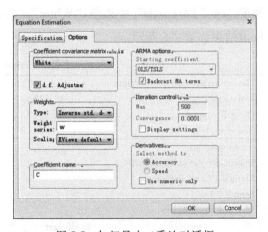

图 7-7　加权最小二乘法对话框

表 7-6　加权最小二乘法的估计结果

Dependent Variable：PCON
Method：Least Squares
Sample：1 50
Included observations：50
Weighting series：W
Weight type：Inverse standard deviation(EViews default scaling)
White heteroskedasticity-consistent standard errors & covariance

Variable	Coefficient	Std. Error	t-Statistic	Prob.
PRICE	−171.758 7	259.578 8	−0.661 682	0.511 4
REG	0.153 445	0.021 184	7.243 518	0.000 0
C	413.434 7	551.938 9	0.749 059	0.457 6
Weighted Statistics				
R-squared	0.775 237	Mean dependent var		508.048 8
Adjusted R-squared	0.765 672	S. D. dependent var		312.827 0
S. E. of regression	223.477 3	Akaike info criterion		13.714 62
Sum squared resid	2 347 279.	Schwarz criterion		13.829 34
Log likelihood	−339.865 5	Hannan-Quinn criter.		13.758 31
F-statistic	81.054 48	Durbin-Watson stat		2.154 761
Prob(F-statistic)	0.000 000	Weighted mean dep.		344.216 3
Wald F-statistic	27.556 80	Prob(Wald F-statistic)		0.000 000

(续)			
Unweighted Statistics			
R-squared	0.741 620	Mean dependent var	780.980 0
Adjusted R-squared	0.730 625	S. D. dependent var	952.806 3
S. E. of regression	494.519 5	Sum squared resid	11 493 829
Durbin-Watson stat	2.099 138		

最终得到加权最小二乘法的估计方程为

$$PCON = 413.43 - 171.76 PRICE + 0.15 REG$$

在这里需要强调的是，以上只是 EViews 软件下如何检验和消除异方差的实现方法，针对具体问题需要具体分析。

(2) 对数变换法。在输出表 7-2 结果的界面下，点击"Estimate"，将"PCON REG PRICE C"改为"log(PCON) log(REG) log(PRICE) C"，点击"OK"，便得到如表 7-7 的回归结果。

表 7-7 对数变换后的估计结果

Dependent Variable：LOG(PCON)
Method：Least Squares
Sample：1 50
Included observations：50

Variable	Coefficient	Std. Error	t-Statistic	Prob.
LOG(PRICE)	−0.893 531	1.030 378	−0.867 187	0.390 2
LOG(REG)	0.901 782	0.044 352	20.332 26	0.000 0
C	−0.323 200	0.841 429	−0.384 109	0.702 6
R-squared	0.898 148	Mean dependent var		6.215 882
Adjusted R-squared	0.893 814	S. D. dependent var		0.926 873
S. E. of regression	0.302 033	Akaike info criterion		0.501 566
Sum squared resid	4.287 535	Schwarz criterion		0.616 287
Log likelihood	−9.539 152	Hannan-Quinn criter.		0.545 253
F-statistic	207.226 3	Durbin-Watson stat		2.134 417
Prob(F-statistic)	0.000 000			

对表 7-7 的结果进行 White 检验，输出结果见表 7-8，调整 $R^2 = 0.028\,531$，$nR^2 = 50 \times 0.028\,531 \approx 1.43 < \chi^2_{0.05}(5) = 11.071$，可以得到在 5% 的显著性水平下，模型已不存在异方差性。可见对变量取对数确实可以消除异方差性，这就是一些学术论文当中对变量取对数的原因。值得一提的是 $\log(REG)$ 与 $\log(PRICE)$ 前面的系数表示的是弹性而非边际。

表 7-8 对数变换后的 White 检验结果

Heteroskedasticity Test：White

F-statistic	1.287 814	Prob. F(5, 44)	0.286 4
Obs * R-squared	6.383 020	Prob. Chi-Square(5)	0.270 7
Scaled explained SS	11.506 93	Prob. Chi-Square(5)	0.042 2

Test Equation：
Dependent Variable：RESID^2
Method：Least Squares
Sample：1 50
Included observations：50

(续)

Variable	Coefficient	Std. Error	t-Statistic	Prob.
C	−0.606 481	6.501 524	−0.093 283	0.926 1
LOG(PRICE)^2	3.238 372	9.209 421	0.351 637	0.726 8
LOG(PRICE)*LOG(REG)	−1.043 275	0.535 330	−1.948 843	0.057 7
LOG(PRICE)	2.682 733	15.971 72	0.167 968	0.867 4
LOG(REG)^2	0.051 440	0.028 898	1.780 055	0.082 0
LOG(REG)	−0.025 955	0.429 174	−0.060 476	0.952 1
R-squared	0.127 660	Mean dependent var		0.085 751
Adjusted R-squared	0.028 531	S.D. dependent var		0.174 976
S.E. of regression	0.172 462	Akaike info criterion		−0.565 115
Sum squared resid	1.308 695	Schwarz criterion		−0.335 673
Log likelihood	20.127 88	Hannan-Quinn criter.		−0.477 742
F-statistic	1.287 814	Durbin-Watson stat		2.136 906
Prob(F-statistic)	0.286 385			

案例 7-2

第 5 章中我们估计了餐厅选址的多元线性回归模型如下

$$Y_i = 102\,192 - 9\,075 N_i + 0.355 P_i + 1.288 I_i$$

$$(-4.42) \quad (4.88) \quad (2.37)$$

$$R^2 = 0.618 \quad \overline{R}^2 = 0.579 \quad F = 15.65 \quad D.W. = 1.76$$

但是,在第 5 章中只是给出了估计结果,并没有对残差是否存在异方差进行检验,因而模型很可能不够准确,为此,我们这里进一步检验该模型是否存在异方差。为了检验是否存在异方差,这里采用 White 检验。

在输出表 5-6 结果的界面下,点击"View/Residual Diagnostics/Heteroskedasticity Test",弹出新对话框,在"Test type"中选择"White"。输出结果如表 7-9 所示。

表 7-9 White 异方差检验

Heteroskedasticity Test: White				
F-statistic	0.354 554	Prob. F(9, 23)		0.945 2
Obs*R-squared	4.020 563	Prob. Chi-Square(9)		0.910 1
Scaled explained SS	3.509 073	Prob. Chi-Square(9)		0.940 7
Test Equation:				
Dependent Variable: RESID^2				
Method: Least Squares				
Sample: 1 33				
Included observations: 33				
Variable	Coefficient	Std. Error	t-Statistic	Prob.
C	−6.19E+08	1.55E+09	−0.398 577	0.693 9
P^2	−0.001 989	0.042365	−0.046 941	0.963 0
P*N	36.852 82	2315.801	0.015 914	0.987 4
P*I	0.072 190	0.375959	0.192 015	0.849 4
P	539.804 1	11447.16	0.047 156	0.962 8
N^2	6 739 620.	38619515	0.174 513	0.863 0
N*I	1 837.680	13938.23	0.131 845	0.896 3

(续)

Variable	Coefficient	Std. Error	t-Statistic	Prob.
N	−1.66E+08	3.58E+08	−0.462486	0.6481
I^2	−2.656811	2.624182	−1.012434	0.3219
I	106868.5	126276.1	0.846308	0.4061
R-squared	0.121835	Mean dependent var		1.86E+08
Adjusted R-squared	−0.221794	S.D. dependent var		2.84E+08
S.E. of regression	3.14E+08	Akaike info criterion		42.21049
Sum squared resid	2.26E+18	Schwarz criterion		42.66398
Log likelihood	−686.4731	Hannan-Quinn criter.		42.36308
F-statistic	0.354554	Durbin-Watson stat		2.002392
Prob(F-statistic)	0.945186			

从表 7-9 可知，卡方统计量 Obs * R-squared 对应的 Prob 值为 0.9101，说明该模型不存在异方差，因而不需要调整。

案例 7-3

研究我国 2016 年 31 个省、市、自治区的粮食总产量与灌溉面积和化肥施用量的关系，数据如表 7-10 所示。

表 7-10 2016 年我国各地区粮食总产量及相关数据

地区	粮食总产量（万吨）	灌溉面积（千公顷）	化肥施用量（万吨）	地区	粮食总产量（万吨）	灌溉面积（千公顷）	化肥施用量（万吨）
北京	53.7	128.5	9.7	湖北	2554.1	2905.6	328.0
天津	196.4	306.6	21.4	湖南	2953.2	3132.4	246.4
河北	3460.2	4457.6	331.8	广东	1360.2	1771.7	261.0
山西	1318.5	1487.3	117.1	广西	1521.3	1646.1	262.1
内蒙古	2780.3	3131.5	234.6	海南	177.9	290.0	50.6
辽宁	2100.6	1573.0	148.1	重庆	1166.0	690.6	96.2
吉林	3717.2	1832.2	233.6	四川	3483.5	2813.6	249.0
黑龙江	6058.5	5932.7	252.8	贵州	1192.4	1088.1	103.7
上海	99.2	189.8	9.2	云南	1902.9	1809.4	235.6
江苏	3466.0	4054.1	312.5	西藏	101.9	251.5	5.9
浙江	752.2	1446.3	84.5	陕西	1228.3	1251.4	233.1
安徽	3417.4	4437.5	327.0	甘肃	1140.6	1317.5	93.4
福建	650.9	1055.4	123.8	青海	103.5	202.4	8.8
江西	2138.1	2036.8	142.0	宁夏	370.2	515.2	40.7
山东	4700.7	5161.2	456.5	新疆	1512.3	4982.0	250.2
河南	5946.6	5242.9	715.0				

资料来源：中华人民共和国国家统计局，《中国统计年鉴——2017》，中国统计出版社，2017。

1. 建立模型

我们用 Y 代表粮食总产量，X_1 代表灌溉面积，X_2 代表化肥施用量。将数据录入 EViews，在工作文件窗口下按先后顺序，选中变量 Y、X_1、X_2，点右键"Open/as Equation"，点击"OK"，便得到如表 7-11 的结果。

表 7-11 各地区粮食总产量的回归结果

Dependent Variable：Y				
Method：Least Squares				
Sample：1 31				
Included observations：31				
Variable	Coefficient	Std. Error	t-Statistic	Prob.
X1	0.570 737	0.133 584	4.272 492	0.000 2
X2	3.876 185	1.516 832	2.555 448	0.016 3
C	3.521 635	215.968 2	0.016 306	0.987 1
R-squared	0.826 254	Mean dependent var		1 987.910
Adjusted R-squared	0.813 844	S. D. dependent var		1 672.001
S. E. of regression	721.398 4	Akaike info criterion		16.092 03
Sum squared resid	14 571 638	Schwarz criterion		16.230 80
Log likelihood	−246.426 4	Hannan-Quinn criter.		16.137 26
F-statistic	66.577 57	Durbin-Watson stat		0.953 506
Prob(F-statistic)	0.000 000			

2. 异方差性的检验

（1）Goldfeld-Quandt 检验。首先，对解释变量进行排序。在工作文件下点击"Proc/Sort Current Page"，弹出新的对话框，选择"Ascending"，在空白处键入"X1"，点击"OK"后，便实现了对应解释变量的排序。

其次，构造子样本区间，建立子回归模型。在本例中样本容量为 31，删去中间 1/4 的观察值，大约 7 个，余下部分分为两个子样本区间：1～12 和 20～31，其样本容量都是 12，即 $n_1=n_2=12$。在输出表 7-10 结果的界面下，点击"Estimate"，将 Sample 里面的"1 31"改为"1 12"，点击"OK"就得到如表 7-12 的结果。

表 7-12 第一个子样本的回归结果

Dependent Variable：Y				
Method：Least Squares				
Sample：1 12				
Included observations：12				
Variable	Coefficient	Std. Error	t-Statistic	Prob.
X1	0.827 060	0.288 463	2.867 122	0.018 6
X2	1.403 605	1.926 405	0.728 613	0.484 8
C	−55.279 73	112.623 9	−0.490 835	0.635 3
R-squared	0.839 028	Mean dependent var		540.116 7
Adjusted R-squared	0.803 256	S. D. dependent var		500.491 4
S. E. of regression	221.996 8	Akaike info criterion		13.855 52
Sum squared resid	443 543.4	Schwarz criterion		13.976 75
Log likelihood	−80.133 13	Hannan-Quinn criter.		13.810 64
F-statistic	23.455 18	Durbin-Watson stat		3.247 601
Prob(F-statistic)	0.000 269			

再次点击"Estimate"，将 Sample 里面的"1 12"改为"20 31"，点击"OK"就得到如表 7-13 所示的结果。

表 7-13　第二个子样本的回归结果

Dependent Variable：Y
Method：Least Squares
Sample：20 31
Included observations：12

Variable	Coefficient	Std. Error	t-Statistic	Prob.
X1	0.515 357	0.305 284	1.688 124	0.125 7
X2	3.880 380	2.522 076	1.538 565	0.158 3
C	221.850 8	1 095.874	0.202 442	0.844 1
R-squared	0.551 395	Mean dependent var		3 539.242
Adjusted R-squared	0.451 705	S. D. dependent var		1 397.472
S. E. of regression	1 034.786	Akaike info criterion		16.934 09
Sum squared resid	9 637 038.	Schwarz criterion		17.055 32
Log likelihood	−98.604 57	Hannan-Quinn criter.		16.889 21
F-statistic	5.531 089	Durbin-Watson stat		1.414 753
Prob(F-statistic)	0.027 126			

计算 F 统计量。从表 7-12 和表 7-13 中的 Sum squared resid 便可获得两个子样本的残差平方和的值。从表 7-12 可知，$\sum e_{1i}^2 = 443\ 543.4$；从表 7-13 可知，$\sum e_{2i}^2 = 9\ 637\ 038$。因此，Goldfeld-Quandt 检验的 F 统计量为

$$F = \frac{\sum e_{2i}^2}{\sum e_{1i}^2} = \frac{9\ 637\ 038}{443\ 543.4} = 21.73$$

在 5% 的显著水平下，查分子和分母自由度均为 9 的 F 分布表可得，$F_{0.05}(9, 9) = 3.18$。因此 $F > F_{0.05}(9, 9)$，所以拒绝原假设，认为模型存在异方差性。

(2) White 检验。在输出表 7-11 结果的界面下，点击"View/Residual Diagnostics/Heteroskedasticity Test"，弹出新的对话框。在"Test type"中选择"White"，单击"OK"，输出结果如表 7-14 所示。

表 7-14　White 检验的输出结果

Heteroskedasticity Test：White			
F-statistic	5.081 728	Prob. F(5, 25)	0.002 4
Obs*R-squared	15.625 65	Prob. Chi-Square(5)	0.008 0
Scaled explained SS	37.613 43	Prob. Chi-Square(5)	0.000 0

Test Equation：
Dependent Variable：RESID^2
Method：Least Squares
Sample：1 31
Included observations：31

Variable	Coefficient	Std. Error	t-Statistic	Prob.
C	−173 849.3	388 313.8	−0.447 703	0.658 2
X1^2	0.311 686	0.120 329	2.590 273	0.015 8
X1*X2	−7.554 573	2.588 427	−2.918 597	0.007 3
X1	389.470 3	767.670 4	0.507 341	0.616 4
X2^2	33.886 64	16.256 45	2.084 504	0.047 5
X2	812.320 0	6 133.774	0.132 434	0.895 7

			（续）
R-squared	0.504 053	Mean dependent var	470 052.8
Adjusted R-squared	0.404 864	S. D. dependent var	1 160 748.
S. E. of regression	895 459.8	Akaike info criterion	30.420 05
Sum squared resid	2.00E+13	Schwarz criterion	30.697 59
Log likelihood	−465.510 7	Hannan-Quinn criter.	30.510 52
F-statistic	5.081 728	Durbin-Watson stat	1.866 942
Prob(F-statistic)	0.002 381		

由表 7-14 得，卡方统计量 Obs * R-squared 对应的 Prob 值为 0.008。因此，在 5% 的显著水平下，拒绝原假设，认为模型存在异方差性。

3. 异方差性的修正

此处用加权最小二乘法对模型进行异方差修正。由此根据模型（7-15）取权重 $1/X1^{0.5}$，并运用加权最小二乘法对原模型进行估计。在输出表 7-11 结果的界面下点击 "Quick/Generate Series"，就会出现新对话框，在 "Enter equation" 中键入 "w=1/SQR(X1)"（或 "w=1/X1^0.5"）。单击 "OK" 即生成权重序列 w。在工作文件窗口中按先后顺序选中 Y、X1、X2，点右键 "Open/as Equation"，然后在弹出的对话框中单击右侧的 "Options"，弹出新的对话框如图 7-7 所示，在 "Coefficient covariance matrix" 栏中选 "White"，在 "Weights" 中的 "Type" 一项选择 "Inverse std. dev."，在 "Weight series" 中输入 "w"，单击 "OK"，即可得到如表 7-15 所示的进行异方差修正后加权最小二乘估计的结果。

表 7-15 加权最小二乘法的估计结果

Dependent Variable: Y
Method: Least Squares
Sample: 1 31
Included observations: 31
Weighting series: W
Weight type: Inverse standard deviation(EViews default scaling)
White heteroskedasticity-consistent standard errors & covariance

Variable	Coefficient	Std. Error	t-Statistic	Prob.
X1	0.602 895	0.214 692	2.808 180	0.009 0
X2	3.815 308	2.014 618	1.893 812	0.068 6
C	−54.376 23	32.381 67	−1.679 229	0.104 2
Weighted Statistics				
R-squared	0.886 453	Mean dependent var		1 234.387
Adjusted R-squared	0.878 343	S. D. dependent var		730.764 3
S. E. of regression	430.797 7	Akaike info criterion		15.060 92
Sum squared resid	5 196 427.	Schwarz criterion		15.199 69
Log likelihood	−230.444 3	Hannan-Quinn criter.		15.106 16
F-statistic	109.297 2	Durbin-Watson stat		0.988 455
Prob(F-statistic)	0.000 000	Weighted mean dep.		635.721 4
Wald F-statistic	129.180 8	Prob(Wald F-statistic)		0.000 000
Unweighted Statistics				
R-squared	0.825 411	Mean dependent var		1 987.910
Adjusted R-squared	0.812 941	S. D. dependent var		1 672.001
S. E. of regression	723.146 5	Sum squared resid		14 642 342
Durbin-Watson stat	0.950 166			

4. 对修正后的模型进行 White 检验

操作步骤如上述 White 检验，此处不再赘述。White 检验输出结果如表 7-16 所示。

表 7-16 模型修正后的 White 检验

Heteroskedasticity Test：White			
F-statistic	0.811 893	Prob. F(5, 25)	0.552 4
Obs * R-squared	4.330 546	Prob. Chi-Square(5)	0.502 9
Scaled explained SS	8.098 165	Prob. Chi-Square(5)	0.150 9
Test Equation：			
Dependent Variable：WGT_RESID^2			
Method：Least Squares			
Sample：1 31			
Included observations：31			
White heteroskedasticity-consistent standard errors & covariance			
Collinear testregressors dropped from specification			
Variable	Coefficient	Std. Error	t-Statistic	Prob.
C	50 261.67	137 349.0	0.365 941	0.717 5
X1^2 * WGT^2	0.258 762	0.179 620	1.440 609	0.162 1
X1 * X2 * WGT^2	−4.895 984	3.343 476	−1.464 339	0.155 6
X2^2 * WGT^2	19.851 58	15.510 54	1.279 877	0.212 3
X2 * WGT^2	1 668.322	1 280.579	1.302 788	0.204 5
WGT^2	−32 940.71	25 402.20	−1.296 766	0.206 6
R-squared	0.139 695	Mean dependent var		167 626.7
Adjusted R-squared	−0.032 366	S.D. dependent var		364 841.3
S.E. of regression	370 698.5	Akaike info criterion		28.656 15
Sum squared resid	3.44E+12	Schwarz criterion		28.933 70
Log likelihood	−438.170 3	Hannan-Quinn criter.		28.746 62
F-statistic	0.811 893	Durbin-Watson stat		1.905 581
Prob(F-statistic)	0.552 355			

由表 7-16 得，卡方统计量 Obs * R-squared 对应的 Prob 值为 0.502 9。因此，在 5% 的显著水平下，接受原假设，说明原模型的异方差性已得到修正。最终得到加权最小二乘法的估计方程为

$$Y = 0.603X_1 + 3.815X_2 - 54.376$$

案例 7-4

将案例 7-1 采用 Stata 软件进行统计分析，判别模型是否存在异方差性，并进行处理。

1. 异方差性的检验

（1）图示法。先在无异方差的假定下做回归分析，然后生成残差平方的序列，命令如下

```
- reg PON PRICE REG
- predict e,residuals      // 获取回归后的残差序列
- generate e2 = e^2        // 对残差数据进行平方变换
```

接下来，绘制残差平方分别与解释变量 PRICE 和 REG 的散点图，如图 7-8 和图 7-9 所示，观察是否存在异方差性，命令如下

```
- scatter e2 PRICE
- scatter e2 REG
```

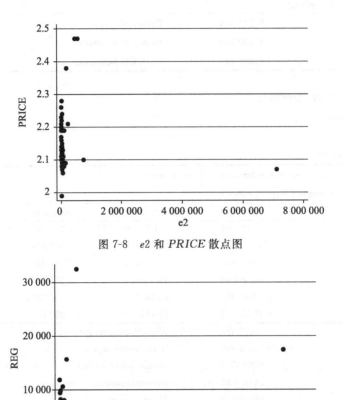

图 7-8 $e2$ 和 $PRICE$ 散点图

图 7-9 $e2$ 和 REG 散点图

可以看出，散点图的点主要分布在左下角，残差平方随 PRICE 和 REG 增大有变大的趋势。因此，通过图示法判断模型很可能存在异方差。

（2）White 检验。通过 White 检验判断模型是否存在异方差，结果如图 7-10 所示，命令如下

```
- estat imtest,white
```

White 检验的原假设为同方差，P 值为 0.000 0，非常显著地拒绝原假设，因此认为存在异方差，与图示法结果一致。

2. 异方差性的修正

（1）加权最小二乘法。首先，对残差平方数据进行对数变换，产生新的变量 $\ln e2$，命

令如下

- generate lne2 = log(e2)

```
. estat imtest,white

White's test for Ho: homoskedasticity
        against Ha: unrestricted heteroskedasticity

        chi2(5)      =      42.48
        Prob > chi2  =     0.0000

Cameron & Trivedi's decomposition of IM-test

          Source    |    chi2     df      p
    ----------------+-------------------------
    Heteroskedasticity|  42.48      5   0.0000
          Skewness  |   10.81      2   0.0045
          Kurtosis  |    1.17      1   0.2786
          Total     |   54.47      8   0.0000
```

图 7-10　White 检验结果

以残差平方对数为因变量，以 PRICE 为自变量，进行不包含常数项地回归分析，结果如图 7-11 所示，命令如下

- regress lne2 PRICE,nocon

```
. regress lne2 PRICE,nocon

    Source |      SS       df      MS           Number of obs =      50
-----------+------------------------------      F(  1,    49) =  713.84
     Model | 4486.69088      1  4486.69088      Prob > F      =  0.0000
  Residual | 307.978287     49  6.28527117      R-squared     =  0.9358
-----------+------------------------------      Adj R-squared =  0.9345
     Total | 4794.66917     50  95.8933834      Root MSE      =   2.507

      lne2 |   Coef.   Std. Err.     t    P>|t|    [95% Conf. Interval]
-----------+--------------------------------------------------------------
     PRICE | 4.370613  .1635842   26.72   0.000    4.041878    4.699348
```

图 7-11　未包含常数项的回归分析结果

上表显示，$R^2=0.9358$，即解释变量 PRICE 可以解释 lne2 近 94% 的变动，残差平方的变动与 PRICE 高度相关。然后预测上一步回归的因变量的拟合值，记为 yhat，命令如下

```
- predict yhat
```

对因变量的拟合值 yhat 进行指数变换,去掉对数产生新变量 hhat,命令如下

```
- generate hhat= exp(yhat)
```

以 hhat 的倒数为权重变量进行加权最小二乘回归分析,结果如图 7-12 所示,命定如下

```
- reg PON PRICE REG[aw=1/hhat]
```

```
. reg PON PRICE REG[aw=1/hhat]
(sum of wgt is    4.1556e-03)

      Source |       SS       df       MS              Number of obs =      50
-------------+------------------------------           F(  2,    47) =   73.64
       Model |  35443191.9     2    17721596           Prob > F      =  0.0000
    Residual |   11310726    47   240653.746           R-squared     =  0.7581
-------------+------------------------------           Adj R-squared =  0.7478
       Total |   46753918    49   954161.591           Root MSE      =  490.56

         PON |      Coef.   Std. Err.      t    P>|t|     [95% Conf. Interval]
-------------+----------------------------------------------------------------
       PRICE |  -2424.257   967.0729    -2.51   0.016    -4369.757   -478.7573
         REG |   .1970968   .0163105    12.08   0.000     .1642843    .2299092
       _cons |   5083.045   2060.068     2.47   0.017     938.7234    9227.367
```

图 7-12 加权最小二乘回归分析的结果

以上即为采用加权最小二乘法消除异方差的 Stata 操作步骤。

(2) 对数变换法。采用对数变换法消除异方差时,首先要将各变量取对数,分别生成 lnPON、lnPRICE 和 lnREG,命令如下

```
- generate lnPON= log(PON)
- generate lnPRICE= log(PRICE)
- generate lnREG= log(REG)
```

接下来,用各变量的对数形式进行回归分析,结果如图 7-13 所示,命令如下

```
- regress lnPON lnPRICE lnREG
```

进行 White 检验来判断进过对数变化后的模型是否存在异方差性,结果如图 7-14 所示,命令如下

```
- estat imtest,white
```

以上检验结果中 Prob 值为 0.270 7,表明不能显著拒绝模型同方差的原假设,因此认为对数变换后的模型不存在异方差。

```
. regress lnPON lnPRICE lnREG

      Source |       SS       df       MS              Number of obs =      50
-------------+------------------------------           F(  2,    47) =  207.23
       Model |  37.8080808     2  18.9040404           Prob > F      =  0.0000
    Residual |  4.28753723    47   .091224196          R-squared     =  0.8981
-------------+------------------------------           Adj R-squared =  0.8938
       Total |  42.0956181    49   .859094246          Root MSE      =  .30203

       lnPON |      Coef.   Std. Err.      t    P>|t|     [95% Conf. Interval]
-------------+----------------------------------------------------------------
     lnPRICE |  -.8935314   1.030378    -0.87   0.390    -2.966385    1.179322
       lnREG |   .9017817   .0443523    20.33   0.000     .8125565     .991007
       _cons |  -.3231994   .8414292    -0.38   0.703    -2.015937    1.369538
```

图 7-13 对数变换后的回归分析

```
. estat imtest,white

White's test for Ho: homoskedasticity
         against Ha: unrestricted heteroskedasticity

         chi2(5)      =      6.38
         Prob > chi2  =    0.2707

Cameron & Trivedi's decomposition of IM-test

---------------------------------------------------
              Source |     chi2      df      p
---------------------+-----------------------------
  Heteroskedasticity |     6.38       5    0.2707
            Skewness |     6.21       2    0.0449
            Kurtosis |     4.09       1    0.0431
---------------------+-----------------------------
               Total |    16.68       8    0.0336
---------------------------------------------------
```

图 7-14 对数变换后的 White 检验结果

思考与练习

1. 解释下列名词：异方差性　Goldfeld-Quandt 检验　White 检验　加权最小二乘法
2. 当存在异方差性时，t 检验和 F 检验是不是有效的，为什么？
3. 异方差性产生的原因有哪些？试举例说明。
4. 异方差性主要针对哪种数据类型？
5. 为什么对变量进行对数变化可消除异方差性？
6. Goldfeld-Quandt 检验的思想是什么？请简述该检验的过程。
7. 利用图示法能准确给出模型是否存在异方差的结论吗？为什么？
8. White 检验的思想是什么？相对于其他的检验方法，该检验的优点在何处？请阐述 White 检验的过程。

9. 假定消费模型
$$Y_i = a_0 + a_1 X_{1i} + a_2 X_{2i} + \mu_i$$
式中，Y 为消费支出，X_1 代表个人收入，X_2 代表消费者的流动资产，已知
$$E(\mu_i) = 0$$
$$\text{Var}(\mu_i) = \sigma^2 X_{1i}^2 \quad (\text{其中 } \sigma^2 \text{ 为常数})$$
请问：
  (1) 请对模型做适当变换以消除异方差，写出证明过程。
  (2) 如果随机干扰项的方差表现为 $\text{Var}(\mu_i) = \sigma_i^2$，那要对模型做何种变换才能消除异方差，写出证明过程。

10. 已知模型
$$Y_i = \beta_0 + \beta_1 X_{1i} + \beta_2 X_{2i} + u_i$$
式中，Y_i 为某公司在第 i 个地区的销售额；X_{1i} 为该地区的总收入，X_{2i} 为该公司在该地区投入的广告费用（$i=0, 1, 2, \cdots, 50$）。
  (1) 由于不同地区人口规模 P_i 可能影响着该公司在该地区的销售，因此有理由怀疑随机误差项 μ_i 具有异方差性。假设 σ_i 依赖于总体 P_i 的容量，请逐步描述应该如何对此进行检验。需说明：①原假设和备择假设；②要进行的回归；③要计算的检验统计值及它的分布（包括自由度）；④接受或拒绝原假设的标准。
  (2) 假设 $\sigma_i = \sigma P_i$，逐步描述如何求得最佳线性无偏估计量并给出理论依据。

11. 利用统计年鉴中我国31个省、市和自治区人均 GDP（Y）与人均消费水平（X）的截面数据来研究不同地区的消费情况。样本数据列于表 7-17 中。假设线性模型为 $Y_i = \beta_0 + \beta_1 X_i + u_i$。原始数据是否存在异方差？如果存在异方差，应如何处理？

表 7-17 我国31个省、市和自治区 2015 年人均 GDP 与人均消费水平的数据

地区	X（元）	Y（元）
北 京	33 802.77	106 497
天 津	24 162.46	107 960
河 北	13 030.69	40 255

（续）

地区	X（元）	Y（元）
山 西	11 729.05	34 919
内蒙古	17 178.53	71 101
辽 宁	17 199.8	65 354
吉 林	13 763.91	51 086
黑龙江	13 402.54	39 462
上 海	34 783.55	103 796
江 苏	20 555.56	87 995
浙 江	24 116.88	77 644
安 徽	12 840.11	35 997
福 建	18 850.19	67 966
江 西	12 403.37	36 724
山 东	14 578.36	64 168
河 南	11 835.13	39 123
湖 北	14 316.50	50 654
湖 南	14 267.34	42 754
广 东	20 975.70	67 503
广 西	11 401.00	35 190
海 南	13 575.02	40 818
重 庆	15 139.54	52 321
四 川	13 632.10	36 775
贵 州	10 413.75	29 847
云 南	11 005.41	28 806
西 藏	8 245.76	31 999
陕 西	13 087.22	47 626
甘 肃	10 950.76	26 165
青 海	13 611.34	41 252
宁 夏	13 815.63	43 805
新 疆	12 867.40	40 036

资料来源：中华人民共和国国家统计局，《中国统计年鉴——2016》，中国统计出版社，2016。

12. 表 7-18 给出了 2012 年我国 31 个省、市和自治区工业企业的资产总计（Y）、流动资产周转次数（X_1）和产品销售率（X_2）的数据。

表 7-18 2012 年我国 31 个省、市和自治区工业企业的相关数据

地区	Y（亿元）	X_1（次）	X_2（%）
北 京	28 613.16	1.50	99.04
天 津	19 986.14	2.26	98.89
河 北	33 567.18	3.27	97.79
山 西	25 342.08	1.71	97.34
内蒙古	21 754.23	2.29	97.10

(续)

地 区	Y（亿元）	X_1（次）	X_2（%）
辽 宁	34 779.77	3.09	97.79
吉 林	13 896.98	3.53	98.28
黑龙江	13 223.14	2.31	97.52
上 海	31 160.89	1.93	98.94
江 苏	84 550.41	2.62	98.82
浙 江	55 654.17	1.81	97.45
安 徽	22 797.65	2.95	97.74
福 建	21 385.98	2.58	97.83
江 西	11 967.66	4.12	99.27
山 东	71 107.66	3.58	98.61
河 南	35 174.81	3.35	98.32
湖 北	26 877.66	2.71	97.08
湖 南	17 784.25	3.80	98.45
广 东	71 343.84	2.33	98.07
广 西	11 759.56	2.83	95.49
海 南	2 023.16	2.15	103.00
重 庆	11 113.36	2.45	97.84
四 川	30 362.89	2.38	97.40

(续)

地 区	Y（亿元）	X_1（次）	X_2（%）
贵 州	8 302.29	1.89	94.30
云 南	13 076.97	1.83	95.21
西 藏	506.86	0.60	101.96
陕 西	20 591.16	1.90	96.34
甘 肃	9 146.01	2.21	93.14
青 海	4 041.92	1.58	92.99
宁 夏	4 860.19	1.73	97.77
新 疆	11 669.17	2.11	97.55

资料来源：中华人民共和国国家统计局，《中国统计年鉴——2013》，中国统计出版社，2013。

要求：

(1) 试根据资料用OLS法建立一个回归模型。

(2) 选用适当的方法检验模型中是否存在异方差。

(3) 如果存在异方差，采用适当的方法加以修正。

第8章 序列相关性

在农产品的供给中,时常会出现一种所谓的**蛛网现象**(cobweb phenomenon)。供给对价格的反应要滞后一期,因为供给要经过一定的时间才可能实现(农作物生产期)。假设供给函数具有如下形式

$$Q_t = \beta_0 + \beta_1 P_{t-1} + \mu_t \tag{8-1}$$

式中,Q_t 表示第 t 期的供给量,P_{t-1} 表示第 $t-1$ 期的价格。假设 t 期生产了过多的农产品造成 t 期末的价格 P_t 低于 P_{t-1},而农民对价格下降反应过度,决定在 $t+1$ 期生产较少的该种农产品。然而在 $t+1$ 期生产产量又过少,不足以维持 t 期末的价格,造成 $t+1$ 期末的价格上涨。t 期的过多生产与 $t+1$ 期的过少生产都体现在随机干扰项中,由于 t 期的过多生产造成了 $t+1$ 期的过少生产,若出现这种情况,则随机干扰项不再是相互独立的,这便违背了普通最小二乘法的经典假设,不能用普通最小二乘法进行直接估计,必须发展新的估计方法。

8.1 什么是序列相关性

线性回归模型的经典假设之一是模型的随机干扰项相互独立。当模型的随机干扰项不满足该假设时,称为存在**序列相关性**(serial correlation)。

对于模型

$$Y_i = \beta_0 + \beta_1 X_{1i} + \beta_2 X_{2i} + \cdots + \beta_k X_{ki} + \mu_i \quad i=1,2,\cdots,n \tag{8-2}$$

如果其他假设仍然满足,随机干扰项序列不相互独立,即

$$\text{Cov}(\mu_i, \mu_j) = E(\mu_i \mu_j) \neq 0 \quad (i \neq j)$$

如果仅存在

$$E(\mu_i \mu_{i+1}) \neq 0 \quad i=1,2,\cdots,n-1$$

则称模型存在 **1 阶序列相关或自相关**(autocorrelation),这是最常见的序列相关性问题。

自相关通常可以表示成下面的形式

$$\mu_i = \rho \mu_{i-1} + \varepsilon_i \quad -1 \leqslant \rho \leqslant 1, \rho \neq 0 \tag{8-3}$$

式中，ρ 代表**自协方差系数**（coefficient of autocovariance），也叫 **1 阶相关系数**（first order coefficient of autocorrelation），ε_i 为满足下式的标准 OLS 假定的随机干扰项，即

$$E(\varepsilon_i) = 0, \quad \text{Var}(\varepsilon_i) = \sigma^2, \quad \text{Cov}(\varepsilon_i, \varepsilon_{i-s}) = 0 \quad (s \neq 0)$$

在计量经济分析中，自相关现象是经常存在的，因为在构建计量经济学模型的时候会使得一些因素进入随机干扰项，而这些因素往往是有时间趋势的，从而使得随机干扰项在时间上具有某种关联性。因此，序列相关性主要出现在以时间序列数据为样本的计量经济学模型中，本章以 t 来代替不同样本点的下标。

8.2 序列相关性会产生什么后果

8.2.1 序列相关性产生的原因

1. 经济现象所固有的惯性

大多数时间序列数据都具有一种显著的特征——具有惯性。诸如国内生产总值、就业、货币供给等时间序列都呈现周期性波动。当经济复苏时，经济序列由谷底向上移动，在上移的过程中，序列在某一时点的值会大于其前期值。因此，连续的观察值之间很可能是相互依赖的。又如金融危机对经济的冲击往往要持续若干个时期，并将在若干个时期内影响其他经济变量，使得这些变量在时间上具有某种关联性。

2. 模型设定偏误

模型设定偏误包含了两种情况：一种是漏掉了重要的解释变量，另一种是错误地选择了回归模型的形式。在前一种情况下，如果漏掉的解释变量是自相关的，那么必然会在随机干扰项中反映出来。在后一种情况下，回归模型采用的数学模型与所研究问题的真实关系不一致，也会使得随机干扰项表现出相关性。例如，在研究产量与边际成本之间的关系时，真实的边际成本回归模型应该是

$$Y_t = \beta_0 + \beta_1 x_{1t} + \beta_2 X_{1t}^2 + \mu_t \tag{8-4}$$

式中，Y_t 表示边际成本，X_{1t} 表示产出量。然而，在实际建立模型的过程中，如果错误的将模型设定为

$$Y_t = \beta_0 + \beta_1 X_{1t} + \mu_t^* \tag{8-5}$$

那么，随机干扰项就为 $\mu_t^* = \beta_2 X_{1t}^2 + \mu_t$，此时的随机干扰项包含了产出的平方对它的系统性影响，将导致序列相关性。

3. 数据处理的影响

我们在进行实证分析的时候，采用的公开数据大都不是原始数据，它们是通过已知数据采用内插或修匀得到的数据，这样新生成的数据和原始数据之间就可能存在内在的联系，产生序列相关性。

8.2.2 序列相关性的后果

当计量经济学模型出现序列相关性时，如果仍然采用OLS法估计模型中的参数，那么将会产生一系列不良后果。

1. 参数估计量非有效

在存在序列相关性的情况下，虽然参数估计值仍然是无偏的、一致的，但不再具有最小方差性，参数估计值非有效。

2. 变量的显著性检验失去意义

变量显著性检验中的 t 统计量是在参数方差正确估计的基础上得到的，而只有当随机干扰项具有同方差性和相互独立性时，才能估计出正确的参数方差 $\text{Var}(\hat{\beta}_t)$，否则会出现 $\text{Var}(\hat{\beta}_t)$ 偏大或者偏小，那么 t 检验以及其他检验都将失去意义。

3. 模型预测失效

模型的区间预测是在参数估计量的方差正确估计的基础上得出的。在方差估计有偏差的情况下，模型的区间预测是不准确的，也是没有意义的。

8.3 序列相关性的诊断

序列相关性的实质在于随机干扰项 μ_t 序列存在前后的相关性。然而，实际的 μ_t 是无法从观察得知的，由于残差 e_t 可以被视为是 μ_t 的估计值，因此我们仍然可以依据OLS法中得到的 e_t 来诊断序列相关性是否存在。

8.3.1 图示法

图示法的思路是通过观察 e_t 的变化规律来判断随机干扰项是否存在前后相关性。根据给定的样本数据，运用OLS法对模型（8-2）进行回归后，求出残差 e_t，$t=1, 2, \cdots, n$。然后可采取以下两种方式描图。

1. 绘制 e_t，e_{t-1} 的散点图

如图8-1所示，做出 (e_1, e_2)，(e_2, e_3)，$\cdots$，(e_{n-1}, e_n) 的散点图。如图8-1a所示，当大多数点落在Ⅰ、Ⅲ象限时，e_t 和 e_{t-1} 就是正相关，表明随机干扰项存在正的序列相关性。

如图8-1b所示，当大多数点落在Ⅱ、Ⅳ象限时，e_t 和 e_{t-1} 就是负相关，表明随机干扰项存在负的序列相关性。

2. 按照时间顺序绘制残差 e_t 的图形

做出 $e_t(t=1, 2, \cdots, n)$ 随时间 t 变化的图形。倘若 e_t 随时间的变化表现出有规律的变化形式，如锯齿形或者波浪形，则 e_t 就存在序列相关性。如若 e_t 并不随时间发生规律性的变化，那么随机项 μ_t 则是非序列相关的。

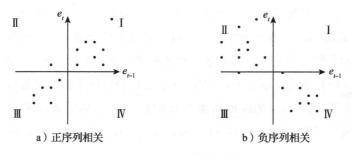

图 8-1 e_t，e_{t-1} 的散点图

如图 8-2a 所示，e_t 随着 t 的变化而交替地变大变小，则说明 e_t 之间存在负的序列相关性。

如图 8-2b 所示，e_t 并不随 t 的变化而频繁地交替变化，在一段时期呈现 e_{t-1} 与 e_t 同时变大的趋势，而在另一段时期呈现同时变小的趋势，呈现周期性变化的形态，表明 e_t 之间存在正的序列相关性。

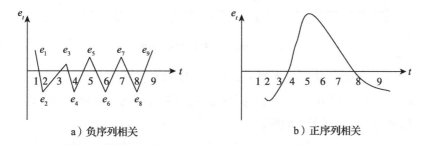

图 8-2 e_t 随时间 t 变化的图形

8.3.2 杜宾-沃森检验

杜宾-沃森检验是杜宾（J. Durbin）和沃森（G. S. Watson）在 1951 年提出的检验序列相关性的方法，也是较为常用的检验序列相关性的方法。该方法的前提条件是：

(1) 变量 X 是非随机变量，也就是说，在重复取样中是固定的。

(2) 随机干扰项 μ_t 存在 1 阶序列相关性，即 $\mu_t = \rho\mu_{t-1} + \varepsilon_t$，$-1 \leqslant \rho \leqslant 1$，$\rho$ 为自相关系数。

(3) 在回归方程中，并没有把被解释变量的滞后值作为解释变量。换言之，该检验对形如模型（8-6）包含被解释变量的滞后期的模型不适用

$$Y_t = \beta_0 + \beta_1 X_t + \beta_2 Y_{t-1} + \mu_t \tag{8-6}$$

(4) 模型中含有截距项。杜宾-沃森检验的思想就是通过构造统计量检验自相关系数 ρ 是否为零。原假设为 $H_0: \rho = 0$。为了检验序列是否存在相关性，杜宾和沃森构造了统计量

$$D.W. = \frac{\sum_{t=2}^{n}(e_t - e_{t-1})^2}{\sum_{t=1}^{n} e_t^2} = 2 - 2\rho \tag{8-7}$$

$D.W.$ 统计量值的分布与出现在给定样本中的 X 值有非常复杂的关系，因而很难导出它的准确分布。然而，杜宾和沃森却成功地导出了临界值的上限 d_U 和下限 d_L。这些临界值只与观测值的个数 n 和解释变量的个数 k 有关，而与解释变量的取值无关。因此，只需按照式（8-7）计算出 $D.W.$ 统计量的值，再根据观测值的个数 n，查自由度为 k（k 为含常数项的解释变量的个数）的 $D.W.$ 分布表，得出临界值 d_U 和 d_L，再结合图 8-3 就可以判断出模型是否存在 1 阶自相关。事实上，EViews 在给出回归结果的时候给出了 $D.W.$ 统计量的值，如图 3-5 所示，EViews 的输出结果为 0.241，在 5% 的显著水平下，查 $D.W.$ 分布表得临界值的上限和下限分别为 1.47 和 1.32，因为 $0<0.241<1.32$，因此可以判定存在正的序列相关性。

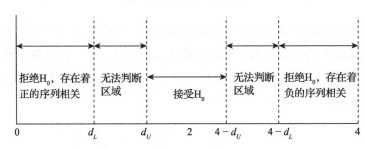

图 8-3 杜宾-沃森检验示意图

如图 8-3 所示，可通过如下规则判断是否存在序列自相关。

若 $0<D.W.<d_L$，则拒绝 H_0，认为随机干扰项存在正的 1 阶序列相关性。

若 $d_L \leqslant D.W. \leqslant d_U$，则无法判断。

若 $d_U<D.W.<4-d_U$，则接受 H_0，认为随机干扰项不存在 1 阶序列相关性。

若 $4-d_U \leqslant D.W. \leqslant 4-d_L$，则无法判断。

若 $4-d_L<D.W.<4$，则拒绝 H_0，认为随机干扰项存在负的 1 阶序列相关性。

将 $D.W.$ 统计量展开，有

$$D.W. = \frac{\sum_{t=2}^{n}(e_t-e_{t-1})^2}{\sum_{t=1}^{n}e_t^2} = \frac{\sum e_t^2 + \sum e_{t-1}^2 - 2\sum e_t e_{t-1}}{\sum e_t^2} \tag{8-8}$$

当 n 充分大时，$\sum e_t^2 \approx \sum e_{t-1}^2$，所以

$$D.W. \approx 2 - 2\frac{\sum e_t e_{t-1}}{\sum e_t^2}$$

又因为残差项 e_t 与 e_{t-1} 之间的相关系数 ρ 为

$$\rho = \frac{\sum(e_t-\bar{e}_t)(e_{t-1}-\bar{e}_{t-1})}{\sqrt{\sum e_t^2}\sqrt{\sum e_{t-1}^2}} = \frac{\sum e_t e_{t-1}}{\sqrt{\sum e_t^2}\sqrt{\sum e_{t-1}^2}} \tag{8-9}$$

当 n 充分大时，$\sum e_t^2 \approx \sum e_{t-1}^2$，此时 $\hat{\rho} = \frac{\sum e_t e_{t-1}}{\sum e_t^2}$，即为 ρ 的较好估计量，所以

$$D.W. \approx 2 - 2\hat{\rho} \tag{8-10}$$

由式（8-9）可知

$$\begin{cases} \hat{\rho} = -1 \text{ 时} & D.W. = 4 & \text{存在负的 1 阶序列相关性} \\ \hat{\rho} = 0 \text{ 时} & D.W. = 2 & \text{不存在 1 阶序列相关性} \\ \hat{\rho} = 1 \text{ 时} & D.W. = 0 & \text{存在正的 1 阶序列相关性} \end{cases}$$

从以上分析中可以看出，杜宾-沃森检验具有明显的缺陷：一是它只适用于检验 1 阶序列相关性是否存在，对更高阶的序列相关性无法进行检测；二是存在无法判断的区域。

8.3.3 拉格朗日乘数检验

为了克服杜宾-沃森检验的缺陷，统计学家布劳舒（Breusch）和戈弗雷（Godfrey）于 1978 年提出了一种新的检验方法，即**拉格朗日乘数检验**（Lagrage multiplier test，LM 检验），又称 BG 检验。这种方法允许被解释变量的滞后项存在，同时还可以检验高阶序列相关性，因此它比杜宾-沃森检验更具有一般性。

怀疑模型（8-2）中的随机干扰项存在 p 阶序列相关性，即有

$$\mu_t = \rho_1 \mu_{t-1} + \rho_2 \mu_{t-2} + \cdots + \rho_p \mu_{t-p} + \varepsilon_t \tag{8-11}$$

式中，ε_t 符合经典假设。拉格朗日乘数检验就是检验如下受约束回归方程

$$Y_t = \beta_0 + \beta_1 X_{1t} + \cdots + \beta_k X_{kt} + \rho_1 \mu_{t-1} + \rho_2 \mu_{t-2} + \cdots + \rho_p \mu_{t-p} + \varepsilon_t \tag{8-12}$$

其约束条件为拉格朗日乘数检验的原假设 H_0，即为

$$H_0: \rho_1 = \rho_2 = \cdots = \rho_p = 0$$

备择假设 H_1 为

$$H_1: \rho_i (i = 1, 2, \cdots, p) \text{ 中至少有一个不为零}$$

因随机干扰项 μ_i 不可观测，因此，用回归方程（8-2）的残差项 e_t 替代。为了检验原假设 H_0 是否成立，构造辅助回归方程

$$Y_t = \beta_0 + \beta_1 X_{1t} + \cdots + \beta_k X_{kt} + \rho_1 e_{t-1} + \rho_2 e_{t-2} + \cdots + \rho_p e_{t-p} + \varepsilon_t \tag{8-13}$$

若 H_0 为真，则 LM 统计量在大样本下渐近服从自由度为 p 的 χ^2 分布

$$LM = nR^2 \sim \chi^2(p)$$

式中，n、R^2 分别是辅助回归方程（8-13）的样本容量和判定系数。

给定显著水平 α，查自由度为 p 的序列相关阶数 p 的 χ^2 分布的临界值 $\chi^2_\alpha(p)$。若 $LM > \chi^2_\alpha(p)$，则拒绝 H_0，认为模型存在序列相关性；反之，不存在序列相关性。在实际运用时，通常是从 1 阶开始逐次向更高阶检验。

在 EViews 中可以直接进行 LM 检验。如图 3-5 所示，在得出估计结果后，点击"View/Residual Tests/Serial Correlation LM test"便得到如图 8-4 所示的对话框。

"Lags to include"表示随机干扰项的滞后期，即怀疑存在序列相关性的阶数。在进行检验的时候依次从 1 阶开始，

图 8-4 LM 检验的滞后期

逐个向高阶进行。在图 8-4 的空白部分填入 "1" 后，得到如表 8-1 所示的 LM 检验结果。

表 8-1 LM 检验输出结果（一）

Breusch-Godfrey Serial Correlation LM Test：

F-statistic	272.829 7	Prob. F(1, 27)	0.000 0
Obs * R-squared	27.298 47	Prob. Chi-Square(1)	0.000 0

Test Equation：
Dependent Variable：RESID
Method：Least Squares
Sample：1 30
Included observations：30
Presample missing value lagged residuals set to zero.

Variable	Coefficient	Std. Error	t-Statistic	Prob.
X	−0.009 111	0.002 430	−3.749 631	0.000 9
C	29.548 40	17.099 81	1.727 995	0.095 4
RESID(−1)	1.072 528	0.064 933	16.517 56	0.000 0
R-squared	0.909 949	Mean dependent var		−3.26E−13
Adjusted R-squared	0.903 278	S. D. dependent var		213.156 1
S. E. of regression	66.291 76	Akaike info criterion		11.320 65
Sum squared resid	118 654.1	Schwarz criterion		11.460 77
Log likelihood	−166.809 7	Hannan-Quinn criter.		11.365 47
F-statistic	136.414 8	Durbin-Watson stat		0.854 289
Prob (F-statistic)	0.000 000			

表 8-1 中的 Obs * R-squared 指的就是 LM 统计量，其对应的 Probability 就是 LM 检验的原假设成立的概率。由于 Prob 值为 0.000 0，说明不存在 1 阶序列相关性的可能性几乎为零，即存在 1 阶序列相关性。改变滞后阶数，在图 8-4 的空白处依次填入 "2" "3" ⋯⋯直到对应的滞后期不显著为止。例如，当输入 "3" 时 LM 检验的结果显示在表 8-2 中。

表 8-2 LM 检验输出结果（二）

Breusch-Godfrey Serial Correlation LM Test：

F-statistic	112.080 2	Prob. F(3, 25)	0.000 0
Obs * R-squared	27.923 82	Prob. Chi-Square(3)	0.000 0

Test Equation：
Dependent Variable：RESID
Method：Least Squares
Sample：1 30
Included observations：30
Presample missing value lagged residuals set to zero.

Variable	Coefficient	Std. Error	t-Statistic	Prob.
X	−0.003 080	0.003 296	−0.934 360	0.359 1
C	7.927 060	17.987 74	0.440 692	0.663 2
RESID(−1)	1.460 170	0.198 438	7.358 332	0.000 0
RESID(−2)	−0.366 560	0.349 436	−1.049 006	0.304 2
RESID(−3)	−0.154 763	0.239 459	−0.646 301	0.524 0

R-squared	0.930 794	Mean dependent var	−3.26E−13
Adjusted R-squared	0.919 721	S. D. dependent var	213.156 1
S. E. of regression	60.394 66	Akaike info criterion	11.190 69
Sum squared resid	91 187.86	Schwarz criterion	11.424 22
Log likelihood	−162.860 4	Hannan-Quinn criter.	11.265 40
F-statistic	84.060 18	Durbin-Watson stat	1.686 369
Prob(F-statistic)	0.000 000		

在表 8-2 中，尽管在怀疑存在 3 阶序列相关性的情况下，Obs * R-squared 对应的 Prob 值非常接近于零，也不能简单地据此判断存在 3 阶序列相关性，因为这个统计量只是显示存在序列相关性，即 RESID(−1)、RESID(−2)、RESID(−3) 中至少有一个系数显著不为零。而表 8-2 中，RESID(−3) 对应的 Prob 值为 0.524 0，大于给定显著水平 10%，因此，在 10% 的显著水平下，不能拒绝参数为零的原假设。因此，在 10% 的显著水平下，在统计意义下参数显著为零，可以判断不存在 3 阶序列相关性。

细心的读者也许已经发现，此处的 RESID(−2) 对应的 Prob 值为 0.304 2，也大于给定显著水平 10%，因此，在 10% 的显著水平下，不能拒绝参数为零的原假设。在这种情况下，是否可以认为不存在 2 阶序列相关性呢？不能这么简单地认为。尽管在这里没有给出滞后阶数为 2 的检验结果，但当滞后期数为 2 阶时，RESID(−1)、RESID(−2) 的系数的 Prob 值有可能都小于给定显著水平 10%，因此，在 10% 显著水平下都是显著不为零的，也就是说存在 2 阶序列相关性。以上提到的 RESID(−2) 的系数在 10% 的显著水平下不显著，可能是因为引入 3 阶滞后期后引发多重共线性造成的。多重共线性的问题将在第 9 章讲述。

8.4 如何消除序列相关性

8.4.1 广义差分法

我们已经知道，当检测出模型存在序列相关性后，就不能直接采用普通最小二乘法进行回归，必须发展新的估计方法。本节介绍一种在消除序列相关性方面最常用的方法——**广义差分法**（generalized difference method）。广义差分法的思想是将原模型转化为对应的差分形式，消除序列相关性，然后用普通最小二乘法对变换后的模型进行估计，间接得到原模型的参数估计值。

多元回归模型与一元回归模型的广义差分法原理相同，因此以一元回归模型为例进行介绍。对于一元回归模型

$$Y_t = \beta_0 + \beta_1 X_t + \mu_t \tag{8-14}$$

如果模型 (8-14) 存在 1 阶序列相关性

$$\mu_t = \rho \mu_{t-1} + \varepsilon_t, \quad -1 \leqslant \rho \leqslant 1 \quad \rho \neq 0$$

式中，ε_t 满足经典假设。模型 (8-14) 取滞后 1 期后，两边乘以 ρ 作变换 $Y_t - \rho Y_{t-1}$，即有

$$Y_t - \rho Y_{t-1} = \beta_0 + \beta_1 X_t + \mu_t - \rho(\beta_0 + \beta_1 X_{t-1} + \mu_{t-1})$$
$$= \beta_0(1-\rho) + \beta_1(X_t - \rho X_{t-1}) + \mu_t - \rho\mu_{t-1}$$
$$= \beta_0(1-\rho) + \beta_1(X_t - \rho X_{t-1}) + \varepsilon_t \tag{8-15}$$

令 $Y_t^* = Y_t - \rho Y_{t-1}$，$X_t^* = X_t - \rho X_{t-1}$，$\beta_0^* = \beta_0(1-\rho)$，$\beta_1^* = \beta_1$，则模型（8-15）可转化为

$$Y_t^* = \beta_0(1-\rho) + \beta_1 X_t^* + \varepsilon_t = \beta_0^* + \beta_1^* X_t^* + \varepsilon_t \tag{8-16}$$

由于 ε_t 满足经典假设，所以模型（8-16）不再具有序列相关性。如果 ρ 已知，则 Y_t^*、X_t^* 已知，就可以直接采用普通最小二乘法估计出参数 $\hat{\beta}_0^*$、$\hat{\beta}_1^*$，于是得到

$$\hat{\beta}_0 = \frac{\hat{\beta}_0^*}{1-\rho}, \quad \hat{\beta}_1 = \hat{\beta}_1^*$$

如果模型（8-14）存在 p 阶序列相关性

$$\mu_t = \rho_1 \mu_{t-1} + \rho_2 \mu_{t-2} + \cdots + \rho_p \mu_{t-p} + \varepsilon_t$$

同样可以采用广义差分法来消除，对模型（8-14）依次取 $1-p$ 期滞后，然后在第 i 个滞后期上乘以 $\rho_i (i=1, 2, \cdots, p)$，再相减有

$$Y_t - \rho_1 Y_{t-1} - \cdots - \rho_p Y_{t-p} = \beta_0(1 - \rho_1 - \cdots - \rho_p) + \beta_1(X_t - \rho_1 X_{t-1} - \cdots - \rho_p X_{t-p}) + \varepsilon_t \tag{8-17}$$

令 $Y_t^* = Y_t - \rho_1 Y_{t-1} - \cdots - \rho_p Y_{t-p}$，$X_t^* = X_t - \rho_1 X_{t-1} - \cdots - \rho_p X_{t-p}$，上式可化为

$$Y_t^* = \beta_0(1 - \rho_1 - \cdots - \rho_p) + \beta_1 X_t^* + \varepsilon_t \tag{8-18}$$

由于 ε_t 满足经典假设，所以模型（8-18）不再具有序列相关性，可以采用普通最小二乘法进行回归了。

如果含有 k 个解释变量的多元回归模型（8-2）存在 p 阶序列相关性，也可做类似变换，变换结果为

$$Y_t^* = \beta_0(1 - \rho_1 - \cdots - \rho_p) + \beta_1 X_{1t}^* + \beta_2 X_{2t}^* + \cdots + \beta_k X_{kt}^* + \varepsilon_t \tag{8-19}$$

式中，$Y_t^* = Y_t - \rho_1 Y_{t-1} - \cdots - \rho_p Y_{t-p}$，$X_{it}^* = X_{it} - \rho_1 X_{i(t-1)} - \cdots - \rho_p X_{i(t-p)} (i=1, 2, \cdots, p)$。

8.4.2 自相关系数 ρ 的估计

广义差分法得以实施的关键是计算出自相关系数 ρ 的值，因此，必须采用一些适当的方法对自回归系数 ρ 进行估计，通常适用的方法主要有经验法、$D.W.$ 估计、柯克兰特—奥卡特迭代法、杜宾两步法等。

1. 经验法

ρ 的取值是介于 [−1, 1] 之间的，因此研究者经常通过事前信息或是经验值来估计 ρ 值，在计量经济学中，广泛采用的是 $\rho=1$，也就是说随机干扰项之间是完全序列正相关的，这对经济时间序列来说一般是正确的，模型（8-15）就可转换为 1 阶差分模型

$$Y_t - Y_{t-1} = \beta_1(X_t - X_{t-1}) + \varepsilon_t$$

对其采用普通最小二乘法回归即可。

2. 采用 $D.W.$ 统计量估计

在大样本情况下,我们在用杜宾-沃森检验法检验序列相关性时,已经得到了 $D.W.$ 统计量与自相关系数 ρ 之间的关系 $D.W. \approx 2(1-\rho)$。于是,在序列相关性确定存在的情况下,ρ 的估计值

$$\hat{\rho} = 1 - \frac{D.W.}{2} \tag{8-20}$$

由于大多数软件都可以计算出 $D.W.$ 统计量,因此在大样本的前提下,根据式(8-20),ρ 的估计值就不难得出了。正如杜宾-沃森检验只能检验 1 阶序列相关性一样,这种方法也只能处理只存在 1 阶序列相关性的情况。

3. 柯克兰特-奥卡特迭代法

柯克兰特-奥卡特迭代法(Cochrane-Orcutt)其实就是进行一系列的迭代,每一次迭代都能得到比前一次更好的 ρ 的估计值。为了叙述方便,我们采用一元回归模型来阐明这种方法,多元回归模型下的迭代法与一元回归的原理相同。

假设给定模型

$$Y_t = \beta_0 + \beta_1 X_t + \mu_t \tag{8-21}$$

式中,

$$\mu_t = \rho_1 \mu_{t-1} + \rho_2 \mu_{t-2} + \cdots + \rho_p \mu_{t-p} + \varepsilon_t, \quad t = 1+p, 2+p, \cdots, n \tag{8-22}$$

则柯克兰特-奥卡特迭代法的步骤为:

第 1 步:对模型(8-21)采用 OLS 回归,得到 μ_t 的估计值 e_t,$e_t = Y_t - \hat{\beta}_0 - \hat{\beta}_1 X_t$。

第 2 步:将 e_t 代入式(8-22),即 $e_t = \rho_1 e_{t-1} + \rho_2 e_{t-2} + \cdots + \rho_p e_{t-p} + \varepsilon_t$,再次运用 OLS 求得 $\rho_1, \rho_2, \cdots, \rho_p$ 的估计值 $\hat{\rho}_1, \hat{\rho}_2, \cdots, \hat{\rho}_p$,这时,得到了自相关系数的第 1 次估计值。

第 3 步:利用 $\hat{\rho}_1, \hat{\rho}_2, \cdots, \hat{\rho}_p$ 对模型(8-21)进行广义差分变换得广义差分模型

$$Y_t^* = \beta_0^* + \beta_1^* X_t^* + \varepsilon_t \tag{8-23}$$

式中,

$$Y_t^* = Y_t - \hat{\rho}_1 Y_{t-1} - \cdots - \hat{\rho}_p Y_{t-p}, \quad X_t^* = X_t - \hat{\rho}_1 X_{t-1} - \cdots - \hat{\rho}_p X_{t-p}$$

$$\varepsilon_t = \mu_t - \hat{\rho}_1 \mu_{t-1} - \cdots - \hat{\rho}_p \mu_{t-p}, \quad \beta_0^* = \beta_0(1 - \hat{\rho}_1 - \cdots - \hat{\rho}_p), \quad \beta_1 = \beta_1^*$$

对模型(8-23)应用 OLS 估计得到参数 $\hat{\beta}_0^*$、$\hat{\beta}_1^*$,计算出模型(8-21)的参数估计值 $\hat{\beta}_0$、$\hat{\beta}_1$,在模型(8-21)中利用 $\hat{\beta}_0$、$\hat{\beta}_1$ 计算 μ_t 的新的估计值,然后将 μ_t 的新的估计值代入第 2 步,得到自相关系数的第 2 次估计值。比较先后估计出的两组自相关系数,如果两者之差的绝对值小于事先给定的某个精度时,迭代终止,否则,继续第 3 步,重复迭代过程。

4. 杜宾两步法

与柯克兰特-奥卡特迭代法相似,杜宾两步法也是先估计自相关系数 ρ,再对差分模型进行估计。为了叙述方便,我们仍然采用一元回归模型来阐明这种方法,多元回归模型与此原理相同。

第 1 步：将原模型（8-14）变换成差分模型

$$Y_t = \rho_1 Y_{t-1} + \rho_2 Y_{t-2} + \cdots + \rho_p Y_{t-p} + \beta_0(1 - \rho_1 - \rho_2 - \cdots - \rho_p)$$
$$+ \beta_1 X_t - \beta_1 \rho_1 X_{t-1} - \beta_1 \rho_2 X_{t-2} - \cdots - \beta_1 \rho_p X_{t-p} + \varepsilon_t \quad (8\text{-}24)$$

采用 OLS 法估计以上方程，得到 ρ_1，ρ_2，$\cdots$，ρ_p 的估计值 $\hat{\rho}_1$，$\hat{\rho}_2$，$\cdots$，$\hat{\rho}_p$。

第 2 步：在得到 $\hat{\rho}_1$，$\hat{\rho}_2$，$\cdots$，$\hat{\rho}_p$ 后利用自相关系数已知下的广义差分法即可求出相应的参数估计值。

在实际的运用过程中，我们没有必要按照上面的步骤去计算自相关系数的估计值，因为在 EViews 中可以采用很简单的方法实现基于柯克兰特-奥卡特迭代法的广义差分法。当确认了模型中存在序列相关性，就可通过广义差分法予以消除。式（8-17）可以改写为

$$Y_t = \beta_0 + \beta_1 X_t + \rho_1(Y_{t-1} - \beta_0 - \beta_1 X_{t-1}) + \cdots + \rho_p(Y_{t-p} - \beta_0 - \beta_1 X_{t-p}) + \varepsilon_t \quad (8\text{-}25)$$

即

$$Y_t = \beta_0 + \beta_1 X_t + \rho_1 \mu_{t-1} + \cdots + \rho_p \mu_{t-p} + \varepsilon_t \quad (8\text{-}26)$$

其在 EViews 中的实现方法为：若存在 p 阶序列相关性就将 AR(1)，AR(2)，$\cdots$，AR(p) 加在解释变量中。其中 AR(p) 表示随机干扰项的 p 阶序列相关性，即 μ_{t-p}。EViews 在估计中自动完成 ρ_1，ρ_2，$\cdots$，ρ_p 的迭代，并显示了迭代的次数。在确定应该引入几阶序列相关性时，主要的判断依据是 $D.W.$ 统计量和 AR(p) 的参数的显著性。假定引入了 p 阶序列相关性，只有在通过了杜宾-沃森检验的同时，AR(p) 的参数是显著的，我们才能认为存在 p 阶序列相关性。因此，在检验出存在序列相关性的情况下，逐次引入 AR(1)，AR(2)，$\cdots$，直到杜宾-沃森检验和相应的参数显著性检验同时通过为止。

本章的 8.3 节中，已经分别通过杜宾-沃森检验和拉格朗日乘数检验得出图 3-5 对应的案例中存在序列相关性，现在通过 EViews 来实现前述消除序列相关性的方法。首先回到图 3-5，点击图中的"Estimate"，将会出现如图 8-5 的界面。将空白处的"Y X C"改为"Y X C AR(1)"点击"OK"，就得到如表 8-3 的估计结果。

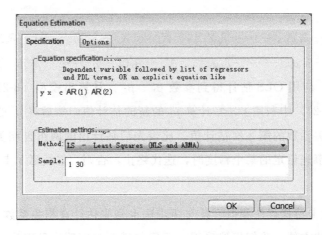

图 8-5 方程表达式对话框

表 8-3 广义差分法的估计结果（一）

Dependent Variable：Y				
Method：Least Squares				
Sample(adjusted)：2 30				
Included observations：29 after adjustments				
Convergence achieved after 14 iterations				
Variable	Coefficient	Std. Error	t-Statistic	Prob.
X	0.324 999	0.019 465	16.696 53	0.000 0
C	2 049.143	3 676.433	0.557 373	0.582 0
AR(1)	0.980 429	0.039 614	24.749 51	0.000 0
R-squared	0.999 242	Mean dependent var		2 243.724
Adjusted R-squared	0.999 184	S. D. dependent var		2 021.281
S. E. of regression	57.754 29	Akaike info criterion		11.047 97
Sum squared resid	86 724.50	Schwarz criterion		11.189 41
Log likelihood	−157.195 6	Hannan-Quinn criter.		11.092 27
F-statistic	17 134.98	Durbin-Watson stat		0.616 815
Prob(F-statistic)	0.000 000			
Inverted AR Roots	.98			

从表 8-3 可以看出，AR(1) 的对应的 Prob 值为 0.000 0，说明 AR(1) 的系数是显著不为零的，然而，得到的 $D.W.$ 统计量为 0.617，查解释变量个数为 2 且观察值个数为 29 的 $D.W.$ 分布表得到临界值的上限和下限分别为 1.48 和 1.34，由于 0.617<1.34，说明仍旧存在序列相关性。其中 Convergence achieved after 14 iterations 指经过 14 次迭代才得到满意的结果。

因此，还需要继续引入 AR(2)，在图 8-5 的空白处键入 "Y X C AR(1) AR(2)"，点击 "OK"，得到如表 8-4 的结果。

表 8-4 广义差分法的估计结果（二）

Dependent Variable：Y				
Method：Least Squares				
Sample(adjusted)：3 30				
Included observations：28 after adjustments				
Convergence achieved after 11 iterations				
Variable	Coefficient	Std. Error	t-Statistic	Prob.
X	0.360 031	0.023 263	15.476 40	0.000 0
C	369.074 7	254.237 6	1.451 692	0.159 5
AR(1)	1.722 653	0.161 469	10.668 66	0.000 0
AR(2)	−0.781 186	0.174 119	−4.486 507	0.000 2
R-squared	0.999 638	Mean dependent var		2 316.429
Adjusted R-squared	0.999 592	S. D. dependent var		2 019.387
S. E. of regression	40.774 44	Akaike info criterion		10.385 55
Sum squared resid	39 901.32	Schwarz criterion		10.575 87
Log likelihood	−141.397 7	Hannan-Quinn criter.		10.443 73
F-statistic	22 067.26	Durbin Watson stat		1.838 269
Prob(F-statistic)	0.000 000			
Inverted AR Roots	.86−.20i	.86+.20i		

得到新的 $D.W.$ 统计量为 1.84，查表得不存在 1 阶序列相关性。AR(1) 和 AR(2) 的系数都通过了显著性检验，说明存在 2 阶序列相关性。此时，我们再引入 3 阶序列相关性，看看会出现什么情况。在图 8-5 的空白处键入"Y X C AR(1) AR(2) AR(3)"，点击"OK"，得到表 8-5 的结果。

表 8-5 广义差分法的估计结果（三）

Dependent Variable：Y
Method：Least Squares
Sample(adjusted)：4 30
Included observations：27 after adjustments
Convergence achieved after 11 iterations

Variable	Coefficient	Std. Error	t-Statistic	Prob.
X	0.350 230	0.029 765	11.766 46	0.000 0
C	510.811 9	486.463 0	1.050 053	0.305 1
AR(1)	1.810 907	0.211 416	8.565 630	0.000 0
AR(2)	−1.014 929	0.403 946	−2.512 536	0.019 8
AR(3)	0.158 973	0.253 601	0.626 862	0.537 2
R-squared	0.999 630	Mean dependent var		2 393.407
Adjusted R-squared	0.999 563	S.D. dependent var		2 015.556
S.E. of regression	42.139 06	Akaike info criterion		10.485 40
Sum squared resid	39 065.40	Schwarz criterion		10.725 37
Log likelihood	−136.552 9	Hannan-Quinn criter.		10.556 76
F-statistic	14 865.27	Durbin-Watson stat		1.884 590
Prob(F-statistic)	0.000 000			
Inverted AR Roots	.78−.10i	.78+.10i		.26

从表 8-5 可以看出，$D.W.$ 统计量为 1.884，查表发现此时不存在 1 阶序列相关性，然而 AR(3) 对应的 Prob 值为 0.537 2，说明 AR(3) 的系数不显著，由此判断不存在 3 阶序列相关性，这与拉格朗日乘数检验的结果是一致的，因此，估计结果就应该以表 8-4 为准。

8.5 案例分析

案例 8-1

在宏观经济学中，进出口的自发支出乘数为

$$K = \frac{1}{1-b(1-t)+m}$$

式中，m 为边际进口率。在其他参数已知的条件下，要计算自发支出乘数，就必须估计出边际进口率。我们采用 1978~2016 年的进口总额数据和国内生产总值数据来估算边际进口率。相关数据由表 8-6 给出。

表 8-6 中国 1978～2016 年进口总额与国内生产总值　　　　　　（单位：亿元）

年份	国内生产总值	进口总额	年份	国内生产总值	进口总额
1978	3 678.70	187.40	1998	85 195.50	11 626.10
1979	4 100.50	242.90	1999	90 564.40	13 736.40
1980	4 587.60	298.80	2000	100 280.10	18 638.80
1981	4 935.80	367.70	2001	110 863.10	20 159.20
1982	5 373.40	357.50	2002	121 717.40	24 430.30
1983	6 020.90	421.80	2003	137 422.00	34 195.60
1984	7 278.50	620.50	2004	161 840.20	46 435.80
1985	9 098.90	1 257.80	2005	187 318.90	54 273.70
1986	10 376.20	1 498.30	2006	219 438.50	63 376.86
1987	12 174.60	1 614.20	2007	270 232.30	73 300.10
1988	15 180.40	2 055.10	2008	319 515.50	79 526.53
1989	17 179.70	2 199.90	2009	349 081.40	68 618.37
1990	18 872.90	2 574.30	2010	413 030.30	94 699.30
1991	22 005.60	3 398.70	2011	489 300.60	113 161.40
1992	27 194.50	4 443.30	2012	540 367.40	114 800.96
1993	35 673.20	5 986.20	2013	595 244.40	121 037.46
1994	48 637.50	9 960.10	2014	643 974.00	120 358.03
1995	61 339.90	11 048.10	2015	689 052.10	104 336.10
1996	71 813.60	11 557.40	2016	744 127.20	104 936.00①
1997	79715.00	11 806.50			

资料来源：国泰安信息技术有限公司开发的《中国宏观经济数据库》。
① 来源于网络。

1. 建立模型

我们用 GDP 代表国内生产总值，用 IM 代表进口总额，建立一元回归模型

$$IM_t = \beta_0 + \beta_1 GDP_t + \mu_t \tag{8-27}$$

因为 $\beta_1 = d(IM)/d(GDP)$，d 表示微分，所以 β_1 便是边际进口率。将数据录入 EViews，在工作文件下，点击 "Quick/Estimate Equation"，键入 "IM GDP C"，点击 "OK" 得到如表 8-7 的回归结果。

表 8-7 进口总额与国内生产总值的回归结果

Dependent Variable：IM
Method：Least Squares
Sample(adjusted)：1978 2015
Included observations：38 after adjustments

Variable	Coefficient	Std. Error	t-Statistic	Prob.
GDP	0.199 477	0.007 656	26.054 61	0.000 0
C	1 415.977	1 942.139	0.729 081	0.470 7
R-squared	0.949 639	Mean dependent var		32 858.09
Adjusted R-squared	0.948 240	S. D. dependent var		41 231.29
S. E. of regression	9 380.428	Akaike info criterion		21.181 83
Sum squared resid	3.17E+09	Schwarz criterion		21.268 02
Log likelihood	−400.454 9	Hannan-Quinn criter.		21.212 50
F-statistic	678.842 5	Durbin-Watson stat		0.457 954
Prob(F-statistic)	0.000 000			

2. 进行序列相关性检验

(1) 图示法。

方法 1：e_t-t 的关系图。我们采用 EViews 画出残差项 e_t 与时间 t 以及 e_t 与 e_{t-1} 的关系图。在估计出结果后，返回工作文件打开"resid"（残差的数据就存储在这里），点击"View/Graph"，弹出图表选择对话框，在"Specific"中选择"Line&Symbol"，单击"OK"，就出现了残差项 e_t 与时间 t 的关系图，如图 8-6a 所示。它们有些时间段内是同时上升的，而另一些时间段内是同时下降的，表明残差项存在正的序列相关性。

方法 2：e_t-e_{t-1} 的关系图。在工作文件下，点击"Quick/Generate Series"，在空白处键入"e1=resid"，点击"OK"，再点击"Quick/Generate Series"，在空白处键入"e2=resid(-1)"，点击"OK"。其中 e1 表示残差 e_t，e2 表示滞后 1 期的残差 e_{t-1}。回到工作文件窗口，选中 e1 和 e2，点右键"Open/as Group"，弹出新的窗口，在新窗口界面下点击"View/Graph"，在"Specific"中选择"Scatter"，单击"OK"，便得到 e_t 与 e_{t-1} 的关系图，如图 8-6b 所示，明显看出残差项存在正的序列相关性。

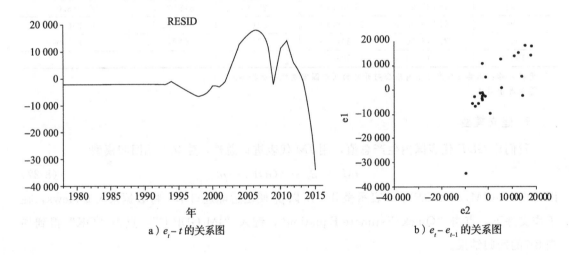

a) e_t-t 的关系图   b) e_t-e_{t-1} 的关系图

图 8-6 残差相关图

无论从方法 1 还是方法 2，都得出残差项存在正的序列相关性，表明随机干扰项存在正的序列相关性。

(2) 杜宾-沃森检验。从杜宾-沃森检验来看，在 5% 的显著水平下，$n=38$，$k=2$，查表得临界值的上限和下限分别为 1.54 和 1.43，而 $D.W.$ 统计量为 $0.458<1.43$，故存在正的 1 阶序列相关性。

(3) 拉格朗日乘数检验。为了验证是否存在更高阶的序列相关性，接下来采用拉格朗日乘数检验来做进一步检测。回到报告出表 8-7 的界面，点击"View/Residual Diagnostics/Serial Correlation LM Test"，将滞后期（Lags to include）填写为 2，便得到如表 8-8 的结果。

表 8-8 拉格朗日乘数检验的结果

Breusch-Godfrey Serial Correlation LM Test：			
F-statistic	34.417 05	Prob. F(2, 34)	0.000 0
Obs * R-squared	25.436 08	Prob. Chi-Square(2)	0.000 0

Test Equation：
Dependent Variable：RESID
Method：Least Squares
Sample：1978 2015
Included observations：38
Presample missing value lagged residuals set to zero.

Variable	Coefficient	Std. Error	t-Statistic	Prob.
GDP	−0.016 03	0.005 786	−2.765 747	0.009 1
C	1 537.082	1 209.575	1.270 762	0.212 4
RESID(−1)	1.206 045	0.203 502	5.926 447	0.000 0
RESID(−2)	−0.095 401	0.241 342	−0.395 294	0.695 1
R-squared	0.669 370	Mean dependent var		−5.36E−12
Adjusted R-squared	0.640 197	S. D. dependent var		9 252.797
S. E. of regression	5 550.157	Akaike info criterion		20.180 34
Sum squared resid	1.05E+09	Schwarz criterion		20.352 72
Log likelihood	−379.426 5	Hannan-Quinn criter.		20.241 67
F-statistic	22.944 70	Durbin-Watson stat		1.840 550
Prob(F-statistic)	0.000 000			

从表 8-8 可以得知，Obs * R-squared 对应的 Prob 值为 0.000 0，说明存在序列相关性。RESID(−1) 显著成立，说明存在 1 阶序列相关性。RESID(−2) 的系数不显著，因而不存在 2 阶序列相关性。

3. 采用柯克兰特-奥卡特迭代法消除序列相关性

在得到表 8-7 的回归结果后，点击"Estimate"，键入"IM GDP C AR(1) AR(2)"，便得到如表 8-9 的结果。

表 8-9 广义差分法的估计结果

Dependent Variable：IM
Method：Least Squares
Date：12/09/09 Time：16:57
Sample (adjusted)：1980 2008
Included observations：29 after adjusting endpoints
Convergence achieved after 7 iterations

Variable	Coefficient	Std. Error	t-Statistic	Prob.
GDP	0.256 960	0.017 981	14.290 91	0.000 0
C	−2 605.870	1 815.845	−1.435 073	0.163 7
AR(1)	1.641 521	0.165 746	9.903 858	0.000 0
AR(2)	−0.863 223	0.167 388	−5.157 020	0.000 0
R-squared	0.996 202	Mean dependent var		17 625.86
Adjusted R-squared	0.995 746	S. D. dependent var		23 324.12
S. E. of regression	1 521.276	Akaike info criterion		17.619 93

			（续）
Sum squared resid	57 857 026	Schwarz criterion	17.808 52
Log likelihood	−251.489 0	F-statistic	2 185.639
Durbin-Watson stat	2.073 466	Prob(F-statistic)	0.000 000
Inverted AR Roots	.82−.44i	.82+.44i	

从表 8-9 可知，AR(1) 和 AR(2) 的系数都通过了显著性检验，$D.W.$ 统计量的值为 2.073，大于 5% 显著水平下的临界值上限 1.65，说明模型已不存在序列相关性。值得注意的是此处的 GDP 的系数与表 8-7 中的估计结果在理论上也应该是一致的，出现偏差的可能原因，一是在迭代过程中的四舍五入，二是在差分过程中减少了模型的自由度，与前者相比少了 2 个。

案例 8-2

根据奥肯定律，GDP 每增长 2%，可以使失业率降低约 1%，为了研究我国 GDP 与失业率的关系，我们采用 2007～2016 年季度数据建立计量模型进行分析。数据如表 8-10 所示。

表 8-10　GDP 同比与失业率数据

年　份	GDP 同比	失　业　率	年　份	GDP 同比	失　业　率
2007 年 03 月	13.8	4.10	2012 年 03 月	8.1	4.10
2007 年 06 月	14.3	4.10	2012 年 06 月	7.6	4.10
2007 年 09 月	14.3	4.00	2012 年 09 月	7.5	4.10
2007 年 12 月	14.2	4.00	2012 年 12 月	8.1	4.10
2008 年 03 月	11.5	4.00	2013 年 03 月	7.9	4.10
2008 年 06 月	11.2	4.00	2013 年 06 月	7.6	4.10
2008 年 09 月	10.6	4.00	2013 年 09 月	7.9	4.04
2008 年 12 月	9.7	4.20	2013 年 12 月	7.7	4.05
2009 年 03 月	6.2	4.30	2014 年 03 月	7.4	4.08
2009 年 06 月	7.1	4.30	2014 年 06 月	7.5	4.08
2009 年 09 月	8.3	4.30	2014 年 09 月	7.1	4.07
2009 年 12 月	9.4	4.30	2014 年 12 月	7.2	4.09
2010 年 03 月	12.2	4.20	2015 年 03 月	7.0	4.05
2010 年 06 月	11.4	4.20	2015 年 06 月	7.0	4.04
2010 年 09 月	10.9	4.10	2015 年 09 月	6.9	4.05
2010 年 12 月	10.6	4.10	2015 年 12 月	6.8	4.05
2011 年 03 月	10.2	4.10	2016 年 03 月	6.7	4.04
2011 年 06 月	10.1	4.10	2016 年 06 月	6.7	4.05
2011 年 09 月	9.8	4.10	2016 年 09 月	6.7	4.04
2011 年 12 月	9.5	4.10	2016 年 12 月	6.8	4.02

资料来源：中华人民共和国国家统计局，《中国统计年鉴——2017》，中国统计出版社，2017。

1. 建立模型

我们用 GDP 代表国内生产总值同比数据，用 $UNEM$ 代表城镇失业率，建立如下回归模型

$$UNEM_t = \beta_0 + \beta_1 GDP_t + \mu_t \tag{8-28}$$

按照前文的方法估计该方程，如表 8-11 所示。

表 8-11 模型（8-28）估计结果

Dependent Variable：UNEM				
Method：Least Squares				
Sample：3/01/2007 12/01/2016				
Included observations：40				
Variable	Coefficient	Std. Error	t-Statistic	Prob.
GDP	-0.003 542	0.005 711	-0.620 216	0.538 8
C	4.130 762	0.053 322	77.468 13	0.000 0
R-squared	0.010 021	Mean dependent var		4.098 750
Adjusted R-squared	-0.016 031	S.D. dependent var		0.083 978
S.E. of regression	0.084 648	Akaike info criterion		-2.051 922
Sum squared resid	0.272 281	Schwarz criterion		-1.967 478
Log likelihood	43.038 44	Hannan-Quinn criter.		-2.021 390
F-statistic	0.384 668	Durbin-Watson stat		0.303 209
Prob(F-statistic)	0.538 817			

2. 进行序列相关性检验

（1）图示法。按照图示法的检验思想，在这里只描绘出了 $e_t - e_{t-1}$ 的关系图，如图 8-7 所示。直观上看，很明显残差存在正的序列自相关。

（2）杜宾-沃森检验。从杜宾-沃森检验来看，在 5% 的显著水平下，$n=40$，$k=2$，查表得临界值的上限和下限分别为 1.54 和 1.44，而 $D.W.$ 统计量为 $0.303<1.44$，故存在正的 1 阶序列相关性。

（3）拉格朗日乘数检验。接下来，采用拉格朗日乘数检验来验证是否存在更高阶的序列相关性。回到报告出表 8-11 的界面，点击"View/Residual Diagnostics/Serial Correlation LM Test"，将滞后期填写为 2，便得到如表 8-12 的结果。

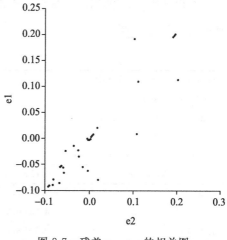

图 8-7 残差 $e_t - e_{t-1}$ 的相关图

表 8-12 拉格朗日乘数检验的结果

Breusch-Godfrey Serial Correlation LM Test：			
F-statistic	51.892 13	Prob. F(2, 36)	0.000 0
Obs*R-squared	29.698 41	Prob. Chi-Square(2)	0.000 0
Test Equation：			
Dependent Variable：RESID			
Method：Least Squares			
Sample：3/01/2007 12/01/2016			
Included observations：40			
Presample missing value lagged residuals set to zero.			

(续)

Variable	Coefficient	Std. Error	t-Statistic	Prob.
GDP	−0.001762	0.003257	−0.540996	0.5918
C	0.014581	0.030091	0.484554	0.6309
RESID(−1)	1.082792	0.165801	6.530652	0.0000
RESID(−2)	−0.261514	0.174728	−1.496696	0.1432
R-squared	0.742460	Mean dependent var		−1.11E−16
Adjusted R-squared	0.720999	S.D. dependent var		0.083556
S.E. of regression	0.044135	Akaike info criterion		−3.308504
Sum squared resid	0.070123	Schwarz criterion		−3.139616
Log likelihood	70.17007	Hannan-Quinn criter.		−3.247439
F-statistic	34.59476	Durbin-Watson stat		2.050482
Prob(F-statistic)	0.000000			

从表 8-12 可以得知，卡方统计量 Obs * R-squared 对应的 Prob 值为 0.0000，说明存在序列相关性。在 5% 显著水平下，RESID(−1) 的系数显著不为零，而 RESID(−2) 的系数不显著，因而表明存在一阶序列正相关。

3. 采用柯克兰特-奥卡特迭代法消除序列相关性

在得到表 8-11 的回归结果后，点击 "Estimate"，键入 "UNEM GDP C AR(1)"，便得到如表 8-13 的结果。

表 8-13　广义差分法的估计结果

Dependent Variable: UNEM
Method: Least Squares
Sample(adjusted): 6/01/2007 12/01/2016
Included observations: 39 after adjustments
Convergence achieved after 8 iterations

Variable	Coefficient	Std. Error	t-Statistic	Prob.
GDP	−0.021774	0.007948	−2.739726	0.0095
C	4.238069	0.094413	44.88846	0.0000
AR(1)	0.901877	0.078932	11.42595	0.0000
R-squared	0.757490	Mean dependent var		4.098718
Adjusted R-squared	0.744017	S.D. dependent var		0.085075
S.E. of regression	0.043044	Akaike info criterion		−3.379405
Sum squared resid	0.066699	Schwarz criterion		−3.251439
Log likelihood	68.89840	Hannan-Quinn criter.		−3.333492
F-statistic	56.22379	Durbin-Watson stat		1.784846
Prob(F-statistic)	0.000000			
Inverted AR Roots	.90			

从表 8-13 可知，AR(1) 的系数通过了显著性检验，$D.W.$ 统计量的值为 1.785，大于 5% 显著水平下的临界值上限 1.54，说明模型已不存在序列相关性。

案例 8-3

将案例 8-2 采用 Stata 软件进行统计分析，检验模型是否存在序列相关性，并进行处理。

1. 序列相关性检验

（1）图示法。首先对模型（8-27）进行 OLS 回归，然后生成残差的序列，命令如下

```
- reg UNEM GDP
- predict et,residuals        // 获取回归后的残差序列,命名为 et
```

接下来绘制 $e_t - t$ 和 $e_t - e_{t-1}$ 的关系图，如图 8-8 和图 8-9 所示，命令如下

```
- generate t= _n              // 生成连续的时间变量,命名为 t
- tsset t                     // 设置时间变量为 t
- line et t                   // 画出 e_t - t 的折线图
- scatter et L.et             // 画出 e_t - e_{t-1} 的散点图,L.et 表示 et 的滞后一期
```

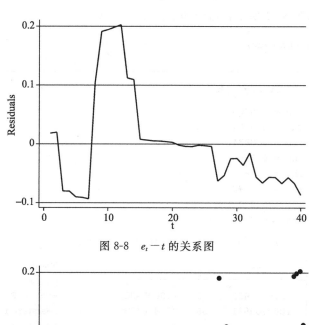

图 8-8　$e_t - t$ 的关系图

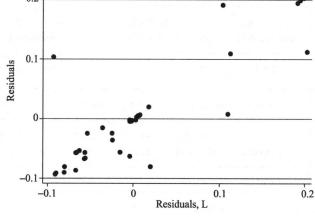

图 8-9　$e_t - e_{t-1}$ 的关系图

从以上图形中可以看出，残差项存在正的序列相关性。

（2）杜宾-沃森检验。采用杜宾-沃森检验法判断模型是否存在序列相关性，结果如图 8-10 所示，命令如下

- dwstat

```
.dwstat
urbin-Watson d-statistic(  2,    40)= .3032091
```

图 8-10　杜宾-沃森检验结果

$D.W.$ 统计量为 0.3032。通过查表可知，在 5% 的显著水平下，$n=40$，$k=2$ 时的上限 $d_U=1.54$，下限 $d_L=1.44$，因此 $D.W.<d_L$，可以判断模型存在正的 1 阶序列相关性，与图示法结果一致。

2. 广义差分法消除序列相关性

（1）采用 $D.W.$ 统计量估计自相关系数 ρ。基于 $D.W.$ 统计量估计自相关系数 ρ 并进行广义差分的结果如图 8-11 所示，命令如下

- prais UNEM GDP,rhotype(dw)

```
. prais UNEM GDP,rhotype(dw)
Iteration 0:  rho = 0.0000
Iteration 1:  rho = 0.8484
Iteration 2:  rho = 0.8834
Iteration 3:  rho = 0.8868
Iteration 4:  rho = 0.8872
Iteration 5:  rho = 0.8872
Iteration 6:  rho = 0.8872
Iteration 7:  rho = 0.8872

Prais-Winsten AR(1) regression -- iterated estimates
```

Source	SS	df	MS		Number of obs =	40
					F(1, 38) =	1095.16
Model	2.0090432	1	2.0090432		Prob > F =	0.0000
Residual	.069709981	38	.001834473		R-squared =	0.9665
					Adj R-squared =	0.9656
Total	2.07875318	39	.053301364		Root MSE =	.04283

UNEM	Coef.	Std. Err.	t	P>|t|	[95% Conf. Interval]	
GDP	-.0177575	.0069302	-2.56	0.014	-.0317869	-.003728
_cons	4.254623	.0826144	51.50	0.000	4.087379	4.421867
rho	.8871979					

```
Durbin-Watson statistic (original)    0.303209
Durbin-Watson statistic (transformed) 1.649397
```

图 8-11　广义差分法估计结果（一）

通过广义差分法得到的新的 $D.W.$ 统计量为 1.649，因此 $D.W.>d_U$，不存在序列相关性。最终得到的回归方程为
$$UNEM = 4.255 - 0.018GDP$$

（2）柯克兰特-奥卡特迭代法。采用柯克兰特-奥卡特迭代法进行广义差分得到的结果如图 8-12 所示，命令如下

```
- prais UNEM GDP,corc
```

```
.  prais UNEM GDP,corc

Iteration 0:    rho = 0.0000
Iteration 1:    rho = 0.8577
Iteration 2:    rho = 0.8932
Iteration 3:    rho = 0.8994
Iteration 4:    rho = 0.9011
Iteration 5:    rho = 0.9016
Iteration 6:    rho = 0.9018
Iteration 7:    rho = 0.9018
Iteration 8:    rho = 0.9019
Iteration 9:    rho = 0.9019
Iteration 10:   rho = 0.9019
Iteration 11:   rho = 0.9019

Cochrane-Orcutt AR(1) regression -- iterated estimates
```

Source	SS	df	MS		
				Number of obs =	39
				F(1, 37) =	8.53
Model	.015368367	1	.015368367	Prob > F =	0.0059
Residual	.06669885	37	.001802672	R-squared =	0.1873
				Adj R-squared =	0.1653
Total	.082067217	38	.002159664	Root MSE =	.04246

UNEM	Coef.	Std. Err.	t	P>|t|	[95% Conf. Interval]
GDP	-.0217742	.0074574	-2.92	0.006	-.0368842 -.0066641
_cons	4.238069	.0879567	48.18	0.000	4.059852 4.416286
rho	.901875				

Durbin-Watson statistic (original)   0.303209
Durbin-Watson statistic (transformed) 1.784839

图 8-12　广义差分法估计结果（二）

通过广义差分法得到的新的 $D.W.$ 统计量为 1.785，因此 $D.W.>d_U$，不存在序列相关性。最终得到的回归方程为
$$UNEM = 4.238 - 0.022GDP$$

(3) 杜宾两步法。采用杜宾两步法进行广义差分得到的结果如图 8-13 所示，命令如下

- prais UNEM GDP,twostep

```
. prais UNEM GDP,twostep

Iteration 0:   rho = 0.0000
Iteration 1:   rho = 0.8577

Prais-Winsten AR(1) regression -- twostep estimates

     Source |       SS       df       MS              Number of obs =      40
            |                                         F(  1,    38) = 1232.34
      Model | 2.28328294     1   2.28328294           Prob > F      =  0.0000
   Residual |  .07040674    38   .001852809           R-squared     =  0.9701
            |                                         Adj R-squared =  0.9693
      Total | 2.35368968    39   .060351017           Root MSE      =  .04304

       UNEM |     Coef.   Std. Err.      t    P>|t|     [95% Conf. Interval]
        GDP |  -.0166916   .00686      -2.43   0.020    -.030579    -.0028042
      _cons |   4.245507   .0765067    55.49   0.000     4.090628    4.400387
        rho |   .857661

Durbin-Watson statistic (original)       0.303209
Durbin-Watson statistic (transformed)    1.581048
```

图 8-13　广义差分法估计结果（三）

通过广义差分法得到的新的 $D.W.$ 统计量为 1.581，因此 $D.W. > d_U$，不存在序列相关性。最终得到的回归方程为

$$UNEM = 4.246 - 0.017GDP$$

思考与练习

1. 请解释以下名词：序列相关性　自相关系数　杜宾-沃森检验　拉格朗日乘数检验
2. 什么是序列相关性？试举例说明经济现象中存在序列相关性的情况。
3. 序列相关性会导致什么后果？
4. 在消除 1 阶序列相关性时做 1 阶差分变换是否要求自相关系数必须为 1？
5. 根据 $D.W.$ 统计量能否完全判断出序列相关性的情况？
6. 请简述柯克兰特-奥卡特迭代法的步骤。
7. 以下是采用某地区 27 年的年度数据估计出的工业就业的回归方程

$$\ln Y_t = -2.87 + 0.43\ln X_{1t} - 0.32\ln X_{2t}$$
$$(-0.45)\quad (3.4)\qquad (-2.8)$$
$$+ 0.57\ln X_{3t}$$
$$(4.3)$$
$$\overline{R}^2 = 0.923,\quad D.W. = 1.203$$

式中，Y 表示工业总产值，X 表示就业人数。

请问：

(1) 此时能不能利用 $D.W.$ 统计量来判别是否存在序列相关性？

(2) 如果此时 $D.W.$ 统计量不能判断序列相关性，那么该采用何种方法？

(3) 假设检验出模型存在 2 阶序列相关性，那么可以采用哪种方法予以消除？

8. 证明：对于形如 $\mu_t = \rho\mu_{t-1} + \varepsilon_t$ 的 1 阶序列相关的随机干扰项 μ_t 的方差和协方差为

$$\mathrm{Var}(\mu_t) = \frac{\sigma_\varepsilon^2}{1-\rho^2}$$

$$\mathrm{Cov}(\mu_t, \mu_{t-s}) = \rho^s \frac{\sigma_\varepsilon^2}{1-\rho^2}$$

9. 在研究广告效应时，有如下模型

模型 A： $Y_t = \beta_0 + \beta_1 X_t + \mu_t$

模型 B： $Y_t = \beta_0 + \beta_1 X_t + \beta_2 X_t^2 + \mu_t$

式中，Y 是广告保留的印象数，X 为广告支出，根据研究时期内的 38 年的数据进行估计，得到模型的结果为

模型 A： $\hat{Y}_t = 0.384 + 0.033 X_t$
$R^2 = 0.769 \quad D.W. = 0.542$

模型 B： $Y_t = 0.389 + 0.015 X_t + 0.027 X_t^2$
$R^2 = 0.889 \quad D.W. = 1.88$

请问：

(1) 模型 A 中存在序列相关性吗？模型 B 呢？

(2) 如何解释序列相关性的存在呢？

(3) 如何区分序列相关性的存在是由模型设定错误引起的，还是由于数据本身具备的呢？

10. 我国 1998~2012 年工业累计折旧 X 与工业企业固定资产合计 Y 数据如表 8-14 所示，试问：

表 8-14 我国 2000~2016 年工业累计折旧与工业企业固定资产合计统计数据

年份	工业企业累计折旧 X（亿元）	工业企业固定资产合计 Y（亿元）
2000	25 847.91	59 467.50
2001	29 666.83	63 463.98
2002	33 067.63	67 882.55
2003	37 323.59	75 560.80
2004	43 624.39	92 236.98
2005	50 341.06	105 951.86

（续）

年份	工业企业累计折旧 X（亿元）	工业企业固定资产合计 Y（亿元）
2006	58 900.82	125 190.10
2007	69 615.71	146 701.79
2008	87 059.54	179 191.72
2009	98 894.67	207 355.57
2010	123 546.80	238 097.80
2011	157 312.32	253 198.19
2012	177 901.11	283 950.91
2013	208 700.07	316 231.10
2014	236 308.74	355 788.06
2015	257 455.69	377 568.47
2016	286 223.98	390 279.36

资料来源：国家统计局。

(1) 当设定模型为 $\ln Y_t = \beta_0 + \beta_1 \ln X_t + \mu_t$ 时，是否存在序列相关性？

(2) 若按 1 阶自相关假设 $\mu_t = \rho\mu_{t-1} + \varepsilon_t$，试用杜宾两步法估计原模型。

(3) 采用差分形式 $X_t^* = X_t - X_{t-1}$ 和 $Y_t^* = Y_t - Y_{t-1}$ 作为新数据，估计模型

$$Y_t^* = \alpha_0 + \alpha_1 X_t^* + v_t$$

该模型是否还存在序列相关？

11. 表 8-15 给出的是 1990~2016 年中国四川省城镇居民人均消费 CONSUM、人均可支配收入 INCOME，以及消费价格指数 PRICE 数据。定义人均实际消费性支出 $y = CONSUM/PRICE$，人均实际可支配收入 $x = INCOME/PRICE$。

试回答以下问题：

表 8-15 1990~2016 年四川省城镇居民人均消费与人均可支配收入数据

年份	CONSUM（元）	INCOME（元）	PRICE
1990	1 281.00	1 490.00	102.9
1991	1 488.00	1 691.00	102.4
1992	1 651.00	1 989.00	101.9
1993	2 034.00	2 408.00	101.6
1994	2 806.00	3 297.00	103.8
1995	3 429.00	4 002.92	110.4
1996	3 787.59	4 482.70	118.8
1997	4 092.59	4 763.26	117.3
1998	4 382.59	5 127.08	120.3
1999	4 499.19	5 477.89	108.2
2000	4 855.78	5 894.27	104.6
2001	5 176.17	6 360.47	102.4
2002	5 413.08	6 610.80	98.8

（续）

年份	CONSUM（元）	INCOME（元）	PRICE
2003	5 759.21	7 041.87	97.6
2004	6 371.14	7 709.87	98.1
2005	6 891.27	8 385.96	99.3
2006	7 524.81	9 350.11	101.3
2007	8 691.99	11 098.28	106.1
2008	9 679.14	12 633.38	101.6
2009	10 860.20	13 839.40	101.8
2010	12 105.09	15 461.16	105.9
2011	13 696.30	17 899.12	105.4
2012	15 049.54	20 306.99	100.5
2013	16 343.45	22 367.63	103.8
2014	17 759.92	24 234.25	104.8
2015	19 276.84	26 205.38	103.1

资料来源：国泰安 CSMAR 数据库（http://www.gtarsc.com）。

(1) 利用 OLS 估计模型
$$y_t = b_0 + b_1 x_t + u_t$$
(2) 根据 $D.W.$ 检验法、LM 检验法检验模型是否存在自相关性。
(3) 如果存在 1 阶自相关性，用 $D.W.$ 值来估计自相关系数 $\hat{\rho}$。
(4) 利用估计的 $\hat{\rho}$ 值，用 OLS 法估计广义差分方程
$$y_t - \hat{\rho} y_{t-1} = b_0(1-\hat{\rho}) + b_1(x_t - \hat{\rho} x_{t-1}) + u_t$$
(5) 利用 OLS 估计模型
$$\ln y_t = b_0 + b_1 \ln x_t + u_t$$
检验此模型是否存在自相关性，如果存在，如何消除？

第9章 多重共线性

假设在研究居民平均消费水平时,构建了如下回归模型

$$Y_i = \beta_0 + \beta_1 X_{1i} + \beta_2 X_{2i} + \mu_i \tag{9-1}$$

式中,Y_i 表示居民平均消费水平,X_{1i} 表示人均 GDP,X_{2i} 表示人均工资。我们知道人均工资很可能受人均 GDP 的影响,所以,在这个模型中,解释变量 X_{1i} 和 X_{2i} 不再相互独立,违背了多元回归模型中解释变量之间互不相关的基本假设,不能直接采用普通最小二乘法进行估计,必须对线性相关的这种现象进行处理和校正,采用合适的估计方法。

9.1 什么是多重共线性

对于多元线性回归模型

$$Y_i = \beta_0 + \beta_1 X_{1i} + \beta_2 X_{2i} + \cdots + \beta_k X_{ki} + \mu_i, \quad i = 1, 2, \cdots, n \tag{9-2}$$

其基本假设之一是解释变量 X_1,X_2,$\cdots$,X_k 是相互独立的,即不存在线性相关关系。如果某两个或多个解释变量之间出现了较强的近似相关性,并且是线性相关性,则称为**多重共线性**(multicollinearity)。

如果存在

$$c_1 X_{1i} + c_2 X_{2i} + \cdots + c_k X_{ki} = 0, \quad i = 1, 2, \cdots, n \tag{9-3}$$

式中,c_i 不全为 0,则称为解释变量的**完全多重共线性**(perfect multicollinearity),也就是解释变量之间存在严格的线性关系,表明至少有一个变量可由其他变量线性表示。

如果存在

$$c_1 X_{1i} + c_2 X_{2i} + \cdots + c_k X_{ki} + v_i = 0, \quad i = 1, 2, \cdots, n \tag{9-4}$$

式中,c_i 不全为 0,v_i 为随机误差项,则称为**解释变量的近似共线性**(approximate multi-collinearity)或**交互相关**(intercorrelated)。

9.2 多重共线性会产生什么后果

9.2.1 多重共线性产生的原因

一般地,产生多重共线性的原因主要有以下三个方面。

1. 经济变量之间存在内在联系，这是产生多重共线性的根本原因

例如，在生产函数中，资本投入与劳动力投入往往出现高度相关的情况，大企业的资金规模和劳动力投入量都很大，小企业则资金规模和劳动力规模都很小。在这里，资金规模和劳动力投入量之间存在内在联系，因此，模型存在多重共线性。事实上，多重共线性多半是由经济变量之间的内在联系引起的。

2. 经济变量在时间上具有相关的共同趋势

例如，以时间序列作为样本的经济模型中，在经济繁荣时期，各基本经济变量（收入、消费、投资、价格）都趋于增长；而在衰退时期，又同时趋于下降。所以，各基本经济变量之间有着相关的共同联系，模型也就存在多重共线性。因此，根据一般经验，采用时间序列数据样本的多元线性回归模型往往存在多重共线性。

3. 解释变量中含有滞后变量

在经济计量模型中，往往需要引入滞后经济变量来反映真实的经济关系。例如在消费函数中，消费不仅依赖于本期收入，而且还依赖于上期收入，即有

$$C_t = \alpha + \beta Y_t + \gamma Y_{t-1} + \mu_t$$

式中，C 表示消费，Y 代表收入，显然，上期收入与当期收入之间有较强的线性相关性。由于变量前后期之值存在相互关联性，而滞后变量又作为单独的新解释变量包含在模型中，因此，滞后变量模型几乎都存在多重共线性。

另外，样本资料的限制也是产生多重共线性的一个原因。由于完全符合理论模型所要求的样本数据较难收集，因此，特定样本可能存在某种程度的多重共线性。

9.2.2 多重共线性参数估计量

1. 参数的估计

以二元线性回归方程为例

$$y_i = \beta_1 x_{1i} + \beta_2 x_{2i} + \mu_i \tag{9-5}$$

式中，$y_i = Y_i - \overline{Y}$，$x_{1i} = X_{1i} - \overline{X}_1$，$x_{2i} = X_{2i} - \overline{X}_2$。当 X_1、X_2 完全线性相关时，设 $X_{1i} = \lambda X_{2i}$，常数 $\lambda \neq 0$，则 $x_{1i} = \lambda x_{2i}$，β_1 的最小二乘估计量为

$$\hat{\beta}_1 = \frac{\sum x_{2i}^2 \sum x_{1i} y_i - \sum x_{1i} x_{2i} \sum x_{2i} y_i}{\sum x_{1i}^2 \sum x_{2i}^2 - (\sum x_{1i} x_{2i})^2} = \frac{\lambda \sum x_{2i}^2 \sum x_{2i} y_i - \lambda \sum x_{2i}^2 \sum x_{2i} y_i}{\lambda^2 (\sum x_{2i}^2)^2 - \lambda^2 (\sum x_{2i}^2)^2} = \frac{0}{0} \tag{9-6}$$

同理可得 $\hat{\beta}_2 = \dfrac{0}{0}$。

因此 OLS 无法估计出 β_1、β_2 的值，回归分析无法进行。这是 X_1、X_2 完全线性相关时的极端情形。若 X_1、X_2 不完全相关，则可设 $X_{1i} = \lambda X_{2i} + v_i$，其中 v_i 为随机项，满足 $E(v_i) = 0$，$\sum X_{2i} v_i = 0$，代入 $\hat{\beta}_1$ 估计表达得

$$\hat{\beta}_1 = \frac{\sum x_{2i}y_i(\lambda^2 \sum x_{2i}^2 + \sum v_i^2) - (\lambda \sum x_{2i}y_i + \sum y_i v_i)(\lambda \sum x_{2i}^2)}{\sum x_{2i}^2(\lambda^2 \sum x_{2i}^2 + \sum v_i^2) - (\lambda \sum x_{2i}^2)^2} \tag{9-7}$$

由于 $\sum v_i^2 \neq 0$，因而 $\hat{\beta}_1$ 是可以估计的。所以，多重共线性是一个程度问题。

2. 参数的方差

由式（5-9）可知 β_1 估计值的方差为

$$\text{Var}(\hat{\beta}_1) = \frac{\sum x_{2i}^2}{\sum x_{1i}^2 \sum x_{2i}^2 - (\sum x_{1i}x_{2i})^2}\sigma_u^2 \tag{9-8}$$

将 $x_{1i} = \lambda x_{2i}$ 代入上式，则

$$\text{Var}(\hat{\beta}_1) = \frac{\sigma_u^2 \sum x_{2i}^2}{\lambda^2 (\sum x_{2i}^2)^2 - \lambda^2 (\sum x_{2i}^2)^2}$$
$$= \infty \tag{9-9}$$

同理可推得，在 $x_{1i} = \lambda x_{2i}$ 时，即当 X_1、X_2 完全相关时，β_2 估计值的方差为无穷大。

可见，在 X_1、X_2 完全线性相关的极端条件下，普通最小二乘法估计无法估计出参数值，因为估计值的方差为无穷大。并且 X_1、X_2 的相关性越强，$\sum x_{1i}^2 \sum x_{2i}^2 - (\sum x_{1i}x_{2i})^2$ 越趋近于 0，即 $\hat{\beta}_1$、$\hat{\beta}_2$ 的方差越大，对 β_1、β_2 的估计也越不准确。

9.2.3 多重共线性的后果

1. 难以区分解释变量的单独影响

在解释变量存在近似共线性时，用普通最小二乘法可以得出参数估计量，但回归系数方差和标准差较大，参数估计的误差增大，无法正确区分各个解释变量对被解释变量的单独影响。

2. 参数估计值不稳定，模型缺乏稳定性

因为最小二乘估计量及其标准差对数据的细微变化都很敏感，如果样本值略有变化，估计量就会产生较大改变。具体表现为完全共线性下参数估计值不存在，近似共线性下参数估计值方差变大。

3. 参数估计量的回归系数符号有误，经济含义不合理

例如，根据某经济现实或经济理论，回归系数符号本来应该是正的，结果却是负的。

4. 变量的显著性检验失去意义

当解释变量之间存在多重共线性时，用普通最小二乘法估计的回归系数的标准差与方差变大，使 t 统计量的拒绝域变小，置信区间变宽，导致某些系数不显著，做出参数为 0 的错误推断，从而剔除重要的解释变量。

9.3 多重共线性的诊断

多重共线性是较为普遍存在的现象，从上节分析可知，较高程度的多重共线性会对最

小二乘估计产生严重影响，因此，在运用最小二乘法进行多元线性回归时，不但要检验解释变量间是否存在多重共线性，还要检验多重共线性的严重程度。

9.3.1 不显著系数法

不显著系数法是利用多元线性回归模型的拟合结果进行检验，这种方法适用于以下三种情况。

1. R^2 很大，t 较小

如果拟合优度 R^2 的值很大（一般来说在 0.8 以上），然而模型中的全部或部分参数估计值经检验却不显著，那么解释变量间有可能存在较严重的多重共线性。

2. 理论性强，检验值弱

如果从经济理论或常识来看某个解释变量对被解释变量有重要影响，但是从线性回归模型的拟合结果来看，该解释变量的参数估计值经检验却不显著，那么可能是解释变量间存在多重共线性所导致的。

3. 新引入变量后，方差增大

在多元线性回归模型中新引入一个变量后，发现模型中原有参数估计量的方差明显增大，则说明解释变量间可能存在多重共线性。

9.3.2 判定系数检验法

一般来讲，在模型中引入一个新的解释变量后，解释能力会增强，也就是说判定系数 R^2 会变大。如果引入变量后，判定系数 R^2 与没有引入之前的判定系数 R^2 的差异不大的话，表明新引入的这个变量所起的作用很小，意味着它的作用被模型中的其他变量所替代了。因此，可以通过判定系数 R^2 来检验是否存在多重共线性，同时也可以具体检验出是哪个变量引起了多重共线性。

这种检验可以分为两种情形，一是包含被解释变量的情形；二是不包含被解释变量的情形。

1. 包含被解释变量的情形

对于模型 (9-2)，依次删除变量 $X_1, X_2, \cdots, X_k$，形成 k 个具有 $k-1$ 个解释变量的模型

$$Y_{1i} = \beta_{10} + \beta_{12}X_{2i} + \beta_{13}X_{3i} + \cdots + \beta_{1k}X_{ki} + \mu_{1i}$$
$$Y_{2i} = \beta_{20} + \beta_{21}X_{1i} + \beta_{23}X_{3i} + \cdots + \beta_{2k}X_{ki} + \mu_{2i}$$
$$\vdots$$
$$Y_{ki} = \beta_{k0} + \beta_{k1}X_{1i} + \beta_{k2}X_{2i} + \cdots + \beta_{k(k-1)}X_{(k-1)i} + \mu_{ki}$$

对这 k 个模型分别进行回归，得到 k 个判定系数，分别命名为 $R_1^2, R_2^2, \cdots, R_k^2$，在这 k 个

判定系数中选择最大的，与模型（9-2）的判定系数最接近的那个判定系数，则其对应的被删除的解释变量对模型的贡献最小，是引起多重共线性最大的解释变量。这是因为，将这个解释变量重新引入模型，就形成了模型（9-2），而判定系数的改进很小，意味着它的作用被其他的解释变量替代了。

2. 不包含被解释变量的情形

对于模型（9-2），将每个解释变量对其他解释变量进行回归，得到 k 个回归方程

$$X_{1i} = \beta_{10} + \beta_{12}X_{2i} + \beta_{13}X_{3i} + \cdots + \beta_{1k}X_{ki} + \mu_{1i}$$
$$X_{2i} = \beta_{20} + \beta_{21}X_{1i} + \beta_{23}X_{3i} + \cdots + \beta_{2k}X_{ki} + \mu_{2i}$$
$$\vdots$$
$$X_{ki} = \beta_{k0} + \beta_{k1}X_{1i} + \beta_{k2}X_{2i} + \cdots + \beta_{k(k-1)}X_{(k-1)i} + \mu_{ki}$$

然后分别观察各个回归方程的判定系数 $R_j^2(j=1, 2, \cdots, k)$，如果最大的一个接近于 1，就说明其他的解释变量对这个解释变量的解释程度很高，则可近似地认为，该解释变量可以被其他解释变量线性表示，即存在所谓的近似共线性，而这个变量就是引起共线性的变量。但这只是一种较为主观判定方法，通常情况下可用式（9-10）给出的 F 统计量来判定是否存在多重共线性。

$$F_j = \frac{R_j^2/(k-1)}{(1-R_j^2)/(n-k)} \sim F(k-1, n-k) \tag{9-10}$$

给定显著水平 α，查第一个自由度为 $k-1$，第二个自由度为 $n-k$ 的临界值 F_α，计算 F 统计量的值与此进行比较。若 $F_j > F_\alpha$，说明存在解释变量 X_j 可由其他的解释变量线性表示，即存在多重共线性；反之，不存在多重共线性。细心的读者可能会发现，此处的 F 检验与多元回归部分的 F 检验实质是一样的，原假设为所有的系数都为零。事实上若 F_j 是 k 个 F 统计量中最大的，那么 F_j 所对应的 X_j 便是引发多重共线性最严重的解释变量。

9.3.3 相关系数法

计算并检查解释变量中两两变量间的简单相关系数 r_{ij}，若 r_{ij} 的绝对值接近 1，则可以认为 X_i 和 X_j 之间存在较强的多重共线性。但需要特别注意的是，如果相关系数很大，则一定存在多重共线性，如果相关系数很小，则不一定没有多重共线性。

9.3.4 容许度与方差膨胀因子判别法

用于检验多重共线性的统计量有**容许度**（tolerance）与**方差膨胀因子**（variance inflation factor，VIF）。

容许度是检验共线性的常用统计量。对于自变量 j 的容许度，定义为

$$TOL_j = 1 - R_j^2 \tag{9-11}$$

式中，R_j^2 是用其他自变量解释第 j 个变量的多元相关系数，即以 X_j 为被解释变量，以其

他解释变量为解释变量作（辅助）回归中的 R^2。当 $TOL_j=1$ 时，X_j 与其他解释变量线性无关；当 $0<TOL_j<1$ 时，X_j 与其他解释变量存在线性相关；当 $TOL_j=0$ 时，X_j 与其他解释变量完全共线。

另一个检验多重共线性的统计量是方差膨胀因子。对于多元线性回归模型，$\hat{\beta}_j$ 的方差可以表示成

$$\mathrm{Var}(\hat{\beta}_j)=\frac{\sigma^2}{\sum(X_j-\overline{X}_j)^2}\times\frac{1}{1-R_j^2}=\frac{\sigma^2}{\sum(X_j-\overline{X}_j)^2}\times VIF \tag{9-12}$$

式中，β_j 是解释变量 X_j 的（偏）回归系数，R_j^2 是用其他解释变量解释第 j 个变量的多元相关系数，VIF 即为方差膨胀因子，定义为

$$VIF=1/(1-R_j^2) \tag{9-13}$$

一般认为，当 $VIF<5$ 时，方程存在轻度的多重共线性；当 $5\leqslant VIF<10$ 时，方程存在较严重的多重共线性；当 $VIF\geqslant 10$ 时（此时 $R_j^2>0.9$），回归方程存在严重的多重共线性。但是需要注意的是，由于 $\mathrm{Var}(\hat{\beta}_j)$ 取决于 σ^2、$\sum(X_j-\overline{X}_j)^2$ 和 VIF 的大小，而一个高的 VIF 可以被一个低的 σ^2 或一个高的 $\sum(X_j-\overline{X}_j)^2$ 抵消。也就是说，一个高的 VIF 度量出来的高多重共线性不一定就是高标准差的原因。

9.4 如何消除多重共线性

9.4.1 先验信息法

先验信息法是指根据经济理论或者其他已有的研究成果事前确定回归模型参数间的某种关系，避免相互影响的解释变量出现在同一个模型之中，然后进行最小二乘估计，如此便消除了多重共线性。

例如，在估计柯布-道格拉斯生产函数的时候，建立如下模型

$$Y=AL^{\alpha}K^{\beta}e^{u} \tag{9-14}$$

式中，Y、L、K 分别表示产出、劳动力和资本。由先验信息可知劳动投入量 L 与资金投入量 K 之间通常是高度相关的，如果按照经济理论"生产规模报酬不变"的假定，即 $\alpha+\beta=1$，代入上式，则

$$Y=AL^{\alpha}K^{\beta}e^{u}=AL^{1-\beta}K^{\beta}e^{u}=AL\left(\frac{K}{L}\right)^{\beta}e^{u}$$
$$\frac{Y}{L}=A\left(\frac{K}{L}\right)^{\beta}e^{u} \tag{9-15}$$

两边取对数

$$\ln\frac{Y}{L}=\ln A+\beta\ln\frac{K}{L}+u \tag{9-16}$$

此时上式变为一元线性回归模型，不存在多重共线性问题。

9.4.2 改变变量的定义形式

在进行回归模型多重共线性处理时,有时需要根据所分析的具体经济问题及模型的形式对解释变量进行重新调整,一般有如下几种方法。

1. 用相对数变量替代绝对数变量

如设需求函数为

$$Y = \beta_0 + \beta_1 X + \beta_2 P + \beta_3 P_1 + \mu \tag{9-17}$$

式中,Y、X、P、P_1 分别代表需求量、收入、商品价格与替代商品价格,由于商品价格与替代商品价格往往是同方向变动的,该需求函数模型可能存在多重共线性。此时,考虑用两种商品价格之比作解释变量,代替原模型中商品价格与替代商品价格两个解释变量,则模型为如下形式

$$Y = \beta_0 + \beta_1 X + \beta_2 \left(\frac{P}{P_1}\right) + \mu \tag{9-18}$$

这样,原模型中两种商品价格变量之间的多重共线性得以避免。

2. 删去模型中次要的或可替代的解释变量

如果回归模型解释变量间存在较严重的多重共线性,根据经济理论、实践经验、相关系数检验、统计分析等方法鉴别变量是否重要及是否可替代,删去那些对被解释变量影响不大,或被认为是不太重要的变量,就可减轻多重共线性。

3. 差分法

对回归模型中所有变量做差分变换也是消除多重共线性的一种有效方法。例如,对于时间序列数据、线性模型,就可将原模型变换为差分模型

$$\Delta Y_i = \beta_1 \Delta X_{1i} + \beta_2 \Delta X_{2i} + \cdots + \beta_k \Delta X_{ki} + \Delta \mu_i \tag{9-19}$$

式中,$\Delta Y_i = Y_i - Y_{i-1}$,$\Delta X_{ji} = X_{ji} - X_{j(i-1)}$($j=1, 2, \cdots, k$)。这里的解释变量不再是原来的解释变量而是解释变量的一阶差分,即使原模型中存在严重的多重共线性,采用变换后的一阶差分模型一般也可以解决此类问题,从而有效地消除原模型中的多重共线性。因为根据一般经验,增量之间的线性关系远比总量之间的线性关系弱得多。

9.4.3 增大样本容量法

以两个解释变量 X_1、X_2 的线性回归模型为例,最小二乘估计量 $\hat{\beta}_j$($j=1, 2$)的方差为

$$\text{Var}(\hat{\beta}_j) = \frac{\sigma^2}{\sum (X_j - \overline{X}_j)^2} \times \frac{1}{1 - R_j^2} = \frac{\sigma^2}{\sum x_j^2 \times (1 - R_j^2)} \tag{9-20}$$

在 σ^2、R_j^2 给定的情况下,若增大 X_1、X_2 的样本容量,则 $\sum x_j^2$ 将增大,$\hat{\beta}_j$ 的方差和标准差将会减小。方差的大小与样本容量成反比,样本越大,方差越小。因此,增大样本容量可以减小参数估计值的方差,提高参数估计值的精度。但值得注意的是,这种方法只适用于

多重共线性是由测量误差或完全是由样本过小引起的情况，如果解释变量相互之间是存在多重共线性的，则 $R_j^2(j=1,2)$（事实上，R_j^2 就是 X_1 与 X_2 之间相关系数 r_{12} 的平方）越接近于 1，这时增大样本容量对减轻多重共线性没有帮助。

9.4.4 逐步回归法

逐步回归法又称 Frisch 综合分析法，其基本思想是先将被解释变量对每个解释变量做简单回归方程，称为基本回归方程。再对每一个基本回归方程进行统计检验，并根据经济理论分析选出最优基本方程，然后再将其他解释变量逐一引入，建立一系列回归方程，根据每个新加的解释变量的标准差和复相关系数来考察其对每个回归系数的影响，一般根据如下标准进行分类判别：

（1）如果新引进的解释变量使 R^2 得到提高，而其他参数回归系数在统计上和经济理论上仍然合理，则认为这个新引入的变量对回归模型是有利的，可以作为解释变量予以保留。

（2）如果新引进的解释变量对 R^2 改进不明显，对其他回归系数也没有多大影响，则不必保留在回归模型中。

（3）如果新引进的解释变量不仅改变了 R^2，而且对其他回归系数的数值或符号具有明显影响，则可认为引进新变量后，回归模型解释变量间存在严重多重共线性。这个新引进的变量如果从理论上分析是十分重要的，则不能简单舍弃，而是应研究改善模型的形式，寻找更符合实际的模型，重新进行估计。如果通过检验证明存在明显线性相关的两个解释变量中的一个可以被另一个解释，则可略去其中对被解释变量影响较小的那个变量，模型中保留影响较大的那个变量。

9.5 案例分析

案例 9-1

农民工就业问题关系到民生问题，只有农民工就业问题得到妥善解决，"三农"问题才能得到缓解，经济增长才能突破瓶颈。有研究表明劳动力市场分割会对就业产生负面影响。以下将建立模型分析劳动力城乡分割、行业分割、地区分割和单位分割对农民工就业的影响。表 9-1 给出了农民工就业与劳动力市场分割程度的数据。

表 9-1 农民工就业与劳动力市场分割程度数据

年 份	FWL	CSX	HYS	DQS	DWS
1985	6 713	3.06	1.66	5.40	94.19
1986	7 522	2.97	1.56	3.97	78.21
1987	8 130	2.89	1.50	3.11	61.77
1988	8 611	2.84	1.46	2.73	47.37
1989	8 498	2.80	1.50	2.16	35.33

(续)

年 份	FWL	CSX	HYS	DQS	DWS
1990	8 673	2.79	1.51	1.79	29.21
1991	8 906	2.73	1.48	2.04	71.04
1992	9 765	2.67	1.41	2.38	50.36
1993	10 998	2.62	1.29	1.49	26.72
1994	11 964	2.56	1.19	1.09	15.70
1995	12 707	2.51	1.09	1.63	11.10
1996	13 028	2.37	1.02	1.24	8.91
1997	13 556	2.25	1.00	1.25	7.47
1998	13 806	2.13	0.99	1.42	5.31
1999	13 985	2.03	1.00	1.66	4.92
2000	15 165	1.94	1.00	1.16	4.33
2001	15 778	1.85	1.00	1.09	3.92
2002	16 536	1.77	1.00	0.92	3.51
2003	17 712	1.69	0.96	0.87	3.32
2004	19 099	1.62	0.88	1.08	3.34
2005	20 412	1.55	0.81	1.00	3.37

资料来源：陈宪，黄健柏．劳动力市场分割对农民工就业影响的实证分析[J]．开发研究，2009(3)．

其中，FWL 表示农民工就业数量；CSX 表示劳动力城乡分割程度，CSX＝(乡村人口数/城镇人口数＋乡村就业人数/城镇就业人数)/2；HYS 表示行业分割程度，HYS＝第一产业就业人数/(第二产业就业人数＋第三产业就业人数)；DQS 表示地区分割程度，由于北京市作为我国的政治、经济和文化中心，在执行中央政府的各项劳动力政策和吸收外来劳动力方面具有典型性，故采用北京市外来人口的多少反映地区分割程度的大小，即 DQS＝2005 年北京市外来人口数/当年北京市外来人口数；DWS 表示单位分割程度，DWS＝(当年国有单位就业人数/当年城镇集体单位就业人数＋当年城镇集体单位就业人数/当年私营企业就业人数＋当年国有单位就业人数/当年私营企业就业人数)/3。

为了分析各分割程度因素对农民工就业的影响，建立了如下多元线性回归模型

$$FWL_i = \beta_0 + \beta_1 CSX_i + \beta_2 HYS_i + \beta_3 DQS_i + \beta_4 DWS_i + \mu_i$$

选择各个变量，点右键"Open/as Equation"，键入"FWL CSX HYS DQS DWS C"，点击"OK"后得到回归结果如表 9-2 所示。

表 9-2 回归结果

Dependent Variable：FWL
Method：Least Squares
Sample：1985 2005
Included observations：21

Variable	Coefficient	Std. Error	t-Statistic	Prob.
CSX	−5 908.668	890.257 1	−6.637 036	0.000 0
HYS	−5 393.200	2 231.373	−2.416 988	0.028 0
DQS	−188.584 0	329.718 9	−0.571 954	0.575 3
DWS	18.731 84	18.682 90	1.002 620	0.331 0
C	32 769.12	1 434.350	22.845 97	0.000 0

(续)

R-squared	0.977 118	Mean dependent var	12 455.43
Adjusted R-squared	0.971 398	S. D. dependent var	3 992.791
S. E. of regression	675.270 8	Akaike info criterion	16.072 36
Sum squared resid	7 295 850.	Schwarz criterion	16.321 06
Log likelihood	−163.759 8	Hannan-Quinn criter.	16.126 33
F-statistic	170.810 4	Durbin-Watson stat	0.587 795
Prob(F-statistic)	0.000 000		

从表 9-2 可以看出，判定系数 R^2 为 0.977，调整后的判定系数 $\bar{R}^2$ 为 0.971，拟合优度很高，然而 DWS 和 DQS 对应的 Prob 值分别为 0.331 和 0.575 3，都大于 0.1，说明这两个变量对应的 t 统计量较小，表现为 R^2 很大，t 很小，可能存在多重共线性。选中四个解释变量，点击右键"Open/as Group"，弹出新的窗口，在新的界面下，点击"View/Covariance Analysis"，弹出 Covariance Analysis 窗口，在"Statistics"中选择"Correlation"，单击"OK"，便得到解释变量之间的相关系数矩阵。

表 9-3 各解释变量之间的相关系数

	CSX	DQS	DWS	HYS
CSX	1	0.752	0.827	0.934
DQS	0.752	1	0.912	0.809
DWS	0.827	0.912	1	0.910
HYS	0.934	0.809	0.910	1

从表 9-3 可以看出各解释变量之间的相关系数最小的是 0.752，都很接近于 1，可以认为模型存在多重共线性。为了进一步检测模型是否具有多重共线性，可做如下辅助回归方程

$$CSX_i = \beta_0 + \beta_1 HYS_i + \beta_2 DQS_i + \beta_3 DWS_i + u_i \tag{9-21}$$

$$HYS_i = \beta_0 + \beta_1 CSX_i + \beta_2 DQS_i + \beta_3 DWS_i + u_i \tag{9-22}$$

$$DQS_i = \beta_0 + \beta_1 CSX_i + \beta_2 HYS_i + \beta_3 DWS_i + u_i \tag{9-23}$$

$$DWS_i = \beta_0 + \beta_1 CSX_i + \beta_2 HYS_i + \beta_3 DQS_i + u_i \tag{9-24}$$

从表 9-4 知，辅助回归方程（9-21）至方程（9-24）都通过了 1% 显著水平下的 F 检验。说明四个解释变量中的每个变量都可由另外三个变量线性表示，即存在多重共线性。在得到辅助回归方程的判定系数的情况下，还可以通过容许度和方差膨胀因子来进行判别，直接将判定系数代入式（9-11）和式（9-13）即可，这里就不详述了。

表 9-4 辅助回归的相关结果

回归方程	R^2	Prob(F-statistic)	F 值是否显著（1% 的显著水平）
(1)	0.878	0.000 0	是
(2)	0.935	0.000 0	是
(3)	0.837	0.000 0	是
(4)	0.922	0.000 0	是

以下采用逐步回归法排除多重共线性。

分别做 FWL 与 CSX、HYS、DQS、DWS 间的回归，得回归方程如下

$$FWL_i = 31\,549.98 - 8\,077.87 CSX_i$$
$$(0.000\,0) \quad (0.000\,0) \tag{9-25}$$
$$R^2 = 0.967 \quad F = 559.43 \quad D.W. = 0.474$$

$$FWL_i = 29\,663.31 - 14\,277.58 HYS_i$$
$$(0.000\,0) \quad (0.000\,0) \tag{9-26}$$
$$R^2 = 0.905 \quad F = 181.25 \quad D.W. = 0.173$$

$$FWL_i = 17\,493.79 - 2\,679.98 DQS_i$$
$$(0.000\,0) \quad (0.000\,1) \tag{9-27}$$
$$R^2 = 0.580 \quad F = 26.26 \quad D.W. = 0.255$$

$$FWL_i = 15\,590.09 - 115.61 DWS_i$$
$$(0.000\,0) \quad (0.000\,0) \tag{9-28}$$
$$R^2 = 0.698 \quad F = 43.85 \quad D.W. = 0.460$$

可见，农民工就业受城乡分割程度的影响最大，因此选择方程（9-25）作为初始回归模型，将其他解释变量逐个引入，寻找最优回归方程（见表 9-5）。

表 9-5 逐步回归法

c	CSX	HYS	DQS	DWS	R^2
31 549.98	−8 077.87				0.967
0.000 0	0.000 0				
31 537.84	−6 103.68	−3 861.87			0.976
0.000 0	0.000 0	0.022 4			
31 654.77	−6 100.14	−4 046.63	51.79		0.976
0.000 0	0.000 0	0.036 5	0.821 8		
32 507.57	−5 982.00	−5 151.73		10.96	0.977
0.000 0	0.000 0	0.028 2		0.396 3	

第 1 步。在初始模型中引入 HYS，模型拟合优度提高，参数符号合理，变量也通过了显著性检验。因此，在模型中保留 HYS。

第 2 步。在引入 HYS 的基础上，继续引入 DQS，模型的拟合优度没有发生改善，变量也没能通过显著性检验，参数的经济意义也不合理。因此，在模型中不应保留 DQS。

第 3 步。去掉 DQS，引入 DWS，模型的拟合优度出现微小的改观，但是变量没能通过显著性检验，参数的经济意义也不合理。因此，在模型中不应保留 DWS。

第 2 步和第 3 步表明，变量 DQS 和 DWS 是多余的。因此，最优的农民工就业模型为

$$FWL_i = 31\,537.84 - 6\,103.68 CSX_i - 3\,861.87 HYS_i$$

这个结果说明农民工就业难的障碍主要是城乡分割造成的，另外，行业分工也是农民工就业难的原因。

案例 9-2

从理论上说，商品的需求量通常是消费者实际收入、该商品实际价格以及竞争商品和互补商品实际价格的函数，我们用鸡肉消费量的例子来验证这一理论，数据如表 9-6 所示。

表 9-6　美国 1960～1982 年对鸡肉的需求数据

时间	人均鸡肉消费（磅）	人均实际可支配收入（美元）	鸡肉实际零售价格（美元/磅）	猪肉实际零售价格（美元/磅）	牛肉实际零售价格（美元/磅）
1960	27.8	397.5	42.2	50.7	78.3
1961	29.9	413.3	38.1	52.0	79.2
1962	29.8	439.2	40.3	54.0	79.2
1963	30.8	459.7	39.5	55.3	79.2
1964	31.2	492.9	37.3	54.7	77.4
1965	33.3	528.6	38.1	63.7	80.2
1966	35.6	560.3	39.3	69.8	80.4
1967	36.4	624.6	37.8	65.9	83.9
1968	36.7	666.4	38.4	64.5	85.5
1969	38.4	717.8	40.1	70.0	93.7
1970	40.4	768.2	38.6	73.2	106.1
1971	40.3	843.3	39.8	67.8	104.8
1972	41.8	911.6	39.7	79.1	114.0
1973	40.4	931.1	52.1	95.4	124.1
1974	40.7	1 021.5	48.9	94.2	127.6
1975	40.1	1 165.9	58.3	123.5	142.9
1976	42.7	1 349.6	57.9	129.9	143.6
1977	44.1	1 449.4	56.5	117.6	139.2
1978	46.7	1 575.5	63.7	130.9	165.5
1979	50.0	1 759.1	61.6	129.8	203.3
1980	50.1	1 994.2	58.9	128.0	219.6
1981	51.7	2 258.1	66.4	141.0	221.6
1982	52.9	2 478.7	70.4	168.2	232.6

资料来源：施图德蒙德. 应用计量经济学 [M]. 杜江，李恒，译. 北京：机械工业出版社，2011.

1. 建立模型

可以建立多元回归模型

$$Y_t = \alpha + \beta_1 X_{1t} + \beta_2 X_{2t} + \beta_3 X_{3t} + \beta_4 X_{4t} + \mu_t \tag{9-29}$$

我们用 Y 表示人均鸡肉消费，X_1 表示人均实际可支配收入，X_2 表示鸡肉实际零售价格，X_3 表示猪肉实际零售价格，X_4 表示牛肉实际零售价格。

2. 多重共线性检验

在工作文件窗口下，依次选择变量 Y、X_1、X_2、X_3、X_4，点右键"Open/as Equation"，出现对话框后直接点击"OK"，就会得到如表 9-7 所示的估计结果。

表 9-7　鸡肉需求模型估计结果

Dependent Variable：Y
Method：Least Squares
Sample：1960 1982
Included observations：23

Variable	Coefficient	Std. Error	t-Statistic	Prob.
X1	0.005 011	0.004 893	1.024 083	0.319 4
X2	−0.611 174	0.162 849	−3.753 010	0.001 5
X3	0.198 409	0.063 721	3.113 734	0.006 0
X4	0.069 503	0.050 987	1.363 144	0.189 6
C	37.232 36	3.717 695	10.014 90	0.000 0
R-squared	0.942 580	Mean dependent var		39.669 57
Adjusted R-squared	0.929 821	S. D. dependent var		7.372 950
S. E. of regression	1.953 198	Akaike info criterion		4.366 473
Sum squared resid	68.669 69	Schwarz criterion		4.613 320
Log likelihood	−45.214 44	Hannan-Quinn criter.		4.428 555
F-statistic	73.870 52	Durbin-Watson stat		1.065 034
Prob(F-statistic)	0.000 000			

从表 9-7 可以看出，尽管判定系数 R^2 为 0.943，调整后的判定系数 $\overline{R}^2$ 为 0.930，拟合优度很高，但 X_1 和 X_4 对应的 Prob 值分别为 0.319 4 和 0.189 6，都大于 0.1，说明这两个变量在 10% 的显著性水平下均不显著。因此 R^2 很大，t 值却很小，由此，由这种现象就可以推断可能有多重共线性的问题。

通过相关系数也可以判断是否存在多重共线性。在工作文件窗口下，选中变量 X_1、X_2、X_3、X_4，点击右键"Open/as Group"，弹出新的窗口，在新的界面下，点击"View/Covariance Analysis"，弹出 Covariance Analysis 窗口，在"Statistics"中选择"Correlation"，单击"OK"，就得到了解释变量之间的相关系数。表 9-8 给出了各变量间的相关系数。

表 9-8　方程（9-29）解释变量相关系数

	X_1	X_2	X_3	X_4
X_1	1.00	0.93	0.96	0.99
X_2	0.93	1.00	0.97	0.93
X_3	0.96	0.97	1.00	0.94
X_4	0.99	0.93	0.94	1.00

从表 9-8 可以看出，解释变量之间的相关系数都很高，X_1 与 X_2 的相关系数为 0.93，X_1 与 X_3 的相关系数为 0.96，X_1 与 X_4 的相关系数为 0.99。X_2、X_3、X_4 之间的相关系数也很高，因此，可以认为解释变量之间存在多重共线性。为了进一步检测模型是否具有多重共线性，可做辅助回归，对每个解释变量与其他解释变量进行回归

$$X_{1t} = -309.642 - 8.566X_{2t} + 6.809X_{3t} + 9.164X_{4t} \tag{9-30}$$

$$R^2 = 0.981 \quad F = 327.44$$

$$X_{2t} = 16.57 - 0.008X_{1t} + 0.300X_{3t} + 0.099X_{4t} \tag{9-31}$$

$$R^2 = 0.947 \quad F = 113.37$$

$$X_{3t} = -17.30 + 0.040X_{1t} + 1.960X_{2t} - 0.224X_{4t} \tag{9-32}$$

$$R^2 = 0.966 \quad F = 177.66$$

$$X_{4t} = 20.36 + 0.084X_{1t} + 1.008X_{2t} - 0.350X_{4t} \tag{9-33}$$

$$R^2 = 0.974 \quad F = 245.49$$

式（9-30）到式（9-33）的 R^2 都超过了 0.9，并且 F 检验表明所有模型在统计意义下都是显著的，因此，模型（9-29）中每个解释变量与其他解释变量高度共线。

3. 消除多重共线性

运用 9.4.2 节中"删去模型中次要的或可替代的解释变量"方法来消除多重共线性。分别从模型（9-29）中删除 X_1、X_2、X_3、X_4，然后重新估计，得到以下四个方程

$$Y = 35.68 - 0.654X_{2t} + 0.233X_{3t} + 0.115X_{4t} \tag{9-34}$$

$$R^2 = 0.939 \quad F = 97.89$$

$$Y = 27.103 + 0.010X_{1t} + 0.015X_{3t} + 0.009X_{4t} \tag{9-35}$$

$$R^2 = 0.898 \quad F = 55.55$$

$$Y = 33.799 + 0.013X_{1t} - 0.222X_{2t} + 0.025X_{4t} \tag{9-36}$$

$$R^2 = 0.912 \quad F = 65.35$$

$$Y = 38.65 + 0.011X_{1t} - 0.541X_{2t} + 0.174X_{3t} \tag{9-37}$$

$$R^2 = 0.937 \quad F = 93.65$$

比较上述四个方程，方程（9-34）的判定系数 R^2 最大，为 0.939，而原模型（9-29）的 R^2 为 0.943，因此 X_1 对 Y 的解释能力只贡献了 0.006，换句话说，仅仅贡献了 0.6%，可以认为若把解释变量 X_1 删除后对模型（9-29）的影响不大。接着，在方程（9-34）剔除 X_1 的基础上，继续把 X_2、X_3、X_4 分别从方程（9-34）中删除重新回归，结果发现判定系数 R^2 下降幅度均很大，因此，最终的模型为

$$Y = 35.68 - 0.654X_{2t} + 0.233X_{3t} + 0.115X_{4t}$$

$$(10.49) \quad (-4.15) \quad (4.28) \quad (4.74)$$

模型的结果说明鸡肉的需求量主要取决于价格，鸡肉自身的价格越高，需求量就越少，猪肉和牛肉的价格越高，作为替代品的鸡肉的需求量就越大，这些都符合经济理论。

案例 9-3

将上述案例 9-2 采用 Stata 软件进行统计分析，检验各变量之间是否存在多重共线性并进行处理。

1. 相关系数法检验多重共线性

对自变量 X_1、X_2、X_3 和 X_4 进行相关性分析，相关系数分析结果如图 9-1 所示，命令如下

```
- correlate X1 X2 X3 X4
```

```
. correlate X1 X2 X3 X4
(obs=23)

             |      X1       X2       X3       X4
    ---------+------------------------------------
         X1  |  1.0000
         X2  |  0.9317   1.0000
         X3  |  0.9571   0.9701   1.0000
         X4  |  0.9859   0.9285   0.9406   1.0000
```

图 9-1　相关系数分析结果

该结果与采用 EViews 软件进行相关性分析得到的结果一致，可以认为解释变量之间存在多重共线性。

2. 方差膨胀因子判别法检验多重共线性

先对数据进行回归分析，结果如图 9-2 所示，命令如下

```
- regress Y X1 X2 X3 X4
```

```
. regress Y X1 X2 X3 X4

      Source |       SS       df       MS              Number of obs =      23
    ---------+-----------------------------              F(  4,    18) =   73.87
       Model | 1127.25905     4  281.814762             Prob > F      =  0.0000
    Residual | 68.6696865    18  3.81498259             R-squared     =  0.9426
    ---------+-----------------------------              Adj R-squared =  0.9298
       Total | 1195.92874    22  54.3603971             Root MSE      =  1.9532

           Y |    Coef.   Std. Err.      t     P>|t|    [95% Conf. Interval]
    ---------+--------------------------------------------------------------
          X1 |  .0050107  .0048929    1.02    0.319   -.0052688    .0152902
          X2 | -.6111738  .1628489   -3.75    0.001   -.9533066   -.2690409
          X3 |  .1984094  .0637207    3.11    0.006    .0645372    .3322816
          X4 |  .0695028  .0509872    1.36    0.190   -.0376173    .1766228
       _cons |  37.23237  3.717695   10.01    0.000    29.42178    45.04296
```

图 9-2　回归分析结果

下一步，对各个解释变量进行方差膨胀因子检验，结果如图 9-3 所示，命令如下

```
- estat vif
```

解释变量 X_1、X_2、X_3 和 X_4 的方差膨胀因子（VIF）的值在 18.9～52.7 之间，Mean VIF 的值为 35.1，均大于临界值 10，所以可以认为模型存在较高的多重共线性。

```
. estat vif

 Variable |    VIF  |   1/VIF
       X1 |  52.70  | 0.018975
       X4 |  39.76  | 0.025150
       X3 |  29.05  | 0.034422
       X2 |  18.90  | 0.052906
 Mean VIF |  35.10  |
```

图 9-3 方差膨胀因子检验结果

3. 消除多重共线性

由方差膨胀因子检验可以看出 X_1 的方差膨胀因子最高，为 52.7，可以将 X_1 剔除后重新进行回归分析。

将 X_2、X_3 和 $X4$ 作为解释变量进行回归分析，结果如图 9-4 所示，命令如下

- regress Y X2 X3 X4

```
. regress Y X2 X3 X4

   Source |     SS      df     MS              Number of obs =     23
                                                F(  3,    19) =  97.89
    Model | 1123.25809    3  374.419365         Prob > F      = 0.0000
 Residual | 72.6706422   19  3.82477064         R-squared     = 0.9392
                                                Adj R-squared = 0.9296
    Total | 1195.92874   22  54.3603971         Root MSE      = 1.9557

        Y |    Coef.   Std. Err.      t    P>|t|    [95% Conf. Interval]
       X2 | -.6540971  .1575644   -4.15   0.001   -.9838831  -.3243111
       X3 |  .2325282  .0543867    4.28   0.000    .1186955   .3463609
       X4 |  .1154218  .0243033    4.75   0.000    .0645544   .1662893
     _cons| 35.68084   3.399336   10.50   0.000   28.56595   42.79573
```

图 9-4 剔除 X_1 后的回归分析结果

因此最终结果和 EViews 软件分析的结果一致，最终的模型为

$$Y = 35.68 - 0.654X_{2t} + 0.233X_{3t} + 0.115X_{4t}$$
$$(10.50)\ (-4.15)\quad (4.28)\quad (4.75)$$

思考与练习

1. 请解释下列名词：多重共线性 完全共线性 近似共线性 容许度 方差膨胀因子 判断系数法 逐步回归法

2. 一元回归模型存在多重共线性吗？为什么？

3. 多元回归模型存在完全共线性时,参数能被估计吗?为什么?那么近似共线性的情况呢?
4. 多重共线性产生的原因是什么?试举例说明。
5. 多重共线性会产生什么后果?有哪些方法可以用于修正多重共线性?
6. 为了研究服装消费量的影响因素,有如下模型

$$Y_i = \beta_0 + \beta_1 X_{1i} + \beta_2 X_{2i} + \beta_3 X_{3i} + \beta_4 X_{4i} + \mu_i$$

式中,Y 为服装消费量,X_1 为可支配收入,X_2 为流动资产,X_3 为服装价格指数,X_4 为一般价格指数。利用 35 期的相关数据进行估计之后得到如下回归结果

$$\hat{Y}_i = -12.74 + 0.146 X_{1i} + 0.058 X_{2i}$$
$$(-1.67) \quad (3.89) \quad (0.47)$$
$$- 0.207 X_{3i} + 0.792 X_{4i}$$
$$(0.81) \quad (4.66)$$
$$R^2 = 0.968 \quad F = 879.75$$

请问:
(1) 根据经济理论或者常识来推断,估计出的回归系数的符号应该是什么?你的推断结果与估计结果是不是一致的?
(2) 在 10% 的显著水平下,请进行变量的显著水平检验和模型的整体显著性检验。
(3) 如果检验出有的变量不显著,能认为是多重共线性造成的吗?请说明理由。

7. 表 9-9 列出的是 1990~2000 年某市的地方预算内财政收入(Y)与国内生产总值(X_1)、国内商品零售价格指数(X_2)的数据。完成以下要求:

表 9-9 某市 1990~2000 年的地方预算内财政收入以及相关数据

年份	Y(亿元)	X_1(亿元)	X_2(1978=100)
1990	21.703 7	18 667.8	281.7
1991	27.329 1	21 781.5	307.6
1992	42.959 9	26 923.5	351.4
1993	67.250 7	35 333.9	400.4
1994	74.399 2	48 197.9	452.8
1995	88.017 4	60 793.7	502.3
1996	131.749 0	71 176.6	552.6
1997	144.770 9	78 973.0	603.9
1998	164.906 7	84 402.3	651.2
1999	184.790 8	89 677.1	700.9
2000	225.021 2	99 214.6	759.9

(1) 建立多元回归模型并用最小二乘法估计。
(2) 检验 X_1 与 X_2 之间是否存在严重的多重共线性。
(3) 如果存在多重共线性,如何解决多重共线性的影响?给出解决这一问题的回归方程。

8. 表 9-10 列出的是某地区 1995~2004 年食品需求量 Y、可支配收入 X_1、食品类价格指数 X_2、物价总指数 X_3 和流动资产拥有量 X_4 的数据资料。
要求:
(1) 检验变量间的多重共线性。
(2) 利用逐步回归法,建立适当的回归方程。

表 9-10 某地区 1995~2004 年食品需求以及相关数据

年份	食品需求量 (亿元)	可支配收入 (亿元)	食品类价格指数 (1995年=100)	物价总指数 (1995年=100)	流动资产拥有量 (亿元)
1995	84	829	92	94	171
1996	96	880	93	96	213
1997	104	999	96	97	251
1998	114	1 053	94	97	290
1999	122	1 177	100	100	340
2000	142	1 310	101	101	400
2001	158	1 482	105	104	440
2002	179	1 618	112	109	490
2003	193	1 742	112	111	510
2004	208	1 847	112	111	530

9. 表 9-11 是某地区 1990～2007 年居民消费水平 Y、人均 GDP X_1、城乡居民平均可支配收入 X_2、消费者价格指数 X_3 和城乡居民家庭平均恩格尔系数 X_4 的数据资料。

(1) 检验变量间是否存在多重共线性。
(2) 利用逐步回归法，建立适当的回归方程。

表 9-11 某地区居民消费水平以及相关数据

年份	居民消费水平（元）	人均 GDP（元）	城乡居民平均可支配收入（元）	消费者价格指数（上一年＝100）	恩格尔系数（％）
1990	833	1 644.0	1 098.30	103.1	56.50
1991	932	1 892.8	1 204.60	103.4	55.70
1992	1 116	2 311.1	1 405.30	106.4	55.30
1993	1 393	2 998.4	1 749.50	114.7	54.20
1994	1 833	4 044.0	2 358.60	124.1	54.45
1995	2 355	5 045.7	2 930.40	117.1	54.35
1996	2 789	5 845.9	3 382.50	108.3	52.55
1997	3 002	6 420.2	7 250.40	102.8	50.85
1998	3 159	6 796.0	3 793.60	99.2	49.05
1999	3 346	7 158.5	4 032.20	98.6	47.35
2000	3 632	7 857.7	4 266.70	100.4	44.25
2001	3 869	8 621.7	4 613.00	100.7	42.95
2002	4 106	9 398.1	4 087.45	99.2	41.95
2003	4 411	10 542.0	5 547.20	101.2	41.35
2004	4 925	12 335.6	6 179.00	103.9	43.95
2005	5 463	14 053.0	6 875.45	101.8	41.10
2006	6 138	16 165.0	7 673.30	101.5	39.40
2007	7 081	18 934.0	8 963.10	104.8	39.70

PART 3 第三篇
联立方程模型的理论及其应用

第10章 联立方程模型和识别

第11章 联立方程模型的参数估计方法

第10章
联立方程模型和识别

前面几章讲述的单方程模型只能描述变量之间的单向因果关系,也就是说,某一被解释变量的变化是由若干解释变量的变化引起的,而被解释变量的变化不会对解释变量产生作用。但是在现实的经济系统中,经济现象是错综复杂的,这种只有单向因果关系的经济现象却很少,很多经济现象都表现为解释变量和被解释变量之间是相互影响的。例如,在宏观经济学中,我们知道在经济处于萧条的状态下,政府采取积极的财政政策,通过增加投资可以提高国民收入水平,根据消费理论,国民收入水平的提高可以促进消费支出的增加,而消费支出的增加又会促进国民收入的增加,表现为消费与收入之间呈现一种双向的互动关系。因此,就需要建立含有多个方程的方程组模型,这种模型被称为联立方程模型,用以描述相互影响的经济现象或经济系统,充分反映变量间相互依赖相互交错的因果关系,揭示经济系统中各部分、各因素之间的数量关系和系统的数量特征,对经济系统进行预测、分析和评价。同时,要探讨参数能否估计出来,也就是探讨联立方程模型中的每个参数是否有解,如果参数存在解,用什么方法进行估计。

10.1 联立方程模型的概念

10.1.1 联立方程模型的实例

为了说明联立方程模型,我们以一个熟知的经典宏观经济模型——凯恩斯宏观经济模型为例,这个模型可以通过下面几个方程构成的方程组来描述。

$$Y_t = C_t + I_t + G_t \tag{10-1}$$

$$C_t = \alpha_0 + \alpha_1 Y_t + \mu_{1t} \tag{10-2}$$

$$I_t = \beta_0 + \beta_1 Y_t + \beta_2 Y_{t-1} + \mu_{2t} \tag{10-3}$$

式中,Y_t、C_t、I_t、G_t、分别表示第 t 期的国内生产总值、居民消费支出、民间投资支出和政府支出;μ_{1t} 和 μ_{2t} 为随机干扰项;α_0、α_1、β_0、β_1 和 β_2 为对应变量的参数。这个联立方程组就是一个简单地描述宏观经济的联立方程计量经济学模型。

在上面的方程组中，方程（10-1）为收入方程，方程（10-2）为消费方程，方程（10-3）为投资方程。在这个由 3 个方程组成的模型中，政府支出是由系统外部给定，并对系统内部其他变量产生直接或间接影响，而国内生产总值、居民消费支出和民间投资支出是相互影响并互为因果的。事实上，国民收入的变化，分别通过方程（10-2）和方程（10-3）直接影响居民消费和民间投资支出，而居民消费支出和民间投资支出的变化通过方程（10-1）对国民收入产生直接影响；民间投资支出的变化通过直接影响国民收入，间接地影响了居民消费；同样，居民消费支出的变化通过直接影响国民收入，又间接地影响了民间投资。可见，国民收入 Y_t 已经不是确定性变量，而是一个随机变量（因为 C_t 和 I_t 受随机干扰项的影响，是随机变量，C_t 和 I_t 又影响 Y_t，所以 Y_t 也是随机变量）。

另外，方程（10-2）中随机干扰项 μ_{1t} 通过影响居民消费 C_t，然后 C_t 又通过方程（10-1）影响国民收入 Y_t。显然，这种现象违背了单方程模型中随机干扰项 μ_{1t} 与 Y_t 不相关的假设。如果采用先前学过的普通最小二乘法直接对方程（10-2）的参数 α_0 和 α_1 进行估计，就会得到参数 α_0 和 α_1 的估计量是有偏估计量。

10.1.2 联立方程模型中的变量

在单方程模型中，我们将变量区分为解释变量和被解释变量，解释变量是原因，被解释变量是结果。联立方程模型反映变量之间的双向因果关系，虽然对联立方程模型中的每个随机方程而言，仍然有解释变量和被解释变量的区分，但在整个模型中，变量不能再通过解释变量和被解释变量进行区分。同一个变量，在模型中的一个方程中是解释变量，而在另外一个方程中有可能是一个被解释变量。因此，在联立方程模型中，根据每个变量的内在含义与作用，将变量分为内生变量和前定变量两类，而前定变量包含外生变量和前定内生变量。

1. 内生变量

内生变量是指由联立方程组模型构成的经济系统中本身决定的变量。内生变量可以受模型中其他变量的影响，也可以影响其他的内生变量。也就是说，内生变量既可以是模型的被解释变量，也可以是模型的解释变量。一般情况下，内生变量 Y_t 受模型中的随机干扰项的影响，满足

$$\mathrm{Cov}(Y_t, \mu_t) \neq 0$$

因此，内生变量为随机变量。

通常，联立方程组模型中每个方程左边的变量都是内生变量。例如，在前面讲到的宏观经济的联立方程计量经济学模型中，方程（10-1）中的国民收入 Y_t、方程（10-2）中的居民消费支出 C_t 和方程（10-3）中的民间投资 I_t 都为内生变量。

2. 外生变量

外生变量是由联立方程组模型构成的经济系统外决定的变量，直接或间接影响模型中

的其他所有内生变量，但不受系统中其他变量的影响。显然，外生变量 X_t 不受随机干扰项的影响，满足

$$\mathrm{Cov}(X_t, \mu_t) = 0$$

需要注意的是，在许多情况下，外生变量是人为假定的，它和我们所要考察的系统有关。对于某个变量，在一个联立方程模型中可能是外生变量，而在另一个联立方程模型中却有可能是内生变量。外生变量一般是经济变量、政策变量、虚拟变量，可以取当期和滞后期。例如，在宏观经济的联立方程模型的方程（10-1）中，G_t 为外生变量。

3. 前定内生变量

具有滞后期的内生变量称为前定内生变量，它可以反映经济系统的连续性和动态特征。外生变量和前定内生变量统称为前定变量。一般在联立方程模型中，前定变量是解释变量，它影响模型中的其他（当期）内生变量，但不受它们影响，因此，只能在当期的方程式中作为解释变量，且与其中的随机干扰项独立。也就是说，前定变量中的外生变量 X_t 和前定内生变量 Y_t 满足

$$\mathrm{Cov}(X_{t-s}, \mu_t) = 0 \quad s = 0, 1, 2, \cdots$$
$$\mathrm{Cov}(Y_{t-s}, \mu_t) = 0 \quad s = 1, 2, \cdots$$

例如，宏观经济的联立方程模型中，方程（10-3）中的国民收入 Y_{t-1} 就是前定内生变量。

10.1.3 联立方程模型中的方程

联立方程模型中的方程，基本上包含四类。

1. 行为方程

行为方程是反映经济活动主体，如政府、企业、团体、居民的经济行为方式的函数关系式。例如，宏观经济的联立方程模型中，投资方程（10-3）就是行为方程，反映了投资者的决策行为。

2. 技术方程

技术方程是指基于客观经济技术关系而建立的函数关系式。例如，柯布-道格拉斯生产函数，简称 C-D 函数，就是技术方程，反映了投入与产出之间的经济技术关系。

3. 制度方程

制度方程是指与法律、法令、规章制度有直接关系的经济变量方程式。例如，税收方程中的税率是由税收制度决定的，为制度方程。

4. 定义方程

定义方程分为两种，一种是根据经济理论定义的恒等式。例如，宏观经济的联立方程模型中，收入方程（10-1）就是根据支出法定义的恒等式，是一个定义方程。另一种是表

示综合或局部均衡条件的均衡方程式。例如,在一个某种商品的供给需求系统中,均衡条件是商品的需求量等于商品的供给量,这个均衡式就是一个定义方程。

行为方程和技术方程通常都是随机性方程,其参数未知,需要进行估计。制度方程和定义方程都是确定性方程,不包含随机干扰项,也不包含待估计的参数,也就是说,参数已知,不需估计。制度方程和定义方程都对联立方程模型中的内生变量产生了重要作用。

10.2　结构式模型与简约式模型

根据计量经济分析的不同需求,联立方程模型也可以采用不同形式的模型。联立方程模型可为结构式模型和简约式模型两种形式。

假定:在联立方程模型中,$Y_i(i=1, 2, \cdots, m)$ 表示内生变量,共有 m 个,$X_i(i=1, 2, \cdots, k)$ 表示前定变量,共有 k 个,$\mu_i(i=1, 2, \cdots, m)$ 表示第 i 个方程中的随机干扰项。

10.2.1　结构式模型

结构式模型是指直接描述经济变量之间影响关系的模型。结构式模型中的方程称为结构式方程,结构式方程中变量的参数称为结构式参数。结构式模型的一般形式如下

$$\begin{aligned} &\beta_{11}Y_{1t} + \beta_{12}Y_{2t} + \cdots + \beta_{1m}Y_{mt} + \gamma_{10}X_{0t} + \gamma_{11}X_{1t} + \cdots + \gamma_{1k}X_{kt} = \mu_{1t} \\ &\beta_{21}Y_{1t} + \beta_{22}Y_{2t} + \cdots + \beta_{2m}Y_{mt} + \gamma_{20}X_{0t} + \gamma_{21}X_{1t} + \cdots + \gamma_{2k}X_{kt} = \mu_{2t} \\ &\qquad\qquad\qquad\qquad\qquad\vdots \\ &\beta_{m1}Y_{1t} + \beta_{m2}Y_{2t} + \cdots + \beta_{mm}Y_{mt} + \gamma_{m0}X_{0t} + \gamma_{m1}X_{1t} + \cdots + \gamma_{mk}X_{kt} = \mu_{mt} \end{aligned} \quad (10\text{-}4)$$

在结构式联立方程模型(10-4)中:

(1) 有 m 个方程和 m 个内生变量,分别为 Y_1,Y_2,$\cdots$,Y_m。

(2) 包括常数项,有 $k+1$ 个前定变量,分别为 X_0,X_1,X_2,$\cdots$,X_k;如果模型中有常数项,则可以把这个常数项看成一个外生的虚拟变量 X_0,其观测值始终为 1。

(3) 结构性干扰项为:μ_{1t},μ_{2t},$\cdots$,μ_{mt}。

(4) $\beta_{ij}(i, j=1, 2, \cdots, m)$ 表示内生变量的结构参数,是联立方程模型的第 i 个结构方程中的对应的第 j 个内生变量的参数。

(5) $\gamma_{ij}(i=1, 2, \cdots, m; j=0, 1, \cdots, k)$ 表示前定变量的结构参数,是联立方程模型的第 i 个结构方程中的对应的第 j 个前定变量的参数。

(6) $t(t=1, 2, \cdots, n)$ 表示第 t 期的样本观测值。

需要注意的是,结构参数只反映了联立方程模型中每个解释变量对被解释变量的直接影响,而没有包含解释变量对被解释变量的间接影响。前定变量对内生变量的总影响由直接影响和间接影响两部分组成的结论将会在简约式模型中得到证实。

例如，方程（10-1）至方程（10-3）构成的联立方程模型就是一个结构式模型。

10.2.2 简约式模型

简约式模型是指模型的内生变量都用模型的前定变量和随机干扰项表示的模型。在简约式模型中，内生变量直接作为被解释变量，并且每个方程只有一个内生变量，前定变量作为解释变量。

在一定条件下（内生变量对应的结构参数矩阵是满秩矩阵），我们可以根据结构式模型求出简约式模型。简约式模型的具体形式为

$$\begin{aligned} Y_{1t} &= \pi_{10}X_{0t} + \pi_{11}X_{1t} + \cdots + \pi_{1k}X_{kt} + \nu_{1t} \\ Y_{2t} &= \pi_{20}X_{0t} + \pi_{21}X_{1t} + \cdots + \pi_{2k}X_{kt} + \nu_{2t} \\ &\vdots \\ Y_{mt} &= \pi_{m0}X_{0t} + \pi_{m1}X_{1t} + \cdots + \pi_{mk}X_{kt} + \nu_{mt} \end{aligned} \tag{10-5}$$

方程（10-5）为结构式模型（10-4）所对应的简约式模型，简约式模型中的方程称为简约式方程，简约式模型中的参数称为简约式参数。

例如，方程（10-1）至方程（10-3）构成的结构式模型的简约式模型为

$$\begin{aligned} Y_t &= \pi_{10} + \pi_{11}Y_{t-1} + \pi_{12}G_t + \nu_{1t} \\ C_t &= \pi_{20} + \pi_{21}Y_{t-1} + \pi_{22}G_t + \nu_{2t} \\ I_t &= \pi_{30} + \pi_{31}Y_{t-1} + \pi_{32}G_t + \nu_{3t} \end{aligned} \tag{10-6}$$

式中，

$$\pi_{10} = \frac{\alpha_0 + \beta_0}{1 - \alpha_1 - \beta_1} \qquad \pi_{11} = \frac{\beta_2}{1 - \alpha_1 - \beta_1} \qquad \pi_{12} = \frac{1}{1 - \alpha_1 - \beta_1}$$

$$\pi_{20} = \frac{\alpha_0 - \alpha_0\beta_1 + \alpha_1\beta_2}{1 - \alpha_1 - \beta_1} \qquad \pi_{21} = \frac{\alpha_1\beta_2}{1 - \alpha_1 - \beta_1} \qquad \pi_{22} = \frac{\alpha_1}{1 - \alpha_1 - \beta_1}$$

$$\pi_{30} = \frac{\beta_0 - \alpha_1\beta_0 + \alpha_0\beta_1}{1 - \alpha_1 - \beta_1} \qquad \pi_{31} = \frac{\beta_2 - \alpha_1\beta_2}{1 - \alpha_1 - \beta_1} \qquad \pi_{32} = \frac{\beta_1}{1 - \alpha_1 - \beta_1}$$

以上 9 个简约式参数建立了和结构式参数之间的关系。一方面，在估计出简约式参数后，利用简约式参数与结构式参数之间的关系，就有可能得到结构式参数。另一方面，简约式参数反映了前定变量对内生变量总的影响，是直接影响和间接影响之和，这点尤为重要。例如

$$\pi_{31} = \frac{\beta_2 - \alpha_1\beta_2}{1 - \alpha_1 - \beta_1} = \beta_2 + \frac{\beta_1\beta_2}{1 - \alpha_1 - \beta_1}$$

它反映了前定内生变量 Y_{t-1} 对 I_t 的影响，由两部分构成，前一项 β_2 是结构方程中 Y_{t-1} 对 I_t 的直接影响；后一项 $\frac{\beta_1\beta_2}{1-\alpha_1-\beta_1}$ 是 Y_{t-1} 对 I_t 的间接影响，首先，Y_{t-1} 影响 I_t，而后 I_t 通过方程（10-1）影响 Y_t，进而 Y_t 通过方程（10-2）影响了 C_t，当然 Y_t 通过方程（10-3）又影响了 I_t，因此，后一项反映的是 Y_{t-1} 对 I_t 的间接影响。

10.3 模型识别以及识别方法

10.3.1 模型识别的定义

我们已经知道,结构式模型和简约式模型是联立方程组模型的两种基本形式。尽管结构式模型能够直接反映经济变量的解释和被解释关系,我们需要最终得到结构参数估计值,但是,结构式模型中的解释变量和随机干扰项不是独立的,这导致直接用结构式模型来进行参数估计就会产生有偏性和非一致性。简约式模型中的前定变量和随机干扰项是独立的,运用普通最小二乘法得到的参数估计量具有无偏性和一致性。

一般情况下,我们可以先对简约式模型进行估计,然后通过结构式参数和简约式参数之间的关系来推导出结构式模型的参数估计值。之所以对模型识别,是因为从两个以上的结构方程构成的结构模型中,会得到相同的简约式方程。也就是说,我们面临的一个问题是,能否用简约式参数推导出结构式参数。我们称这个问题为联立方程组模型的识别问题。因此,模型识别的本质是对于给定的结构式模型,判断有无可能求出有意义的结构式参数值。

如果联立方程模型中某个结构式方程的参数估计值,在已知简约式模型参数估计值的条件下,可以通过两种模型参数关系体系求解出来,则称该方程是可识别的,反之,则称方程不可识别。

对于某一可以识别的结构式方程,如果方程中的参数有唯一一组估计值,则称该方程恰好识别;如果方程中的参数有有限组估计值,则称该方程过度识别。

对于一个可以识别的模型,如果模型中所有的随机方程都是恰好识别的,则称该模型恰好识别;如果模型中存在过度识别的随机方程,则称该模型过度识别。

10.3.2 模型识别的方法

在第 10.3.1 节中,我们已经看到,从理论上讲,可以采用模型的简约式来解决结构式联立方程模型中某个随机方程的识别问题。但是,对于一个具体的结构方程,为了确定是不可识别、可识别还是过度识别的,采用简约式参数和结构式参数之间的关系进行处理过于烦琐,甚至当结构式模型中的方程,特别是随机方程的数量很多时,采用简约式参数和结构式参数之间的关系进行处理几乎成为不可能。因此,需要新的更好、更快捷的有效识别方法。这些新的方法主要有阶条件和秩条件的识别方法。

1. 模型识别的阶条件

假定:联立方程模型的结构式模型为方程 (10-4),m 为模型中的内生变量个数,k 为模型中的前定变量个数,m_i、k_i 分别表示 i 个结构方程(随机方程)中包含的内生变量和前定变量个数。

当第 i 个结构方程是可识别的时,则满足

$$k - k_i \geqslant m_i - 1 \quad (10\text{-}7)$$

进一步讲，如果 $k-k_i=m_i-1$，则第 i 个结构方程是恰好识别的；如果 $k-k_i>m_i-1$，则第 i 个结构方程是过度识别的。

不难看出，第 i 个结构方程是可识别的等价条件是满足

$$(m+k) - (m_i + k_i) \geqslant m - 1 \quad (10\text{-}8)$$

方程（10-8）的左端表示没有包含在第 i 个结构方程中的变量个数，既包含内生变量，也包含前定变量，右端为整个模型中的内生变量总数减去 1。因此，方程（10-8）显示：第 i 个结构方程是可识别时，该方程所不包含的变量数不小于模型中的内生变量数减 1。当相等时，方程恰好识别，大于时为过度识别。

在结构式模型中，内生变量的个数和包含的方程个数相等，因此，我们需要对 m 个方程进行识别，当其全部满足识别的阶条件时，模型才满足识别的阶条件。

模型识别的阶条件只是模型识别的必要条件，并不能保证模型可以识别。不过，模型识别的阶条件在构建结构式联立方程模型时很重要，要想办法满足阶条件，否则一定是不可识别的。如果要保证模型可以识别，就要用到模型识别的充要条件——**模型识别的秩条件**。

例如，考察方程（10-1）至方程（10-3）构成的联立方程模型

$$\begin{aligned} Y_t &= C_t + I_t + G_t \\ C_t &= \alpha_0 + \alpha_1 Y_t + \mu_{1t} \\ I_t &= \beta_0 + \beta_1 Y_t + \beta_2 Y_{t-1} + \mu_{2t} \end{aligned} \quad (10\text{-}9)$$

在模型（10-9）中，内生变量有国民收入 Y_t、居民消费支出 C_t 和民间投资 I_t，共计 3 个；前定变量有政府支出 G_t、前定内生变量 Y_{t-1}，共计 2 个。

表 10-1 给出了阶条件的模型识别结果，居民消费支出方程是过度识别的，民间投资支出方程恰好识别。

表 10-1 阶条件的模型识别结果

随机方程	模型中的变量数		方程中的变量数		阶 条 件 $k-k_i \geqslant m_i-1$	结 论
	m	k	m_i	k_i		
居民消费	3	2	2	0	2>1	过度识别
民间投资	3	2	2	1	1=1	恰好识别

2. 模型识别的秩条件

模型识别的阶条件只是模型识别的必要条件，并不能保证模型可以识别，而模型识别的秩条件是模型识别的充分必要条件。秩条件的模型识别过程如下：

首先，求出第 i 个方程的识别矩阵，其求法如下：写出结构式模型对应的结构参数矩阵 $B\Gamma$（常数项引入虚拟变量）；删去第 i 个结构方程对应系数所在行（第 i 行）；删去第 i 个结构方程对应系数所在行中非零系数所在的列。

然后，把剩余的元素按照原次序构成一个新的矩阵，这个矩阵被称为识别矩阵，记为 A_i。于是，识别的秩条件为

$$\operatorname{rank}(\boldsymbol{A}_i) = m - 1 \tag{10-10}$$

其中，$\operatorname{rank}(\boldsymbol{A}_i)$ 表示识别矩阵 $\boldsymbol{A}_i$ 的秩。

模型识别的秩条件就是识别的充分必要条件。如果秩条件成立，则第 i 个结构方程是可识别的；如果秩条件不成立，则第 i 个结构方程是不可识别的。

综合模型识别的阶条件和秩条件，我们对模型进行识别的基本步骤是：

第 1 步：看识别矩阵是否满足识别的秩条件。如果不满足，则模型不可以识别，如果满足，则模型可以识别，可以继续判断是否过度识别，进行第 2 步。

第 2 步：看在各方程中，模型识别的阶条件是否取等号，如果取等号，则方程为恰好识别，如果不取等号，则方程为过度识别。

例如，模型（10-9）的结构参数矩阵为

$$\begin{array}{ccccc} Y_t & C_t & I_t & G_t & Y_{t-1} \end{array}$$
$$\begin{bmatrix} 0 & 1 & -1 & -1 & 0 \\ -\alpha_0 & -\alpha_1 & 1 & 0 & 0 \\ -\beta_0 & -\beta_1 & 0 & 1 & -\beta_2 \end{bmatrix}$$

则为了识别居民消费支出是否可识别，划去第 2 行和第 2 行非零系数对应的列，即前 3 列，就得到识别矩阵

$$\begin{bmatrix} -1 & -1 & 0 \\ 1 & 0 & -\beta_2 \end{bmatrix}$$

而这个矩阵的秩为 2，正好等于内生变量的个数减去 1，因此，居民消费支出方程是可识别的。用同样的方法，可以得到民间投资支出方程是恰好识别的。

10.3.3 模型识别方法在构造联立方程模型中的应用

建立联立方程模型的目的就是要分析和解决现实的经济问题，需要获得每一个结构参数值。因此，在建立模型的初期就必须考虑模型的识别问题，要使得联立方程模型中的每个结构方程都是可识别的，这样，才能保证模型是可识别的。

我们从模型是可识别的阶条件 $(m+k)-(m_i+k_i) \geqslant m-1$ 可以看出，如果一个结构方程中包含了模型中的所有变量，这个方程就是不可识别的，导致模型也是不可识别的。这表明如果对方程加以约束，使某些变量不包含在这个方程中，才是方程可识别的必要条件。因此，可以依据经济学的原理，在方程中保留合乎经济原理的变量，剔除不符合经济原理的变量，使方程满足阶条件。

从本质上讲，在建立联立方程模型时，要遵循如下原则：在构造某个结构方程时，要确保该方程包含前面每一个方程中都不包含的至少 1 个变量，这个变量可以是内生变量，也可以是外生变量，同时也要确保前面每一个方程中都包含至少 1 个该方程所没有包含的变量，使得其满足方程识别时的阶条件。

10.4 案例分析

假设联立方程模型为

$$C_t = \alpha_0 + \alpha_1 Y_t + \mu_{1t} \tag{10-11}$$

$$I_t = \beta_0 + \beta_1 Y_t + \beta_2 Y_{t-1} + \mu_{2t} \tag{10-12}$$

$$IM_t = \gamma_0 + \gamma_1 Y_t + \mu_{3t} \tag{10-13}$$

$$Y_t = C_t + I_t + G_t + EX_t - IM_t \tag{10-14}$$

式中,含有 4 个内生变量,Y_t、C_t、I_t、IM_t 分别表示收入、消费、投资和进口;含有 3 个前定变量,G_t、Y_{t-1} 和 EX_t 分别指政府支出、上年收入和出口。

1. 阶条件

阶条件识别结果为消费方程、投资方程和进口方程都是过度识别的(见表10-2)。

表 10-2 阶条件的模型识别结果

随机方程	模型中的变量数		方程中的变量数		阶 条 件	结 论
	m	k	m_i	k_i	$k - k_i \geq m_i - 1$	
消费	4	3	2	0	3>2	过度识别
投资	4	3	2	1	2>1	过度识别
进口	4	3	2	0	3>1	过度识别

2. 秩条件

将方程 (10-11) ~ 方程 (10-14) 写成以下形式

$$-\alpha_0 + C_t + 0I_t - \alpha_1 Y_t - 0IM_t - 0EX_t - 0G_t - 0Y_{t-1} = \mu_{1t} \tag{10-15}$$

$$-\beta_0 - 0C_t + I_t - \beta_1 Y_t - 0IM_t - 0EX_t - 0G_t - \beta_2 Y_{t-1} = \mu_{2t} \tag{10-16}$$

$$-\gamma_0 - 0C_t - 0I_t - \gamma_1 Y_t + IM_t - 0EX_t - 0G_t - 0Y_{t-1} = \mu_{3t} \tag{10-17}$$

$$0 - C_t - I_t + Y_t + IM_t - EX_t - G_t - 0Y_{t-1} = 0 \tag{10-18}$$

写出联立方程的结构参数矩阵

$$\boldsymbol{B\Gamma} = \begin{bmatrix} -\alpha_0 & 1 & 0 & -\alpha_1 & 0 & 0 & 0 & 0 \\ -\beta_0 & 0 & 1 & -\beta_1 & 0 & 0 & 0 & -\beta_2 \\ -\gamma_0 & 0 & 0 & -\gamma_1 & 1 & 0 & 0 & 0 \\ 0 & -1 & -1 & 1 & 1 & -1 & -1 & 0 \end{bmatrix} \tag{10-19}$$

下面利用秩条件判断模型的识别性。

(1) 分析消费方程的识别问题。划去式 (10-19) 的第 1 行,并划去该行中非零系数所在列,形成识别矩阵 $\boldsymbol{A}_1$。

$$\boldsymbol{A}_1 = \begin{bmatrix} 1 & 0 & 0 & 0 & -\beta_2 \\ 0 & 1 & 0 & 0 & 0 \\ -1 & 1 & -1 & -1 & 0 \end{bmatrix} \tag{10-20}$$

$\operatorname{rank}(\mathbf{A}_1)=3$，等于内生变量的个数减 1，说明消费方程是可识别的。从阶条件没有取等号来看，消费方程为过度识别的。

（2）分析投资方程的识别问题。划去式（10-19）的第 2 行，并划去该行中非零系数所在列，形成识别矩阵 $\mathbf{A}_2$。

$$\mathbf{A}_2 = \begin{bmatrix} 1 & 0 & 0 & 0 \\ 0 & 1 & 0 & 0 \\ -1 & 1 & -1 & -1 \end{bmatrix} \tag{10-21}$$

$\operatorname{rank}(\mathbf{A}_2)=3$，等于内生变量的个数减 1，说明投资方程是可识别的。从阶条件没有取等号来看，投资方程为过度识别的。

（3）分析进口方程的识别问题。划去式（10-19）的第 3 行，并划去该行中非零系数所在列，形成识别矩阵 $\mathbf{A}_3$。

$$\mathbf{A}_3 = \begin{bmatrix} 1 & 0 & 0 & 0 & 0 \\ 0 & 1 & 0 & 0 & -\beta_2 \\ -1 & -1 & -1 & -1 & 0 \end{bmatrix} \tag{10-22}$$

$\operatorname{rank}(\mathbf{A}_3)=3$，等于内生变量的个数减 1，说明进口方程是可识别的。从阶条件没有取等号来看，进口方程为过度识别的。

最后一个方程为确定性方程，不存在识别问题。综上所述，该联立方程模型是过度识别的。

思考与练习

1. 请解释下列名词：联立方程模型　外生变量　内生变量　前定变量　不可识别　恰好识别　过度识别　结构式模型　简约式模型
2. 联立方程模型中的方程可以分为几类？其含义各是什么？
3. 联立方程计量经济学模型中的变量可以分为几类？其含义各是什么？
4. 请简述采用秩条件识别结构方程的步骤。
5. 什么是识别问题？
6. 在进行联立方程识别的时候是否可以认为只要方程符合阶条件就一定可以识别？秩条件呢？
7. 怎么才能判别一个可识别的方程是恰好识别还是过度识别的呢？
8. 请简述单方程计量经济学模型与联立方程计量经济学模型的区别。
9. 为什么不能直接采用最小二乘法对联立方程模型的参数进行估计呢？
10. 考虑以下模型

    $$M_t = \alpha_0 + \alpha_1 Y_t + \alpha_2 P_t + \mu_{1t}$$
    $$Y_t = \beta_0 + \beta_1 M_t + \mu_{2t}$$

    式中，M 为货币供应量，Y 为 GDP，P 为价格总指数。

    要求：

    （1）请指出该模型的合理性。

    （2）请指出模型中的内生变量、外生变量和前定变量。

    （3）以上两个方程是可识别的吗？是过度识别，还是恰好识别？

11. 以下为克莱因于 1950 年建立的用于分析美国在两次世界大战之间的经济发展的宏观经济模型，其中包括 3 个随机方程、3

个恒等方程，具体如下

$$C_t = \alpha_0 + \alpha_1 P_t + \alpha_2 P_{t-1} + \alpha_3 (W_{1t} + W_{2t}) + \mu_{1t}$$

$$I_t = \beta_0 + \beta_1 P_t + \beta_2 P_{t-1} + \beta_3 K_{t-1} + \mu_{2t}$$

$$W_{1t} = \gamma_0 + \gamma_1 (Y_t + T_t - W_{2t}) + \gamma_2 (Y_{t-1} + T_{t-1} - W_{2t-1}) + \gamma_3 t + \mu_{3t}$$

$$Y_t = C_t + I_t + G_t - T_t$$

$$P_t = Y_t - W_{1t} - W_{2t}$$

$$K_t = I_t + K_{t-1}$$

式中，C_t 为私人消费；I_t 为净投资；W_{1t} 为私营部门投资；Y_t 为税后收入；P_t 为利润；K_t 为资本存量；W_{2t} 为公共部门投资；T_t 为税收；t 为日历年时间，代表技术进步、劳动生产率提高等因素；G_t 为政府支出。

(1) 模型中包含哪些外生变量和哪些内生变量？

(2) 判断模型中方程的识别性。

第11章
联立方程模型的参数估计方法

在联立方程组模型中,随机干扰项与内生变量之间存在相互依赖性,所以普通最小二乘法(OLS)不适宜用来估计联立方程组模型中的方程,使用 OLS 法所得到的结果不仅是有偏的,而且是非一致的。因此,必须用其他的方法对模型中的参数进行估计。为了估计联立方程模型中的结构参数,可以采用单方程估计法和系统估计法。

1. 单方程估计法

单方程估计法可以对每一个方程单独进行估计,不考虑模型中其他方程对该方程的约束。因为这种方法没有利用模型中其余方程对被估计方程所产生的约束等有关的信息,所以又称有限信息估计法。

单方程估计法有:

(1) 普通最小二乘法(ordinary least squares,OLS);

(2) 间接最小二乘法(indirect least squares,ILS);

(3) 工具变量法(instrumental variables,IV);

(4) 二阶段最小二乘法(two stage least squares,2SLS);

(5) 有限信息最大似然法(limited information maximum likelihood,LIML)。

2. 系统估计法

系统估计法是对整个模型中所有结构方程的参数同时进行估计,因而同时决定所有参数的估计值。由于这种方法利用了模型中的全部方程的信息,所以也称方程组法,或完全信息法。

系统估计法有:

(1) 三阶段最小二乘法(three stage least squares,3SLS);

(2) 完全信息最大似然法(full information maximum likelihood,FIML)。

11.1 普通最小二乘法与递归模型

尽管 OLS 法不适宜用来估计联立方程模型中的方程的参数,但是,当联立方程模型是递归模型时，或者也称作三角形模型或者因果性模型时，OLS 法也适用于联立方程模型的参数估计。

为了说明对递归模型的参数估计，我们以下面的联立方程模型为例。

$$\begin{aligned} Y_{1t} &= \beta_{10} + \gamma_{11} X_{1t} + \gamma_{12} X_{2t} + \mu_{1t} \\ Y_{2t} &= \beta_{20} + \beta_{21} Y_{1t} + \gamma_{21} X_{1t} + \gamma_{22} X_{2t} + \mu_{2t} \\ Y_{3t} &= \beta_{30} + \beta_{31} Y_{1t} + \beta_{32} Y_{2t} + \gamma_{31} X_{1t} + \gamma_{32} X_{2t} + \mu_{3t} \end{aligned} \quad (11\text{-}1)$$

式中，X、Y 分别为外生变量和内生变量。每个结构式方程中的随机干扰项相互独立，也就是说，满足

$$\mathrm{Cov}(\mu_{1t}, \mu_{2t}) = \mathrm{Cov}(\mu_{1t}, \mu_{3t}) = \mathrm{Cov}(\mu_{2t}, \mu_{3t}) = 0$$

首先，考虑模型（11-1）中的第 1 个方程。因为方程的右边仅含有外生变量 X_1、X_2 和随机干扰项 μ_1，且我们假定外生变量与随机干扰项不相关，所以，该方程满足经典 OLS 法的基本假定，可以直接用 OLS 法对方程进行估计。

再考虑第 2 个方程。它不仅含有非随机的外生变量 X_1 和 X_2，还含有内生变量 Y_1 作为解释变量。由于 $\mathrm{Cov}(\mu_{1t}, \mu_{2t})=0$，所以 $\mathrm{Cov}(Y_{1t}, \mu_{2t})=0$，表明随机干扰项 μ_2 与作为解释变量的内生变量 Y_1 是不相关的。因为方程中的随机干扰项 μ_2 与解释变量 X_1、X_2 和 Y_1 不相关，所以 OLS 法同样适用于第 2 个方程。

类似地，由 $\mathrm{Cov}(\mu_{1t}, \mu_{3t})=\mathrm{Cov}(\mu_{2t}, \mu_{3t})=0$ 可得 $\mathrm{Cov}(Y_{1t}, \mu_{3t})=\mathrm{Cov}(Y_{2t}, \mu_{3t})=0$，显示随机干扰项 μ_3 与 Y_1 和 Y_2 都不相关。于是，我们也可以对第 3 个方程使用 OLS 法进行估计。

在递归模型中，不存在内生变量之间的相互依赖性。比如，Y_1 影响 Y_2，但 Y_2 不影响 Y_1。类似地，Y_1 和 Y_2 影响 Y_3，而反过来并不受 Y_3 影响。换言之，每个方程都展现了一种单向的因果依赖性，因此递归性模型也称为因果性模型。因此，OLS 法可以分别应用于每一个方程。

11.2 工具变量法

工具变量法（IV 法）是一种单方程估计方法，每次只适用于模型中的一个结构方程。

11.2.1 工具变量的思想

农产品市场均衡模型

$$\begin{aligned} Q_t^d &= \alpha_0 + \alpha_1 P_t + \mu_t & \text{（需求）} \\ Q_t^s &= \beta_0 + \beta_1 P_t + v_t & \text{（供给）} \\ Q_t^d &= Q_t^s & \text{（均衡）} \end{aligned} \quad (11\text{-}2)$$

令 $Q_t \equiv Q_t^d = Q_t^s$，可得

$$Q_t = \alpha_0 + \alpha_1 P_t + \mu_t$$
$$Q_t = \beta_0 + \beta_1 P_t + v_t \qquad (11\text{-}3)$$

显然这两个方程中的被解释变量与解释变量完全一样。如果直接回归 $Q_t \xrightarrow{\text{OLS}} P_t$，那么估计的究竟是需求函数还是供给函数呢？二者都不是！如图 11-1 所示。

如果把线性方程组（11-3）中的 (P_t, Q_t) 看成未知数（内生变量），而把 (μ_t, v_t) 看作已知，则可以求解 (P_t, Q_t) 为 (μ_t, v_t) 的函数

$$P_t = P_t(\mu_t, v_t) = \frac{\beta_0 - \alpha_0}{\alpha_1 - \beta_1} + \frac{v_t - \mu_t}{\alpha_1 - \beta_1}$$

$$Q_t = Q_t(\mu_t, v_t) = \frac{\alpha_1 \beta_0 - \alpha_0 \beta_1}{\alpha_1 - \beta_1} + \frac{\alpha_1 v_t - \beta_1 \mu_t}{\alpha_1 - \beta_1} \qquad (11\text{-}4)$$

图 11-1 需求与供给决定市场均衡

显然，由于 P_t 为 (μ_t, v_t) 的函数，故 $\text{Cov}(P_t, \mu_t) \ne 0$，$\text{Cov}(P_t, v_t) \ne 0$。因此，OLS 估计值 $\hat{\alpha}_1$，$\hat{\beta}_1$ 不是 α_1，β_1 的一致估计量。我们称这种偏差为联立方程偏差（simultaneity bias）或内生性偏差（endogeneity bias）。在这个例子中，我们无法从价格变化的信息中得知，究竟这种变化是由于需求还是供给引起的。

既然 OLS 的不一致性是由于内生变量（endogenous variables）与扰动项相关而引起的，如果我们能够将内生变量分为两部分，即一部分与扰动项相关，而另一部分与扰动项无关，那么就有希望用与扰动项不相关的那一部分得到一致估计。对内生变量的这种分离可以借助于对内生变量的深入认识来完成，而更常见的是借助于工具变量来完成。

假设在图 11-1 中，存在某个因素（变量）使得供给曲线经常移动，而需求曲线基本不动。此时，就可以估计需求曲线，如图 11-2 所示。这个使得供给曲线移动的变量就是工具变量。假设影响方程组（11-2）中供给方程扰动项的因素可以分解为两部分，即可观测的气温 X_t 与不可观测的其他因素，则

$$Q_t^s = \beta_0 + \beta_1 P_t + \beta_2 X_t + v_t \qquad (11\text{-}5)$$

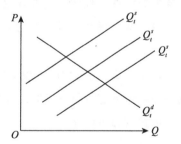

图 11-2 稳定的需求与变动的供给

假定气温 X_t 是一个前定变量，与两个扰动项都不相关，即 $\text{Cov}(X_t, \mu_t) = 0$，$\text{Cov}(X_t, v_t) = 0$。由于气温 X_t 的变化使得供给函数 Q_t^s 沿着需求函数 Q_t^d 移动，这使得我们可以估计需求函数 Q_t^d。在这种情况下，我们称 X_t 为工具变量（instrumental variables，IV）

IV 法的基本思想是，当被估计方程的某个解释变量与扰动项相关时，在方程系统中选择一个与此解释变量高度相关而与相应的扰动项不相关的前定变量作为工具，以达到消除该解释变量与扰动项之间的相关性的目的。工具变量法是一种单方程估计方法，每次只适用于模型中的一个结构方程，IV 估计量不具备无偏性，但具有一致性。

在回归方程中，一个有效的工具变量应满足以下两个条件：

(1) 相关性：工具变量与内生解释变量相关，即 $\text{Cov}(X_t, P_t) \neq 0$。
(2) 外生性：工具变量与扰动项不相关，即 $\text{Cov}(X_t, \mu_t) = 0$。

工具变量的外生性有时也称为"排他性约束"，因为外生性意味着，工具变量影响被解释变量的唯一渠道是通过与其相关的内生解释变量，排除了所有其他的可能影响渠道。

显然，在式（11-5）提及的例中，气温 X_t 满足相关性和外生性这两个条件。从联立方程组可以解出 $P_t = P_t(X_t, \mu_t, v_t)$，故 $\text{Cov}(X_t, P_t) \neq 0$，满足相关性的条件；又因为气温 X_t 是前定变量，故 $\text{Cov}(X_t, \mu_t) = 0$，满足外生性的条件。

11.2.2 工具变量法的步骤

第1步：选择适当的工具变量。在联立方程模型中，所选择的工具变量应满足下列条件：

(1) 它必须与方程中所考虑的内生解释变量高度相关，与随机项不相关。
(2) 它必须与结构方程中的其他前定变量相关性很小，以避免产生多重共线性。

人们自然会想到模型中的前定变量一般都能满足上述条件。所以，每一个前定变量都可以作为内生解释变量的备选工具变量。这里应该指出，选择工具变量的个数必须与所估计的结构方程中作为解释变量的内生变量的个数相等；如果结构方程中含有前定变量，则可选择这些前定变量本身作为自己的工具变量，这样做的目的是使每一个结构参数都能求得估计值。

第2步：分别用工具变量去乘结构方程，并对所有样本观测值求和，得到与未知参数一样多的线性方程构成的方程组，解此方程组便得到结构参数的估计值。

设有两个解释变量的结构方程

$$Y_t = \beta_0 + \beta_1 X_{1t} + \beta_2 X_{2t} + \mu_t \tag{11-6}$$

式中，X_1、X_2 是方程所在模型中的两个内生变量，与干扰项 μ_t 无关。现由模型中可以找到另外两个前定变量 Z_{1t} 和 Z_{2t} 作为 X_1、X_2 的工具变量。

由式（11-6）有

$$\beta_0 = \overline{Y} - \beta_1 \overline{X}_1 - \beta_2 \overline{X}_2 - \overline{\mu} \tag{11-7}$$

选择 Z_{1t} 和 Z_{2t} 作为工具变量，分别去乘式（11-6）并求和

$$\begin{aligned}\sum Y_t Z_{1t} &= \beta_0 \sum Z_{1t} + \beta_1 \sum X_{1t} Z_{1t} + \beta_2 \sum X_{2t} Z_{1t} + \sum \mu_t Z_{1t} \\ \sum Y_t Z_{2t} &= \beta_0 \sum Z_{2t} + \beta_1 \sum X_{1t} Z_{2t} + \beta_2 \sum X_{2t} Z_{2t} + \sum \mu_t Z_{2t}\end{aligned} \tag{11-8}$$

由于 $E(\mu_t) = 0$，所以 $\overline{\mu} \approx 0$，式（11-7）改写为

$$\hat{\beta}_0 = \overline{Y} - \hat{\beta}_1 \overline{X}_1 - \hat{\beta}_2 \overline{X}_2 \tag{11-9}$$

又由于 $\text{Cov}(Z_{1t}, \mu_t) = 0$，$\text{Cov}(Z_{2t}, \mu_t) = 0$，所以 $\sum \mu_t Z_{1t} \approx 0$，$\sum \mu_t Z_{2t} \approx 0$，则式（11-8）可以写成

$$\sum Y_t Z_{1t} = \hat{\beta}_0 \sum Z_{1t} + \hat{\beta}_1 \sum X_{1t} Z_{1t} + \hat{\beta}_2 \sum X_{2t} Z_{1t}$$

$$\sum Y_t Z_{2t} = \hat{\beta}_0 \sum Z_{2t} + \hat{\beta}_1 \sum X_{1t} Z_{2t} + \hat{\beta}_2 \sum X_{2t} Z_{2t} \tag{11-10}$$

将式（11-9）带入式（11-10），整理后得到

$$\sum y_t z_{1t} = \hat{\beta}_1 \sum x_{1t} z_{1t} + \hat{\beta}_2 \sum x_{2t} z_{1t}$$
$$\sum y_t z_{2t} = \hat{\beta}_1 \sum x_{1t} z_{2t} + \hat{\beta}_2 \sum x_{2t} z_{2t} \tag{11-11}$$

解式（11-11）可得

$$\hat{\beta}_1 = \frac{\sum y_t z_{1t} \sum x_{2t} z_{1t} - \sum y_t z_{2t} \sum x_{2t} z_{1t}}{\sum x_{1t} z_{1t} \sum x_{2t} z_{2t} - \sum x_{1t} z_{2t} \sum x_{2t} z_{1t}}$$
$$\hat{\beta}_2 = \frac{\sum y_t z_{2t} \sum x_{1t} z_{1t} - \sum y_t z_{1t} \sum x_{1t} z_{2t}}{\sum x_{1t} z_{1t} \sum x_{2t} z_{2t} - \sum x_{1t} z_{2t} \sum x_{2t} z_{1t}} \tag{11-12}$$

式中，$x = X - \overline{X}$，$y = Y - \overline{Y}$，$z = Z - \overline{Z}$。

11.2.3 工具变量法的有效性

下面讨论工具变量法的有效性。设结构模型中第 1 个方程具有如下形式

$$Y_1 = \beta_{12} Y_2 + \beta_{13} Y_3 + \cdots + \beta_{1m_1} Y_{m_1} + \gamma_{11} X_1 + \gamma_{12} X_2 + \cdots + \gamma_{1k_1} X_{k_1} + \mu_1 \tag{11-13}$$

模型（11-13）共有（$m_1 - 1$）个内生解释变量和 k_1 个前定变量。

1. 模型（11-13）恰好识别

由模型识别的阶条件知，恰好识别时，有

$$k - k_1 = m_1 - 1$$

或

$$k - k_1 = m - (m - m_1) - 1 = m_1 - 1 \tag{11-14}$$

式（11-14）表示，模型（11-13）中所不包含的前定变量 X_{k_1+1}，X_{k_1+2}，$\cdots$，X_k（这些变量被其他方程包含）的个数恰好等于该式中作为解释变量的内生变量 Y_2，Y_3，$\cdots$，Y_{m_1} 的个数，用这些前定变量作为工具变量（同时用 X_2，X_3，$\cdots$，X_{k_1} 作为自己的工具变量）分别去乘模型（11-13）两边得正规方程组，由此，可求得结构参数唯一的工具变量法估计值。

2. 模型（11-13）过度识别

若模型是过度识别的，则有

$$k - k_1 > m_1 - 1 \tag{11-15}$$

这说明，在模型中有 X_{k_1+1}，$\cdots$，X_k，即 $k - k_1$ 个前定变量可选作工具变量。由于 $k - k_1$ 大于 $m_1 - 1$，所以，从 $k - k_1$ 个前定变量中选择 $m_1 - 1$ 个作为工具变量，就产生了选择的任意性。因为估计变量与所选择的工具变量有关，所以就使得估计量不具有唯一性，而且失去了未被选用的前定变量所提供的信息。因此，工具变量法对过度识别方程来说不是一种有效的估计方法。

除此之外，工具变量的局限性如下：

(1) 从模型中选择前定变量需要满足工具变量的条件,由于模型中内生变量之间的交错影响,同一内生变量可能与几个前定变量相关,要选择合适的前定变量作为某一个内生变量的工具变量是比较困难的,并且当引入的前定变量多于一个时又要满足彼此不相关,有时这很难保证。

(2) 由于干扰项 μ 不可观测,很难确定工具变量与 μ 无关。

(3) 找到既与某个内生变量相关,又与干扰项无关的前定变量,从实际经济意义上看,是困难的。

由于联立方程模型中大多为过度识别方程。实际上直接用工具变量法对结构参数进行估计是不多见的,但工具变量法有助于理解其他较好的经济计量方法,譬如二阶段最小二乘法。

11.3 间接最小二乘法

对于一个恰好识别的结构式方程,从结构式方程中导出相应的简约式方程来利用 OLS 法估计出简约式模型参数的估计值,间接地求出结构式参数的方法,称为间接最小二乘法(ILS)。

间接最小二乘法的步骤包括以下几步。

第 1 步:模型识别。看联立方程组模型是否可以识别,如果是恰好识别,则进行下一步,否则,如果是过度识别,则采用其他的估计方法,如采用下节将要讲到的二阶段最小二乘法。

第 2 步:先从结构式模型推导出简约式模型,每个方程中被解释变量为唯一的内生变量,并且仅仅是外生变量和随机变量的函数,从而建立起结构式参数与简约式参数之间的参数关系式体系。

第 3 步:利用样本观测值数据,应用 OLS 法,对简约式方程进行估计,估计出简约式参数的估计值。

第 4 步:将简约式参数估计值代入第 2 步求出的参数关系式,求出结构模型中的结构式参数的估计值。

间接最小二乘法的 EViews 实现比较容易,只需直接用普通最小二乘法估计出每个简化式模型的参数,然后通过参数关系式体系计算出相应的结构式参数即可。

11.4 二阶段最小二乘法

间接最小二乘法只适用于恰好识别的结构式方程。对于过度识别的结构式方程,我们可以用二阶段最小二乘法(2SLS)对系统参数进行估计。二阶段最小二乘法是一种单一方程估计方法,每次只适用于对联立方程组模型中的一个方程进行估计,并能获得较为理想的结构参数估计值。

11.4.1 二阶段最小二乘法的基本假设条件

假定：联立方程模型的结构式模型为

$$Y_{1t} = \beta_{12}Y_{2t} + \beta_{13}Y_{3t} + \cdots + \beta_{1m}Y_{mt} + \gamma_{10}X_{0t} + \gamma_{11}X_{1t} + \cdots + \gamma_{1k}X_{kt} + \mu_{1t}$$
$$Y_{2t} = \beta_{21}Y_{1t} + \beta_{23}Y_{3t} + \cdots + \beta_{2m}Y_{mt} + \gamma_{20}X_{0t} + \gamma_{21}X_{1t} + \cdots + \gamma_{2k}X_{kt} + \mu_{2t}$$
$$\vdots \quad (11\text{-}16)$$
$$Y_{mt} = \beta_{m1}Y_{1t} + \beta_{m2}Y_{2t} + \cdots + \beta_{m(m-1)}Y_{(m-1)t} + \gamma_{m0}X_{0t} + \gamma_{m1}X_{1t}$$
$$+ \cdots + \gamma_{mk}X_{kt} + \mu_{mt}$$

二阶段最小二乘法的基本假设条件包括：

（1）结构方程中的随机干扰项满足均值为零、协方差为常数和序列不相关的条件。
（2）结构方程中的所有前定变量和随机干扰项不相关。
（3）前定变量不存在渐进的多重共线性。
（4）样本容量必须大于方程中出现的前定变量个数。
（5）结构式方程是可识别的。

11.4.2 二阶段最小二乘法的思路和步骤

为了说明二阶段最小二乘法的思路和步骤，我们假定要估计的结构方程[可取模型（11-16）中的第一个方程为例]为

$$Y_{1t} = \beta_{12}Y_{2t} + \beta_{13}Y_{3t} + \cdots + \beta_{1m}Y_{mt} + \gamma_{10}X_{0t} + \gamma_{11}X_{1t} + \cdots + \gamma_{1k}X_{kt} + \mu_{1t} \quad (11\text{-}17)$$

方程（11-17）的解释变量中含有模型的内生变量 $Y_{2t}, \cdots, Y_{mt}$，含有模型的前定变量 $X_{0t}, X_{1t}, \cdots, X_{kt}$。根据随机干扰项 μ_{1t} 满足零均值、常数协方差和序列不相关的条件，则 $Y_{2t}, \cdots, Y_{mt}$ 相应的简约式方程为

$$Y_{2t} = \pi_{20}X_{0t} + \pi_{21}X_{1t} + \pi_{22}X_{2t} + \cdots + \pi_{2k}X_{kt} + v_{2t}$$
$$\vdots \quad (11\text{-}18)$$
$$Y_{mt} = \pi_{m0}X_{0t} + \pi_{m1}X_{1t} + \pi_{m2}X_{2t} + \cdots + \pi_{mk}X_{kt} + v_{mt}$$

首先，我们对简约式方程（11-18）中的每一个方程应用普通最小二乘法进行估计，求得式（11-18）的估计方程为

$$\hat{Y}_{it} = \hat{\pi}_{i0}X_{0t} + \hat{\pi}_{i1}X_{1t} + \hat{\pi}_{i2}X_{2t} + \cdots + \hat{\pi}_{ik}X_{kt} \quad i = 2, \cdots, m$$

式中，$\hat{\pi}_{ij}$ 是 $\pi_{ij}(i=2,\cdots,m; j=0,1,\cdots,k)$ 即简约式模型中的简约式参数的估计量。于是有

$$Y_i = \hat{Y}_i + e_i \quad i = 2, \cdots, m$$

然后，将 $Y_i = \hat{Y}_i + e_i$ 代换结构式方程（11-17）右边的内生变量，得到新的方程

$$Y_{1t} = \beta_{12}\hat{Y}_{2t} + \cdots + \beta_{1m}\hat{Y}_{mt} + \gamma_{10}X_{1t} + \gamma_{11}X_{1t} + \cdots + \gamma_{1k}X_{kt} + \mu_{1t}^* \quad (11\text{-}19)$$

式中，$\mu_{1t}^* = \mu_{1t} + \beta_{12}e_2 + \cdots + \beta_{1m}e_m$。显然，$\mu_{1t}^*$ 仍然满足零均值、常数协方差和序列不相关的条件。因此，对变换后的方程（11-19）可以直接采用普通最小二乘法进行估计，估计出结构式参数的估计量 $\hat{\beta}_{12}, \cdots, \hat{\beta}_{1m}; \hat{\gamma}_{10}, \hat{\gamma}_{11}, \cdots, \hat{\gamma}_{1k}$。

通过以上说明的思路，我们可以得到二阶段最小二乘法的一般步骤。

第 1 步：对简约型方程应用普通最小二乘法，求出内生变量 Y_i 的估计量 $\hat{Y}_i$，进而有

$$Y_i = \hat{Y}_i + e_i \quad i = 2,\cdots,m$$

第 2 步：被估计的结构式方程右边的内生变量 Y_i，用 $\hat{Y}_i + e_i$ 代入。然后，第 2 次应用普通最小二乘法，对被估计的结构式方程进行估计，估计出结构式参数的估计值。

实际上，在应用二阶段最小二乘法时，第一阶段对简约型方程应用普通最小二乘法只需求出我们所需要的 $\hat{Y}_i$，并不需要求出 e_i。第二阶段只需要用 $\hat{Y}_i$ 代替所估计方程右边的 Y_i，这样就可以直接应用普通最小二乘法，不过这里的随机干扰项是 μ_{1t}^*，而不是原来的 μ_{1t}。

在实际使用过程中，在判断出模型是可识别的以后，通常直接采用二阶段最小二乘法，因为如果模型是恰好识别的，二阶段最小二乘法和间接最小二乘法是一致的，这样便能避免烦琐的参数关系体系的计算。

二阶段最小二乘法在 EViews 中有两种实现方法。

方法 1：选中被解释变量和解释变量后，点右键"Open/as Group/Quick/Estimate Equation"，在"Method"的下拉菜单中选择"TSLS"，将出现如图 11-3 的对话框。

在图 11-3 的对话框中有两个窗口，在第一窗口中填入需要估计的方程，在第二个窗口中填写该方程组中所有的前定变量，EViews 要求将常数项看作前定变量。输入相应变量后就得到第一个方程的估计结果，然后重复以上过程估计后续方程即可。

方法 2：将数据导入 EViews 后，在工作文件下，点击"Objects/New object"，选择"System"将会弹出如图 11-4 的窗口。

在窗口中输入所有的随机方程（不输入确定性方程），每个方程占一行，其中结

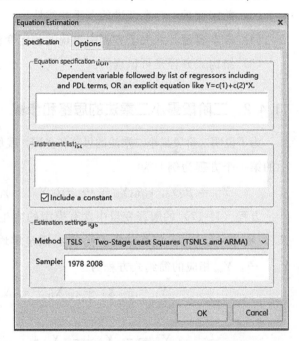

图 11-3　二阶段最小二乘法的对话框

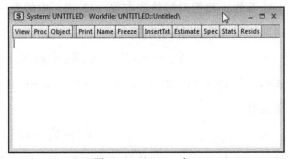

图 11-4　System 窗口

构参数用$c(1)$,$c(2)$,…表示,并在最后一行开头写上"INST",然后写上所有的前定变量,包括常数项,其中 INST 表示工具变量。点击"System"窗口上的"Estimate",将会弹出系统估计方法的窗口,如图 11-5 所示。

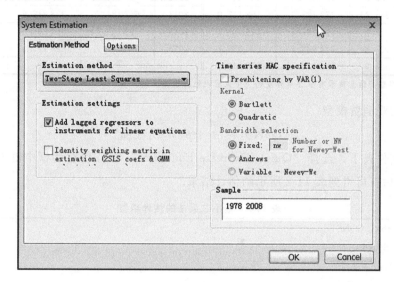

图 11-5 系统估计对话框

选中其中的"Two-Stage Least Squares",即二阶段最小二乘法,点击"OK"便可得到估计结果。两种方法的区别是,方法 2 能够一次性估计出全部的随机方程的参数,而方法 1 只能逐个估计。

11.5 案例分析

案例 11-1

1990~2016 年中国国内生产总值(GDP_t)、宏观消费($CONS_t$)、资本形成总额($CAPI_t$)数据如表 11-1 所示。

表 11-1 国内生产总值、宏观消费和资本形成总额   （单位:亿元）

年 份	国内生产总值 (GDP_t)	宏观消费 ($CONS_t$)	资本形成总额 ($CAPI_t$)	年 份	国内生产总值 (GDP_t)	宏观消费 ($CONS_t$)	资本形成总额 ($CAPI_t$)
1990	19 067.0	12 001.4	6 555.3	1999	90 823.8	56 621.7	31 665.6
1991	22 124.2	13 614.2	7 892.5	2000	100 576.8	63 667.7	34 526.1
1992	27 334.2	16 225.1	10 833.6	2001	111 250.2	68 546.7	40 378.9
1993	35 900.1	20 796.7	15 782.9	2002	122 292.2	74 068.2	45 129.8
1994	48 822.7	28 272.3	19 916.3	2003	138 314.7	79 513.1	55 836.7
1995	61 539.1	36 197.9	24 342.5	2004	162 742.1	89 086.0	69 420.5
1996	72 102.5	43 086.8	27 556.6	2005	189 190.4	101 447.8	77 533.6
1997	80 024.8	47 508.7	28 966.2	2006	221 206.5	114 728.6	89 823.4
1998	85 486.3	51 460.4	30 396.6	2007	271 699.3	136 229.5	112 046.8

(续)

年 份	国内生产总值 (GDP_t)	宏观消费 $(CONS_t)$	资本形成总额 $(CAPI_t)$	年 份	国内生产总值 (GDP_t)	宏观消费 $(CONS_t)$	资本形成总额 $(CAPI_t)$
2008	319 935.9	157 466.3	138 242.8	2013	596 962.9	300 337.8	282 073.0
2009	349 883.3	172 728.3	162 117.9	2014	647 181.7	328 312.6	302 717.5
2010	410 708.3	198 998.1	196 653.1	2015	699 109.4	362 266.5	312 835.7
2011	486 037.8	241 022.1	233 327.2	2016	746 314.9	400 175.6	329 727.3
2012	540 988.9	271 112.8	255 240.0				

资料来源：国泰安信息技术有限公司开发的《中国宏观经济数据库》。

首先，建立宏观消费模型

$$CONS_t = \beta_0 + \beta_1 GDP_t + \mu_t \tag{11-20}$$

在工作文件夹下，选择"Quick/Estimate Equation"，在方程对话框中键入"CONS C GDP"，确定后就可得到表 11-2 所示的估计结果。

表 11-2 最小二乘法的估计结果

Dependent Variable：CONS
Method：Least Squares
Sample：1990 2016
Included observations：27

Variable	Coefficient	Std. Error	t-Statistic	Prob.
C	5 304.139	1 957.599	2.709 513	0.012 0
GDP	0.502 023	0.005 852	85.783 49	0.000 0
R-squared	0.996 614	Mean dependent var		129 092.3
Adjusted R-squared	0.996 479	S. D. dependent var		115 834.1
S. E. of regression	6 873.580	Akaike info criterion		20.579 94
Sum squared resid	1.18E+09	Schwarz criterion		20.675 93
Log likelihood	−275.829 3	Hannan-Quinn criter.		20.608 49
F-statistic	7 358.807	Durbin-Watson stat		0.321 859
Prob(F-statistic)	0.000 000			

于是，得到模型（11-20）的估计方程为

$$\widehat{CONS}_t = 5\,304.139 + 0.502 GDP_t$$

$$(2.71) \qquad (85.78)$$

$$R^2 = 0.997, \quad D.W. = 0.32$$

在模型（11-20）中，宏观消费 $CONS_t$ 是随机变量。因为 $CONS_t$ 是国内生产总值 GDP_t 的一部分，所以 GDP_t 也应该是随机变量，这就违反了模型中解释变量非随机的假定。而且 GDP_t 也必然与 μ_t 高度相关，估计结果还显示模型存在严重的自相关，所以应该选择一个工具变量设法替代变量 GDP_t。

资本形成总额 $CAPI_t$ 是 GDP_t 的一部分，与 GDP_t 高度相关。经计算，如图 11-6 所示，以上模型的残差与 $CAPI_t$ 的相关系数为 $-0.043\,8$，这在一定程度上说明了 $CAPI_t$ 与 μ_t 不相关。基于此，我们选择 $CAPI_t$ 做 GDP_t 的工具变量。

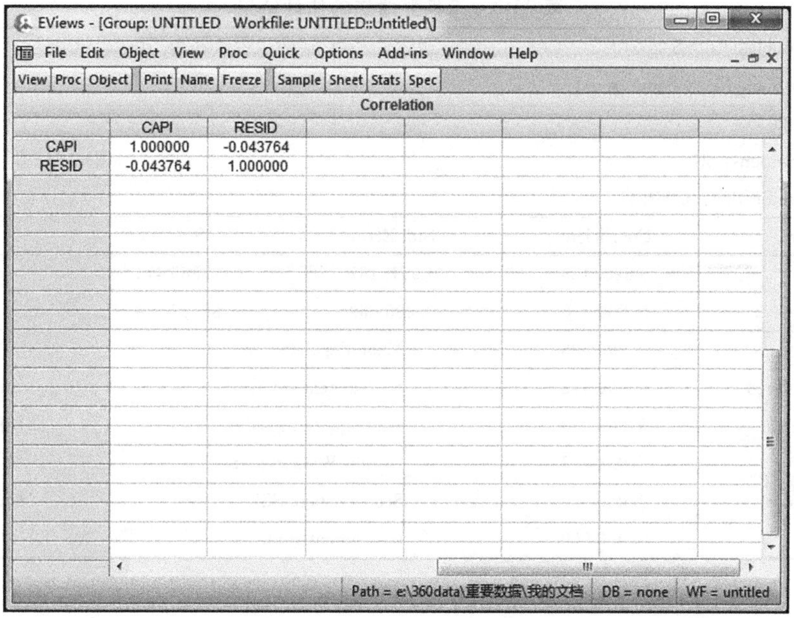

图 11-6

具体操作步骤如下,从 EViews 主菜单中点击"Quick"键,然后选择"Estimate Equation"功能,从而打开"Equation Specification"(模型设定)对话框,如图 11-7 所示,然后在"Method"下拉式菜单中选择"TSLS"(二阶段最小二乘法)估计方法。

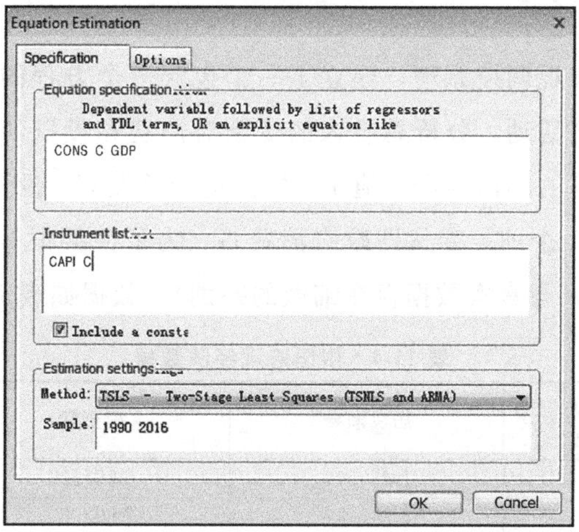

图 11-7

然后,在"Equation Specification"(模型设定)选择区输入命令"CONS C GDP",其中 CONS 表示 $CONS_t$,C 表示截距项,GDP 表示 GDP_t,"CONS C GDP"表示原回归式 $CONS_t = \beta_0 + \beta_1 GDP_t + \mu_t$。在"Instrument List"(工具变量)选择区输入命令"CPAI C",表明用 $CAPI_t$(资本形成额)和 C(截距项)作工具变量(不写 C 也可以,EViews 程序会自动加入)。点击"OK"键,得到结果如表 11-3 所示。

表 11-3　工具变量法的估计结果

Dependent Variable：CONS
Method：Two-Stage Least Squares
Sample：1990 2016
Included observations：27
Instrument specification：CAPI C

Variable	Coefficient	Std. Error	t-Statistic	Prob.
C	5 620.488	1 961.451	2.865 474	0.008 3
GDP	0.500 740	0.005 869	85.324 19	0.000 0
R-squared	0.996 608	Mean dependent var		129 092.3
Adjusted R-squared	0.996 472	S. D. dependent var		115 834.1
S. E. of regression	6 880.183	Sum squared resid		1.18E+09
F-statistic	7280.218	Durbin-Watson stat		0.323 489
Prob（F-statistic）	0.000 000	Second-Stage SSR		4.23E+09
J-statistic	0.000 000	Instrument rank		2

由此，得到采用工具变量法估计出的回归方程为

$$\hat{CONS}_t = 5\,620.488 + 0.501 GDP_t$$
$$(2.87) \quad\quad (85.32)$$
$$R^2 = 0.997 \quad D.W. = 0.32$$

案例 11-2

下面基于凯恩斯的宏观调控原理，建立了一个包含 3 个方程的宏观经济模型。通过消费者、企业、政府的经济活动，分析总收入的变动对消费和投资的影响。该模型包含 3 个内生变量，即支出法计算的国内生产总值 Y，居民消费总额 C，投资总额 I（包括固定资本形成总额和存货增加），1 个前定变量即政府消费 G（为了使得恒等式成立，这个数据是按照 $Y-C-I$ 计算出来的，与真实数据存在细微的差别），数据如表 11-4 所示。

表 11-4　中国宏观经济数据　　　　　　　　　（单位：亿元）

年份	支出法计算的国内生产总值	居民消费	投资额	政府消费
1990	19 066.97	9 435.04	6 555.26	2 566.40
1991	22 124.21	10 544.47	7 892.50	3 069.68
1992	27 334.24	12 312.22	10 833.55	3 912.85
1993	35 900.10	15 696.15	15 782.88	5 100.52
1994	48 822.65	21 446.09	19 916.31	6 826.18
1995	61 539.05	28 072.86	24 342.51	8 125.07
1996	72 102.48	33 660.34	27 556.58	9 426.42
1997	80 024.78	36 626.32	28 966.18	10 882.32
1998	85 486.31	38 821.79	30 396.64	12 638.60
1999	90 823.84	41 914.93	31 665.63	14 706.73
2000	100 576.83	46 987.77	34 526.10	16 679.94

(续)

年份	支出法计算的国内生产总值	居民消费	投资额	政府消费
2001	111 250.20	50 708.78	40 378.85	17 837.87
2002	122 292.15	55 076.37	45 129.83	18 991.79
2003	138 314.69	59 343.81	55 836.70	20 169.26
2004	162 742.12	66 586.96	69 420.51	22 499.05
2005	189 190.39	75 232.41	77 533.56	26 215.36
2006	221 206.50	84 119.07	89 823.35	30 609.49
2007	271 699.32	99 793.30	112 046.82	36 436.15
2008	319 935.85	115 338.26	138 242.79	42 128.03
2009	349 883.34	126 660.89	162 117.94	46 067.39
2010	410 708.26	146 057.56	196 653.07	52 940.50
2011	486 037.78	176 531.99	233 327.22	64 490.09
2012	540 988.89	198 536.78	255 240.02	72 576.06
2013	596 962.86	219 762.50	282 072.95	80 575.30
2014	647 181.68	242 539.73	302 717.50	85 772.89
2015	699 109.44	265 980.10	312 835.72	96 286.42
2016	746 314.86	292 661.31	329 727.28	107 514.27

资料来源：国泰安信息技术有限公司开发的《中国宏观经济数据库》。

完备的结构式模型设定如下

$$C_t = \alpha_0 + \alpha_1 Y_t + \mu_{1t} \tag{11-21}$$

$$I_t = \beta_0 + \beta_1 Y_t + \mu_{2t} \tag{11-22}$$

$$Y_t = C_t + I_t + G_t \tag{11-23}$$

容易判断，消费方程（11-21）和投资方程（11-22）都是恰好识别的，因此，模型是恰好识别的，可以用间接最小二乘法来估计参数。

1. 恰好识别模型的间接最小二乘估计

首先，根据间接最小二乘法将结构式模型转化为简约式模型，转化后的模型为

$$Y_t = \pi_{10} + \pi_{11} G_t + \mu_{1t} \tag{11-24}$$

$$C_t = \pi_{20} + \pi_{21} G_t + \mu_{2t} \tag{11-25}$$

$$I_t = \pi_{30} + \pi_{31} G_t + \mu_{3t} \tag{11-26}$$

相应的参数关系体系为

$$\pi_{10} = \frac{\alpha_0 + \beta_0}{1 - \alpha_1 - \beta_1} \quad \pi_{11} = \frac{1}{1 - \alpha_1 - \beta_1} \quad \pi_{20} = \alpha_0 + \alpha_1 \frac{\alpha_0 + \beta_0}{1 - \alpha_1 - \beta_1}$$

$$\pi_{21} = \frac{\alpha_1}{1 - \alpha_1 - \beta_1} \quad \pi_{30} = \beta_0 + \beta_1 \frac{\alpha_0 + \beta_0}{1 - \alpha_1 - \beta_1} \quad \pi_{31} = \frac{\beta_1}{1 - \alpha_1 - \beta_1}$$

然后，利用普通最小二乘法估计简化式模型的参数。其 EViews 实现方法为，将数据导入 EViews，在工作文件下点击"Quick/Estimate Equation"，键入"GDP GOV C"，点击"OK"即可得到方程（11-24）的回归结果，重复以上过程分别键入"COM GOV C""INV GOV C"便可得到方程（11-25）和方程（11-26）简化式方程的回归结果。其中，Y 表示

GDP，G 表示 GOV，I 表示 INV，C 表示 COM。由此得到简化式模型的估计式为

$$\hat{Y}_t = -2\,903.842 + 7.361G_t$$

$$\hat{C}_t = 3\,444.140 + 2.707G_t$$

$$\hat{I}_t = -7\,914.403 + 3.448G_t$$

由此得到简化式参数的估计量为

$$\pi_{10} = -2\,903.842 \quad \pi_{11} = 7.361 \quad \pi_{20} = 3\,444.140$$

$$\pi_{21} = 2.707 \quad \pi_{30} = -7\,914.403 \quad \pi_{31} = 3.448$$

由参数关系体系计算出结构式模型的参数为

$$\alpha_0 = 4\,512.025 \quad \alpha_1 = 0.368 \quad \beta_0 = -6\,554.201 \quad \beta_1 = 0.468$$

从而结构式模型的估计式为

$$C_t = 4\,512.025 + 0.368Y_t$$

$$I_t = 6\,554.201 + 0.468Y_t$$

$$Y_t = C_t + I_t + G_t$$

在实际的宏观经济中，消费和投资都具有一定的惯性，因此，当期的消费和投资都要受到上一期消费和投资的影响，所以，需要在方程（11-21）和方程（11-22）中引入 C_{t-1} 和 I_{t-1}。此时的联立方程模型为

$$C_t = \alpha_0 + \alpha_1 Y_t + \alpha_2 C_{t-1} + \mu_{1t} \tag{11-27}$$

$$I_t = \beta_0 + \beta_1 Y_t + \beta_2 I_{t-1} + \mu_{2t} \tag{11-28}$$

$$Y_t = C_t + I_t + G_t \tag{11-29}$$

容易判别，此时的消费方程和投资方程都是过度识别的，因此，模型是过度识别的，不能采用间接最小二乘法进行估计，需要运用二阶段最小二乘法进行估计。

2. 二阶段最小二乘法

方法 1：在将数据导入 EViews 后，在工作文件下点击"Quick/Estimate Equation"，在"Method"处选择"TSLS"，在弹出的对话框的第一个窗口中键入"COM GDP COM(－1) C"，在第二个窗口中键入"COM(－1) INV(－1)GOV C"，点击"OK"就得到消费方程的估计结果，如表 11-5 所示。

表 11-5　二阶段最小二乘法的估计结果（一）

Dependent Variable：COM
Method：Two-Stage Least Squares
Sample(adjusted)：1991 2016
Included observations：26 after adjustments
Instrument specification：COM(－1) INV(－1) GOV C

Variable	Coefficient	Std. Error	t-Statistic	Prob.
GDP	0.163 552	0.020 453	7.996 425	0.000 0
COM(－1)	0.614 701	0.061 667	9.968 143	0.000 0
C	2 888.662	630.120 8	4.584 298	0.000 1

			(续)
R-squared	0.999 475	Mean dependent var	98 500.49
Adjusted R-squared	0.999 429	S. D. dependent var	84 492.29
S. E. of regression	2 018.318	Sum squared resid	93 692 986
F-statistic	21 895.82	Durbin-Watson stat	1.471 433
Prob (F-statistic)	0.000 000	Second-Stage SSR	83 730 985
J-statistic	4.802 589	Instrument rank	4
Prob(J-statistic)	0.028 417		

基于表 11-5 写出消费方程的 TSLS 估计式为

$$C_t = 2\,888.662 + 0.164 Y_t + 0.615 C_{t-1}$$

接着，按照以上方法，估计投资函数，得到结果为如表 11-6 所示。

表 11-6 二阶段最小二乘法的估计结果（二）

Dependent Variable：INV

Method：Two-Stage Least Squares

Sample(adjusted)：1991 2016

Included observations：26 after adjustments

Instrument specification：COM(−1) INV(−1) GOV C

Variable	Coefficient	Std. Error	t-Statistic	Prob.
GDP	0.227 642	0.095 475	2.384 321	0.025 7
INV(−1)	0.554 219	0.217 628	2.546 631	0.018 0
C	−913.392 2	3 149.948	−0.289 971	0.774 4
R-squared	0.996 606	Mean dependent var		112 884.0
Adjusted R-squared	0.996 310	S. D. dependent var		108 536.6
S. E. of regression	6 592.721	Sum squared resid		1.00E+09
F-statistic	3 372.055	Durbin-Watson stat		0.486 650
Prob(F-statistic)	0.000 000	Second-Stage SSR		1.38E+09
J-statistic	14.005 39	Instrument rank		4
Prob(J-statistic)	0.000 182			

基于表 11-6 写出投资方程的 TSLS 估计式为

$$I_t = -913.392 + 0.228 Y_t + 0.554 I_{t-1}$$

因此，联立方程模型的估计式为

$$C_t = 2\,888.662 + 0.164 Y_t + 0.615 C_{t-1}$$

$$I_t = -913.392 + 0.228 Y_t + 0.554 I_{t-1}$$

$$Y_t = C_t + I_t + G_t$$

方法 2：在将数据导入 EViews 后，点击 "Object/New object"，选择 "System"，在弹出的窗口中键入以下内容

$$\text{COM} = C(1) + C(2) * \text{GDP} + C(3) * \text{COM}(-1)$$

$$\text{INV} = C(4) + C(5) * \text{GDP} + C(6) * \text{INV}(-1)$$

$$\text{INST COM}(-1)\ \text{INV}(-1)\ \text{GOV}\ C$$

其中,前面两行是随机方程,最后一行是联立方程组中的所有前定变量,包括常数项。点击"System"窗口中的"Estimate",在弹出的对话框中选择"Two-Stage Least Squares",点击"OK"便可得到估计结果,如表 11-7 所示。

表 11-7 二阶段最小二乘法的估计结果(三)

System：UNTITLED
Estimation Method：Two-Stage Least Squares
Sample：1991 2016
Included observations：26
Total system(balanced) observations 52

	Coefficient	Std. Error	t-Statistic	Prob.
C(1)	2 888.662	630.1208	4.584 298	0.000 0
C(2)	0.163 552	0.020 453	7.996 425	0.000 0
C(3)	0.614 701	0.061 667	9.968 143	0.000 0
C(4)	−913.392 2	3 149.948	−0.289 971	0.773 1
C(5)	0.227 642	0.095 475	2.384 321	0.021 3
C(6)	0.554 219	0.217 628	2.546 631	0.014 3
Determinant residual covariance		1.28E+14		

Equation：COM=C(1)+C(2)*GDP+C(3)*COM(−1)
Instruments：COM(−1) INV(−1) GOV C
Observations：26

R-squared	0.999475	Mean dependent var	98 500.49
Adjusted R-squared	0.999 429	S. D. dependent var	84 492.29
S. E. of regression	2 018.318	Sum squared resid	93 692 984
Durbin-Watson stat	1.471 433		

Equation：INV=C(4)+C(5)*GDP+C(6)*INV(−1)
Instruments：COM(−1) INV(−1) GOV C
Observations：26

R-squared	0.996 606	Mean dependent var	112 884.0
Adjusted R-squared	0.996 310	S. D. dependent var	108 536.6
S. E. of regression	6 592.721	Sum squared resid	1.00E+09
Durbin-Watson stat	0.486 650		

根据表 11-7 写出联立方程模型的估计式为

$$C_t = 2\,888.662 + 0.164Y_t + 0.615C_{t-1}$$

$$I_t = -913.392 + 0.228Y_t + 0.554I_{t-1}$$

$$Y_t = C_t + I_t + G_t$$

可见,两种不同的实现方法,得出的结果是一致的。

案例 11-3

将案例 11-1 采用 Stata 软件进行统计分析,通过工具变量法对该模型进行估计。

建立宏观消费模型,同模型 (11-20)

$$CONS_t = \beta_0 + \beta_1 GDP_t + \mu_t$$

首先对该模型进行回归分析,得到估计结果如图 11-8 所示,命令如下

```
- reg CONS GDP
```

Source	SS	df	MS		Number of obs	=	27
					F(1, 25)	=	7358.80
Model	3.4767e+11	1	3.4767e+11		Prob > F	=	0.0000
Residual	1.1812e+09	25	47246129.8		R-squared	=	0.9966
					Adj R-squared	=	0.9965
Total	3.4886e+11	26	1.3418e+10		Root MSE	=	6873.6

CONS	Coef.	Std. Err.	t	P>|t|	[95% Conf. Interval]	
GDP	.5020234	.0058522	85.78	0.000	.4899706	.5140763
_cons	5304.137	1957.599	2.71	0.012	1272.386	9335.888

图 11-8　回归结果

于是，得到模型（11-20）的估计方程为

$$\hat{CONS}_t = 5\,304.137 + 0.502 GDP_t$$

选择 $CAPI_t$ 作为工具变量的原因如前所述。如图 11-9 所示，在 Stata 中计算出以上模型的残差与 $CAPI_t$ 的相关系数为 -0.0438，这在一定程度上说明了 $CAPI_t$ 与 μ_t 不相关。

在 Stata 中该步骤的实现方法为，首先写入命令

```
- predict e,r
```

可在 Stata 中生成一个新的变量 e，表示该模型的残差。然后写入命令

```
- correlate CAPI e
```

便可以得到以上模型的残差与资本形成总额 $CAPI_t$ 的相关系数，为 -0.044。

```
. correlate CAPI e
(obs=27)
```

	CAPI	e
CAPI	1.0000	
e	-0.0438	1.0000

图 11-9　残差与资本形成总额 $CAPI_t$ 的相关系数

基于此，我们选择 $CAPI_t$ 做 GDP_t 的工具变量，运用两阶段最小二乘法，对该模型进行估计。命令如下

```
- ivregress 2sls CONS (GDP= CAPI)
```

得到结果如图 11-10 所示。

由此，得到采用工具变量法估计出的回归方程为

$$\hat{CONS}_t = 5\,620.486 + 0.501 GDP_t$$

```
. ivregress 2sls CONS (GDP=CAPI)
Instrumental variables (2SLS) regression      Number of obs  =       27
                                              Wald chi2(1)   =  7862.63
                                              Prob > chi2    =   0.0000
                                              R-squared      =   0.9966
                                              Root MSE       =   6620.5

     CONS  |    Coef.    Std. Err.     z     P>|z|    [95% Conf. Interval]
      GDP  |  .5007405   .0056471   88.67   0.000    .4896723    .5118087
    _cons  |  5620.486   1887.408    2.98   0.003    1921.234    9319.737

Instrumented: GDP
Instruments:  CAPI
```

图 11-10 工具变量法的估计结果

思考与练习

1. 请解释以下名词：递归模型 间接最小二乘法 二阶段最小二乘法
2. 普通最小二乘法是不是一定不能用于估计联立方程组模型？为什么？
3. 如果一个方程是恰好识别的，那么间接最小二乘法和二阶段最小二乘法能否给出相同的估计结果？为什么？
4. 有没有衡量整个联立方程组模型的拟合优度 R^2？
5. 联立方程组模型有哪些估计方法？它们各自的适用条件是什么？
6. 为什么间接最小二乘法只适用于恰好识别的结构式模型？
7. 请简述间接最小二乘法的步骤。
8. 请简述二阶段最小二乘法的步骤。
9. 考虑如下宏观经济模型

$$C_t = \alpha_0 + \alpha_1 Y_t + \alpha_2 C_{t-1} + \mu_{1t}$$
$$I_t = \beta_0 + \beta_1 Y_t + \beta_2 Y_{t-1} + \mu_{2t}$$
$$Y_t = C_t + I_t$$

式中，Y、C、I 分别表示国内生产总值、居民消费总额和投资总额。α_0 和 β_0 为常数项，α_1、α_2、β_1 和 β_2 为相关的参数，μ_{1t} 和 μ_{2t} 为随机干扰项，试利用间接最小二乘法来估计模型的参数。

10. 商品的市场局部均衡模型如下

$$D_t = \alpha_0 + \alpha_1 P_t + \alpha_2 Y_t + \alpha_3 Y_{t-1} + \mu_{1t}$$
$$S_t = \beta_0 + \beta_1 P_t + \beta_2 P_{t-1} + \mu_{2t}$$
$$D_t = S_t$$

式中，D 表示需求，S 表示供给，Y 表示消费者收入，P 表示市场价格，试利用二阶段最小二乘法来估计模型的参数。

11. 考虑以下模型

$$R_t = \beta_0 + \beta_1 M_t + \beta_2 Y_t + \beta_3 Y_{t-1} + \mu_{1t}$$
$$Y_t = \alpha_0 + \alpha_1 R_t + \mu_{2t}$$

式中，M_t（货币供给）是外生的，R_t 是利率，而 Y_t 是 GDP。

(1) 判明方程组是否可识别。
(2) 利用表 11-8 的数据，估计可识别方程的参数。

12. 表 11-9 给出了 1990～2015 年我国宏观经济统计数据资料，试根据这些数据判断模型的识别性，再用 2SLS 法估计下列宏观经济模型

$$C_t = \alpha_0 + \alpha_1 Y_t + \mu_{1t}$$
$$I_t = \beta_0 + \beta_1 Y_t + \beta_2 Y_{t-1} + \mu_{2t}$$
$$Y_t = C_t + I_t + G_t + X_t$$

式中，C_t、Y_t、I_t、X_t 分别表示消费、收入（支出法 GDP）、投资、政府支出（财政支

出)和净出口，Y_{t-1}表示滞后一期的收入。

表 11-8 美国的宏观经济数据

年份	国内生产总值 Y_1(10 亿美元)	M_2 货币供给 Y_2(10 亿美元)	私人国内总投资 X_1(10 亿美元)	联邦政府支出 X_2(10 亿美元)	6 个月国库券利率 X_3(%)
1990	5 800.5	3 272.7	861.0	1 181.7	7.470
1991	5 992.1	3 372.2	802.9	1 236.1	5.490
1992	6 342.3	3 424.1	864.8	1 273.5	3.570
1993	6 667.4	3 473.6	953.3	1 294.8	3.140
1994	7 085.2	3 483.8	1 097.3	1 329.8	4.660
1995	7 414.7	3 626.4	1 144.0	1 374.0	5.590
1996	7 838.5	3 805.3	1 240.2	1 421.0	5.090
1997	8 332.4	4 018.0	1 388.7	1 474.4	5.180
1998	8 793.5	4 358.5	1 510.8	1 526.1	4.850
1999	9 353.5	4 619.0	1 641.5	1 631.3	4.760
2000	10 284.8	4 905.0	2 033.8	1 834.4	5.920
2001	10 621.8	5 408.4	1 928.6	1 958.8	3.390
2002	10 977.5	5 744.2	1 925.0	2 094.9	1.690
2003	11 510.7	6 037.4	2 027.9	2 220.8	1.060
2004	12 274.9	6 387.4	2 276.7	2 357.4	1.570
2005	13 093.7	6 651.2	2 527.1	2 493.7	3.400
2006	13 855.9	7 041.4	2 680.6	2 642.2	4.800
2007	14 477.6	74 44.2	2 643.7	2 801.9	4.480
2008	14 718.6	8 166.6	2 424.8	3 003.2	1.710
2009	14 418.7	8 471.0	1 878.1	3 089.1	0.290
2010	14 964.4	8 775.2	2 100.8	3 174.0	0.200
2011	15 517.9	9 636.2	2 239.9	3 168.7	0.100
2012	16 155.3	10 428.7	2 511.9	3 158.6	0.130
2013	16 691.5	10 994.7	2 706.3	3 116.1	0.090
2014	17 393.1	11 646.9	2 886.5	3 152.1	0.060
2015	18 036.6	12 313.5	3 056.6	3 218.3	0.170

资料来源：The 2013 Economic Report of the President. The 2017 Economic Report of the President.

表 11-9 我国 1990~2015 年的宏观经济数据　　　　　　　　　（单位：亿元）

年份	Y_t	C_t	I_t	G_t	X_t
1990	19 066.97	9 435.04	6 555.26	2 566.40	411.50
1991	22 124.21	10 544.47	7 892.50	3 069.68	428.40
1992	27 334.24	12 312.22	10 833.55	3 912.85	233.00
1993	35 900.10	15 696.15	15 782.88	5 100.52	−701.40
1994	48 822.65	21 446.09	19 916.31	6 826.18	461.70
1995	61 539.05	28 072.86	24 342.51	8 125.07	1 403.70
1996	72 102.48	33 660.34	27 556.58	9 426.42	1019.00
1997	80 024.78	36 626.32	28 966.18	10 882.32	3 354.20
1998	85 486.31	38 821.79	30 396.64	12 638.60	3 597.50

（续）

年份	Y_t	C_t	I_t	G_t	X_t
1999	90 823.84	41 914.93	31 665.63	14 706.73	2 423.40
2000	100 576.83	46 987.77	34 526.10	16 679.94	1 995.60
2001	111 250.20	50 708.78	40 378.85	17 837.87	1 865.20
2002	122 292.15	55 076.37	45 129.83	18 991.79	2 517.60
2003	138 314.69	59 343.81	55 836.70	20 169.26	2 092.30
2004	162 742.12	66 586.96	69 420.51	22 499.05	2 667.50
2005	189 190.39	75 232.41	77 533.56	26 215.36	8 374.40
2006	221 206.50	84 119.07	89 823.35	30 609.49	14 220.30
2007	271 699.32	99 793.30	112 046.82	36 436.15	20 263.50
2008	319 935.85	115 338.26	138 242.79	42 128.03	20 868.41
2009	349 883.34	126 660.89	162 117.94	46 067.39	13 411.32
2010	410 708.26	146 057.56	196 653.07	52 940.50	12 323.54
2011	486 037.78	176 531.99	233 327.22	64 490.09	10 079.20
2012	540 988.89	198 536.78	255 240.02	72 576.06	14 558.29
2013	596 962.86	219 762.50	282 072.95	80 575.30	16 093.98
2014	647 181.68	242 539.73	302 717.50	85 772.89	23 525.72
2015	699 109.44	265 980.10	312 835.72	96 286.42	36 830.73

资料来源：国泰安信息技术有限公司开发的《中国宏观经济数据库》。

PART 4 第四篇

时间序列计量经济学模型及其应用

第12章　时间序列的平稳性及其检验
第13章　单变量时间序列模型
第14章　向量自回归模型及其应用
第15章　协整与误差修正模型

第12章
时间序列的平稳性及其检验

时间序列分析模型能够描述我们所研究的观测样本的随机特性,这种模型并不借助于回归模型中所用的因果关系,而是借助于随机过程的随机性。也就是说,时间序列分析模型并不需要过多的经济学知识,只是注重刻画某一时间序列产生过程的随机特征。事实上,时间序列分析是根据有限长度的时间序列观测数据,建立能够比较精确地反映时间序列中所包含的动态依存的数据模型,用于预测变量的时间路径与变化特征。

12.1 时间序列数据的平稳性

12.1.1 平稳随机过程

一般称依赖于参数时间 t 的随机变量 Y 的集合 $\{Y_t\}$ 为随机过程。例如,假设样本观察值 $Y_1,Y_2,\cdots,Y_t$ 是来自无穷随机变量序列$\cdots,Y_{-2},Y_{-1},Y_0,Y_1,Y_2,\cdots,Y_t,\cdots$ 的一部分,则这个无穷随机序列就称为随机过程。例如,我们在回归分析模型中经常提到的随机干扰项 $\{\mu_t\}$ 就是一个随机过程。

如果随机过程 Y_t,对于任意的 t、s,满足

$$E(Y_t) = E(Y_{t-s}) = 常数 \tag{12-1}$$

$$\mathrm{Var}(Y_t) = \mathrm{Var}(Y_{t-s}) = \sigma_y^2 = 常数 \tag{12-2}$$

$$\mathrm{Cov}(Y_t, Y_{t-s}) = E[(Y_t - E(Y_t))(Y_{t-s} - E(Y_{t-s}))] = \gamma_s \tag{12-3}$$

则称随机过程 Y_t 为平稳随机过程。

也就是说,如果一个随机过程的均值和方差在时间过程上都是常数,并且在任何两时期的协方差值仅依赖于两个时期的时间间隔,而不依赖于计算这个协方差的实际时间,就称它为平稳的随机过程。更通俗地讲,无论时间取什么样的起点,期望值和方差都是常数,自相关与时间起点无关,只与间隔有关。

特别地,如果随机过程 Y_t 对于任意的 t、s,满足

$$E(Y_t) = E(Y_{t-s}) = 0 \tag{12-4}$$

$$\text{Var}(Y_t) = \text{Var}(Y_{t-s}) = \sigma^2 \tag{12-5}$$

$$\text{Cov}(Y_t, Y_{t-s}) = E[(Y_t - \mu)(Y_{t-s} - \mu)] = 0 \tag{12-6}$$

则称随机过程 Y_t 为白噪声过程，是一个平稳的随机过程。

事实上，我们在回归分析中经常提到的随机干扰项 μ_t 就是随机过程，它是一个白噪声过程。

12.1.2 随机游走过程

如果一个随机过程 Y_t 满足方程

$$Y_{t+1} = Y_t + \mu_{t+1} \tag{12-7}$$

式中，Y_t 为第 t 时刻的观测值，初始时刻为 0，Y_0 为已知常数，通常假设 $Y_0=0$；μ_{t+1} 为期望值为零且方差为 σ^2、相互独立的随机干扰项，也就是前面所讲的，它是白噪声过程，那么，称这个随机过程为随机游走过程。事实上，在不确定条件下，若忽略交易费用和印花税等成本，则类似于博彩这样的财富积累过程可以看作一个随机游走过程。

因为随机游走过程

$$Y_t = Y_0 + \sum_{i=1}^{t} \mu_i \tag{12-8}$$

所以，有

$$E(Y_t) = E\left(\sum_{i=1}^{t} \mu_i\right) = 0 \tag{12-9}$$

$$\text{Var}(Y_t) = E[Y_t - E(Y_t)]^2 = E\left(\sum_{i=1}^{t} \mu_i\right)^2 = t\sigma^2 \tag{12-10}$$

$$\text{Var}(Y_{t-s}) = E[Y_{t-s} - E(Y_{t-s})]^2 = E\left(\sum_{i=1}^{t-s} \mu_i\right)^2 = (t-s)\sigma^2 \tag{12-11}$$

因此，我们可以发现，Y_t 的均值为常数，但方差随时间变化而不断扩大且小于无穷大。很明显，从金融学的角度讲，像这种财富积累过程是不理性的，因为无论是风险爱好、风险中立还是风险回避，伴随着风险增加，都追求收益增加，但这种积累过程是风险在逐步变大时收益一直保持常数（初始值）。

更一般地，具有确定性趋势（漂移项）的随机游走过程为

$$Y_{t+1} = \alpha_0 + Y_t + \mu_{t+1} \tag{12-12}$$

如果 $Y_0=0$，则

$$E(Y_t) = E\left[\sum_{i=1}^{t}(\alpha_0 + \mu_i)\right] = t\alpha_0 \tag{12-13}$$

$$\text{Var}(Y_t) = E[Y_t - E(Y_t)]^2 = E\left(\sum_{i=1}^{t} \mu_i\right)^2 = t\sigma^2 \tag{12-14}$$

从式（12-13）可以看出，如果 $\alpha_0>0$，Y_t 的均值会随着时间不断增大；如果 $\alpha_0<0$，Y_t 的均值会随着时间不断减小。

不难看出，无论是不带漂移的随机游走过程，还是带有漂移的随机游走过程，其方差

都是时间的函数，随着时间不断扩大而增大，表明 Y_t 与时间的起点有关，不满足平稳随机过程的条件。给定任意初始值 Y_0，只是均值加 Y_0 而已，方差的结论都是一样的。

需要指出的是，随机游走过程的协方差和自相关系数也是与时间相关的[⊖]。

12.1.3 平稳时间序列和非平稳时间序列

如果某一时间序列符合平稳随机过程的条件，则称该时间序列为平稳时间序列，否则为非平稳时间序列。

广义地讲，如果时间序列数据的均值和方差为常数，且两个时期的协方差只与时间的间隔有关，而与时间的起点无关，则这个时间序列是平稳时间序列，是围绕均值变化的序列。换言之，无论度量的时间点如何，平稳时间序列的均值、方差和协方差都为常数。

随机游走过程式（12-7）和式（12-12）产生的序列就不是平稳时间序列，而是非平稳的时间序列，因为至少它们的方差不满足是常数的条件。

12.2 时间序列数据的平稳性检验

12.2.1 为什么要进行平稳性检验

假定回归方程为

$$Y_t = \alpha_0 + \alpha_1 X_t + \mu_t \tag{12-15}$$

在古典回归分析模型中，变量 Y 和变量 X 都假设满足序列是平稳的条件，也就是说，它们的期望值为零且方差恒定。但是，在非平稳变量存在的情况下，将一个随机游走变量（即非平稳数据）对另一个随机游走变量进行回归，尽管拟合程度很好，影响也很显著，但有可能导致荒谬的结果。有时候时间序列的高度相关仅仅是因为二者同时随时间有向上或向下变动的趋势，并没有真正的联系，这种情况就称为**伪回归**（spurious regression）。

为了说明"伪回归"的现象，根据 Granger 和 Newbold（1974）的思考方法，构造两个独立的随机游走序列 Y_t 和 X_t，也就是说

$$Y_t = Y_{t-1} + \mu_{yt} \tag{12-16}$$

$$X_t = X_{t-1} + \mu_{xt} \tag{12-17}$$

式中，μ_{yt} 和 μ_{xt} 是相互独立的白噪声过程。在随机变量 Y_t 和 X_t 的数据生成过程中，可以假设 $Y_0 = 0$ 和 $X_0 = 0$。因此，方程（12-15）的截距项 $\alpha_0 = 0$ 时，就可以改写为

$$\mu_t = Y_t - \alpha_1 X_t = \sum_{i=1}^{t} \mu_{yi} - \alpha_1 \sum_{i=1}^{t} \mu_{xi} \tag{12-18}$$

容易得到式（12-18）的随机干扰项 μ_t 的方差为

⊖ 恩德斯. 应用计量经济学：时间序列分析（原书第 2 版）[M]. 杜江，谢志超，译. 北京：高等教育出版社，2006：151-154.

$$\mathrm{Var}(\mu_t) = \mathrm{Var}\Big(\sum_{i=1}^{t}\mu_{yi} - \alpha_1\sum_{i=1}^{t}\mu_{xi}\Big) = t\sigma_y^2 + t\alpha_1^2\sigma_x^2$$

很显然，随着 t 的增加，随机干扰项的方差会趋于无穷大，这与古典假设中随机干扰项为同方差的假设相矛盾，破坏了回归分析的假设条件。因此，任何的 t 检验、F 检验和判定系数 R^2 都是不可信的，甚至回归得出的结果也是毫无意义的。

因此，在进行模型回归之前要先检验时间序列的平稳性，以避免出现"伪回归"的问题。

12.2.2 平稳性检验的 ADF 检验方法

对于自回归模型

$$Y_t = \alpha_0 + \alpha_1 Y_{t-1} + \mu_t \tag{12-19}$$

如果 $\alpha_1 = 1$，那么时间序列 Y_t 存在一个单位根，Y_t 称为单位根过程或单整过程。

显然，当 $\alpha_1 = 1$ 时，由随机过程 Y_t 生成的时间序列是一个随机游走过程，是一个非平稳时间序列。因此，检验时间序列 Y_t 是否平稳就意味着要检验 $\alpha_1 = 1$ 是否成立，如果 $\alpha_1 = 1$ 成立，则 Y_t 为非平稳序列，否则，为平稳序列。

在模型（12-19）的两边都减去 Y_{t-1} 后，就会变为

$$\Delta Y_t = \alpha_0 + \rho Y_{t-1} + \mu_t \tag{12-20}$$

式中，$\rho = \alpha_1 - 1$。于是，检验 $\alpha_1 = 1$ 是否成立就等价于检验 $\rho = 0$ 是否成立，如果 $\rho = 0$ 在统计意义下成立，则表明时间序列 Y_t 是非平稳的。由于是检验 $\alpha_1 = 1$ 是否成立，所以，这种检验也称为单位根检验。

序列平稳性的检验方法一般采用 ADF 单位根检验方法，这个方法是在 DF（Dickey-Fuller）单位根检验方法的基础上扩展而来的。ADF 单位根检验模型如下

$$\Delta Y_t = \rho Y_{t-1} + \sum_{i=1}^{p}\beta_i \Delta Y_{t-i} + \mu_t \tag{12-21}$$

$$\Delta Y_t = \alpha + \rho Y_{t-1} + \sum_{i=1}^{p}\beta_i \Delta Y_{t-i} + \mu_t \tag{12-22}$$

$$\Delta Y_t = \alpha + \rho Y_{t-1} + \gamma t + \sum_{i=1}^{p}\beta_i \Delta Y_{t-i} + \mu_t \tag{12-23}$$

式中，Y_t 为时间序列；α 为常数项；t 为时间趋势项；Y_{t-i} 为 Y_t 的 i 阶滞后项；p 为滞后阶数，采用赤池信息准则（AIC）或施瓦茨信息准则（SC）确定。

ADF 单位根检验的假设为

$$\text{原假设 } H_0: \rho = 0, \text{存在单位根}$$
$$\text{备择假设 } H_1: \rho < 0, \text{不存在单位根}$$

如果得到的 ADF 统计量小于给定显著水平下所对应的 ADF 临界值，则拒绝原假设，表明不存在单位根，时间序列是平稳的，否则，存在单位根，时间序列是非平稳的。在实际进行单位根检验时，往往是从最复杂的方程（12-23）开始的，图 12-1 描述了单位根检验的步骤。

有一点需要说明的是，图 12-1 的检验过程中，在判断是否 $\rho=0$ 的时候用的是 ADF 统计量而非 t 统计量，因为即使在大样本下统计量也是有偏误的，t 检验是无法使用的。与此类似，在检验是否 $\gamma=0$ 和是否 $\alpha=0$ 时也不能直接采用 t 检验。为此，Dickey 和 Fuller(1981) 构造了 3 个 F 统计量（ϕ_1，ϕ_2，ϕ_3）来检验系统的联合假设。在方程（12-22）中，采用 ϕ_1 对联合假设 $\alpha=\rho=0$ 进行检验；在方程（12-23）中，采用 ϕ_2 对联合假设 $\alpha=\rho=\gamma=0$ 进行检验；采用 ϕ_3 对联合假设 $\rho=\gamma=0$ 进行检验。根据 F 统计量的一般计算方法，构造 ϕ_1，ϕ_2，ϕ_3 为

$$\phi_i = \frac{[RSS(约束) - RSS(无约束)]/r}{RSS(约束)/[n-(k+1)]}$$

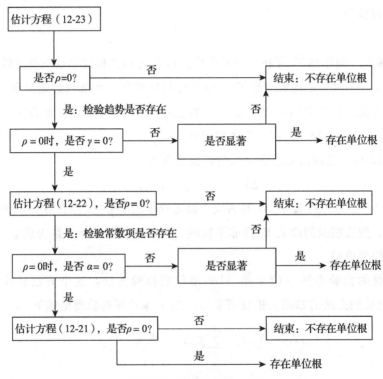

图 12-1　单位根检验步骤

式中，RSS（约束）和 RSS（无约束）分别表示有约束和无约束的残差平方和，r 为约束条件个数，n 为样本观测值个数，k 为无约束模型中解释变量个数。通常我们将方程（12-23）看作无约束模型，而将方程（12-21）和方程（12-22）看作受约束模型。例如，我们将方程（12-23）看作无约束模型，将方程（12-21）看作受约束模型，此时的约束条件便是联合假设 $\alpha=\rho=\gamma=0$，约束条件的个数便是 3 个，即 $\alpha=0$，$\rho=0$，$\gamma=0$。在计算出 ϕ_1、ϕ_2、ϕ_3 后，在显著水平 α 下，查 ϕ 的经验分布表，得临界值 ϕ_{ia}。若 $\phi_i > \phi_{ia}$，则拒绝联合假设；反之，则接受联合假设，承认约束条件。具体检验过程，将在下一节的单位根检验实例中介绍。

如果时间序列 Y_t 的 1 阶差分序列是平稳序列，则称时间序列 Y_t 是 1 阶单整序列，也称为 $I(1)$ 序列。如果时间序列 Y_t 经过 d 次差分后形成的序列为平稳序列，则称原始序列为 d 阶单整的，记为 $I(d)$ 序列。

12.3 案例分析

案例 12-1

在本节，我们用 EViews8.0 对表 3-1 居民消费水平这个时间序列进行 ADF 单位根检验。

在工作文件窗口下，双击变量 Y，进入序列窗口，单击"View/Unit Root Test"，将出现如图 12-2 的对话框。

图 12-2 中，Test type 列表用来选择检验的方法，其中包括 ADF（Augmented Dickey-Fuller）单位根检验、PP（Philips-Perron）检验等；Test for unit root in 表示对什么序列进行检验，其中 Level 指对原始序列进行检验，1st difference 指对 1 阶差分序列进行检验，2nd difference 指对 2 阶差分序列进行检验；Include in test equation 表示对检验包含项的设置，其中 Intercept 表示有截距项方程，对应方程（12-22），Trend and intercept 表示既有截距项又有时间趋势项，

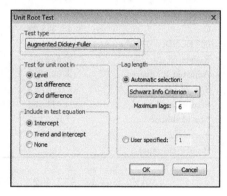

图 12-2 单位根检验对话框

对应方程（12-23），None 表示既没有截距项又没有时间趋势项，对应方程（12-21）；Lag length 选择项用来设置检验式中滞后期数，Automatic selection 为自动选择，列表中可选择 SC 或 AIC 统计量等来判定最佳滞后期，Maximum lags 指最大的滞后期数，User specified 指用户自定义滞后期，实际操作的时候从 0 阶开始逐个实验，并通过 AIC 和 SC 统计量来判定最佳滞后期，同时也可通过引入滞后期后相应滞后期的系数是否显著来判别。值得注意的是，虽然 α、ρ、γ 的显著性不服从标准的 t 分布，不能直接采用 t 统计量来判别，但是方程（12-21）至方程（12-23）中的 ΔY_{t-i} 的所有系数都趋近于 t 分布，因此，可以用 t 检验来判断滞后期系数的显著水平。

按照图 12-1 给出的检验类型选择步骤，从最复杂的方程（12-23）开始。在图 12-2 中，检验类型选择"Augmented Dickey-Fuller"，检验序列选择"Level"，检验方程选择"Trend and intercept"，经 AIC 和 SC 统计量以及滞后期系数的显著性，判定出最佳滞后期为 2，其输出结果如表 12-1 所示。

表 12-1 中 ADF 统计量大于 10% 显著水平下的临界值 −3.243 1，接受 $\rho=0$。写出此时的估计方程，并记下残差平方和 RSS。

表 12-1 ADF 检验的结果（一）

		t-Statistic	Prob. *
Augmented Dickey-Fuller test statistic		0.966 985 630	0.999 690 44
Test critical values：	1% level	−4.394 309 372	
	5% level	−3.612 198 607	
	10% level	−3.243 078 506 7	

* MacKinnon(1996) one-sided p-values.
Augmented Dickey-Fuller Test Equation
Dependent Variable：D(Y)
Method：Least Squares
Date：01/02/18 Time：16:12
Sample(adjusted)：1993 2016
Included observations：24 after adjusting endpoints

Variable	Coefficient	Std. Error	t-Statistic	Prob.
Y(−1)	0.040 039	0.041 406	0.966 986	0.345 7
D(Y(−1))	0.554 166	0.231 726	2.391 466	0.027 3
D(Y(−2))	−0.241 622	0.256 576	−0.941 720	0.358 2
C	−48.337 29	164.440 6	−0.293 950	0.772 0
@TREND("1990")	23.834 87	23.072 12	1.033 060	0.314 5
R-squared	0.839 682	Mean dependent var		837.995 8
Adjusted R-squared	0.805 931	S. D. dependent var		618.731
S. E. of regression	272.571 3	Akaike info criterion		14.236 73
Sum squared resid	1 411 608	Schwarz criterion		14.482 16
Log likelihood	−165.841	Hannan-Quinn criter.		14.301 84
F-statistic	24.878 61	Durbin-Watson stat		1.860 515
Prob(F-statistic)	0			

$$\Delta Y_t = -48.337 + 23.835t + 0.040 Y_{t-1} + 0.554 \Delta Y_{t-1} - 0.242 \Delta Y_{t-2}$$
$$RSS = 1\ 411\ 608 \tag{12-24}$$

选择图 12-2 中的"Augmented Dickey-Fuller""Level"和"Intercept"，将滞后期设置为 2，将得到方程（12-22）的估计结果，如表 12-2 所示。

表 12-2 ADF 检验的结果（二）

			t-Statistic	Prob. *
Augmented Dickey-Fuller test statistic			2.355 553	0.999 9
Test critical values：		1% level	−3.737 85	
		5% level	−2.991 88	
		10% level	−2.635 54	

* MacKinnon(1996) one-sided p-values.
Augmented Dickey-Fuller Test Equation
Dependent Variable：D(Y)
Method：Least Squares
Date：01/02/18 Time：16:51
Sample(adjusted)：1993 2016
Included observations：24 after adjusting endpoints

Variable	Coefficient	Std. Error	t-Statistic	Prob.
Y(−1)	0.069 915	0.029 681	2.355 553	0.028 8
D(Y(−1))	0.577 916	0.230 97	2.502 121	0.021 1
D(Y(−2))	−0.276 73	0.254 742	−1.086 3	0.290 3
C	91.136 96	94.034 04	0.969 191	0.344
R-squared	0.830 677	Mean dependent var		837.995 8
Adjusted R-squared	0.805 279	S. D. dependent var		618.731
S. E. of regression	273.029	Akaike info criterion		14.208 04
Sum squared resid	1 490 896	Schwarz criterion		14.404 39
Log likelihood	−166.497	Hannan-Quinn criter.		14.260 13
F-statistic	32.705 83	Durbin-Watson stat		1.848 35
Prob(F-statistic)	0			

表 12-2 中 ADF 统计量大于 10% 显著水平下的临界值，接受 $\rho=0$。写出此时的估计方程，并记下残差平方和 RSS。

$$\Delta Y_t = 91.137 + 0.070 Y_{t-1} + 0.578 \Delta Y_{t-1} - 0.277 \Delta Y_{t-2}$$
$$RSS = 1\,490\,896$$
(12-25)

选择图 12-2 中的 "Augmented Dickey-Fuller" "Level" 和 "None"，将滞后期设置为 2，将得到方程 (12-21) 的估计结果，如表 12-3 所示。

表 12-3 ADF 检验的结果（三）

		t-Statistic	Prob. *
Augmented Dickey-Fuller test statistic		2.544 751	0.995 9
Test critical values:	1% level	−2.664 85	
	5% level	−1.955 68	
	10% level	−1.608 79	

* MacKinnon(1996) one-sided p-values.

Augmented Dickey-Fuller Test Equation
Dependent Variable: D(Y)
Method: Least Squares
Date: 01/02/18   Time: 17:08
Sample(adjusted): 1993 2016
Included observations: 24 after adjusting endpoints

Variable	Coefficient	Std. Error	t-Statistic	Prob.
Y(−1)	0.074 47	0.029 264	2.544 751	0.018 9
D(Y(−1))	0.615 66	0.227 334	2.708 166	0.013 2
D(Y(−2))	−0.280 03	0.254 351	−1.100 98	0.283 4
R-squared	0.822 725	Mean dependent var		837.995 8
Adjusted R-squared	0.805 841	S. D. dependent var		618.731
S. E. of regression	272.634 3	Akaike info criterion		14.170 61
Sum squared resid	1 560 919	Schwarz criterion		14.317 86
Log likelihood	−167.047	Hannan-Quinn criter.		14.209 68
Durbin-Watson stat	1.849 77			

表 12-3 中 ADF 统计量大于 10% 显著水平下的临界值，接受 $\rho=0$。写出此时的估计方程，并记下残差平方和 RSS。

$$\Delta Y_t = 0.074 Y_{t-1} + 0.616 \Delta Y_{t-1} - 0.280 \Delta Y_{t-2}$$
$$RSS = 1\,560\,919$$
(12-26)

现在我们来计算 ϕ_1、ϕ_2、ϕ_3，我们将方程 (12-24) 看作无约束方程，将方程 (12-26) 看作受约束方程，约束条件即联合假设为 $\alpha=\rho=\gamma=0$。在 24 个观察值、4 个解释变量的情况下，无约束模型的自由度为 20。因此，

$$\phi_2 = \frac{(1\,560\,919 - 1\,411\,608)/3}{1\,560\,919/20} = 0.638$$

查 ϕ 的经验分布表，得 $\phi_{2,0.05}$ 大约为 5.68＞0.638，接受联合假设，认为序列存在单位根，但不存在时间趋势项和常数项。

同理,我们可以对变量 Y 的 1 阶差分和 2 阶差分进行 ADF 检验,结果发现 Y 的 1 阶差分仍旧是非平稳的,而 Y 的 2 阶差分是平稳的,因此,我们说变量 Y 的序列是 2 阶单整的。

案例 12-2

居民消费价格指数(CPI),是一个反映居民家庭一般购买的消费商品和服务价格水平变动情况的宏观经济指标。它是度量一组代表性消费商品及服务项目的价格水平随时间而变动的相对数,用来反映居民家庭购买消费商品及服务的价格水平的变动情况。我们对我国 2012~2015 年的 CPI 数据(见表 12-4)进行单位根检验。

表 12-4 2012~2015 年中国的 CPI 数据

时间	CPI	时间	CPI	时间	CPI	时间	CPI
2012 年 1 月	4.5	2013 年 1 月	2.0	2014 年 1 月	2.5	2015 年 1 月	0.8
2012 年 2 月	3.2	2013 年 2 月	3.2	2014 年 2 月	2.0	2015 年 2 月	1.4
2012 年 3 月	3.6	2013 年 3 月	2.1	2014 年 3 月	2.4	2015 年 3 月	1.4
2012 年 4 月	3.4	2013 年 4 月	2.4	2014 年 4 月	1.8	2015 年 4 月	1.4
2012 年 5 月	3.0	2013 年 5 月	2.1	2014 年 5 月	2.5	2015 年 5 月	1.2
2012 年 6 月	2.2	2013 年 6 月	2.7	2014 年 6 月	2.3	2015 年 6 月	1.4
2012 年 7 月	1.8	2013 年 7 月	2.7	2014 年 7 月	2.3	2015 年 7 月	1.6
2012 年 8 月	2.0	2013 年 8 月	2.6	2014 年 8 月	2.0	2015 年 8 月	2.0
2012 年 9 月	1.9	2013 年 9 月	3.1	2014 年 9 月	1.6	2015 年 9 月	1.6
2012 年 10 月	1.7	2013 年 10 月	3.2	2014 年 10 月	1.6	2015 年 10 月	1.3
2012 年 11 月	2.0	2013 年 11 月	3.0	2014 年 11 月	1.4	2015 年 11 月	1.5
2012 年 12 月	2.5	2013 年 12 月	2.5	2014 年 12 月	1.5	2015 年 12 月	1.6

资料来源:中华人民共和国统计局:http://www.stats.gov.cn/。

首先对 CPI 原始序列进行单位根检验。分别选择图 12-2 中的"Trend and intercept" "Intercept"和"None"选项,估计结果如表 12-5 至表 12-7 所示。

表 12-5 CPI 单位根检验(Trend and intercept)

		t-Statistic	Prob. *
Augmented Dickey-Fuller test statistic		−2.327 394	0.411 4
Test critical values:	1% level	−4.170 583	
	5% level	−3.510 740	
	10% level	−3.185 512	

* MacKinnon(1996) one-sided p-values.

表 12-6 CPI 单位根检验(Intercept)

		t-Statistic	Prob. *
Augmented Dickey-Fuller test statistic		−2.224 175	0.200 8
Test critical values:	1% level	−3.581 152	
	5% level	−2.926 622	
	10% level	−2.601 424	

* MacKinnon(1996) one-sided p-values.

表 12-7 CPI 单位根检验（None）

		t-Statistic	Prob.*
Augmented Dickey-Fuller test statistic		−1.630 876	0.096 5
Test critical values：	1% level	−2.616 203	
	5% level	−1.948 140	
	10% level	−1.612 320	

* MacKinnon(1996) one-sided p-values.

从表 12-5、表 12-6 和表 12-7 可以看出，在 CPI 原始序列情况下，Trend and intercept、Intercept 和 None 这三种情况的 ADF 统计量均大于显著水平为 1%、5% 的临界值，不能拒绝存在单位根的原假设，表明 CPI 数据是非平稳的。

因此继续对 1 阶差分后的单位根进行检验，在图 12-2 中选择"1st difference"。然后分别选择"Trend and intercept""Intercept"和"None"选项，估计结果如表 12-8、表 12-9 和表 12-10 所示。

表 12-8 △CPI 单位根检验（Trend and intercept）

		t-Statistic	Prob.*
Augmented Dickey-Fuller test statistic		−11.174 89	0.000 0
Test critical values：	1% level	−4.170 583	
	5% level	−3.510 740	
	10% level	−3.185 512	

* MacKinnon(1996) one-sided p-values.

表 12-9 △CPI 单位根检验（Intercept）

		t-Statistic	Prob.*
Augmented Dickey-Fuller test statistic		−11.217 40	0.000 0
Test critical values：	1% level	−3.581 152	
	5% level	−2.926 622	
	10% level	−2.601 424	

* MacKinnon(1996) one-sided p-values.

表 12-10 △CPI 单位根检验（None）

		t-Statistic	Prob.*
Augmented Dickey-Fuller test statistic		−11.174 15	0.000 0
Test critical values：	1% level	−2.616 203	
	5% level	−1.948 140	
	10% level	−1.612 320	

* MacKinnon(1996) one-sided p-values.

可以看出，1 阶差分后的 CPI 数据在 trend and intercept、intercept 和 none 这三种情况的下的 ADF 统计量均小于 1%、5%、10% 的临界值，因此拒绝存在单位根的原假设，表明 1 阶差分后的 CPI 是平稳的。

案例 12-3

我们对案例 12-2 中的我国 2012～2015 年的 CPI 数据用 Stata 软件进行统计分析。

首先，进行单位根检验之前，要将数据处理为时间序列。我们依次输入以下命令

- format t %tm   // 将变量 t 设置为月度数据的格式
- tsset t   // 将变量 t 设置为时间序列

紧接着，我们便可以对 CPI 原始数据进行单位根检验。

我们分别进行没有常数项也没有时间趋势（noconstant）、带有时间趋势和常数项（trend）和只带有漂移项（drift）的模型的单位根检验。

我们在 Stata 软件顶端工作栏依次点击 "Statistics/Time Series/Tests/Augmented Dickey-Fuller unit-root test"，可以弹出如图 12-3 所示的操作框。

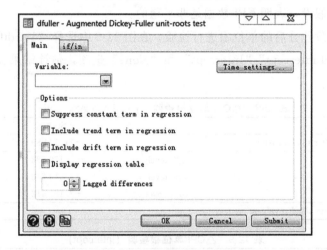

图 12-3　ADF 检验操作框

我们选择变量为 CPI，最后一个滞后项默认为 0。在 "Options" 中每次选择不同的模式得到如图 12-4 至图 12-6 所示的三个结果。

```
. dfuller cpi, noconstant regress lags(0)

Dickey-Fuller test for unit root                   Number of obs   =        47

                             ─────── Interpolated Dickey-Fuller ───────
                  Test        1% Critical       5% Critical      10% Critical
               Statistic         Value             Value             Value

  Z(t)          -1.749          -2.625            -1.950            -1.609


   D.cpi  |    Coef.    Std. Err.      t     P>|t|    [95% Conf. Interval]

     cpi
      L1. |  -.0732798   .0418989   -1.75    0.087    -.157618    .0110583
```

图 12-4　CPI 单位根检验（noconstant）

```
. dfuller cpi, trend regress lags(0)

Dickey-Fuller test for unit root                Number of obs   =        47

                        ——————— Interpolated Dickey-Fuller ———————
             Test         1% Critical      5% Critical     10% Critical
           Statistic         Value            Value            Value

Z(t)        -3.452          -4.178           -3.512           -3.187

MacKinnon approximate p-value for Z(t) = 0.0448


   D.cpi      Coef.     Std. Err.       t      P>|t|    [95% Conf. Interval]

    cpi
     L1.   -.4153809    .1203139     -3.45    0.001    -.6578576   -.1729042
  _trend   -.1105589    .0542558     -2.04    0.048    -.2199042   -.0012135
   _cons    7.346984    2.600174      2.83    0.007     2.106679    12.58729
```

图 12-5　CPI 单位根检验（trend）

```
. dfuller cpi, drift regress lags(0)

Dickey-Fuller test for unit root                Number of obs   =        47

                        ——————— Z(t) has t-distribution ———————
             Test         1% Critical      5% Critical     10% Critical
           Statistic         Value            Value            Value

Z(t)        -2.735          -2.412           -1.679           -1.301

p-value for Z(t) = 0.0044


   D.cpi      Coef.     Std. Err.       t      P>|t|    [95% Conf. Interval]

    cpi
     L1.   -.2457051    .0898353     -2.74    0.009    -.4266428   -.0647674
   _cons    2.628581    1.223648      2.15    0.037     .1640272    5.093135
```

图 12-6　CPI 单位根检验（drift）

从图 12-4、图 12-5 和图 12-6 可以看出，在 CPI 原始序列下，前两种情况下的 ADF 统计量均小于 10% 显著性水平的临界值，因此，在 10% 的显著性水平下拒绝存在单位根的原假设，CPI 数据是平稳的。最后一个结果中，ADF 统计量小于在 1% 显著性水平下的临界值，因此，在 1%的显著性水平下数据是平稳的。

思考与练习

1. 请解释下列名词：平稳随机过程 随机游走过程 单位根 伪回归 ADF 检验
2. 对一个随机游走过程来说，其方差与时间存在何种关系？
3. 如果一个时间序列是 3 阶单整的，那么需要进行多少次差分变换才能使其平稳？
4. 试阐述单位根检验的步骤。
5. 在进行单位根检验的时候，如何确定滞后期？
6. 表 12-11 给出的是 1990～2015 年我国 GDP（支出法）的时间序列数据。根据本章所学内容，完成如下要求：

表 12-11 1990～2015 年我国 GDP 数据

年 份	GDP（万亿元）	年 份	GDP（万亿元）
1990	18 872.90	2003	137 422.00
1991	22 005.60	2004	161 840.20
1992	27 194.50	2005	187 318.90
1993	35 673.20	2006	219 438.50
1994	48 637.50	2007	270 232.30
1995	61 339.90	2008	319 515.50
1996	71 813.60	2009	349 081.40
1997	79 715.00	2010	413 030.30
1998	85 195.50	2011	489 300.60
1999	90 564.40	2012	540 367.40
2000	100 280.10	2013	595 244.40
2001	110 863.10	2014	643 974.00
2002	121 717.40	2015	689 052.10

资料来源：中华人民共和国国家统计局，《中国统计年鉴——2016》，中国统计出版社，2016。

(1) 用 ADF 法对我国 GDP（支出法）时间序列进行单位根检验。
(2) 对我国 GDP（支出法）时间序列进行单整性分析。

7. 表 12-12 给出的是 1990～2015 年我国货物进出口总额的时间序列数据。检验其是否平稳，并确定其单整阶数。

表 12-12 1978～2015 年我国货物进出口总额数据

年 份	进出口额（亿元）	年 份	进出口额（亿元）
1990	5 560.10	2003	70 483.50
1991	7 225.80	2004	95 539.10
1992	9 119.60	2005	116 921.80
1993	11 271.00	2006	140 974.00
1994	20 381.90	2007	166 863.70
1995	23 499.90	2008	179 921.47
1996	24 133.80	2009	150 648.06
1997	26 967.20	2010	201 722.15
1998	26 849.70	2011	236 401.99
1999	29 896.20	2012	244 160.21
2000	39 273.20	2013	258 168.90
2001	42 183.60	2014	264 241.80
2002	51 378.20	2015	245 502.90

资料来源：中华人民共和国国家统计局，《中国统计年鉴——2016》，中国统计出版社，2016。

8. 表 12-13 给出的是 1990～2015 年农村居民消费水平和城镇居民消费水平的时间序列数据。

表 12-13 我国 1990～2015 年农村居民消费水平和城镇居民消费水平的数据

年 份	城镇居民消费水平（元）	农村居民消费水平（元）	年 份	城镇居民消费水平（元）	农村居民消费水平（元）
1990	1 404.25	626.52	2000	6 999.34	1 917.03
1991	1 840.00	602.25	2001	7 323.89	2 032.10
1992	2 262.00	688.00	2002	7 745.47	2 156.68
1993	2 924.00	805.00	2003	8 104.04	2 292.18
1994	3 852.00	1 038.00	2004	8 879.59	2 521.38
1995	4 769.10	1 344.50	2005	9 832.20	2 783.64
1996	5 532.00	1 626.00	2006	10 738.78	3 065.53
1997	5 823.00	1 722.00	2007	12 479.68	3 537.84
1998	6 109.00	1 730.00	2008	14 060.52	4 065.08
1999	6 405.00	1 766.00	2009	15 127.41	4 401.73

年份	城镇居民消费水平（元）	农村居民消费水平（元）	年份	城镇居民消费水平（元）	农村居民消费水平（元）
2010	17 103.54	4 940.84	2013	23 608.96	7 773.39
2011	19 911.75	6 187.49	2014	25 424.23	8 710.63
2012	21 861.24	6 963.90	2015	27 209.64	9 678.80

资料来源：国泰安数据服务中心。

要求：

(1) 做出农村居民消费水平和城镇居民消费水平的散点图，并直观地考察这两个时间序列是否是平稳的。

(2) 用单位根检验分别检验这两个时间序列是否是平稳的。

第13章 单变量时间序列模型

很多经济现象都具有长期的动态特征，周期性地发生变化，也有的因随机冲击而发生变异。本章主要讲述三种广泛应用的单变量时间序列模型：自回归模型（autoregressive model，简称 AR 模型）、移动平均模型（moving average model，简称 MA 模型）和自回归移动平均模型（autoregressive moving average model，简称 ARMA 模型）。这三种模型因其设定的不同而有所不同，并且在捕捉不同类型的自相关行为时具有不同的优势。

本章假设时间序列平稳且模型设定正确，从描述各类模型的自相关函数开始，分别对 AR、MA 和 ARMA 模型进行阐述，以帮助我们在实际运用中选择恰当的模型设定形式。

13.1 自回归模型

如果时间序列 $y_t(t=1, 2, \cdots)$ 是独立的，不存在任何依赖关系，即事物后一时刻的行为与前一时刻的行为毫无关系。这样的信息所揭示的统计规律就是事物独立地随机变动，系统无记忆能力。反之，如果信息之间有一定的依存性，这就使得我们能够利用已经收集的样本观测值的过去信息预测变量的未来值。存在这种依赖性的简单例子就是自回归（AR）模型，在 AR 模型中，序列的当期值与它自身的过去值和当期随机冲击有关。

13.1.1 AR(1) 过程

对于时间序列 $y_t(t=1, 2, \cdots)$，如果 t 时刻的行为 y_t 主要与其前一时刻 y_{t-1} 的行为有关，而与其前一时刻以前的行为 $y_{t-i}(i \geqslant 2)$ 没有直接关系，也就是说 y_t 只与 y_{t-1} 有关，用记忆性来说，就是最短的记忆，呈现 1 阶动态性，则描述这种关系的数学模型就是 1 阶自回归模型，简称 AR(1)。在 AR(1) 过程中，序列的当期值与它自身的上一期的值和当期随机冲击相关，也有可能存在一个固定的漂移 a_0。因此，1 阶自回归 AR(1) 过程可以表述为

$$y_t = a_0 + a_1 y_{t-1} + \mu_t \tag{13-1}$$

$$\mu_t \sim N(0,\sigma^2)$$

对于式（13-1）AR(1) 过程，向后滞后 1 期就可写成

$$y_t = a_0(1+a_1) + a_1^2 y_{t-2} + a_1 \mu_{t-1} + \mu_t \tag{13-2}$$

然后，反复向后替代等式右边的滞后项 y，就可以得到

$$y_t = a_0(1 + a_1 + a_1^2 + a_1^3 + \cdots) + \mu_t + a_1 \mu_{t-1} + a_1^2 \mu_{t-2} + a_1^3 \mu_{t-3} + \cdots \tag{13-3}$$

通过对式（13-3）求均值和方差就可得到 AR(1) 过程 y_t 的期望值和方差。

AR(1) 过程的均值为

$$\begin{aligned} E(y_t) &= E[a_0(1 + a_1 + a_1^2 + a_1^3 + \cdots) + \mu_t + a_1 \mu_{t-1} + a_1^2 \mu_{t-2} + a_1^3 \mu_{t-3} + \cdots] \\ &= \frac{a_0}{1-a_1} \end{aligned} \tag{13-4}$$

方差为

$$\begin{aligned} \gamma_0 = \mathrm{Var}(y_t) &= E[y_t - E(y_t)]^2 = E[\mu_t + a_1 \mu_{t-1} + a_1^2 \mu_{t-2} + a_1^3 \mu_{t-3} + \cdots]^2 \\ &= \frac{\sigma^2}{1-a_1^2} \end{aligned} \tag{13-5}$$

事实上，$\gamma_0 = \mathrm{Var}(y_{t-s})$，读者可自己证明。为了便于求得自协方差，根据自协方差的性质，因为式（13-1）的 AR(1) 过程的自协方差与漂移项无关，所以，省略 a_0，采用表达式

$$y_t = a_1 y_{t-1} + \mu_t \tag{13-6}$$

然后，等式两边同时乘以 y_{t-s}（$s=1,2,\cdots$），并取期望值，有

$$\begin{aligned} \gamma_s = \mathrm{Cov}(y_t, y_{t-s}) &= E(y_t y_{t-s}) = a_1 E(y_{t-1} y_{t-s}) + E(\mu_t y_{t-s}) \\ &= a_1 \gamma_{s-1} = a_1^s \gamma_0 = a_1^s \frac{\sigma^2}{1-a_1^2} \end{aligned} \tag{13-7}$$

因此，通过式（13-5）和式（13-7），可以得到自相关系数 ρ_s 为

$$\rho_s = \frac{\mathrm{Cov}(y_t, y_{t-s})}{\sqrt{\mathrm{Var}(y_t)}\sqrt{\mathrm{Var}(y_{t-s})}} = \frac{\gamma_s}{\gamma_0} = a_1^s \tag{13-8}$$

图 13-1 刻画的是 AR(1) 过程的总体自相关函数的特征。

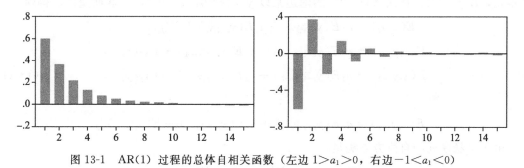

图 13-1 AR(1) 过程的总体自相关函数（左边 $1 > a_1 > 0$，右边 $-1 < a_1 < 0$）

可以看出，1 阶自回归过程 AR(1) 的自相关系数呈现逐渐衰减的特征。只有时间间隔趋近于无穷大，自相关系数取极限时，它的值才会趋近于 0。若 a_1 为正数，自相关系数呈

现正向单侧直接衰减；若 a_1 为负数，自相关系数呈现上下振荡衰减。a_1 的绝对值越小，衰减到零的速度越快。在商业和经济中，一般有 $a_1 > 0$。但是不论怎样，自相关系数都是逐渐衰减的，呈现拖尾的特征。

然而，AR(1) 过程的偏自相关函数呈现突然截尾，其偏自相关系数 ρ_s 为

$$\rho_s = \begin{cases} a_1 & s = 1 \\ 0 & s > 1 \end{cases} \tag{13-9}$$

其原因是显而易见的，这是因为偏自相关系数是总体自回归模型对应的系数。如果真实过程为 AR(1) 过程，那么，第 1 个偏自相关系数就是自回归系数，在其以后的滞后项系数都是 0。如图 13-2 所示，偏自相关系数在出现了一个峰值之后，其余都为 0。偏自相关系数的正负取决于对应系数的符号。

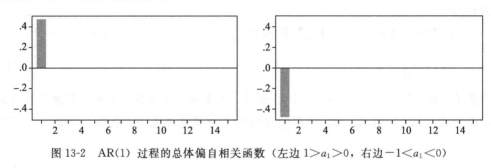

图 13-2 AR(1) 过程的总体偏自相关函数（左边 $1 > a_1 > 0$，右边 $-1 < a_1 < 0$）

13.1.2 AR(2) 过程

自回归 AR(2) 过程反映的是当期的值受到了自身的上期和再上一期的影响。同时也受到了当期随机干扰项的冲击，也可能存在一个漂移 a_0。

AR(2) 过程的表现形式为

$$y_t = a_0 + a_1 y_{t-1} + a_2 y_{t-2} + \mu_t \tag{13-10}$$

由于截距 a_0 对自相关系数和偏自相关系数没有影响，所以，为方便论述，省略 a_0。此时不难得到，$E(y_t) = 0$。在式 (13-10) 的两边乘以 $y_{t-s}(s = 0, 1, \cdots)$，并取期望值，得到

$$\begin{aligned} E(y_t y_t) &= a_1 E(y_{t-1} y_t) + a_2 E(y_{t-2} y_t) + E(\mu_t y_t) \\ E(y_t y_{t-1}) &= a_1 E(y_{t-1} y_{t-1}) + a_2 E(y_{t-2} y_{t-1}) + E(\mu_t y_{t-1}) \\ E(y_t y_{t-2}) &= a_1 E(y_{t-1} y_{t-2}) + a_2 E(y_{t-2} y_{t-2}) + E(\mu_t y_{t-2}) \\ &\vdots \\ E(y_t y_{t-s}) &= a_1 E(y_{t-1} y_{t-s}) + a_2 E(y_{t-2} y_{t-s}) + E(\mu_t y_{t-s}) \end{aligned} \tag{13-11}$$

由于平稳序列的自协方差满足

$$\gamma_s = E(y_t y_{t-s}) = E(y_{t-s} y_t) = E(y_{t-k} y_{t-k-s})$$

因此，由式 (13-11) 整理得到

$$\gamma_0 = a_1 \gamma_1 + a_2 \gamma_2 + \sigma^2 \tag{13-12}$$

$$\gamma_1 = a_1\gamma_0 + a_2\gamma_1 \tag{13-13}$$

$$\gamma_2 = a_1\gamma_1 + a_2\gamma_0 \tag{13-14}$$

$$\vdots$$

$$\gamma_s = a_1\gamma_{s-1} + a_2\gamma_{s-2} \tag{13-15}$$

将式（13-13）、式（13-14）和式（13-15）都除以 γ_0，得到

$$\rho_1 = a_1\rho_0 + a_2\rho_1 \tag{13-16}$$

$$\rho_2 = a_1\rho_1 + a_2\rho_0 \tag{13-17}$$

$$\vdots$$

$$\rho_s = a_1\rho_{s-1} + a_2\rho_{s-2} \tag{13-18}$$

因为 $\rho_0=1$，于是，由式（13-16）就可求得 $\rho_1=a_1/(1-a_2)$。由此通过 ρ_0 和 ρ_1 就可得到式（13-17）的 ρ_2。事实上，根据式（13-18）经过递推，可以得到所有的 $\rho_s(s\geqslant 2)$。

由于偏自相关系数反映的是其他滞后项固定不变时，对应的 y_{t-s} 对 y_t 的影响，因此，偏自相关系数只有滞后项 y_{t-1} 和 y_{t-2} 对应的系数，之后的滞后项系数看作零。

对于平稳时间序列 y_t，AR(2) 过程的自相关系数仍然呈现衰减的形态，具有拖尾的特征，而偏自相关系数在出现了两个峰值后截尾。

13.1.3 AR(p) 过程

更为一般的是 p 阶自回归过程 AR(p)，其形式为

$$y_t = a_0 + a_1 y_{t-1} + a_2 y_{t-2} + \cdots + a_p y_{t-p} + \mu_t$$

$$\mu_t \sim N(0, \sigma^2)$$

与 AR(1) 和 AR(2) 过程类似，在式（13-27）的两边都乘以 $y_{t-s}(s=0,1,2,\cdots)$，并取期望值，就可以得到滞后 s 期的自协方差为

$$\gamma_0 = a_1\gamma_1 + a_2\gamma_2 + \cdots + a_p\gamma_p + \sigma^2 \tag{13-19}$$

$$\gamma_s = a_1\gamma_{s-1} + a_2\gamma_{s-2} + \cdots + a_p\gamma_{s-p} \tag{13-20}$$

从而，式（13-20）两边同除以 γ_0 得到自相关系数为

$$\rho_s = a_1\rho_{s-1} + a_2\rho_{s-2} + \cdots + a_p\rho_{s-p} \tag{13-21}$$

很明显，无论 s 有多大，ρ_s 都依赖于滞后 1 阶到 p 阶的自相关系数。如同 AR(1) 过程，随着时间间隔的增大而逐渐衰减，因此，呈现拖尾的特征。若 AR(p) 是稳定的，则 ρ_s 递减并趋于零。AR(p) 过程中，当 $s>p$ 时，偏自相关系数为零，呈现截尾的特征，原因与 AR(1) 过程的偏自相关函数在时间间隔为 1 时突然截尾一样。

尽管从定性的角度来看，AR(p) 过程与 AR(1) 过程的自相关函数（逐渐衰减）一致，然而，它还依赖于自回归的阶数和参数值，其图形变化呈现出更丰富的形态，它可能呈现单调衰减，也可能呈现出 AR(1) 所不具备的振荡衰减模式。图 13-3 给出了 AR(2) 过程的两种不同特征的自相关函数图形。当两个特征根为实根时，表现为图 13-3a 的形式，当两个

特征根为共轭复根时为图 13-3b 的形式。关于 AR(p) 过程的平稳性和稳定性条件，参见有关书籍[⊖]。

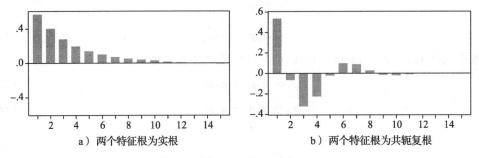

图 13-3　AR(2) 过程的总体自相关函数

13.2 移动平均模型

很多时间序列的值，常常会随着时间的推移发生变异，而导致变异的原因是这些取值在考察的时间内受到了冲击。可以认为这些变异是由不同取值的时间间隔内受到的冲击导致的。换句话说，时间序列的所有变异都是由不同时期的冲击所造成的综合结果。这便意味着，时间序列的值可能是由当前的干扰项和过去的冲击而形成，这便是移动平均过程。

13.2.1 MA(1) 过程

1 阶移动平均过程 MA(1) 过程可以表述为

$$y_t = \mu_t + \beta \mu_{t-1} \tag{13-22}$$

$$\mu_t \sim N(0, \sigma^2)$$

从式 (13-22) 可以看出，序列的当期值 y_t 可以表述为当期冲击和上期的冲击的函数。我们可以把它想象成等式右边只包含干扰项的当期值和滞后值的回归模型。

1 阶移动平均 MA(1) 的无条件均值为

$$E(y_t) = E(\mu_t) + \beta E(\mu_{t-1}) = 0 \tag{13-23}$$

方差为

$$\mathrm{Var}(y_t) = \mathrm{Var}(\mu_t) + \beta^2 \mathrm{Var}(\mu_{t-1}) = \sigma^2 + \beta^2 \sigma^2 = (1 + \beta^2) \sigma^2 \tag{13-24}$$

值得注意的是，在 σ 保持不变的情况下，无条件方差随着 β 绝对值的增大而增大。换句话说，β 的绝对值越大，MA(1) 过程的波动幅度越大。

自协方差函数为

$$\gamma_s = E(y_t y_{t-s}) = E[(\mu_t + \beta \mu_{t-1})(\mu_{t-s} + \beta \mu_{t-s-1})] = \begin{cases} \beta \sigma^2 & s = 1 \\ 0 & s > 1 \end{cases} \tag{13-25}$$

⊖ 李子奈，潘文卿. 计量经济学 [M]. 北京：高等教育出版社，2005.

因此，y_t 与 y_{t-s} 之间的自相关系数为

$$\rho_s = \frac{\gamma_s}{\gamma_0} = \begin{cases} \dfrac{\beta}{1+\beta^2} & s=1 \\ 0 & s>1 \end{cases} \tag{13-26}$$

图 13-4 展示了由式（13-26）给出的自相关系数的图形。这里，关键特征在于**自相关函数的截尾**。这意味着 MA(1) 过程只有 1 个时期的短暂记忆。当时间间隔大于 1，超过 MA 过程的阶数时，所有自相关系数都等于 0。值得注意的是，任何 MA(1) 过程都满足协方差平稳的必要条件（无条件均值为常数，无条件方差有限且为常数 $(1+\beta^2)\sigma^2$，自相关系数只依赖于其时间间隔，因为与时间起点无关）。

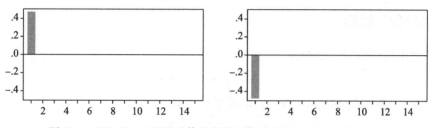

图 13-4　MA(1) 过程的总体自相关函数（左边 $\beta>0$，右边 $\beta<0$）

此外，如果 MA(1) 过程还满足 $|\beta|<1$，那么，就称 MA(1) 过程是**可逆的**，换句话说，MA 模型可以转化为 AR 模型。在这种情况下，可以把 MA(1) 过程倒置，序列的当前值不是用当前的冲击和过去的冲击来表述，而是用当前的冲击和序列滞后值来表述，称为**自回归表达式**（autoregressive representation）。自回归表达式由当前的冲击和序列的（可观测的）滞后值表述，而移动平均表达式由当前的冲击和（不可观察的）滞后冲击表述。

为了推导 1 阶移动平均 MA(1) 过程的自回归表达式，首先，把式（13-22）表述的 1 阶移动平均 MA(1) 过程 $y_t=\mu_t+\beta\mu_{t-1}$ 的白噪声表述为

$$\mu_t = y_t - \beta\mu_{t-1} \tag{13-27}$$

若把不同时期的白噪声用更多的连续时间滞后项来表示，则有

$$\mu_{t-1} = y_{t-1} - \beta\mu_{t-2}$$
$$\mu_{t-2} = y_{t-2} - \beta\mu_{t-3}$$
$$\mu_{t-3} = y_{t-3} - \beta\mu_{t-4}$$
$$\vdots$$

运用这些滞后的白噪声表达式，带入式（13-22）MA(1) 过程中，并进行递推，就可以得到无限阶的自回归表达式

$$y_t = \mu_t + \beta y_{t-1} - \beta^2 y_{t-2} + \beta^3 y_{t-3} + \cdots \tag{13-28}$$

从 MA(1) 过程的无限阶自回归表达式（13-28）可以看出，s 阶偏自相关系数恰好是自回归方程中 y_{t-s} 项对应的系数。因此，偏自相关函数会逐渐地衰减到 0。如果 $\beta>0$，则衰减模式呈现为振荡衰减，否则呈现为单侧直接衰减，如图 13-5 所示。

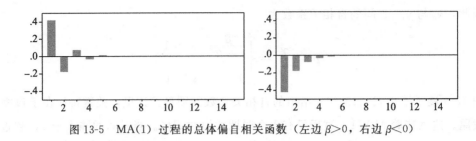

图 13-5 MA(1) 过程的总体偏自相关函数（左边 $\beta>0$，右边 $\beta<0$）

MA(1) 过程可以表述为无限阶自回归过程。因此，由 $|\beta|<1$ 可以得到随着时间间隔 s 的变大，偏自相关系数 ρ_s 衰减到零。

13.2.2 MA(2) 过程

2 阶移动平均 MA(2) 过程为

$$y_t = \mu_t + \beta_1 \mu_{t-1} + \beta_2 \mu_{t-2} \tag{13-29}$$

对与式（13-29）的 MA(2) 过程，取期望值，有

$$E(y_t) = E(\mu_t + \beta_1 \mu_{t-1} + \beta_2 \mu_{t-2}) = 0 \tag{13-30}$$

在式（13-29）的两边同乘 y_{t-s}（$s=0，1，\cdots$），然后取期望值，有

$$\gamma_0 = E(y_t y_t) = E(\mu_t + \beta_1 \mu_{t-1} + \beta_2 \mu_{t-2})^2 = (1 + \beta_1^2 + \beta_2^2)\sigma^2 \tag{13-31}$$

$$\begin{aligned}\gamma_1 &= E(y_t y_{t-1}) = E(\mu_t y_{t-1} + \beta_1 \mu_{t-1} y_{t-1} + \beta_2 \mu_{t-2} y_{t-1}) \\ &= \beta_1 \sigma^2 + \beta_1 \beta_2 \sigma^2 = (\beta_1 + \beta_1 \beta_2)\sigma^2\end{aligned} \tag{13-32}$$

$$\gamma_2 = E(y_t y_{t-2}) = E(\mu_t y_{t-2} + \beta_1 \mu_{t-1} y_{t-2} + \beta_2 \mu_{t-2} y_{t-2}) = \beta_2 \sigma^2 \tag{13-33}$$

$$\gamma_s = E(y_t y_{t-s}) = E(\mu_t y_{t-s} + \beta_1 \mu_{t-1} y_{t-s} + \beta_2 \mu_{t-2} y_{t-s}) = 0 \quad (s>2) \tag{13-34}$$

因此，自相关系数 ρ_s 为

$$\rho_s = \frac{\gamma_s}{\gamma_0} = \begin{cases} \dfrac{\beta_1 + \beta_1 \beta_2}{1 + \beta_1^2 + \beta_2^2} & s=1 \\ \dfrac{\beta_2}{1 + \beta_1^2 + \beta_2^2} & s=2 \\ 0 & s>2 \end{cases} \tag{13-35}$$

可见，MA(2) 过程的自相关系数在出现了两个峰值后就截尾。与 1 阶移动平均 MA(1) 过程类似，平稳 MA(2) 过程也可表述为无限阶自回归过程，因此，MA(2) 过程的偏自相关系数也呈现为衰减形态，呈现拖尾的特征。

13.2.3 MA(q) 过程

更为一般的 q 阶移动平均过程 MA(q) 的一般形式为

$$y_t = \mu_t + \beta_1 \mu_{t-1} + \cdots + \beta_q \mu_{t-q} \tag{13-36}$$

$$\mu_t \sim N(0, \sigma^2)$$

很显然，对式（13-36）取期望后，其值为零。在式（13-36）两边同乘以 $y_{t-s}(s=0,1,2,\cdots)$，并取期望值，得到

当 $s=0$ 时，有

$$\gamma_0 = E(y_t y_t) = E(\mu_t y_t) + \beta_1 E(\mu_{t-1} y_t) + \cdots + \beta_q E(\mu_{t-q} y_t)$$
$$= (1 + \beta_1^2 + \beta_2^2 + \cdots + \beta_q^2)\sigma^2 \tag{13-37}$$

当 $1 \leqslant s \leqslant q$ 时，有

$$\gamma_s = E(y_t y_{t-s}) = E(\mu_t y_{t-s}) + \beta_1 E(\mu_{t-1} y_{t-s}) + \cdots + \beta_q E(\mu_{t-q} y_{t-s})$$
$$= (\beta_s + \beta_1 \beta_{s+1} + \cdots + \beta_{q-s} \beta_q)\sigma^2 \tag{13-38}$$

当 $s>q$ 时，有

$$\gamma_s = E(y_t y_{t-s}) = E(\mu_t y_{t-s}) + \beta_1 E(\mu_{t-1} y_{t-s}) + \cdots + \beta_q E(\mu_{t-q} y_{t-s})$$
$$= 0 \tag{13-39}$$

于是，自相关系数 $\rho_s = \dfrac{\gamma_s}{\gamma_0}$，因此，就可以得到自相关系数为

$$\rho_s = \begin{cases} \dfrac{\beta_s + \beta_1 \beta_{s+1} + \cdots + \beta_{q-s} \beta_q}{1 + \beta_1^2 + \beta_2^2 + \cdots + \beta_q^2} & 1 \leqslant s \leqslant q \\ 0 & s > q \end{cases} \tag{13-40}$$

MA(q) 过程允许等式右边含有更多的滞后冲击，以此捕获更为丰富的信息。事实上，MA(1) 过程是 MA(q) 过程的一种特殊情况。

在 MA(1) 的情况下，当时间间隔超过 1 时，所有的自相关系数为 0；在 MA(q) 的情况下，当时间间隔超过 q 时，所有的自相关系数为 0。这种自相关系数截尾的性质是移动平均过程的特征之一。相反，MA(q) 过程的偏自相关函数却是逐渐衰减的，与无限阶自回归表达式一致，是振荡衰减还是单侧直接衰减，取决于过程的参数。

综合 MA(1)、MA(2) 和 MA(p) 过程，不难看出，MA(1) 过程是 MA(q) 过程的特例。MA(q) 过程的特征与 MA(1) 基本一致，主要差异在于 MA(q) 过程比 MA(1) 过程具有更长的记忆，这一点通过自相关系数可以体现得更为明显。

13.3 自回归移动平均模型

在有些时间序列中，当期的值不仅受到自身过去值的影响，也受到了当期和以往的冲击的影响，因此，将自回归（AR）模型和移动平均（MA）模型相结合，就产生了自回归移动平均（ARMA）过程，它既不是纯自回归过程，也不是纯移动平均过程。如果存在 p 阶自回归和 q 阶移动平均，则称为 ARMA(p, q) 过程，最简单的 ARMA 过程为 ARMA(1, 1)。

13.3.1 ARMA(1, 1) 过程

在 ARMA(1, 1) 过程中，包含的自回归滞后项和移动平均滞后项都只有一个，表

述为

$$y_t = a_0 + a_1 y_{t-1} + \mu_t + \beta\mu_{t-1} \tag{13-41}$$

$$\mu_t \sim N(0,\sigma^2)$$

由于截距项并不影响平稳性,也不影响自协方差,因此,忽略 a_0,把它看作零,把式(13-41)重写为

$$y_t = a_1 y_{t-1} + \mu_t + \beta\mu_{t-1} \tag{13-42}$$

很明显,将 y_{t-1} 代入式(13-42)并进行递推就可以得到 y_t 是一个无限阶的移动平均过程,因此,y_t 的期望值为零。

在式(13-42)的两边都乘以 $y_{t-s}(s=0,1,2,\cdots)$,然后取期望值,则有

$$\begin{aligned}\gamma_0 &= E(y_t y_t) = a_1 E(y_{t-1} y_t) + E(\mu_t y_t) + \beta E(\mu_{t-1} y_t) \\ &= a_1\gamma_1 + [1+\beta(a_1+\beta)]\sigma^2\end{aligned} \tag{13-43}$$

$$\begin{aligned}\gamma_1 &= E(y_t y_{t-1}) = a_1 E(y_{t-1} y_{t-1}) + E(\mu_t y_{t-1}) + \beta E(\mu_{t-1} y_{t-1}) \\ &= a_1\gamma_0 + \beta\sigma^2\end{aligned} \tag{13-44}$$

$$\begin{aligned}\gamma_2 &= E(y_t y_{t-2}) = a_1 E(y_{t-1} y_{t-2}) + E(\mu_t y_{t-2}) + \beta E(\mu_{t-1} y_{t-2}) \\ &= a_1\gamma_1\end{aligned} \tag{13-45}$$

$$\vdots$$

$$\begin{aligned}\gamma_s &= E(y_t y_{t-s}) = a_1 E(y_{t-1} y_{t-s}) + E(\mu_t y_{t-s}) + \beta E(\mu_{t-1} y_{t-s}) \\ &= a_1\gamma_{s-1}\end{aligned} \tag{13-46}$$

解由式(13-43)和式(13-44)的联立方程式,就可求得 γ_0 和 γ_1 的值分别为

$$\gamma_0 = \frac{1+\beta^2+2a_1\beta}{(1-a_1^2)}\sigma^2 \tag{13-47}$$

$$\gamma_1 = \frac{(1+a_1\beta)(a_1+\beta)}{(1-a_1^2)}\sigma^2 \tag{13-48}$$

因此

$$\rho_1 = \frac{(1+a_1\beta)(a_1+\beta)}{1+\beta^2+2a_1\beta} \tag{13-49}$$

且当所有的 $s \geqslant 2$ 时,有

$$\rho_s = \frac{\gamma_s}{\gamma_0} = \frac{a_1\gamma_{s-1}}{\gamma_0} = a_1\rho_{s-1} = a_1^{s-1}\rho_1 \tag{13-50}$$

ρ_1 的大小由 a_1 和 β 决定。从 ρ_1 开始,ARMA(1,1) 过程的自相关系数很像 ACF AR(1) 过程的自相关系数。若 $0<a_1<1$,它呈现单侧直接衰减。当 ρ_1 为正时,就几乎和 AR(1) 过程的自相关系数相仿,从正向衰减至零,当 ρ_1 为负时,从负向衰减至零;若 $-1<a_1<0$,无论 ρ_1 为正还是为负,自相关系数都呈现振荡衰减至零。

类似于 MA(1) 过程,ARMA(1,1) 也可以表述为无限阶自回归过程,因此 s 阶偏自相关系数恰好是自回归方程中 y_{t-s} 项对应的系数,并且会逐渐衰减到 0。

13.3.2 ARMA(p, q) 过程

ARMA(p, q) 过程是 ARMA(1, 1) 过程的推广,它允许存在多个自回归滞后项和移动平均滞后项。若忽略截距项 a_1,则 ARMA(p, q) 过程的表达式为

$$y_t = a_1 y_{t-1} + a_2 y_{t-2} + \cdots + a_p y_{t-p} \\ + \mu_t + \beta_1 \mu_{t-1} + \beta_2 \mu_{t-2} + \cdots + \beta_q \mu_{t-q} \tag{13-51}$$

同 ARMA(1, 1) 过程一样,在式 (13-51) 的两边同乘以 y_{t-s} ($s=0, 1, 2, \cdots$),再取期望值,当 $s=0$ 时,有

$$\gamma_0 = E(y_t y_t) = a_1 E(y_{t-1} y_t) + a_2 E(y_{t-2} y_t) + \cdots + a_p E(y_{t-p} y_t) \\ + E(\mu_t y_t) + \beta_1 E(\mu_{t-1} y_t) + \beta_2 E(\mu_{t-2} y_t) + \cdots + \beta_q E(\mu_{t-q} y_t) \\ = a_1 \gamma_1 + a_2 \gamma_2 + \cdots + a_p \gamma_p + (1 + \beta_1^2 + \beta_2^2 + \cdots + \beta_q^2) \sigma^2 \tag{13-52}$$

当 $1 \leqslant s \leqslant q$ 时,有

$$\gamma_s = E(y_t y_{t-s}) = a_1 E(y_{t-1} y_{t-s}) + a_2 E(y_{t-2} y_{t-s}) + \cdots + a_p E(y_{t-p} y_{t-s}) \\ + E(\mu_t y_{t-s}) + \beta_1 E(\mu_{t-1} y_{t-s}) + \beta_2 E(\mu_{t-2} y_{t-s}) + \cdots + \beta_q E(\mu_{t-q} y_{t-s}) \\ = a_1 \gamma_{s-1} + a_2 \gamma_{s-2} + \cdots + a_p \gamma_{s-p} + (\beta_s + \beta_1 \beta_{s+1} + \cdots + \beta_{q-s} \beta_q) \sigma^2 \tag{13-53}$$

当 $s > q$ 时,有

$$\gamma_s = E(y_t y_{t-s}) = a_1 E(y_{t-1} y_{t-s}) + a_2 E(y_{t-2} y_{t-s}) + \cdots + a_p E(y_{t-p} y_{t-s}) \\ + E(\mu_t y_{t-s}) + \beta_1 E(\mu_{t-1} y_{t-s}) + \beta_2 E(\mu_{t-2} y_{t-s}) + \cdots + \beta_q E(\mu_{t-q} y_{t-s}) \\ = a_1 \gamma_{s-1} + a_2 \gamma_{s-2} + \cdots + a_p \gamma_{s-p} \tag{13-54}$$

当 $s \leqslant q$ 时,联立式 (13-52) 和式 (13-53),组成多方程联立方程,可以求得 γ_s ($s=0, 1, 2, \cdots, q$),据此,就可以求出自相关系数 ρ_s ($s=0, 1, 2, \cdots, q$)。

当 $s > q$ 时,根据式 (13-54) 并结合 γ_0 就得到自相关系数为

$$\rho_s = a_1 \rho_{s-1} + a_2 \rho_{s-2} + \cdots + a_p \rho_{s-p} \tag{13-55}$$

如果 ARMA(p, q) 过程平稳,则从 q 滞后期开始,自相关系数衰减,呈现拖尾特征。

类似于 MA(q) 过程,ARMA(p, q) 也可以表述为无限阶自回归过程,因此 s 阶偏自相关系数恰好是自回归方程中 y_{t-s} 项对应的系数,并且会逐渐衰减到 0。

ARMA(p, q) 过程的自相关函数和偏自相关函数都不会在任何特定的时间间隔时截尾。通常,ARMA(p, q) 过程的自相关系数从 q 阶滞后项开始逐渐趋于零,而偏自相关系数从 p 阶滞后项开始逐渐趋于零。

表 13-1 给出了不同模型的自相关函数和偏自相关函数的特征。事实上,AR(p) 过程是 ARMA(p, q) 过程 $q=0$ 时的特例,同样,MA(q) 过程是 ARMA(p, q) 过程 $p=0$ 时的特例。通过观测序列的自相关系数和偏自相关系数的特征就可以判断单变量模型是选择 AR 模型、MA 模型还是 ARMA 模型。在滞后项选择时,应该遵循 AIC 和 SC 信息准则以及判定系数 R^2。

表 13-1 自相关函数和偏自相关函数的特征

过程	自相关函数	偏自相关函数
白噪音	对于 $s\neq 0$，所有 $\rho_s=0$	所有的 $\rho_s=0$
AR(1)：$a_1>0$	直接指数衰减：$\rho_s=a_1^s$	当 $s=1$ 时，$\rho_1=a_1$，当 $s\geqslant 2$ 时，$\rho_s=0$
AR(1)：$a_1<0$	振荡衰减：$\rho_s=a_1^s$	当 $s=1$ 时，$\rho_1=a_1$，当 $s\geqslant 2$ 时，$\rho_s=0$
AR(p)	向零衰减，系数可能振荡	直到滞后 p 期前有波峰，当 $s>p$ 时，$\rho_s=0$
MA(1)：$\beta>0$	滞后 1 期为正峰，当 $s\geqslant 2$ $\rho_s=0$	振荡衰减
MA(1)：$\beta<0$	滞后 1 期为负峰，当 $s\geqslant 2$ $\rho_s=0$	单侧直接衰减
ARMA(1，1)：$a_1>0$	从滞后 1 期开始单侧直接衰减	从滞后 1 期开始振荡衰减
ARMA(1，1)：$a_1<0$	从滞后 1 期开始振荡衰减	从滞后 1 期开始单侧直接衰减
ARMA(p，q)	从滞后 q 期开始衰减（可能直接，可能振荡）	从滞后 p 期开始衰减（可能直接，可能振荡）

资料来源：施图德蒙德. 应用计量经济学 [M]. 杜江，李恒，译. 北京：机械工业出版社，2011.

13.4 案例分析

案例 13-1

为了更好地掌握前面所学的知识，本章采用 2001～2015 年我国进出口总额的月度数据（命名为 GLOD）进行建模，如表 13-2 所示。

表 13-2 2001～2015 年我国进出口总额月度数据

月份	进出口总额（亿美元）	月份	进出口总额（亿美元）
2001 年 1 月	324.57	2002 年 1 月	406.74
2001 年 2 月	374.24	2002 年 2 月	350.56
2001 年 3 月	439.08	2002 年 3 月	463.25
2001 年 4 月	446.52	2002 年 4 月	524.79
2001 年 5 月	396.29	2002 年 5 月	470.79
2001 年 6 月	433.33	2002 年 6 月	491.15
2001 年 7 月	438.43	2002 年 7 月	561.98
2001 年 8 月	457.02	2002 年 8 月	566.42
2001 年 9 月	458.40	2002 年 9 月	617.07
2001 年 10 月	416.92	2002 年 10 月	551.47
2001 年 11 月	448.45	2002 年 11 月	599.43
2001 年 12 月	468.93	2002 年 12 月	606.24

（续）

月份	进出口总额（亿美元）	月份	进出口总额（亿美元）
2003年1月	608.20	2006年6月	1 481.20
2003年2月	482.40	2006年7月	1 460.60
2003年3月	645.70	2006年8月	1 627.40
2003年4月	701.50	2006年9月	1 679.80
2003年5月	653.70	2006年10月	1 524.30
2003年6月	668.00	2006年11月	1 687.90
2003年7月	745.90	2006年12月	1 672.00
2003年8月	720.00	2007年1月	1 573.60
2003年9月	835.50	2007年2月	1 404.40
2003年10月	760.80	2007年3月	1 599.90
2003年11月	786.50	2007年4月	1 780.20
2003年12月	904.00	2007年5月	1 656.50
2004年1月	714.30	2007年6月	1 796.30
2004年2月	760.90	2007年7月	1 911.30
2004年3月	923.20	2007年8月	1 977.40
2004年4月	966.40	2007年9月	2 010.50
2004年5月	878.30	2007年10月	1 884.00
2004年6月	994.20	2007年11月	2 089.60
2004年7月	999.70	2007年12月	2 061.50
2004年8月	982.10	2008年1月	1 998.30
2004年9月	1 065.10	2008年2月	1 661.80
2004年10月	979.50	2008年3月	2 045.20
2004年11月	1 119.30	2008年4月	2 207.40
2004年12月	1 164.90	2008年5月	2 207.80
2005年1月	950.60	2008年6月	2 217.10
2005年2月	844.50	2008年7月	2 480.70
2005年3月	1 160.10	2008年8月	2 410.50
2005年4月	1 197.10	2008年9月	2 435.00
2005年5月	1 078.70	2008年10月	2 214.10
2005年6月	1 222.40	2008年11月	1 898.90
2005年7月	1 207.60	2008年12月	1 833.40
2005年8月	1 256.00	2009年1月	1 418.00
2005年9月	1 328.10	2009年2月	1 249.50
2005年10月	1 241.70	2009年3月	1 620.20
2005年11月	1 337.50	2009年4月	1 707.30
2005年12月	1 398.10	2009年5月	1 641.30
2006年1月	1 204.90	2009年6月	1 825.70
2006年2月	1 058.50	2009年7月	2 002.10
2006年3月	1 449.00	2009年8月	1 917.00
2006年4月	1 434.40	2009年9月	2 189.40
2006年5月	1 332.20	2009年10月	1 975.40

(续)

月份	进出口总额（亿美元）	月份	进出口总额（亿美元）
2009 年 11 月	2 082.10	2012 年 12 月	3 668.40
2009 年 12 月	2 430.20	2013 年 1 月	3 455.84
2010 年 1 月	2 047.80	2013 年 2 月	2 635.09
2010 年 2 月	1 814.30	2013 年 3 月	3 652.03
2010 年 3 月	2 314.60	2013 年 4 月	3 559.61
2010 年 4 月	2 381.60	2013 年 5 月	3 451.07
2010 年 5 月	2 439.90	2013 年 6 月	3 215.07
2010 年 6 月	2 547.70	2013 年 7 月	3 541.64
2010 年 7 月	2 623.10	2013 年 8 月	3 526.97
2010 年 8 月	2 585.70	2013 年 9 月	3 560.69
2010 年 9 月	2 731.00	2013 年 10 月	3 397.04
2010 年 10 月	2 448.10	2013 年 11 月	3 706.08
2010 年 11 月	2 837.60	2013 年 12 月	3 898.43
2010 年 12 月	2 952.20	2014 年 1 月	3 823.94
2011 年 1 月	2 950.10	2014 年 2 月	2 511.76
2011 年 2 月	2 008.00	2014 年 3 月	3 325.12
2011 年 3 月	3 042.60	2014 年 4 月	3 586.28
2011 年 4 月	2 999.50	2014 年 5 月	3 550.24
2011 年 5 月	3 012.70	2014 年 6 月	3 420.12
2011 年 6 月	3 016.90	2014 年 7 月	3 784.81
2011 年 7 月	3 187.70	2014 年 8 月	3 670.95
2011 年 8 月	3 288.70	2014 年 9 月	3 964.11
2011 年 9 月	3 248.30	2014 年 10 月	3 683.27
2011 年 10 月	2 979.50	2014 年 11 月	3 688.48
2011 年 11 月	3 344.00	2014 年 12 月	4 054.13
2011 年 12 月	3 329.10	2015 年 1 月	3 404.84
2012 年 1 月	2 726.00	2015 年 2 月	2 777.62
2012 年 2 月	2 604.20	2015 年 3 月	2 860.55
2012 年 3 月	3 259.70	2015 年 4 月	3 185.27
2012 年 4 月	3 080.80	2015 年 5 月	3 212.47
2012 年 5 月	3 435.80	2015 年 6 月	3 374.12
2012 年 6 月	3 286.90	2015 年 7 月	3 471.68
2012 年 7 月	3 287.30	2015 年 8 月	3 334.96
2012 年 8 月	3 292.90	2015 年 9 月	3 507.67
2012 年 9 月	3 450.30	2015 年 10 月	3 231.48
2012 年 10 月	3 191.00	2015 年 11 月	3 391.81
2012 年 11 月	3 391.30	2015 年 12 月	3 879.77

资料来源：中华人民共和国统计局：http://www.stats.gov.cn/。

仔细观察表 13-2 可以看出，数据呈现逐渐上升的趋势，为非平稳数据，因此，在进行分析之前，需要首先对数据进行差分变换，获得平稳的数据，命名为 DGLOD，然后用差分后的样本数据 DGLOD 进行建模并分析。在 EViews 中，将已录入的数据运用函数 D(GLOD) 进行差分变换，命名为 DGLOD，也就是说，DGLOD=D(GLOD)。

按照一般做法，在建模之前应该考察序列的自相关函数和偏自相关函数，然后通过两者的特征来确定选择何种模型。然而，本案例的目的旨在演示如何估计 AR 模型、MA 模型和 ARMA 模型，因此，先逐个估计，然后再采用自相关函数和偏自相关函数来估计模型。

1. 估计 AR 模型

综合 AIC 和 SC 等各种设定模型的思想和方法，选择 2 阶自回归。在工作文档下，点击"Quick/Estimate Equation"，在弹出的对话框中键入"DGLOD AR(1) AR(2)"，就得到了 AR 模型的估计结果，如表 13-3 所示。

表 13-3　AR 模型的估计结果

Dependent Variable：DGLOD
Method：Least Squares
Date：01/02/18　Time：22:57
Sample(adjusted)：2001M04 2014M06
Included observations：159 after adjustments
Convergence achieved after 3 iterations

Variable	Coefficient	Std. Error	t-Statistic	Prob.
AR(1)	−0.428 561	0.074 446	−5.756 649	0.000 0
AR(2)	−0.362 255	0.074 442	−4.866 257	0.000 0
R-squared	0.212 922	Mean dependent var		18.748 68
Adjusted R-squared	0.207 909	S. D. dependent var		262.482 9
S. E. of regression	233.608 4	Akaike info criterion		13.757 67
Sum squared resid	8 567 944.	Schwarz criterion		13.796 27
Log likelihood	−1 091.735	Hannan-Quinn criter.		13.773 34
Durbin-Watson stat	2.174 703			
Inverted MA Roots	−.21+.56i		−.21−.56i	

从表 13-3 可以看出，AR(1)、AR(2) 都在 1% 的水平下显著。可见，AR(2) 模型能较好地刻画 DGLOD 序列的动态性。当然，AR(2) 是选择的结果，读者可以继续试验其他的 AR 设定，并采用调整后的判定系数 $\bar{R}^2$ 以及 AIC 统计量和 SC 统计量来进行判断。

2. 估计 MA 模型

在 EViews 中，点击"Quick/Estimate Equation"，在弹出的对话框中键入"DGLOD MA(1) MA(2) MA(3) MA(4)"［AIC 和 SIC 两个统计量都表明选择 MA(4) 最优］，就得到了 MA 模型的估计结果，如表 13-4 所示。

表 13-4　MA 模型的估计结果

Dependent Variable：DGLOD
Method：Least Squares
Date：01/02/18　Time：23:07
Sample(adjusted)：2001M02 2014M06
Included observations：161 after adjustments
Convergence achieved after62 iterations
MABackcast：2000M10 2001M01

Variable	Coefficient	Std. Error	t-Statistic	Prob.
MA(1)	−0.453 813	0.079 536	−5.705 790	0.000 0
MA(2)	−0.193 197	0.087 338	−2.212 058	0.028 4
MA(3)	0.042 241	0.087 458	0.482 992	0.629 8
MA(4)	0.091 532	0.079 778	1.147 330	0.253 0
R-squared	0.230 965	Mean dependent var		19.227 02
Adjusted R-squared	0.216 270	S. D. dependent var		260.873 7
S. E. of regression	230.947 7	Akaike info criterion		13.746 79
Sum squared resid	8 373 881.	Schwarz criterion		13.823 35
Log likelihood	−1 102.620	Hannan-Quinn criter.		13.777 88
Durbin-Watson stat	2.048 502			
Inverted MA Roots	.58−.28i	.58+.28i	−.36+.30i	−.36−.30i

　　从表 13-4 可以看出，MA(1)、MA(2)、MA(3)、MA(4) 中，除 MA(1)、MA(2) 外，其余的都在 5% 的水平下不显著。可见，MA(4) 模型不能较好地刻画 DGLOD 序列的动态性。然而，MA(4) 是选择的结果，未必是最好的，读者可以继续试验其他的 MA 设定，并采用调整后的判定系数 $\overline{R}^2$ 以及 AIC 统计量和 SC 统计量来进行判断。

3. 估计 ARMA 模型

　　在工作文档下，点击"Quick/Estimate Equation"，在弹出的对话框中键入"DGLOD AR(1) MA(1)"就得到了 ARMA 模型的估计结果，如表 13-5 所示。

表 13-5　ARMA 模型的估计结果

Dependent Variable：DGLOD
Method：Least Squares
Date：01/02/18　Time：23:15
Sample(adjusted)：2001M03 2014M06
Included observations：160 after adjustments
Convergence achieved after9 iterations
MABackcast：2001M02

Variable	Coefficient	Std. Error	t-Statistic	Prob.
C	19.855 65	4.727 965	4.199 618	0.000 0
AR(1)	0.235 588	0.110 708	2.128 014	0.034 9
MA(1)	−0.804 760	0.067 952	−11.843 10	0.000 0

				(续)
R-squared	0.255 000	Mean dependent var		19.036 75
Adjusted R-squared	0.245 510	S. D. dependent var		261.681 5
S. E. of regression	227.300 2	Akaike info criterion		13.708 99
Sum squared resid	8 111 466.	Schwarz criterion		13.766 65
Log likelihood	−1 093.719	Hannan-Quinn criter.		13.732 41
F-statistic	26.869 16	Durbin-Watson stat		1.964 754
Prob（F-statistic）	0.000 000			
Inverted AR Roots	.24			
Inverted MA Roots	.8			

从表 13-5 可以看出，AR(1) 和 MA(1) 在 5% 的显著水平下都是显著的。

4. 识别 ARMA 模型

通过表 13-1 的归纳结果，我们可以利用各类模型中对应的自相关函数和偏自相关函数的特征来识别或选择 ARMA 模型的设定形式。在工作文档下，点开序列 DG-LOD，点击 "View/Correlogram" 就会出现如图 13-6 的对话框。

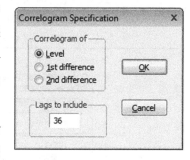

图 13-6 中 Level 表示原始序列，1st difference 表示 1 阶差分，2 st difference 表示 2 阶差分。lags to include 表示滞后期的项数。由于 DGLOD 序列本身就是平稳序列，因

图 13-6　Correlogram 对话框

此，无须差分，直接选择 "Level"，点击 "OK"，就得到了序列的自相关函数和偏自相关函数，如图 13-7 所示。在图 13-7 中只给出了前 24 阶的自相关系数和偏自相关系数。

仔细观测图 13-7，可以发现自相关系数和偏自相关系数在第 12 个峰值后衰减，并且观测自相关系数和偏自相关系数的显著性，重新设定和估计了模型。在工作文档下，点击 "Quick/Estimate Equation"，在弹出的对话框中键入 "DGLOD AR(1) AR(12) MA(1) MA(2) MA(12)" 就得到了 ARMA 模型的估计结果。如表 13-6 所示。

表 13-6　ARMA 模型的估计结果

Dependent Variable：DGOLD
Method：Least Squares
Date：01/02/18　Time：23:50
Sample(adjusted)：2002M02 2014M06
Included observations：149 after adjustments
Convergence achieved after27 iterations
MABackcast：OFF（Roots of MA process too large）

Variable	Coefficient	Std. Error	t-Statistic	Prob.
AR(1)	0.096 892	0.026 176	3.701 626	0.000 3
AR(12)	1.154 257	0.031 314	36.860 83	0.000 0
MA(1)	−0.557 214	0.078 690	−7.081 082	0.000 0
MA(2)	−0.048 627	0.069 758	−0.697 076	0.486 9
MA(12)	−0.710 86	0.044 251	−16.06 426	0.000 0

(续)

R-squared	0.710 579	Mean dependent var	20.224 03
Adjusted R-squared	0.702 540	S. D. dependent var	271.001 5
S. E. of regression	147.804 0	Akaike info criterion	12.862 63
Sum squared resid	3 145 828.	Schwarz criterion	12.963 44
Log likelihood	−953.266 1	Hannan-Quinn criter.	12.903 59
Durbin-Watson stat	2.203 026		
Inverted AR Roots	1.02	.88+.51i	.88−.51i	.51−.88i
	.51+.88i	.01−1.01i	.01+1.01i	−.50−.88i
	−.50+.88i	−.87+.51i	−.87−.51i	−1
	Estimated AR process is nonstationary			
Inverted MA Roots	1.04	.90+.47i	.90−.47i	.54+.82i
	.54−.82i	.04+.96i	.04−.96i	−.45−.83i
	−.45+.83i	−.81−.48i	−.81+.48i	−0.94
	Estimated MA process is nonstationary			

```
Date: 01/02/18   Time: 23:48
Sample: 2001M01 2014M06
Included observations: 161

Autocorrelation   Partial Correlation        AC      PAC    Q-Stat   Prob

                                     1   -0.321  -0.321   16.908   0.000
                                     2   -0.234  -0.376   25.937   0.000
                                     3    0.016  -0.270   25.980   0.000
                                     4    0.267   0.103   37.933   0.000
                                     5   -0.194  -0.093   44.275   0.000
                                     6    0.020   0.046   44.340   0.000
                                     7   -0.181  -0.285   49.908   0.000
                                     8    0.218  -0.026   58.051   0.000
                                     9    0.021   0.040   58.126   0.000
                                    10   -0.173  -0.152   63.335   0.000
                                    11   -0.243  -0.394   73.681   0.000
                                    12    0.608   0.304  138.84    0.000
                                    13   -0.118   0.179  141.30    0.000
                                    14   -0.219   0.078  149.85    0.000
                                    15   -0.027  -0.000  149.99    0.000
                                    16    0.224  -0.080  159.09    0.000
                                    17   -0.144  -0.099  162.88    0.000
                                    18    0.017  -0.037  162.93    0.000
                                    19   -0.169  -0.088  168.18    0.000
                                    20    0.198   0.012  175.49    0.000
                                    21    0.014  -0.032  175.52    0.000
                                    22   -0.161  -0.125  180.39    0.000
                                    23   -0.185  -0.119  186.90    0.000
                                    24    0.486   0.081  232.12    0.000
                                    25   -0.070   0.047  233.07    0.000
                                    26   -0.172   0.058  238.80    0.000
                                    27   -0.043   0.016  239.16    0.000
                                    28    0.185  -0.045  245.88    0.000
                                    29   -0.104  -0.048  248.02    0.000
                                    30   -0.002  -0.066  248.02    0.000
                                    31   -0.168  -0.111  253.74    0.000
                                    32    0.190  -0.040  261.09    0.000
                                    33    0.029  -0.028  261.26    0.000
                                    34   -0.151  -0.048  265.99    0.000
                                    35   -0.187  -0.117  273.27    0.000
                                    36    0.501   0.166  325.93    0.000
```

图 13-7 DGLOD 序列的自相关函数和样本自相关函数

案例 13-2

理论上，长期利率与短期利率之间的差不应该过大，如果利差过大，套利活动会使长短期利差向均衡方向靠拢。在这里，我们以美国 10 年期政府债券的收益率和联邦基金利率差为例，用 ARMA 模型来识别利率差的变动过程。表 13-7 是美国 10 年期政府债券的收益率和联邦基金利率数据，其中 R10 表示 10 年期美国政府债券的收益率，R 表示联邦基金利率。

表 13-7　10 年期美国政府债券的收益率和联邦基金利率

年份	R10	R	年份	R10	R
1956	3.18	2.73	1986	7.67	6.80
1957	3.65	3.11	1987	8.39	6.66
1958	3.32	1.57	1988	8.85	7.57
1959	4.33	3.31	1989	8.49	9.21
1960	4.12	3.21	1990	8.55	8.10
1961	3.88	1.95	1991	7.86	5.69
1962	3.95	2.71	1992	7.01	3.52
1963	4.00	3.18	1993	5.87	3.02
1964	4.19	3.50	1994	7.09	4.21
1965	4.28	4.07	1995	6.57	5.83
1966	4.93	5.11	1996	6.44	5.30
1967	5.07	4.22	1997	6.35	5.46
1968	5.64	5.66	1998	5.26	5.35
1969	6.67	8.21	1999	5.65	4.97
1970	7.35	7.17	2000	6.03	6.24
1971	6.16	4.67	2001	5.02	3.88
1972	6.21	4.44	2002	4.61	1.67
1973	6.85	8.74	2003	4.01	1.13
1974	7.56	10.51	2004	4.27	1.35
1975	7.99	5.82	2005	4.29	3.22
1976	7.61	5.05	2006	4.80	4.97
1977	7.42	5.54	2007	4.63	5.02
1978	8.41	7.94	2008	3.66	1.92
1979	9.43	11.20	2009	3.26	0.16
1980	11.43	13.35	2010	3.22	0.18
1981	13.92	16.39	2011	2.78	0.10
1982	13.01	12.24	2012	1.80	0.14
1983	11.10	9.09	2013	2.35	0.11
1984	12.46	10.23	2014	2.54	0.09
1985	10.62	8.10	2015	2.14	0.13

资料来源：《美国总统经济咨文及经济顾问委员会年度报告》，2016。

假定 R10 和 R 都在工作文件中，则点击"Quick/Generate series"，键入"S＝R10－R"，点击"OK"，便得到利率差序列 S。打开 S 序列，选择"view/correlogram"，点击"View/Correlogram"就会出现如图 13-6 的对话框，然后直接点击"OK"，就会出现如图 13-8 所示的图形。

通过图 13-8 可以大致看出，利率差序列 S 要么是 1 阶自回归 AR(1) 模型，要么是自回归移动平均 ARMA(1，1) 模型。

```
Date: 01/03/18   Time: 13:29
Sample: 1956 2015
Included observations: 60

 Autocorrelation  Partial Correlation       AC     PAC    Q-Stat  Prob

                                     1   0.526   0.526   17.426  0.000
                                     2   0.032  -0.337   17.494  0.000
                                     3  -0.206  -0.080   20.258  0.000
                                     4  -0.190   0.000   22.659  0.000
                                     5   0.023   0.152   22.696  0.000
                                     6   0.064  -0.139   22.983  0.001
                                     7   0.177   0.274   25.188  0.001
                                     8   0.141  -0.102   26.614  0.001
                                     9   0.155   0.260   28.373  0.001
                                    10   0.200   0.044   31.349  0.001
                                    11   0.205   0.242   34.532  0.000
                                    12   0.113  -0.191   35.517  0.000
                                    13  -0.139  -0.019   37.040  0.000
                                    14  -0.195  -0.087   40.108  0.000
                                    15  -0.229  -0.180   44.425  0.000
                                    16  -0.076   0.032   44.909  0.000
                                    17   0.170   0.113   47.421  0.000
                                    18   0.179  -0.168   50.261  0.000
                                    19   0.072  -0.068   50.732  0.000
                                    20  -0.060   0.106   51.071  0.000
                                    21  -0.016   0.048   51.096  0.000
                                    22   0.001  -0.074   51.096  0.000
                                    23  -0.020   0.124   51.138  0.001
                                    24  -0.112  -0.177   52.445  0.001
                                    25  -0.178   0.042   55.814  0.000
                                    26  -0.070   0.037   56.356  0.001
                                    27   0.018   0.047   56.392  0.001
                                    28   0.154  -0.096   59.166  0.001
```

图 13-8 利率差序列的自相关函数和样本自相关函数

1. 估计 AR 模型

在工作文档下，点击"Quick/Estimate Equation"，选择最小二乘法，键入"S C AR(1)"就得到了 AR(1) 模型的估计结果，如表 13-8 所示。

表 13-8 AR(1) 模型的估计结果

Dependent Variable：S
Method：Least Squares
Date：01/03/18   Time：13:35
Sample(adjusted)：1957 2015
Included observations：59 after adjustments
Convergence achieved after 3 iterations

Variable	Coefficient	Std. Error	t-Statistic	Prob.
C	1.079 574	0.351 900	3.067 843	0.003 3
AR(1)	0.532 008	0.112 855	4.714 094	0.000 0

			(续)
R-squared	0.280 509	Mean dependent var	1.045 085
Adjusted R-squared	0.267 886	S. D. dependent var	1.476 949
S. E. of regression	1.263 731	Akaike info criterion	3.339 324
Sum squared resid	91.029 90	Schwarz criterion	3.409 749
Log likelihood	−96.510 07	Hannan-Quinn criter.	3.366 815
F-statistic	22.222 68	Durbin-Watson stat	1.632 688
Prob（F-statistic）	0.000 016		
Inverted AR Roots	0.53		

2. 估计 ARMA 模型

同时，图 13-8 中 S 序列的偏自相关图也可以看成是振荡的衰减形态，因此我们可以估计 ARMA(1,1) 模型。在工作文档下，点击 "Quick/Estimate Equation"，在弹出的对话框中键入 "S C AR(1) MA(1)"，就得到了 ARMA(1,1) 模型的估计结果，如表 13-9 所示。

表 13-9 ARMA(1,1) 模型的估计结果

Dependent Variable：S
Method：Least Squares
Date：01/03/18 Time：13：45
Sample(adjusted)：1957 2015
Included observations：59 after adjustments
Convergence achieved after 37 iterations
MABackcast：1956

Variable	Coefficient	Std. Error	t-Statistic	Prob.
C	1.071 703	0.260 268	4.117 691	0.000 1
AR(1)	−0.141 982	0.132 956	−1.067 891	0.290 2
MA(1)	0.974 258	0.026 738	36.436 69	0.000 0
R-squared	0.407 731	Mean dependent var	1.045 085
Adjusted R-squared	0.386 579	S. D. dependent var	1.476 949
S. E. of regression	1.156 764	Akaike info criterion	3.178 639
Sum squared resid	74.933 74	Schwarz criterion	3.284 276
Log likelihood	−90.769 85	Hannan-Quinn criter.	3.219 875
F-statistic	19.275 85	Durbin-Watson stat	1.966 571
Prob（F-statistic）	0.000 000		
Inverted AR Roots	−.14		
Inverted MA Roots	−.97		

比较表 13-8 和表 13-9，表 13-8 中 AR(1) 调整的判定系数 $\bar{R}^2$ 为 0.27，小于表 13-9 的 ARMA(1,1) 的 0.39。说明 ARMA(1,1) 模型的拟合程度更高。AR(1) 的 AIC 统计量为 3.34，大于 ARMA(1,1) 的 3.18；SC 统计量为 3.41，大于 ARMA(1,1) 的 3.28。这些都说明 ARMA(1,1) 模型要优于 AR(1) 模型。因此，我们最终选择 ARMA(1,1) 模型。

案例 13-3

本例中采取 Stata 软件对案例 13-1 中的 2001~2015 年我国进出口总额月度数据进行建模。

我们将数据导入 Stata 软件，经过前一章提到的数据格式设置后开始建模。

首先对原始数据进行平稳性检验，结果如图 13-9 所示，发现数据不平稳。

```
. dfuller m, noconstant regress lags(0)
Dickey-Fuller test for unit root                    Number of obs    =      143

                                ——————— Interpolated Dickey-Fuller ———————
                    Test         1% Critical       5% Critical      10% Critical
                  Statistic         Value             Value             Value

Z(t)                0.040          -2.594            -1.950            -1.613


       D.m  |      Coef.   Std. Err.      t    P>|t|     [95% Conf. Interval]

         m
        L1. |    .0004376   .0109033     0.04   0.968    -.0211161    .0219912
```

图 13-9　原数据单位根检测结果

从数据的走势图（如图 13-10 所示）也可以看出这一结果。

- tsline m

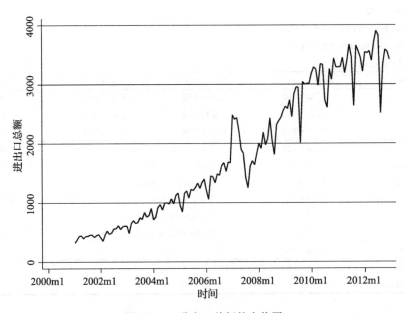

图 13-10　进出口总额的走势图

于是我们对数据进行差分处理，命令如下

- gen d_m= d.m //将差分后的进出口总额数据命名为 d.m

考察序列的自相关函数和偏自相关函数来确定如何选择模型，命令如下

- corrgram d_m,lags(24)

得到如图 13-11 所示的结果。

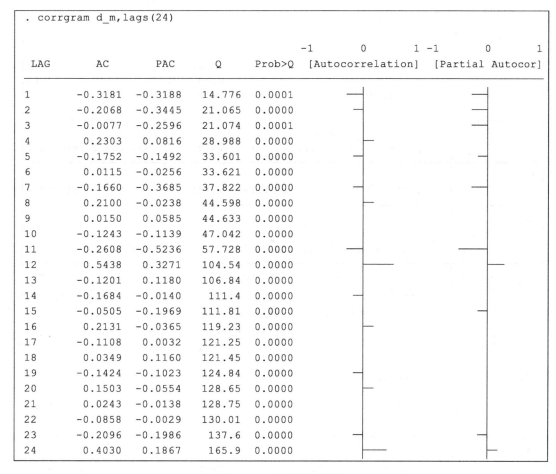

图 13-11 变量的相关图

我们可以看出输出结果是更加符合 ARMA 模型的。很明显自相关和偏自相关都是呈现拖尾，因为数据到后面还有增大的情况，没有明显的收敛趋势。而且自相关系数从 12 阶开始拖尾，偏自相关系数从 11 阶开始拖尾。根据表 13-1 的选择标准，应该选择 ARMA(11，12)。

同样，为了演示 AR 模型、MA 模型和 ARMA 模型在 Stata 中的操作，我们仍写出三种模型的命令。

1. 估计 AR 模型

与案例 13-1 相同，我们选择 2 阶自回归为例，命令如下

```
. arima d_m, ar(2)
```

得到如图 13-12 所示的结果。

可以看出，AR(2) 模型在 5% 的显著性水平下是显著的。读者还可以尝试其他的 AR 设定。

2. 估计 MA 模型

同样，我们采取 MA(2) 模型，估计结果如图 13-13 所示，命令如下

```
- arima d_m, ma(2)
```

```
ARIMA regression

Sample:  2001m2 - 2012m12                     Number of obs    =      143
                                              Wald chi2(1)     =     4.68
Log likelihood = -1003.93                     Prob > chi2      =   0.0305
```

d_m	Coef.	OPG Std. Err.	z	P>|z|	[95% Conf. Interval]	
d_m						
_cons	21.81275	18.87358	1.16	0.248	-15.17879	58.80428
ARMA						
ar						
L2.	-.2045249	.0945251	-2.16	0.030	-.3897907	-.019259
/sigma	270.76	8.487245	31.90	0.000	254.1253	287.3947

图 13-12　AR(2) 模型的估计结果

```
ARIMA regression

Sample:  2001m2 - 2012m12                     Number of obs    =      143
                                              Wald chi2(1)     =     1.68
Log likelihood = -1004.886                    Prob > chi2      =   0.1946
```

d_m	Coef.	OPG Std. Err.	z	P>|z|	[95% Conf. Interval]	
d_m						
_cons	21.68316	19.66582	1.10	0.270	-16.86115	60.22747
ARMA						
ma						
L2.	-.1413677	.1089856	-1.30	0.195	-.3549754	.0722401
/sigma	272.6281	8.090981	33.70	0.000	256.77	288.4861

图 13-13　MA(2) 模型的估计结果

可以看出，在此结果中，MA(2) 模型在 5％的显著性水平下是不显著的。读者可以继续试验其他的 MA 设定，并采用调整后的判定系数以及 AIC 统计量和 SC 统计量来进行判断。

3. 估计 ARMA 模型

根据第一部分选择的滞后项来建立 ARMA(12，11) 模型，估计结果如图 13-14 所示，命令如下：

```
- arima d_m, ar(12) ma(11)
```

可以看到，这个结果比我们之前估计的模型要好一些，但是，11 阶滞后的 MA 模型并不显著。

```
ARIMA regression

Sample:  2001m2 - 2012m12                 Number of obs    =     143
                                          Wald chi2(2)     =  201.65
Log likelihood = -974.7674                Prob > chi2      =  0.0000

                         OPG
        d_m      Coef.   Std. Err.      z     P>|z|    [95% Conf. Interval]

d_m
      _cons    19.59706   48.34559    0.41    0.685   -75.15855    114.3527
ARMA
         ar
        L12.   .6366263   .0531815   11.97    0.000    .5323926    .7408601
         ma
        L11.  -.0436946   .0613119   -0.71    0.476   -.1638638    .0764746

      /sigma  216.1023    7.053729   30.64    0.000    202.2773    229.9274
```

图 13-14 ARMA(12，11) 模型的估计结果

再次调整 MA 模型为 12 阶滞后，得到如图 13-15 所示的估计结果。

```
ARIMA regression

Sample:  2001m2 - 2012m12                 Number of obs    =     143
                                          Wald chi2(2)     =  394.40
Log likelihood = -969.9042                Prob > chi2      =  0.0000

                         OPG
        d_m      Coef.   Std. Err.      z     P>|z|    [95% Conf. Interval]

d_m
      _cons    16.68882   87.57755    0.19    0.849    -154.96     188.3377
ARMA
         ar
        L12.   .8742099   .0680592   12.84    0.000    .7408163   1.007604
         ma
        L12.  -.387707    .1167392   -3.32    0.001   -.6165116  -.1589023

      /sigma  206.6194    6.710101   30.79    0.000    193.4678   219.7709
```

图 13-15 ARMA(12，12) 模型的估计结果

可以看出，这个模型比我们之前估计的模型都要好，并且在1%的显著性水平下显著。

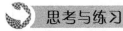

思考与练习

1. 请解释以下名词：AR 模型　MA 模型　ARMA 模型　自相关和偏自相关
2. 比较 ARMA 模型和多元线性回归模型的异同。
3. 如何确定 ARMA 模型的滞后期？
4. 表 13-10 给出了我国 2012 年 1 月～2015 年 12 月的 CPI 数据。要求：
   (1) 判断 CPI 的数据是否平稳。
   (2) 选择合适的 ARMA 模型预测 2016 年的 CPI。

表 13-10　2012 年 1 月～2015 年 12 月我国 CPI 数据　　　　（%）

时间	CPI	时间	CPI	时间	CPI	时间	CPI
2012 年 1 月	4.5	2013 年 1 月	2.0	2014 年 1 月	2.5	2015 年 1 月	0.8
2012 年 2 月	3.2	2013 年 2 月	3.2	2014 年 2 月	2.0	2015 年 2 月	1.4
2012 年 3 月	3.6	2013 年 3 月	2.1	2014 年 3 月	2.4	2015 年 3 月	1.4
2012 年 4 月	3.4	2013 年 4 月	2.4	2014 年 4 月	1.8	2015 年 4 月	1.4
2012 年 5 月	3.0	2013 年 5 月	2.1	2014 年 5 月	2.5	2015 年 5 月	1.2
2012 年 6 月	2.2	2013 年 6 月	2.7	2014 年 6 月	2.3	2015 年 6 月	1.4
2012 年 7 月	1.8	2013 年 7 月	2.7	2014 年 7 月	2.3	2015 年 7 月	1.6
2012 年 8 月	2.0	2013 年 8 月	2.6	2014 年 8 月	2.0	2015 年 8 月	2.0
2012 年 9 月	1.9	2013 年 9 月	3.1	2014 年 9 月	1.6	2015 年 9 月	1.6
2012 年 10 月	1.7	2013 年 10 月	3.2	2014 年 10 月	1.6	2015 年 10 月	1.3
2012 年 11 月	2.0	2013 年 11 月	3.0	2014 年 11 月	1.4	2015 年 11 月	1.5
2012 年 12 月	2.5	2013 年 12 月	2.5	2014 年 12 月	1.5	2015 年 12 月	1.6

资料来源：中华人民共和国统计局：http://www.stats.gov.cn/。

第14章
向量自回归模型及其应用

在联立方程模型中,把一些变量看作内生变量,另一些变量看作前定变量。为了保证模型是可识别的,必须确保联立方程模型中的每一个随机方程都是可识别的。因此,为了实现这个目的,依据阶条件或秩条件,常常要假定一些前定变量只能出现在某些方程中。但是,这种决定是主观的,如果一组变量确实具有相关性,但不能确信一些变量是外生变量时,这些变量就不应该事先被划分为内生变量和外生变量,而应该平等地加以对待。向量自回归模型(vector autoregressive model,简称 VAR 模型),就是针对变量无法确定为外生变量时,一种新的多方程模型的分析方法。向量自回归(VAR)模型是指每个方程等号右侧有相同的变量,而这些在方程右侧的变量包括所有内生变量的滞后项。

向量自回归(VAR)模型可以用于分析和预测相互联系的多变量时间序列系统,分析随机干扰项所探讨的经济系统的动态冲击,解释各种经济冲击对经济变量的影响。

14.1 向量自回归模型

14.1.1 简单的向量自回归模型

当我们对变量是否真是外生变量的情况不自信时,很自然的想法就是均等地对待每一个变量,把他们都看作内生变量。在两个变量的情况下,我们可以令 $\{Y_t\}$ 的时间路径受序列 $\{Z_t\}$ 的当期或过去的实际值的影响。考虑如下简单的双变量模型

$$Y_t = b_{10} - b_{12}Z_t + \gamma_{11}Y_{t-1} + \gamma_{12}Z_{t-1} + \mu_{yt} \tag{14-1}$$

$$Z_t = b_{20} - b_{21}Y_t + \gamma_{21}Y_{t-1} + \gamma_{22}Z_{t-1} + \mu_{zt} \tag{14-2}$$

式中,假设:

(1) Y_t 和 Z_t 都是平稳的随机过程。

(2) μ_{yt} 和 μ_{zt} 是白噪声干扰项,即均值都为零,标准差分别为 σ_y 和 σ_z。

(3) 白噪声干扰项 μ_{yt} 和 μ_{zt} 不相关,$\text{Cov}(\mu_{yt}, \mu_{zt})=0$,即相互间的协方差为零。

因为最长的滞后长度为 1,因此,方程(14-1)和方程(14-2)构成了一个 1 阶向量自

回归模型，是一个最简单的向量自回归模型。这一简单的双变量 1 阶 VAR 模型，有利于阐述在后面所提到的多元高阶向量自回归模型。

因为由方程（14-1）和方程（14-2）构成的向量自回归模型中，允许 Y_t 和 Z_t 相互影响，所以模型结构中结合了反馈因素，例如，$-b_{12}$ 是 1 单位 Z_t 的变化对 Y_t 的影响，γ_{21} 表示 1 单位 Y_{t-1} 的变化对 Z_t 的影响。μ_{yt} 和 μ_{zt} 分别是 Y_t 和 Z_t 中的随机干扰项（或冲击，或脉冲），因此，如果 b_{21} 不为零，则 μ_{yt} 通过影响 Y_t 路径，对 Z_t 有一个间接的影响，如果 b_{12} 不为零，μ_{zt} 同时对 Y_t 也有一个间接的影响。

例如，假定我国的居民消费支出和国民收入分别为 C_t 和 Y_t，设定居民消费支出的当期值和过去值影响人均国民收入，同时，也允许国民收入的当期值与过去值影响居民消费支出。显然，居民消费支出与国民收入之二者之间存在反馈因素。也就是说，构成了如方程（14-3）和方程（14-4）所示的向量自回归模型

$$Y_t = b_{10} + b_{11}C_t + \gamma_{11}C_{t-1} + \mu_{1t} \tag{14-3}$$

$$C_t = b_{20} + b_{21}Y_t + \gamma_{22}Y_{t-1} + \mu_{2t} \tag{14-4}$$

14.1.2　结构式向量自回归模型与标准型向量自回归模型

方程（14-1）和方程（14-2）并不是一个简约型方程。因为 Y_t 对 Z_t 有一个同时期的影响，而 Z_t 对 Y_t 也有一个同时期的影响，所以，无法通过方程（14-1）或方程（14-2）导出简约型方程。但是，我们可以将由方程（14-1）和方程（14-2）构成的模型写成矩阵形式

$$\begin{bmatrix} 1 & b_{12} \\ b_{21} & 1 \end{bmatrix} \begin{bmatrix} Y_t \\ Z_t \end{bmatrix} = \begin{bmatrix} b_{10} \\ b_{20} \end{bmatrix} + \begin{bmatrix} \gamma_{11} & \gamma_{12} \\ \gamma_{21} & \gamma_{22} \end{bmatrix} \begin{bmatrix} Y_{t-1} \\ Z_{t-1} \end{bmatrix} + \begin{bmatrix} \mu_{yt} \\ \mu_{zt} \end{bmatrix} \tag{14-5}$$

或

$$\boldsymbol{B}\boldsymbol{X}_t = \boldsymbol{\Gamma}_0 + \boldsymbol{\Gamma}_1 \boldsymbol{X}_{t-1} + \boldsymbol{u}_t \tag{14-6}$$

式中，

$$\boldsymbol{B} = \begin{bmatrix} 1 & b_{12} \\ b_{21} & 1 \end{bmatrix} \qquad \boldsymbol{X}_t = \begin{bmatrix} Y_t \\ Z_t \end{bmatrix} \qquad \boldsymbol{\Gamma}_0 = \begin{bmatrix} b_{10} \\ b_{20} \end{bmatrix}$$

$$\boldsymbol{\Gamma}_1 = \begin{bmatrix} \gamma_{11} & \gamma_{12} \\ \gamma_{21} & \gamma_{22} \end{bmatrix} \qquad \boldsymbol{u}_t = \begin{bmatrix} \mu_{yt} \\ \mu_{zt} \end{bmatrix}$$

用 $\boldsymbol{B}^{-1}$ 左乘以方程（14-6），得到向量自回归模型的简约式，标准向量自回归模型

$$\boldsymbol{X}_t = \boldsymbol{A}_0 + \boldsymbol{A}_1 \boldsymbol{X}_{t-1} + \boldsymbol{e}_t \tag{14-7}$$

式中，$\boldsymbol{A}_0 = \boldsymbol{B}^{-1}\boldsymbol{\Gamma}_0$，$\boldsymbol{A}_1 = \boldsymbol{B}^{-1}\boldsymbol{\Gamma}_1$，$\boldsymbol{e}_t = \boldsymbol{B}^{-1}\boldsymbol{u}_t$。

我们定义 a_{i0} 为列向量 $\boldsymbol{A}_0$ 的第 i 个元素，a_{ij} 为矩阵 $\boldsymbol{A}_1$ 中第 i 行第 j 列的元素，e_{it} 为列向量 $\boldsymbol{e}_t$ 的第 i 个元素。于是，可以用等价形式把模型（14-7）改写为

$$Y_t = a_{10} + a_{11}Y_{t-1} + a_{12}Z_{t-1} + e_{1t} \tag{14-8}$$

$$Z_t = a_{20} + a_{21}Y_{t-1} + a_{22}Z_{t-1} + e_{2t} \tag{14-9}$$

由方程（14-1）和方程（14-2）所组成的模型同方程（14-8）和方程（14-9）所代表的模型的差异在于，前者被称为**结构式向量自回归模型**（SVAR）或原始系统，后者被称为**标准型向量自回归模型**或诱导系统。

更一般地，我们可以在向量自回归模型中，包含大量的变量，每个内生变量的滞后阶数扩展为高阶。假定有 k 个变量，滞后阶数为 p，则 p 阶结构向量自回归模型 SVAR(p) 为

$$\boldsymbol{BX}_t = \boldsymbol{\Gamma}_0 + \boldsymbol{\Gamma}_1 \boldsymbol{X}_{t-1} + \boldsymbol{\Gamma}_2 \boldsymbol{X}_{t-2} + \cdots + \boldsymbol{\Gamma}_p \boldsymbol{X}_{t-p} + \boldsymbol{u}_t \tag{14-10}$$

式中，

$$\boldsymbol{B} = \begin{bmatrix} 1 & b_{12} & \cdots & b_{1k} \\ b_{21} & 1 & \cdots & b_{2k} \\ \vdots & \vdots & & \vdots \\ b_{k1} & b_{k2} & \cdots & 1 \end{bmatrix} \quad \boldsymbol{X}_t = \begin{bmatrix} X_{1t} \\ X_{2t} \\ \vdots \\ X_{kt} \end{bmatrix} \quad \boldsymbol{\Gamma}_0 = \begin{bmatrix} b_{10} \\ b_{20} \\ \vdots \\ b_{k0} \end{bmatrix}$$

$$\boldsymbol{\Gamma}_i = \begin{bmatrix} \gamma_{11}^{(i)} & \gamma_{12}^{(i)} & \cdots & \gamma_{1k}^{(i)} \\ \gamma_{21}^{(i)} & \gamma_{22}^{(i)} & \cdots & \gamma_{2k}^{(i)} \\ \vdots & \vdots & & \vdots \\ \gamma_{k1}^{(i)} & \gamma_{k2}^{(i)} & \cdots & \gamma_{kk}^{(i)} \end{bmatrix} \quad i=1,2,\cdots,k \quad \boldsymbol{u}_t = \begin{bmatrix} \mu_{1t} \\ \mu_{2t} \\ \vdots \\ \mu_{kt} \end{bmatrix}$$

需要说明的是，$\boldsymbol{\Gamma}_i$ 是内生变量向量 $\boldsymbol{X}_t$ 的滞后 i 期的前定内生变量向量 $\boldsymbol{X}_{t-i}$ 的系数矩阵。

用 $\boldsymbol{B}^{-1}$ 左乘以方程（14-10），得到 p 阶向量自回归模型的简约式，标准向量自回归模型

$$\boldsymbol{X}_t = \boldsymbol{A}_0 + \boldsymbol{A}_1 \boldsymbol{X}_{t-1} + \boldsymbol{A}_2 \boldsymbol{X}_{t-2} + \cdots + \boldsymbol{A}_p \boldsymbol{X}_{t-p} + \boldsymbol{e}_t \tag{14-11}$$

式中，$\boldsymbol{A}_0 = \boldsymbol{B}^{-1} \boldsymbol{\Gamma}_0$；$\boldsymbol{A}_i = \boldsymbol{B}^{-1} \boldsymbol{\Gamma}_i$，$i=1, 2, \cdots, p$；$\boldsymbol{e}_t = \boldsymbol{B}^{-1} \boldsymbol{u}_t$。

事实上，模型（14-6）是结构向量自回归模型 SVAR(p) 中的最简单形式。

14.2 向量自回归模型的估计

14.2.1 向量自回归模型的识别条件

同第 10 章联立方程模型一样，在对结构式模型的参数进行估计时，遇到的首要问题是模型的识别问题。也就是说，能否从结构式和简约式之间的参数关系中，估计得到相应的结构参数。

对于 k 个变量的 p 阶结构向量自回归模型 SVAR(p)

$$\boldsymbol{BX}_t = \boldsymbol{\Gamma}_0 + \boldsymbol{\Gamma}_1 \boldsymbol{X}_{t-1} + \boldsymbol{\Gamma}_2 \boldsymbol{X}_{t-2} + \cdots + \boldsymbol{\Gamma}_p \boldsymbol{X}_{t-p} + \boldsymbol{u}_t \tag{14-12}$$

需要估计的参数个数为 $pk^2 + (k+k^2)/2$。

对于 k 个变量的 p 阶简约向量自回归模型

$$\boldsymbol{X}_t = \boldsymbol{A}_0 + \boldsymbol{A}_1 \boldsymbol{X}_{t-1} + \boldsymbol{A}_2 \boldsymbol{X}_{t-2} + \cdots + \boldsymbol{A}_p \boldsymbol{X}_{t-p} + \boldsymbol{e}_t \tag{14-13}$$

需要估计的参数个数为 $k + pk^2$。

如果要得到唯一的结构式参数估计值，则要求简约式的未知参数不能多于结构式的未知参数。

14.2.2　向量自回归模型的参数估计

向量自回归模型类似于联立方程模型，可以用二阶段最小二乘法进行估计。对于标准向量自回归模型，也就是说，如果每一方程都含有同样个数的模型中的滞后变量，则可以直接采用普通的最小二乘法进行估计。

在 EViews 软件中，可以分两种情况，分别进入估计向量自回归模型的对话框。

第 1 种情形：带变量名。在 EViews 软件的工作窗口下，选中向量自回归模型中所需变量，例如表 3-1 提供的变量 X 和 Y，单击右键"Open/as VAR"，将出现如图 14-1 所示的对话框。

其中，VAR Type 表示 VAR 设定选择框，Unrestricted VAR 指无约束的 VAR 模型，VEC 表示受约束的 VAR 模型，即向量误差修正模型。Lag Intervals for Endogenous 表示滞后区间选择框，默认情况是 1～2 期，最佳滞后期的确定通常采用 SC 和 AIC 统计量以及相应滞后期系数的显著性加以判别。Estimation Sample 表示样本区间的范围。Endogenous Variables 表示内生变量，在对应窗口中填写内生变量。ExogenousVariables 表示外生变量，可在对应窗口中填写外生变量。此时，只需进行相关设置，比如选择滞后期等，再点击"OK"便可得到 VAR 模型的估计结果。

第 2 种情形：不带变量名。在 EViews 软件的主菜单下，选择"Object/New Object/VAR"或"Quick/Estimate VAR"，弹出如图 14-2 所示的对话框。

图 14-1　有变量名的 VAR 模型估计对话框　　图 14-2　无变量名的 VAR 模型估计对话框

当出现图 14-2 的对话框后，只需在相应的窗口下填入 VAR 模型需要的变量名，然后进行相关设置，点击"OK"即可得到 VAR 模型的估计结果。在"Endogenous Variables"下面键入"Y X"（表 3-1 的数据），通过反复试验，利用 SC 和 AIC 统计量判断最佳滞后期为 1 期，因此在"Lag Intervals"下填写"1 1"，点击"OK"得到 VAR 模型的估计结果，如表 14-1 所示。

表 14-1　VAR 模型的估计结果

Vector Autoregression Estimates
Date：01/03/18　Time：14：16
Sample（adjusted）：1991 2016
Included observations：26 after adjusting
Standard errorsin（）& t-statistics in []

	Y	X
Y(−1)	0.543 806	−1.564 525
	(−0.127 24)	(−0.465 94)
	[4.273 94]	[−3.357 81]
X (−1)	0.200 978	1.643 952
	(−0.045 83)	(−0.167 84)
	[4.384 91]	[9.794 71]
C	377.111 6	1 389.521
	(−89.708 3)	(−328.506)
	[4.203 75]	[4.229 82]
R-squared	0.998 836	0.997 904
Adj. R-squared	0.998 735	0.997 722
Sum sq. resids	1 077 094.	14 443 547
S. E. equation	216.402 8	792.452 1
F-statistic	9 867.795	5 474.869
Log likelihood	−175.104 2	−208.852 0
Akaike AIC	13.700 33	16.296 31
Schwarz SC	13.845 49	16.441 47
Mean dependent	7 422.246	19 106.04
S. D. dependent	6 083.742	16 602.00
Determinant resid covariance (dof adj.)		9.43E+09
Determinant resid covariance		7.38E+09
Log likelihood		−369.169 4
Akaike information criterion		28.859 19
Schwarz criterion		29.149 52

根据表 14-1 的回归结果可写出标准型 VAR 估计结果

$$Y_t = 377.112 + 0.544Y_{t-1} + 0.201X_{t-1} + e_{1t}$$
$$X_t = 1\,389.521 - 1.565Y_{t-1} + 1.644X_{t-1} + e_{2t}$$

从结果中可以看到，上期 $Y(X)$ 每变化 1 单位会导致本期 Y 同向变化 0.544(0.201) 单位；同理，上期 Y 每变化 1 单位会导致本期 X 反向变化 1.565 单位，而上期 X 会使本期 X 同向变化 1.644 单位。

14.3　脉冲响应函数

14.3.1　线性动态模型与动态乘数

差分方程组解起来比较容易，将差分方程组拆分成独立的单方程模型很有用处。如果构成一个模型的所有差分方程都是线性的,则称这个模型是线性的。

考察一个由 3 个方程构成的乘数-加速度宏观经济模型

$$C_t = \alpha_0 + \alpha_1 Y_{t-1} \tag{14-14}$$

$$I_t = \beta_0 + \beta_1(Y_{t-1} - Y_{t-2}) \tag{14-15}$$

$$Y_t = C_t + I_t + G_t \tag{14-16}$$

式中,C 代表消费,I 代表投资,Y 代表 GDP,它们为内生变量;G 代表政府支出,为外生变量。

先把 3 个方程合并成一个差分方程,我们称这个差分方程为基本动态方程。例如,把方程 (14-14) 和方程 (14-15) 代入方程 (14-16),得到的方程

$$Y_t - (\alpha_1 + \beta_1)Y_{t-1} + \beta_1 Y_{t-2} = (\alpha_0 + \beta_0) + G_t \tag{14-17}$$

就是一个基本动态方程。我们所关心的是外生变量 G 的变化是如何影响内生变量 Y 的变化的,并且在未来的时间内 Y 会有什么变化。最初 G_t 的 1 单位变化引起 Y_t 的动态变化程度称为动态乘数,Y_t 的最初变化称为 1 期动态乘数,而各时期动态乘数之和称为长期总乘数。

14.3.2 脉冲响应函数

1. 脉冲响应函数的提出

在前一节的线性动态模型中,只讨论了外生变量变化对内生变量的影响,没有涉及每个内生变量对自己以及其他所有内生变量的变化是如何反应的。脉冲响应函数表达的正是内生变量对自己或其他内生变量的变化的反应。

仍然考察一个由 3 个方程构成的乘数-加速度宏观经济计量模型

$$C_t = \alpha_0 + \alpha_1 Y_{t-1} + \mu_{ct} \tag{14-18}$$

$$I_t = \beta_0 + \beta_1(Y_{t-1} - Y_{t-2}) + \mu_{it} \tag{14-19}$$

$$Y_t = C_t + I_t + G_t \tag{14-20}$$

现在,考察随机干扰项 μ_{ct} 和 μ_{it} 的变化对模型产生的影响。首先,根据方程 (14-18),μ_{ct} 的变化将立即影响消费,通过方程 (14-20) 也会影响收入,其结果就会通过方程 (14-19) 很快影响未来的投资。随着时间的推移,随机干扰项的最初影响在模型中逐步扩散,将会影响模型中其他内生变量,可能使之产生更大的变化。同样的原理,μ_{it} 的变化将立即直接影响投资,进而影响收入,最终在未来影响消费,也影响投资。

脉冲响应就是试图描述随机干扰项对内生变量的影响轨迹。如果可以的话,我们很想分辨各内生变量的扰动,从而使我们能够准确确定一个变量的意外变化是如何影响模型中其他内生变量的。如果模型是线性的,并且不同随机方程中的随机行为是相互独立的,这一点是可以做到的。

2. 脉冲响应函数

为了便于阐述,继续采用双变量 1 阶 VAR 模型

$$Y_t = a_{10} + a_{11}Y_{t-1} + a_{12}Z_{t-1} + e_{1t} \tag{14-21}$$

$$Z_t = a_{20} + a_{21}Y_{t-1} + a_{22}Z_{t-1} + e_{2t} \tag{14-22}$$

把双变量 VAR 模型写成矩阵的形式为

$$\begin{bmatrix} Y_t \\ Z_t \end{bmatrix} = \begin{bmatrix} a_{10} \\ a_{20} \end{bmatrix} + \begin{bmatrix} a_{11} & a_{12} \\ a_{21} & a_{22} \end{bmatrix} \begin{bmatrix} Y_{t-1} \\ Z_{t-1} \end{bmatrix} + \begin{bmatrix} e_{1t} \\ e_{2t} \end{bmatrix} \tag{14-23}$$

应用 1 阶 VAR 模型稳定时的特解,我们可得到

$$\begin{bmatrix} Y_t \\ Z_t \end{bmatrix} = \begin{bmatrix} \overline{Y} \\ \overline{Z} \end{bmatrix} + \sum_{i=0}^{\infty} \begin{bmatrix} a_{11} & a_{12} \\ a_{21} & a_{22} \end{bmatrix}^i \begin{bmatrix} e_{1t-i} \\ e_{2t-i} \end{bmatrix} \tag{14-24}$$

方程 (14-24) 是用序列 $\{e_{1t}\}$ 和 $\{e_{2t}\}$ 来表示内生变量 Y_t 和 Z_t 的,由于误差向量为

$$\begin{bmatrix} e_{1t} \\ e_{2t} \end{bmatrix} = \frac{1}{1 - b_{12}b_{21}} \begin{bmatrix} 1 & -b_{12} \\ -b_{21} & 1 \end{bmatrix} \begin{bmatrix} \mu_{yt} \\ \mu_{zt} \end{bmatrix} \tag{14-25}$$

所以,结合方程 (14-24) 和方程 (14-25),用序列 $\{\mu_{yt}\}$ 和 $\{\mu_{zt}\}$ 把方程 (14-25) 再次改写为

$$\begin{bmatrix} Y_t \\ Z_t \end{bmatrix} = \begin{bmatrix} \overline{Y} \\ \overline{Z} \end{bmatrix} + \frac{1}{1 - b_{12}b_{21}} \sum_{i=0}^{\infty} \begin{bmatrix} a_{11} & a_{12} \\ a_{21} & a_{22} \end{bmatrix}^i \begin{bmatrix} 1 & -b_{12} \\ -b_{21} & 1 \end{bmatrix} \begin{bmatrix} \mu_{yt-i} \\ \mu_{zt-i} \end{bmatrix} \tag{14-26}$$

显然方程 (14-26) 是一个移动平均表达式,是有深刻见解的。

为了使用更为方便,定义 2×2 的矩阵 $\boldsymbol{\phi}_i$ 对其简化,矩阵的元素表示为 $\phi_{jk}(i)$,$\boldsymbol{\phi}_i$ 的定义为

$$\boldsymbol{\phi}_i = \frac{A_1^i}{1 - b_{12}b_{21}} \begin{bmatrix} 1 & -b_{12} \\ -b_{21} & 1 \end{bmatrix} \tag{14-27}$$

因此,方程 (14-26) 的移动平均表达式可用序列 $\{\mu_{yt}\}$ 和 $\{\mu_{zt}\}$ 描述。

$$\begin{bmatrix} Y_t \\ Z_t \end{bmatrix} = \begin{bmatrix} \overline{Y} \\ \overline{Z} \end{bmatrix} + \sum_{i=0}^{\infty} \begin{bmatrix} \phi_{11}(i) & \phi_{12}(i) \\ \phi_{21}(i) & \phi_{22}(i) \end{bmatrix}^i \begin{bmatrix} \mu_{yt-i} \\ \mu_{zt-i} \end{bmatrix} \tag{14-28}$$

或更紧凑的形式为

$$X_t = \mu + \sum_{i=0}^{\infty} \phi_i \mu_{t-i} \tag{14-29}$$

移动平均表达式是一种解释序列 $\{Y_t\}$ 与 $\{Z_t\}$ 相互作用的极其有用的工具,$\boldsymbol{\phi}_i$ 的系数能够被用于构造 μ_{yt} 和 μ_{zt} 脉冲对序列 $\{Y_t\}$ 与 $\{Z_t\}$ 的整个时间路径所产生的影响。

事实上,式 (14-29) 是式 (14-28) 的矩阵形式。在式 (14-28) 中,$\phi_{jk}(i)$($j=1, 2$; $k=1, 2$; $i=0, 1, \cdots, \infty$)是效应乘数。例如,系数 $\phi_{12}(0)$ 是指 1 单位 μ_{zt} 的变化对 Y_t 产生的当期影响。同样,$\phi_{11}(1)$ 和 $\phi_{12}(1)$ 是 1 单位 μ_{yt-1} 和 μ_{zt-1} 的变化使得 Y_t 在 1 个时期后的响应。修正 1 期为 $\phi_{11}(1)$ 和 $\phi_{12}(1)$,也表示了 μ_{yt} 和 μ_{zt} 的 1 个单位变化对 Y_{t+1} 产生的影响。

μ_{yt} 和(或)μ_{zt} 的单位脉冲的累积效果,是通过对脉冲响应函数的系数的恰当加总获取

的。例如，在 n 期后，μ_{zt} 对 Y_{t+n} 的值影响是 $\phi_{12}(n)$。因此，在 n 期后，μ_{zt} 对序列 $\{Y_t\}$ 影响的累积和为

$$\sum_{i=0}^{n} \phi_{12}(i) \tag{14-30}$$

令 n 趋于无穷大，得到长期乘数。因为假定序列 $\{Y_t\}$ 与 $\{Z_t\}$ 是平稳的，所以对于所有的 j 和 k，满足

$$\sum_{t=0}^{\infty} \phi_{jk}(i) \text{ 是有限的} \quad j,k = 1,2 \tag{14-31}$$

系数 $\phi_{11}(i)$、$\phi_{12}(i)$、$\phi_{21}(i)$ 和 $\phi_{22}(i)$ 被称为**脉冲响应函数**。对脉冲响应函数进行描图（即描绘出不同 i 的 $\phi_{kj}(i)$ 的系数）是展现 $\{Y_t\}$ 与 $\{Z_t\}$ 对各种冲击的响应行为的实际方法。

如果随机干扰项恰好相关，则脉冲响应将取决于模型中方程的先后次序。不管怎样，脉冲响应显示出任何一个内生变量的变动是如何通过模型影响所有其他内生变量，最终又反馈到最初的那个变量自己身上来的。

更一般的讨论，请读者参考相关时间序列分析的著作。不过需要指出的是，如果动态结构模型中有 n 个内生变量，则有 n^2 个脉冲响应函数。

我们用 EViews 对表 14-1 给出的人均国内生产总值和居民消费水平两个时间序列的 VAR 估计结果进行脉冲响应分析。在 VAR 窗口下，在表 14-1 的界面下，点击"View/Impulse-VAR Decomposition"或者直接点击表 14-1 界面下的"Impulse Responses"，将会弹出如图 14-3 的对话框。

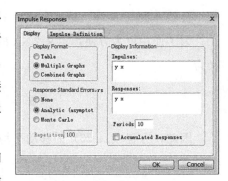

图 14-3 脉冲响应对话框

图 14-3 中 Display Format 选项组用于设定脉冲响应函数的输出形式，其中，Table 指以表格的形式输出；Multiple Graph 指以图形的形式输出；Combined Graph 指以描述每个内生变量对所有随机干扰项响应的联合图表输出。Response Standard Error 表示脉冲响应函数标准差的获取方式，None 指不计算标准差；Analytic（asymptotic）指通过渐进分析公式计算标准差；Monte Carlo 指通过蒙特卡罗实验计算标准差；Repetitions 表示重复的次数。Display Information 选项组，用于具体设定脉冲响应函数的冲击形式。Impluse 文本框中用于填写冲击变量，多个冲击变量之间用空格隔开；Responses 文本框中用于填写被冲击变量，多个被冲击变量之间用空格隔开；Periods 文本框用于输入需要冲击的期数；Accumulated Responses 复选框用于选择是否输出累计脉冲响应函数，即各期冲击值加总。

按照图 14-3 的设置，点击"OK"，便得到脉冲响应函数的图形输出结果，如图 14-4 所示。

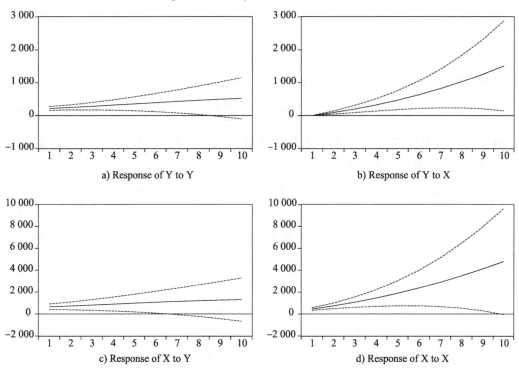

图 14-4 脉冲响应函数的图形输出结果

从图 14-4 中可以看到，图中实线为 1 单位脉冲冲击的脉冲响应函数的时间路径，两边虚线为 2 个标准差的置信区间。左边为 Y 的响应函数时间路径，图 14-4a 为 Y 对其自身的响应函数时间路径，响应路径一直为正且较为平坦，这说明居民消费水平的提高会引起后面时期居民消费增长的提高，但对后面各期的影响比较稳定，响应变化不大。图 14-4c 为 X 对 Y 实施冲击的 Y 的时间响应路径，响应路径也一直为正且比较平坦，说明人均国内生产总值的增长会引起后面时期消费的增长，但对后面各期的影响比较稳定，响应变化不大。右边为 X 的响应函数时间路径，图 14-4b 为 Y 对 X 实施冲击，X 的脉冲响应函数时间路径，响应路径一直为正且响应随时间的推移不断增加，说明居民消费水平对人均国内生产总值具有乘数效应。图 14-4d 为 X 对其自身响应函数的时间路径，响应路径一直为正且响应随时间的推移不断增加，说明人均国内生产总值对其自身也有乘数效应。

14.4 预测误差方差分解

理解预测误差的特征对于揭示系统中各变量间的相互关系是很有帮助的。方差分解能够给出随机干扰项的相对重要性信息。这种预测误差来源于随机干扰项的当前值和未来值。在第一个时期，一个变量的变动均来自其本身的信息。如果使用式（14-29）预测 X_{t+1}，则 1 步预测误差为

$$X_{t+1} - E_t X_{t+1} = \phi_0 \mu_{t+1} \tag{14-32}$$

更一般的形式为

$$X_{t+n} = \mu + \sum_{i=0}^{\infty} \phi_i \mu_{t+n-i} \tag{14-33}$$

所以，n 步预测误差 $X_{t+n} - E_t X_{t+n}$ 为

$$X_{t+n} - E_t X_{t+n} = \sum_{i=0}^{n-1} \phi_i \mu_{t+n-i} \tag{14-34}$$

现在，我们考察两变量 VAR 模型中的随机变量 $\{Y_t\}$，根据方程（14-28）和方程（14-34），可以看到 n 步预测误差为

$$Y_{t+n} - E_t Y_{t+n} = \phi_{11}(0)\mu_{yt+n} + \phi_{11}(1)\mu_{yt+n-1} + \cdots + \phi_{11}(n-1)\mu_{yt+1}$$
$$+ \phi_{12}(0)\mu_{zt+n} + \phi_{12}(1)\mu_{zt+n-1} + \cdots + \phi_{12}(n-1)\mu_{zt+1} \tag{14-35}$$

若用 $\sigma_y(n)^2$ 表示 Y_{t+n} 的 n 步预测误差方差，即 $\sigma_y(n)^2 = Var(Y_{t+n} - E_t Y_{t+n})$，则 Y_{t+n} 的 n 步预测误差方差为

$$\sigma_y(n)^2 = \sigma_y^2[\phi_{11}(0)^2 + \phi_{11}(1)^2 + \cdots + \phi_{11}(n-1)^2]$$
$$+ \sigma_z^2[\phi_{12}(0)^2 + \phi_{12}(1)^2 + \cdots + \phi_{12}(n-1)^2] \tag{14-36}$$

因为式（14-36）中的所有 $\phi_{jk}(i)^2$（$j=1, 2; k=1, 2; i=0, 1, \cdots, n-1$）的值都一定是非负的，所以，随着预测步数 n 的增加，预测误差方差也会增加。不过，我们可以按照每个冲击把 n 步预测误差方差分解成一定比例，在 $\sigma_y(n)^2$ 中，归因序列于 $\{\mu_{yt}\}$ 和 $\{\mu_{zt}\}$ 冲击的比例分别为

$$\frac{\sigma_y^2(\phi_{11}(0)^2 + \phi_{11}(1)^2 + \cdots + \phi_{11}(n-1)^2)}{\sigma_y(n)^2} \tag{14-37}$$

和

$$\frac{\sigma_z^2(\phi_{12}(0)^2 + \phi_{12}(1)^2 + \cdots + \phi_{12}(n-1)^2)}{\sigma_y(n)^2} \tag{14-38}$$

预测误差方差分解告诉我们序列中由于其"自身"冲击与其他变量的冲击而导致的移动的比例。如果 μ_{zt} 冲击在任何步数的预测水平上都无法解释 $\{Y_t\}$ 的预测误差方差，则就可以说变量 $\{Y_t\}$ 是外生的。在这种情况下，序列 $\{Y_t\}$ 将独立于 μ_{zt} 冲击和序列 $\{Z_t\}$ 而自我独自变化。在另一种极端情况下，μ_{zt} 在所有步数的预测水平下能解释序列 $\{Y_t\}$ 中所有预测误差方差，所以序列 $\{Y_t\}$ 完全是内生的。

在实际应用研究中，对于一个变量，一般可解释其短期预测误差方差的绝大部分，以及可解释其长期预测误差方差的较小部分。如果 μ_{zt} 冲击对 $\{Y_t\}$ 没有当期影响，而滞后一期对序列 $\{Y_t\}$ 有影响，则我们可采用预测误差方差分解模型。

我们用 EViews 对表 14-1 给出的人均国内生产总值和居民消费水平两个时间序列的 VAR 估计结果进行方差分解。在 VAR 窗口下，选择"View/Variance decomposition"，点击"OK"便得到方差分解的图形输出结果，如图 14-5 所示。

从图 14-5 中可以看到，图中实线为方差分解的时间路径。图 14-5a、图 14-5b 为居民消

费水平的方差分解时间路径。其中，图 14-5a 为居民消费水平对其自身的方差分解时间路径，时间路径一直为正且不断下降，这说明当期居民消费水平对后面时期居民消费水平的贡献越来越小，在滞后 10 期贡献作用只有 5% 左右。图 14-5b 为居民消费水平对人均国内生产总值的方差分解时间路径，时间路径也一直为正且不断增加，说明人均国内生产总值的增长对后面时期居民消费水平的贡献越来越大，在滞后 10 期贡献作用达到了 90% 左右，中间过程还呈现出加速的过程。

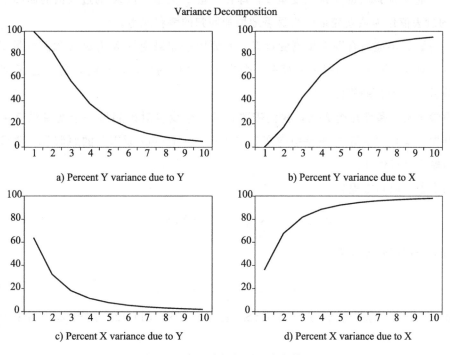

图 14-5　方差分解的图形输出结果

图 14-5c、图 14-5d 为人均国内生产总值的方差分解时间路径，从图 14-5c 我们可以看到人均国内生产总值对居民消费水平的时间路径不断下降，这说明居民消费水平对人均国内生产总值的贡献不断减小，在滞后 10 期贡献作用只有 1% 左右；右下角为人均国内生产总值对自身的方差分解时间路径，其路径不断上升，这说明人均国内生产总值当期对自身后面时期的贡献作用不断增加，在滞后 10 期达到 95% 左右，中间有个减速过程。

14.5　Granger 因果关系检验

14.5.1　Granger 因果关系检验

事实上，因果关系检验是要确定是否一个变量的滞后项包含在另一个变量的方程中。因果关系检验的基本思想是：对于变量 X 和 Y，如果 X 的变化引起了 Y 的变化，X 的变化应当发生在 Y 的变化之前。实际上，对于变量 X 和 Y，Granger 因果关系检验要求估计如

下回归方程

$$Y_t = \alpha_0 + \sum_{i=1}^m \alpha_i Y_{t-i} + \sum_{i=1}^m \beta_i X_{t-i} + \mu_{1t} \tag{14-39}$$

$$X_t = \lambda_0 + \sum_{i=1}^m \lambda_i Y_{t-i} + \sum_{i=1}^m \delta_i X_{t-i} + \mu_{2t} \tag{14-40}$$

换句话说，如果说"X 是引起 Y 变化的 Granger 原因"，则必须满足两个条件：

(1) 变量 X 应该有助于预测变量 Y，即在变量 Y 关于变量 X 的过去值的回归中，添加变量 X 的过去值作为独立变量应当显著地增加回归的解释能力。

(2) 变量 Y 不应当有助于预测变量 X，其原因是如果变量 X 有助于预测变量 Y，变量 Y 也有助于预测变量 X，则很可能存在一个或几个其他的变量，它们既是引起 X 变化的原因，也是引起 Y 变化的原因。

要检验这两个条件是否成立，我们需要检验一个变量对预测另一个变量没有帮助的原假设。首先，检验"变量 X 不是引起变量 Y 变化的 Granger 原因"的原假设，要求对下列两个回归模型进行估计。

无约束条件回归方程为

$$Y_t = \alpha_0 + \sum_{i=1}^m \alpha_i Y_{t-i} + \sum_{i=1}^m \beta_i X_{t-i} + \mu_t \tag{14-41}$$

有约束条件回归方程为

$$Y_t = \alpha_0 + \sum_{i=1}^m \alpha_i Y_{t-i} + \mu_t \tag{14-42}$$

方程 (14-41) 的残差平方和用 RSS_U 表示，方程 (14-42) 的残差平方和用 RSS_R 表示。

然后，用方程 (14-41) 的残差平方和 RSS_U 和方程 (14-42) 的残差平方和 RSS_R 构造 F 统计量为

$$F = \frac{(RSS_R - RSS_U)/m}{RSS_U/[n-(k+1)]} \sim F[m, n-(k+1)] \tag{14-43}$$

式中，n 是样本观察值的个数；k 是无约束回归方程中解释变量的个数；m 是参数限制个数，即变量 X 的滞后期数。

接着，检验联合假设

$$H_0: \beta_1 = \beta_2 = \cdots = \beta_m = 0$$

$$H_1: \beta_i \text{ 中至少有一个不为零且 } i = 1, 2, \cdots, m$$

是否成立。F 统计量服从 $F[m, n-(k+1)]$ 分布。如果原假设 H_0 成立，我们就不能拒绝 "X 不是引起 Y 变化的 Granger 原因"。

在给定显著水平 α 下，如果 F 统计量大于临界值 $F_\alpha[m, n-(k+1)]$，则我们就拒绝原假设 H_0，得到 X 是引起 Y 变化的 Granger 原因，否则，接受原假设 H_0，得到 X 不是引起 Y 变化的 Granger 原因。

采用同样的原理，可以检验"变量 Y 不是引起变量 X 变化的 Granger 原因"。只需交换变量 X 与 Y，做同样的回归估计，检验变量 Y 的滞后项是否显著不为零。要得到变量 Y 是引起变量 X 变化的 Granger 原因的结论，我们必须拒绝原假设"Y 不是引起 X 变化的 Granger 原因"，同时接受备择假设"Y 是引起 X 变化的 Granger 原因"。

显然，变量 X 与 Y 之间存在 3 种影响关系。

(1) 变量 X 与 Y 之间互不影响，没有因果关系。

(2) 变量 X 与 Y 之间只存在单向因果关系，要么变量 X 是引起变量 Y 变化的 Granger 原因，要么变量 Y 是引起变量 X 变化的 Granger 原因。

(3) 变量 X 与 Y 之间只存在双向因果关系，变量 X 是引起变量 Y 变化的 Granger 原因，同时，变量 Y 也是引起变量 X 变化的 Granger 原因。

值得注意的是，Granger 因果检验只能建立在平稳变量之间或者是存在协整关系的非平稳变量之间，还有就是 Granger 因果检验对滞后期的长度比较敏感，不同的滞后期长度可能会得到完全不同的检验结果。关于 Granger 因果检验滞后期的选择有下列方法：

(1) Granger 因果检验的检验式是 VAR 模型的一个方程，因此，VAR 模型的最佳滞后期便是 Granger 因果检验的最佳滞后期。

(2) 任意选择滞后期，用检验结果来判别。以 X_t 和 Y_t 为例，如果 X_{t-1} 对 Y_t 存在显著影响，则不必再做滞后期更长的检验；反之，则应该做滞后期更长的检验。一般来说，要检验若干个不同滞后期的 Granger 因果检验，并且结论相同时才能最终下结论。

还要注意这个因果关系检验的一个不足之处是，第三个变量 Z 也可能是引起 Y 变化的原因，而且同时又与 X 相关。

我们在工作文件下选中变量 X 和 Y，点击右键"Open/as Group/View/Granger Causality"，将会出现如图 14-6 的对话框。

如图 14-6 中的 Lags to include 对应的窗口中需要填写的是 Granger 因果检验的滞后期，系统中默认的滞后阶数为 2。由于表 14-1 给出的基于变量 X 和 Y 的 VAR 模型的最佳滞后期为 1，因此，Granger 因果检验的最佳滞后期也为 1。在"Lags to include"对应的窗口中填入 1，点击"OK"便得到 Granger 因果检验的结果，如表 14-2 所示。

图 14-6　Granger 因果检验对话框

表 14-2　Granger 因果检验的输出结果

Pairwise Granger Causality Tests
Date：01/03/18　Time：15：42
Sample：1990 2016
Lags：1

Null Hypothesis：	Obs	F-Statistic	Probability
X does not Granger Cause Y	26	19.227 5	0.000 2
Y does not Granger Cause X		11.274 9	0.002 7

在表 14-2 中，原假设 "X does not Granger Cause Y" 即 "X 不是 Y 的 Granger 原因" 的概率为 0.000 2，非常接近于 0，因此，拒绝原假设接受备择假设，认为 X 是 Y 的 Granger 原因；同理，原假设 "Y does not Granger Cause X" 即 "Y 不是 X 的 Granger 原因" 的概率为 0.002 7，也非常接近于 0，因此拒绝原假设，接受备择假设，认为 Y 是 X 的 Granger 原因。由此，我们可以认为变量 X 和 Y 之间是双向因果关系。这一结果与向量自回归模型给出的结果是一致的。

14.6 案例分析

案例 14-1

能源是人类社会赖以生存的极为重要的物质之一，不仅如此，它还是经济发展过程中最重要的生产要素之一。随着经济的增长，能源的消费量也逐渐增长，并且能源消费的增长对一国经济的高速增长可谓至关重要，已经上升到影响国家安全的高度。下面我们将根据 1978～2015 年我国的能源消费数据与国内生产总值数据（见表 14-3），通过 VAR 模型来研究两者之间的关系。

表 14-3　1978～2015 年我国能源消费量与国内生产总值

年份	能源消费总量（万吨标准煤）	GDP（亿元）	年份	能源消费总量（万吨标准煤）	GDP（亿元）
1978	57 144	3 645.21	1997	137 798	78 973.03
1979	58 588	4 062.57	1998	136 184	84 402.27
1980	60 275	4 545.62	1999	140 569	89 677.05
1981	59 447	4 891.56	2000	146 964	99 214.55
1982	62 067	5 323.35	2001	155 547	109 655.20
1983	66 040	5 962.65	2002	169 577	120 332.70
1984	70 904	7 208.05	2003	197 083	135 822.80
1985	76 682	9 016.03	2004	230 281	159 878.30
1986	80 850	10 275.17	2005	261 369	183 217.40
1987	86 632	12 058.61	2006	286 467	211 923.50
1988	92 997	15 042.82	2007	311 442	257 305.60
1989	96 934	16992.31	2008	320 611	30 0670.00
1990	98 703	18 667.82	2009	336 126	349 081.40
1991	103 783	21 781.49	2010	360 648	413 030.30
1992	109 170	26 923.47	2011	387 043	489 300.60
1993	115 993	35 333.92	2012	402 138	540 367.40
1994	122 737	48 197.85	2013	416 913	595 244.40
1995	131 176	60 793.72	2014	425 806	643974.00
1996	138 948	71 176.59	2015	430 000	689 052.1

资料来源：国泰安信息技术有限公司开发的《中国宏观经济数据库》。

1. VAR 模型的估计

我们用 $\ln GDP$ 表示国内生产总值的自然对数，$\ln EN$ 表示能源消费量的自然对数，构建标准型 VAR 模型

$$\ln GDP_t = a_{10} + \sum_{i=1}^{p} b_{1i} \ln GDP_{t-i} + \sum_{i=1}^{p} c_{1i} \ln EN_{t-i} + e_{1t}$$

$$\ln EN_t = a_{20} + \sum_{i=1}^{p} b_{2i} \ln GDP_{t-i} + \sum_{i=1}^{p} c_{2i} \ln EN_{t-i} + e_{2t}$$

选中变量 $\ln GDP$ 和 $\ln EN$，点右键"Open/as VAR"，经反复验证，并通过 AIC 和 SC 判断出最佳滞后期为 2 期，完成相关设置后，点击"OK"即得到如表 14-4 的估计结果。

表 14-4 估计结果

Vector Autoregression Estimates
Date: 01/03/18   Time: 15:52
Sample (adjusted): 1980 2015
Included observations: 36 after adjusting endpoints
Standard errors in ( ) & t-statistics in [ ]

	LNGDP	LNEN
LNGDP(-1)	1.609 755	-0.109 701
	(-0.140 80)	(-0.082 91)
	[11.432 9]	[-1.323 14]
LNGDP(-2)	-0.628 010	0.130 658
	(-0.137 59)	(-0.081 02)
	[-4.564 19]	[1.612 62]
LNEN(-1)	0.281 588	1.797 315
	(-0.221 35)	(-0.130 34)
	[1.272 13]	[13.789 2]
LNEN(-2)	-0.251 703	-0.856 204
	(-0.223 16)	(-0.131 40)
	[-1.127 92]	[-6.515 79]
C	-0.118 104	0.498 349
	(-0.466 79)	(-0.274 87)
	[-0.253 01]	[1.813 05]
R-squared	0.999 324	0.998 566
Adj. R-squared	0.999 237	0.998 381
Sum sq. resids	0.059 658	0.020 685
S. E. equation	0.043 868	0.025 832
F-statistic	11 459.5	5 395.936
Log likelihood	64.165 99	83.231 38
Akaike AIC	-3.287	-4.346 19
Schwarz SC	-3.067 07	-4.126 26
Mean dependent	11.051 12	11.951 95
S. D. dependent	1.588 098	0.641 938
Determinant resid covariance (dof adj.)		9.17E-07
Determinant resid covariance		6.80E-07
Log likelihood		153.463 9
Akaike information criterion		-7.970 214
Schwarz criterion		-7.530 348

从表 14-4 给出的估计结果可以写出标准型的 VAR 模型为

$\ln GDP_t = -0.118 + 1.610\ln GDP_{t-1} - 0.628\ln GDP_{t-2} + 0.282\ln EN_{t-1} - 0.252\ln EN_{t-2} + e_{1t}$

$\ln EN_t = 0.498 - 0.110\ln GDP_{t-1} + 0.131\ln GDP_{t-2} + 1.797\ln EN_{t-1} - 0.856\ln EN_{t-2} + e_{2t}$

2. 脉冲响应函数

在表 14-4 的界面下，点击 "View/Impulse responses"，选择 "Multiple graphs,"，点击 "OK" 便得到脉冲响应函数的图形输出结果，如图 14-7 所示。

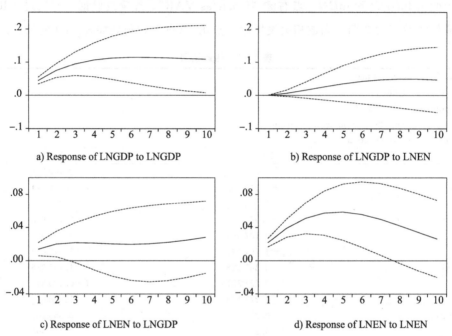

图 14-7 脉冲响应函数的图形输出结果

如图 14-7 所示，图中实线表示 1 单位脉冲冲击的脉冲响应函数的时间路径，两边的虚线表示 2 个标准差的置信区间。图 14-7a 表示 $\ln GDP$ 对自身的响应函数的时间路径，其脉冲影响在第 1 期大约为 0.05，以后逐期上升，并在第 5 期后趋于稳定，说明国内生产总值的增长会引起后面各时期国内生产总值的增长，且增长的弹性系数呈现变大后趋于稳定的规律。图 14-7c 为 $\ln EN$ 对 $\ln GDP$ 实施冲击，$\ln GDP$ 的响应函数时间路径，响应路径一直为正且比较平坦，说明能源消费的增加能引起后面各时期国内生产总值的增长，且这种增长是持续稳定的。图 14-7b 为 $\ln GDP$ 对 $\ln EN$ 实施冲击，$\ln EN$ 的响应函数时间路径，在第 1 期的时候脉冲影响几乎为 0，在以后的各期中逐渐上升，在到达第 8 期后趋于稳定，说明国内生产总值的增长会引发后面各时期的能源消费的增加，且增长的弹性呈现变大后趋于稳定的规律。图 14-7d 为 $\ln EN$ 对自身的响应函数时间路径，响应路径一直为正，且呈现先上升后下降的趋势，说明能源消费的增长会引发后面各时期能源消费的增长，且增长的弹性呈现先上升后下降的规律。

3. 方差分解

在表 14-4 的界面下，点击 "View/Variance decomposition"，选择 "Multiple graphs"，点击 "OK" 便得到方差分解的结果，如图 14-8 所示。

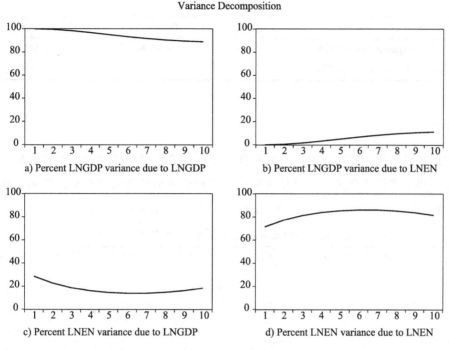

图 14-8　方差分解

图 14-8 中实线为方差分解的时间路径。图 14-8a 为 lnGDP 对自身的方差分解时间路径，时间路径一直为正且不断下降，这说明当期国内生产总值对后面各时期国内生产总值的贡献越来越小，随后各期间中自身变动的贡献率维持在 80% 以上。图 14-8c 为 lnGDP 对 lnEN 的方差分解时间路径，时间路径一直为正且小幅度下降后逐渐回升，说明 lnGDP 对 lnEN 的贡献率大约维持在 18%～22% 之间。图 14-8b 为 lnEN 对 lnGDP 的方差分解时间路径，时间路径一直为正且不断上升，这说明 lnEN 对 lnGDP 的贡献率越来越大。图 14-8d 为 lnEN 对自身的方差分解时间路径，时间路径一直为正且小幅度上升后逐渐下降，lnEN 对自身的贡献率大约维持在 75%～81%。

4. Granger 因果关系检验

在工作文件下，选中变量 lnGDP 和 lnEN，点击右键 "Open/as Group/View/Granger Causality"，在随后出现的滞后期选择对话框中填入 2（因为前述 VAR 模型的最佳滞后期为 2），点击 "OK" 便得到 Granger 因果关系检验的结果，如表 14-5 所示。

从表 14-5 可以看出，lnEN 不是 lnGDP 的 Granger 原因的概率是 0.427 8，说明能源消费对经济增长有一定的推动作用，但这种作用并不十分明显；同理，lnGDP 不是 lnEN 的 Granger 原因的概率是 0.097 9，说明经济增长会刺激能源消费的增加，但这种刺激作用比较明显。

表 14-5　Granger 因果关系检验的结果

Pairwise Granger Causality Tests
Date：01/03/18　Time：16:17
Sample：1978 2015
Lags：2

Null Hypothesis：	Obs	F-Statistic	Probability
LNEN does not Granger Cause LNGDP	36	0.872 74	0.427 8
LNGDP does not Granger Cause LNEN		2.507 49	0.097 9

案例 14-2

房地产和经济发展密切相关，房地产投资可以直接促进经济增长，经济增长可以给房地产开发提供更多的资金来源，因此房地产开发和经济增长之间存在相互影响，我们建立 VAR 模型来研究我国房地产与经济增长的关系，具体数据见表 14-6。

表 14-6　1997 年～2015 年我国房地产投资与 GDP

时间	本年完成投资额 INV	GDP	时间	本年完成投资额 INV	GDP
1997	31 783 702.00	78 973.03	2007	252 888 373.00	265 810.30
1998	36 142 292.00	84 402.28	2008	312 031 942.00	314 045.40
1999	41 032 024.00	89 677.05	2009	362 418 080.00	340 902.81
2000	49 840 529.00	99 214.55	2010	482 594 030.00	401 512.80
2001	63 441 107.00	109 655.17	2011	617 968 858.00	473 104.00
2002	77 909 223.00	120 332.69	2012	718 037 869.00	519 470.10
2003	101 538 009.00	135 822.76	2013	860 133 826.00	588 019.00
2004	131 582 516.00	159 878.34	2014	950 356 146.00	643 974.00
2005	159 092 471.00	184 937.40	2015	959 788 574.00	689 052.10
2006	194 229 174.00	216 314.40			

资料来源：国泰安信息技术有限公司开发的《中国宏观经济数据库》。

我们将国内生产总值 GDP 和房地产投资 INV 取自然对数，分别命名为 $\ln GDP$、$\ln INV$。

1. VAR 模型的估计

构建标准型 VAR 模型

$$\ln GDP_t = a + \sum_{i=1}^{p} \alpha_i \ln GDP_{t-i} + \sum_{i=1}^{p} \beta_i \ln INV_{t-i} + \varepsilon_{1t}$$

$$\ln INV_t = b + \sum_{i=1}^{p} \omega_i \ln EN_{t-i} + \sum_{t=1}^{p} \gamma_i \ln GDP_{t-i} + \varepsilon_{2t}$$

选中变量 $\ln GDP$ 和 $\ln INV$，点右键 "Open/as VAR"，经反复验证，并通过 AIC 和 SC 判断出最佳滞后期为 4 期，完成相关设置后，点击 "OK" 即得到如表 14-7 的估计结果。

表 14-7　估计结果

Vector Autoregression Estimates
Date: 01/14/18   Time: 14:20
Sample(adjusted): 1999 2015
Included observations: 15 after adjustments
Standard errors in ( ) & t-statistics in [ ]

	LNGDP	LNINV
LNGDP(−1)	0.336 748	−0.407 728
	(−0.768 20)	(1.187 02)
	[0.438 36]	[−0.343 49]
LNGDP(−2)	0.431 819	0.567 308
	(−1.032 90)	(1.596 03)
	[−0.418 06]	[0.355 45]
LNGDP(−3)	−0.002 773	1.161 957
	(1.016 89)	(1.571 30)
	[−0.002 73]	[0.739 49]
LNGDP(−4)	−0.465 053	−1.074 458
	(0.548 19)	(0.847 07)
	[−0.848 33]	[−1.268 44]
LNINV(−1)	0.538 620	1.578 240
	(0.451 71)	(0.697 98)
	[1.192 40]	[2.261 14]
LNINV(−2)	−0.628 614	−0.591 489
	(0.728 69)	(1.125 97)
	[−0.862 66]	[−0.525 31]
LNINV(−3)	0.494 113	0.045 658
	(0.674 11)	(1.041 64)
	[0.732 98]	[0.043 83]
LNINV(−4)	0.031 362	−0.250 985
	(0.476 71)	(0.736 62)
	[0.065 79]	[−0.340 73]
C	0.401 527	1.039 649
	(0.236 26)	(0.365 07)
	[1.699 51]	[2.847 83]
R-squared	0.999 125	0.999 037
Adj. R-squared	0.997 958	0.997 753
Sum sq. resids	0.004 855	0.011 591
S. E. equation	0.028 445	0.043 953
F-statistic	856.386 6	777.897 1
Log likelihood	38.984 87	32.457 63
Akaike AIC	−3.997 983	−3.127 683
Schwarz SC	−3.573 153	−2.702 853
Mean dependent	12.575 83	19.493 90
S. D. dependent	0.629 522	0.927 128
Determinant resid covariance (dof adj.)		9.69E-08
Determinant resid covariance		1.55E-08
Log likelihood		92.301 67
Akaike information criterion		−9.906 890
Schwarz criterion		−9.057 230

从以上回归结果中可以写出标准型的 VAR 模型的估计方程为

$$\ln GDP_t = 0.402 + 0.337\ln GDP_{t-1} + 0.432\ln GDP_{t-2}$$
$$- 0.003\ln GDP_{t-3} - 0.465\ln GDP_{t-4} + 0.539\ln INV_{t-1}$$
$$- 0.629\ln INV_{t-2} + 0.494\ln INV_{t-3} + 0.314\ln INV_{t-4}$$
$$\ln INV_t = 1.04 + 1.578\ln INV_{t-1} - 0.591\ln INV_{t-2}$$
$$+ 0.046\ln INV_{t-3} - 0.251\ln INV_{t-4} - 0.408\ln GDP_{t-1}$$
$$+ 0.567\ln GDP_{t-2} + 1.162\ln GDP_{t-3} - 1.074\ln GDP_{t-4}$$

2. 脉冲响应函数

在表 14-7 的界面下,点击"Impulse",在默认设置不变的情况下,选择"Multiple graphs",点击"OK"便得到脉冲响应函数的图形输出结果,如图 14-9 所示。

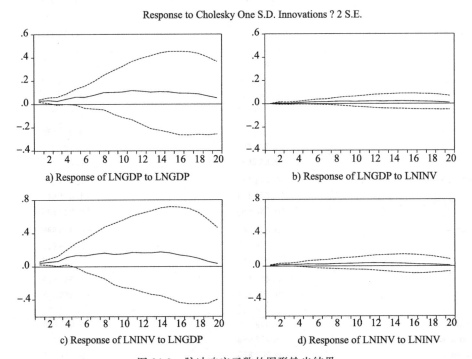

图 14-9 脉冲响应函数的图形输出结果

如图 14-9,图中实线表示 1 单位脉冲冲击的脉冲响应函数的时间路径,两边的虚线表示 2 个标准差的置信区间。图 14-9a 表示 lnGDP 对自身的响应函数的时间路径,其脉冲影响在第 1 期大约为 0.400,以后逐期下降,并在第 14 期后趋于稳定,说明国内生产总值的增长会引起后面各时期国内生产总值的增长。图 14-9c 为 lnINV 对 lnGDP 实施冲击,lnGDP 的响应函数时间路径,响应路径一直为正且比较平坦,说明房地产投资的增加能引起后面各时期国内生产总值的增长,且这种增长是持续稳定的。图 14-9b 为 lnGDP 对 lnINV 实施冲击,lnINV 的响应函数时间路径,在第 1 期的时候脉冲影响几乎为 0,在以后的各期中略微上升,在到达第 8 期后趋于稳定,说明国内生产总值的增长会略微引发后面各时期的房地产投资的增加。图 14-9d 为 ln*INV* 对自身的响应函数时间路径，响应路径一直为正，且呈现先上升后下降的趋势，说明房地产投资的增长会引发后面各时期房地产投资的增长，且增长的弹性呈现先上升后下降的规律。

3. 方差分解

在表 14-7 的界面下，点击 "View/Variance decomposition"，在默认设置不变的情况下，选择 "Multiple graphs"，点击 "OK" 便得到方差分解的结果，如图 14-10 所示。

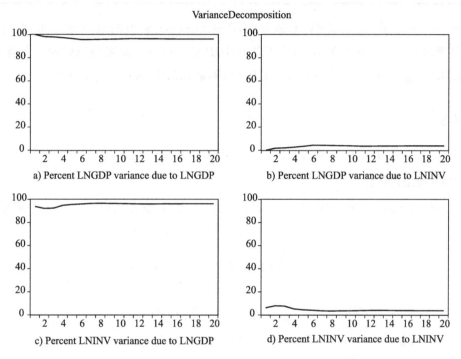

图 14-10　方差分解

图 14-10 中实线为方差分解的时间路径。图 14-10a 为 ln*GDP* 对自身的方差分解时间路径，时间路径一直为正且略有下降，这说明当期国内生产总值对后面各时期国内生产总值的贡献较大但略有减小，随后各期间中自身变动的贡献率大约维持在 95%。图 14-10c 为 ln*GDP* 对 ln*INV* 的方差分解时间路径，时间路径一直为正且为较平稳，从第 7 期开始 ln*GDP* 对 ln*INV* 的贡献率大约维持在 95%。图 14-10b 为 ln*INV* 对 ln*GDP* 的方差分解时间路径，时间路径一直为正且略有上升，ln*INV* 对 ln*GDP* 几乎没有影响。图 14-10d 为 ln*INV* 对自身的方差分解时间路径，时间路径一直为正且小幅度上升后下降，ln*INV* 对自身的贡献率大约维持在 2%。

4. Granger 因果关系检验

在工作文件下，选中变量 ln*GDP* 和 ln*INV*，点击右键 "Open/as Group/View/Granger Causality"，在随后出现的滞后期选择对话框中填入 4（因为前述 VAR 模型的最佳滞后期为 4），点击 "OK" 便得到 Granger 因果关系检验的结果，如表 14-8 所示。

表 14-8　Granger 因果关系检验的结果

```
Pairwise Granger Causality Tests
Date: 01/14/18   Time: 14:58
Sample: 1997 2015
Lags: 4
```

Null Hypothesis:	Obs	F-Statistic	Prob.
LNINV does not Granger Cause LNGDP	15	1.333 54	0.357 8
LNGDP does not Granger Cause LNINV		1.613 15	0.285 7

从表 14-8 可以看出，$\ln INV$ 不是 $\ln GDP$ 的 Granger 原因的概率是 0.3578，因此在 10% 的显著水平下，不能拒绝 $\ln INV$ 不是 $\ln GDP$ 的 Granger 原因的原假设，表明 $\ln INV$ 不是 $\ln GDP$ 的 Granger 原因。同理，$\ln GDP$ 也不是 $\ln INV$ 的 Granger 原因。

案例 14-3

将案例 14-2 采用 Stata 软件进行统计分析，探究房地产开发与经济增长之间的关系。

1. VAR 模型的估计

我们同样用 $\ln GDP$ 表示国内生产总值，$\ln INV$ 表示能源消费量，构建标准型 VAR 模型

$$\ln GDP = a + \sum_{i=1}^{p} a_i \ln GDP_{t-i} + \sum_{i=1}^{p} \beta_i \ln INV_{t-i} + \varepsilon_{1t}$$

$$\ln INV_t = b + \sum_{i=1}^{p} \omega_i \ln EN_{t-i} + \sum_{i=1}^{p} \gamma_i \ln GDP_{t-i} + \varepsilon_{2t}$$

首先，判断最优滞后期，结果如图 14-11 所示，可以得到滞后项应为 4 期，命令如下

```
- varsoc lninv lngdp
```

```
varsoc lninv lngdp

Selection-order criteria
Sample: 2001 - 2015                          Number of obs     =        15

| lag |    LL    |   LR    | df |   p   |   FPE    |   AIC    |   HQIC   |   SBIC   |
|-----|----------|---------|----|-------|----------|----------|----------|----------|
|  0  |  9.70951 |         |    |       | .001227  | -1.02793 | -1.02894 | -.933528 |
|  1  | 60.3363  | 101.25  |  4 | 0.000 | 2.5e-06  | -7.24484 | -7.24786 | -6.96162 |
|  2  | 65.665   | 10.657  |  4 | 0.031 | 2.2e-06  | -7.422   | -7.42703 | -6.94996 |
|  3  | 78.1216  | 24.913  |  4 | 0.000 | 7.8e-07  | -8.54955 | -8.55659 | -7.8887  |
|  4  | 92.3026  | 28.362* |  4 | 0.000 | 2.5e-07* | -9.90701*| -9.91606*| -9.05735*|
```

图 14-11　滞后项选择结果

然后对数据进行 VAR 建模，结果如图 14-12 所示，命令如下

```
- var lninv lngdp,lags(1/4)
```

```
Vector autoregression

Sample: 2001 - 2015                    No. of obs    =         15
Log likelihood =    92.3026            AIC           =  -9.907013
FPE            =   2.48e-07            HQIC          =  -9.916064
Det(Sigma_ml)  =   1.55e-08            SBIC          =  -9.057353

Equation          Parms      RMSE       R-sq      chi2      P>chi2

lninv                9      .043953    0.9990   15557.76    0.0000
lngdp                9      .028445    0.9991   17127.45    0.0000
```

	Coef.	Std. Err.	z	P>|z|	[95% Conf. Interval]	
lninv						
lninv						
L1.	1.578212	.4414502	3.58	0.000	.7129851	2.443438
L2.	-.5914709	.7121407	-0.83	0.406	-1.987241	.8042993
L3.	.045674	.6587964	0.07	0.945	-1.245543	1.336891
L4.	-.2510066	.4658787	-0.54	0.590	-1.164112	.6620989
lngdp						
L1.	-.4076646	.7507436	-0.54	0.587	-1.879095	1.063766
L2.	.5672352	1.009441	0.56	0.574	-1.411232	2.545702
L3.	1.161978	.9937932	1.17	0.242	-.7858212	3.109776
L4.	-1.074444	.5357339	-2.01	0.045	-2.124463	-.0244249
_cons	1.039651	.2308905	4.50	0.000	.5871142	1.492188
lngdp						
lninv						
L1.	.5385913	.285693	1.89	0.059	-.0213567	1.098539
L2.	-.6285803	.4608756	-1.36	0.173	-1.53188	.2747193
L3.	.4941097	.4263528	1.16	0.246	-.3415265	1.329746
L4.	.0313522	.3015024	0.10	0.917	-.5595817	.622286
lngdp						
L1.	.3367853	.4858582	0.69	0.488	-.6154793	1.28905
L2.	.4317606	.653279	0.66	0.509	-.8486426	1.712164
L3.	-.0027322	.6431525	-0.00	0.997	-1.263288	1.257823
L4.	-.4650597	.3467106	-1.34	0.180	-1.1446	.2144805
_cons	.4015339	.1494253	2.69	0.007	.1086658	.6944021

图 14-12　VAR 的估计结果

由此我们可以得出 VAR 模型

$$\ln GDP_t = 0.402 + 0.337\ln GDP_{t-1} + 0.432\ln GDP_{t-2}$$
$$- 0.003\ln GDP_{t-3} - 0.465\ln GDP_{t-4} + 0.539\ln INV_{t-1}$$
$$- 0.629\ln INV_{t-2} + 0.494\ln INV_{t-3} + 0.314\ln INV_{t-4}$$
$$\ln INV_t = 1.04 + 1.578\ln INV_{t-1} - 0.591\ln INV_{t-2}$$
$$+ 0.046\ln INV_{t-3} - 0.251\ln INV_{t-4} - 0.408\ln GDP_{t-1}$$
$$+ 0.567\ln GDP_{t-2} + 1.162\ln GDP_{t-3} - 1.074\ln GDP_{t-4}$$

2. 脉冲响应函数

依次输入下列命令可以得到脉冲图形

```
- irf create order1, step(19) set(my)       // order1 是脉冲名,step 是时间长度,my 是文件名
- irf graph irf                              // 查看脉冲图形
```

如图 14-13 所示，图中实线表示 1 单位脉冲冲击的脉冲响应函数的时间路径，两边的阴影部分表示 2 个标准差的置信区间。图 13-14a 表示 lnGDP 对自身的响应函数的时间路径，其脉冲影响一直为正但是整体保持在趋近 0 的位置，说明国内生产总值的增长对后面各时期国内生产总值的增长有促进作用但是影响并不是很大。图 14-13c 为 lnINV 对 lnGDP 实施冲击，lnGDP 的响应函数时间路径，响应路径一直为正，先上升后下降，说明房地产投资的增加能引起后面各时期国内生产总值的增长，增长的弹性呈现先上升后下降的规律。图 14-13b 为 lnGDP 对 lnINV 实施冲击，lnINV 的响应函数时间路径，可以看出来 GDP 对

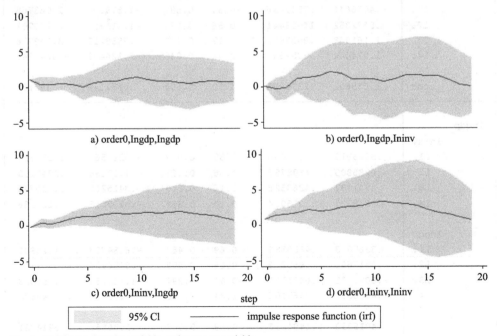

图 14-13　脉冲响应结果

房地产投资产生的冲击不是很平稳，有升有降，但整体保持正值，说明 GDP 的增长会引起房地产投资的增加。图 13-14d 为 $\ln INV$ 对自身的响应函数时间路径，响应路径一直为正，且呈现先上升后下降的趋势，说明房地产投资的增长会引发后面各时期房地产投资的增长，且增长的弹性呈现先上升后下降的规律。

3. 方差分解

输入以下命令可以得到方差分解的结果

```
. irf graph fevd
```

图 14-14 中实线为方差分解的时间路径。图 14-14a 为 $\ln GDP$ 对自身的方差分解时间路径，时间路径一直接近于零，这说明当期国内生产总值对后面各时期国内生产总值的贡献很小。图 14-14b 为 $\ln GDP$ 对 $\ln INV$ 的方差分解时间路径，时间路径同样接近于零。图 14-14c 为 $\ln INV$ 对 $\ln GDP$ 的方差分解时间路径，时间路径一直为正，在第二期后猛地上升，这说明 $\ln INV$ 对 $\ln GDP$ 的贡献率越来越大，升到 90% 甚至更高。图 14-14d 为 $\ln INV$ 对自身的方差分解时间路径，时间路径也是在第二期后猛然升高，之后 $\ln INV$ 对自身的贡献率维持在 90% 以上。

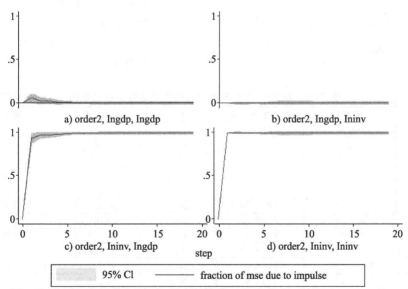

图 14-14 方差分解结果

4. Granger 因果关系检验

进行 Granger 因果关系检验，结果如图 14-15 所示，命令如下

```
. vargranger
```

可以看出，两者的 Prob 值都很小，表明 $\ln INV$ 与 $\ln GDP$ 互相为对方的 Granger 原因。

```
Granger causality Wald tests

   Equation         Excluded     chi2      df   Prob > chi2

     lninv           lngdp      16.131      4      0.003
     lninv            ALL       16.131      4      0.003

     lngdp           lninv      13.335      4      0.010
     lngdp            ALL       13.335      4      0.010
```

图 14-15　Granger 检验结果

思考与练习

1. 请解释以下名词：VAR 模型　脉冲响应函数　预测误差方差分解　Granger 因果关系检验
2. VAR 模型与一般的联立方程组模型有何异同？
3. 如何确定 VAR 模型的滞后期？
4. 脉冲响应函数的思想是什么？主要用处是什么？
5. 方差分解的思想是什么？主要用处是什么？
6. Granger 因果关系思想是什么？它与 VAR 模型之间存在什么关系？
7. 表 14-9 给出的是我国 1978～2016 年国内生产总值和各项税收的数据。要求：
   (1) 请采用 VAR 模型估计两者之间的关系。
   (2) 做出脉冲响应函数并以此判断两者之间的关系。
   (3) 利用预测误差方差分解分析各变量的贡献程度。
   (4) 利用 Granger 因果关系检验验证两者的因果关系。

表 14-9　1978～2016 年我国国内生产总值和税收数据　　　　　　（单位：亿元）

年份	各项税收	国内生产总值	年份	各项税收	国内生产总值
1978	519.28	3 645.20	1998	9 262.80	84 402.30
1979	537.82	4 062.60	1999	10 682.58	89 677.10
1980	571.70	4 545.60	2000	12 581.51	99 214.60
1981	629.89	4 891.60	2001	15 301.38	109 655.20
1982	700.02	5 323.40	2002	17 636.45	120 332.70
1983	775.59	5 962.70	2003	20 017.31	135 822.80
1984	947.35	7 208.10	2004	24 165.68	159 878.30
1985	2 040.79	9 016.00	2005	28 778.54	184 937.40
1986	2 090.73	10 275.20	2006	34 804.35	216 314.40
1987	2 140.36	12 058.60	2007	45 621.97	265 810.30
1988	2 390.47	15 042.80	2008	54 223.79	314 045.40
1989	2 727.40	16 992.30	2009	59 521.59	340 902.80
1990	2 821.86	18 667.80	2010	73 210.79	401 512.80
1991	2 990.17	21 781.50	2011	89 738.39	473 104.00
1992	3 296.91	26 923.50	2012	100 614.30	518 942.10
1993	4 255.30	35 333.90	2013	110 530.70	595 244.40
1994	5 126.88	48 197.90	2014	119 175.31	643 974.00
1995	6 038.04	60 793.70	2015	124 922.20	689 052.10
1996	6 909.82	71 176.60	2016	130 360.73	744 127.20
1997	8 234.04	78 973.00			

资料来源：中华人民共和国国家统计局，《中国统计年鉴——2017》，中国统计出版社，2017。

第15章 协整与误差修正模型

在第 12 章中我们已经看到一个随机游走变量和另一个随机游走变量进行回归有可能导致"伪回归"。很多经济变量都是非平稳的,因此给经典回归分析带来诸多问题。为了使回归有意义,可以对非平稳变量实行平稳化。这一章探讨计量经济学中一个有趣的新发展:结构方程组的估计方法,或者说是包含非平稳变量的 VAR 的估计方法。在传统的回归分析中使用的所有非平稳变量通过多次差分可以消除随机趋势,并且形成平稳序列,然后对多次差分后变成的平稳序列进行回归。然而,这种做法却忽略了原时间序列包含的有用信息,而这些信息又对分析问题至关重要。为了解决这个问题,协整理论提供了一种科学的分析方法。尽管一些经济变量是非平稳的,但在多变量情况下,这些非平稳变量或单整变量的线性组合很可能是平稳的,这种变量间的关系被称为协整关系。具有协整关系的变量间具有长期稳定的均衡关系,这种平稳的线性组合被称为协整方程,可以采用经典回归分析方法进行估计。

15.1 协整理论

许多经济变量是非平稳的,这就给经典的回归分析方法带来了很大限制。但是,如果变量之间有着长期的稳定关系,即它们之间是**协整的**(cointegration),则可以使用经典回归分析方法建立回归模型。

15.1.1 单整变量线性组合

含有非平稳的变量的均衡理论要求非平稳变量的线性组合是平稳的。例如,在前面的章节中,我们已经得到消费函数中的消费支出与收入是非平稳的,但是,消费和收入的线性组合却是平稳的,它们之间确实存在必然的联系。

简单的持久假说理论认为维持居民生活水平的总消费(C_t)是持久性消费(C_t^p)与暂时性消费(C_t^t)之和。由于持久性消费(C_t^p)与持久性收入(Y_t^p)成正比例,不妨假设这

个比例为 β，因此，总消费函数就可以写成

$$C_t = \beta Y_t^p + C_t^t \tag{15-1}$$

总消费（C_t）和总收入（Y_t^p）都被认为是非平稳的，是 1 阶单整变量，即为 $I(1)$ 变量，暂时性消费（C_t^t）一定是平稳变量。也就是说，持久收入假设下的消费函数要求给定的两个变量（C_t）和（Y_t^p）的线性组合

$$C_t^t = C_t - \beta Y_t^p \tag{15-2}$$

是平稳的。很显然，如果暂时性消费 C_t^t 具有随机游走趋势，则模型中的误差将被积累，导致不能消除偏离持久消费的离差。因此，如果能够准确地揭示持久收入与持久消费之间的长期稳定的均衡关系，则意味着从本质上讲偏离持久消费的离差是暂时性的。于是，关键的假设是偏离持久消费的离差是平稳的，换句话说，暂时性消费 C_t^t 是平稳的。

假定有 n 个单整的经济变量 X_1，X_2，…，X_n，它们的线性组合具有长期均衡关系

$$\beta_1 X_{1t} + \beta_2 X_{2t} + \cdots + \beta_n X_{nt} = 0 \tag{15-3}$$

则相对于长期均衡式（15-3）的离差，被称为均衡误差，用 e_t 表示为

$$e_t = \beta_1 X_{1t} + \beta_2 X_{2t} + \cdots + \beta_n X_{nt} \tag{15-4}$$

如果均衡是有意义的，则均衡误差过程一定是平稳的。

15.1.2 协整定义

Engle 和 Granger（1987）提出了如下的协整定义。如果：

（1）向量 $\boldsymbol{X}_t = (X_{1t}, X_{2t}, \cdots, X_{nt})'$ 的所有序列都是 d 阶单整；

（2）存在一个向量 $\boldsymbol{\beta} = (\beta_1, \beta_2, \cdots, \beta_n)$，使得线性组合

$$\boldsymbol{\beta X}_t = \beta_1 X_{1t} + \beta_2 X_{2t} + \cdots + \beta_n X_{nt} \tag{15-5}$$

是 $(d-b)$ 阶单整，其中，$b>0$，则称向量 $\boldsymbol{X}_t = (X_{1t}, X_{2t}, \cdots, X_{nt})'$ 是 d、b 阶协整，记为 $\boldsymbol{X}_t \sim CI(d, b)$。向量 $\boldsymbol{\beta}$ 称为协整向量。

例如，总消费（C_t）和总收入（Y_t^p）都是非平稳的，是 $I(1)$ 变量，并且线性组合 $C_t - \beta Y_t^p = e_t$ 是平稳的，则变量间是 $CI(1, 1)$ 阶协整。

需要注意的是，协整只涉及非平稳的变量；如果有 n 个非平稳的变量，则有 $n-1$ 个线性独立的协整向量；如果（β_1，β_2，…，β_n）是协整向量，则相对于 X_{1t} 的标准化协整向量为（1，β_2/β_1，…，β_n/β_1）；如果线性组合中只有两个变量，则要求单整的阶数相同，而对于线性组合中超过两个变量时，尽管单整阶数不同，但还是有可能存在协整关系。例如，变量 X_{1t} 和 X_{2t} 是 2 阶单整的，而变量 X_{3t} 是 1 阶单整的，显然，$X_{1t}(X_{2t})$ 与 X_{3t} 之间不可能存在协整关系；不过，如果变量 X_{1t} 和 X_{2t} 的线性组合是 1 阶单整的，即线性组合 $\beta_1 X_{1t} + \beta_2 X_{2t}$ 是 1 阶单整的，这个 1 阶单整的线性组合与另外一个 1 阶单整的变量 X_{3t} 可能是协整的。

15.1.3 协整检验方法：E-G 两步法

协整检验从检验的对象上可以分为两种：一种是基于回归方程的残差的检验，可通过 ADF 检验确认是否存在协整关系，本节讲述的 Engle-Granger 两步检验法，简称 E-G 两步法，就属于这种类型的检验方法；另外一种是基于回归参数的协整检验，如 Johansen 协整检验。

为了说明 Engle-Granger 检验方法（E-G 法），我们从应用研究中经常遇到的问题类型开始。假设有两个变量 Y_t 和 X_t，它们都是 d 阶单整的，并且我们需要确定这两个变量之间是否存在一个长期均衡关系。Engle 和 Granger（1987）指出：确定两个 $I(d)$ 变量是否为 $CI(d,d)$ 阶协整要经过 2 个步骤。需要强调的是，在只有两个变量的情况下，E-G 两步法只适用于同阶单整。

第 1 步：用普通最小二乘法估计长期均衡关系。假设已经知道 $\{Y_t\}$ 和 $\{X_t\}$ 都是 1 阶单整的，即为 $I(1)$ 变量，则它们可能存在协整关系，于是采用回归方程

$$Y_t = \beta_0 + \beta_1 X_t + \mu_t \tag{15-6}$$

估计长期均衡关系。如果变量间是协整的，则 OLS 回归就会得到协整系数 β_0 和 β_1。为了确定变量间是否真正存在协整，用 $\{\hat{e}_t\}$ 表示回归方程（15-6）的残差序列。

第 2 步：用 ADF 检验估计残差序列的平稳性。由于 $\{\hat{e}_t\}$ 是偏离长期均衡关系的离差估计值，所以，如果这些离差估计值平稳，则序列 $\{Y_t\}$ 和 $\{X_t\}$ 是（1，1）阶协整。因此，根据 DF 检验的思想，需要对残差的自回归模型

$$\Delta \hat{e}_t = \rho \hat{e}_{t-1} + \varepsilon_t \tag{15-7}$$

进行考察，只需关心方程（15-7）中的参数 ρ 即可。如果我们不能拒绝原假设 $\rho=0$，则我们断定残差序列含有一个单位根，认为序列 $\{Y_t\}$ 和 $\{X_t\}$ 不是协整的；换句话说，拒绝原假设意味着残差序列是平稳的。若得出序列 $\{Y_t\}$ 和 $\{X_t\}$ 都是 $I(1)$，并且残差序列是平稳的，则我们能够断定时间序列 Y_t 与 X_t 是（1，1）阶协整的。

需要强调的是，因为 $\{\hat{e}_t\}$ 序列是回归方程（15-6）的残差，残差之和为零，所以，在方程（15-7）中不需要包含截距项，也不应该包含时间趋势项。

在大多数应用研究中，仅仅用 DF 检验是不够的。问题在于 $\{\hat{e}_t\}$ 序列是由回归式产生的，研究者并不知道真实的随机干扰项 μ_t，只知道随机干扰项 μ_t 的估计值。方程（15-6）的回归拟合方法是选择使得残差的平方和达到最小的 β_0 和 β_1。因为尽可能地使残差方差最小，所以，这使得寻找方程（15-7）的平稳误差过程的处理方法被破坏了。

如果方程（15-7）的随机干扰没有出现白噪声，则可以用扩展形式的检验替代方程（15-7）。假定诊断检测指出 $\{\varepsilon_t\}$ 序列存在序列相关，则替代方程（15-7）的自回归模型变为

$$\Delta \hat{e}_t = \rho \hat{e}_{t-1} + \sum_{i=1}^{p} \beta_i \Delta \hat{e}_{t-i} + \varepsilon_t \tag{15-8}$$

如果拒绝原假设 $\rho=0$，则断定残差序列平稳，变量 Y_t 与 X_t 之间是协整的。

我们用 EViews 实现 E-G 两步法来检验表 3-1 中人均国内生产总值和居民消费水平之间的协整关系。仍旧用 Y 表示居民消费水平，用 X 表示人均国内生产总值。在前 12 章我们已经检验出序列 Y 是 2 阶单整的，用同样的方法可以得到 X 也是 2 阶单整的，因此 Y_t 与 X_t 的单整阶数相同，可以采用 E-G 两步法检验 X 与 Y 之间的协整关系。

第 1 步：估计方程（15-6）。选中变量 Y 和 X，点右键"Open/as Equation"，点击"OK"，或先不选择变量，在主菜单下，点击"Quick/Estimate Equation"或"Object/new object/Equation"，键入"Y X C"，点击"OK"，便得到如表 15-1 的回归结果。

表 15-1 模型（15-6）的回归结果

Dependent Variable：Y			
Method：Least Squares			
Sample：1990 2016			
Included observations：27			
Variable	Coefficient	Std. Error	t-Statistic	Prob.
X	0.366 106	0.004 883	74.981 25	0.000 0
C	419.822 7	120.278 6	3.490 419	0.001 8
R-squared	0.995 573	Mean dependent var		7 178.133
Adjusted R-squared	0.995 396	S.D. dependent var		6 098.962
S.E. of regression	413.834 3	Akaike info criterion		14.96
Sum squared resid	4 281 471	Schwarz criterion		15.055 98
Log likelihood	−199.96	Hannan-Quinn criter.		14.988 54
F-statistic	5 622.187	Durbin-Watson stat		0.240 777
Prob(F-statistic)	5.97E-31			

点击"Quick/Generate series"，键入"e1=resid"，点击"OK"，这样，便将残差序列赋值于 e1。

第 2 步：估计残差的平稳性。返回到工作文件窗口，点开残差序列 e1，点击"View/Unit Root Test"，进入单位根检验对话框。在检验类型处选择"Augmented Dickey-Fuller"；在检验对象上选择"Level"，这里只能对原始的残差序列进行检验而不能对差分后的残差序列进行检验；在检验形式中选择"None"，因为方程（15-8）中既不包含时间趋势项又不包含截距项；在经过反复试验，并采用 SC 和 AIC 统计量以及相关滞后期的系数的显著性判断滞后期数后，发现最佳滞后期为 2 期，于是选择滞后期为 2。完成相关设置，点击"OK"后便得到残差序列 e1 的平稳性检验结果，如表 15-2 所示。

细心的读者可能已经发现，对残差序列的 ADF 检验实际上就是直接估计方程（12-20），也就是直接实现图 12-1 所示检验步骤的最后一步，因此，只需用 ADF 统计量判断 ρ 是否为 0 即可。由表 15-2 可知 ADF 统计量为 −2.380 3，小于 5% 显著水平下临界值 −1.955 7，因此，在 5% 的显著水平下拒绝 $\rho=0$，即不存在单位根，残差序列是平稳的。由此，我们就可认为变量 X 和 Y 之间具有长期稳定的均衡关系，是协整的。

表 15-2　残差序列 e1 的平稳性检验结果

		t-Statistic	Prob. *
Null Hypothesis: E1 has a unit root			
Exogenous: None			
Lag Length: 2 (Automatic-based on SIC, maxlag=2)			
Augmented Dickey-Fuller test statistic		−2.380 3	0.019 598
Test critical values:	1% level	−2.664 85	
	5% level	−1.955 68	
	10% level	−1.608 79	

*MacKinnon (1996) one-sided p-values.

Augmented Dickey-Fuller Test Equation
Dependent Variable: D (E1)
Method: Least Squares
Sample (adjusted): 1993 2016
Included observations: 24 after adjustments

Variable	Coefficient	Std. Error	t-Statistic	Prob.
E1(−1)	−0.220 43	0.092 607	−2.380 3	0.026 85
D(E1(−1))	0.633 033	0.188 941	3.350 429	0.003 031
D(E1(−2))	0.562 799	0.242 139	2.324 279	0.030 223
R-squared	0.559 019	Mean dependent var		50.166 94
Adjusted R-squared	0.517 021	S. D. dependent var		205.311 5
S. E. of regression	142.684 7	Akaike info criterion		12.875 62
Sum squared resid	427 537.5	Schwarz criterion		13.022 88
Log likelihood	−151.507	Hannan-Quinn criter.		12.914 69
Durbin-Watson stat	2.526 226			

15.1.4　协整检验的另一种方法：Johansen 协整检验

Johansen 协整检验是一种基于向量自回归模型的检验回归参数的方法，适合于对多变量的协整检验。这种检验方法是由 Johansen (1988) 以及 Juselius (1990) 提出的，通常称为 JJ 检验。

1. JJ 检验的基本思想

为了说明 JJ 检验的基本思想，首先建立一个 VAR(P) 的差分向量自回归模型

$$\Delta X_t = \pi_0 + \pi X_{t-1} + \pi_1 \Delta X_{t-1} + \pi_2 \Delta X_{t-2} + \cdots + \pi_p \Delta X_{t-p} + e_t \tag{15-9}$$

对于差分向量自回归模型 (15-9)，其中向量 $X_t = (X_{1t}, X_{2t}, \cdots, X_{nt})'$ 中的所有变量都是 $I(1)$ 变量，经差分后的变量都是 $I(0)$ 变量，为平稳变量，所以，就要求 πX_{t-1} 是 $I(0)$ 向量时才能保证 ΔX_t 是平稳的向量，也就是说，只有当变量 $X_{1t}, X_{2t}, \cdots, X_{nt}$ 具有协整关系时，才能保证向量 ΔX_t 是平稳的。因此，变量 $X_{1t}, X_{2t}, \cdots, X_{nt}$ 之间是否存在协整取决于 X_{t-1} 的系数矩阵 $\pi = \alpha \beta'$ 的秩。假定 π 的秩为 r，表示在 n 个内生变量中有 r 个协整

向量存在，则 r 只会出现 3 种情况：要么为零，要么为 n，要么介于这两者之间。

由于协整取决于 X_{t-1} 的系数矩阵 π 的秩，而系数矩阵 π 的秩等于它的非零特征根的个数，于是 Johansen 就提出了通过对系数矩阵 π 的非零特征根个数的检验来检验协整关系和协整向量（协整方程）的个数。假定系数矩阵 π 的特征根为 $\hat{\lambda}_1 > \hat{\lambda}_2 > \cdots > \hat{\lambda}_n$。

2. 特征根迹检验（trace 检验）和最大特征值检验

$$\lambda_{\text{trace}}(r) = -T \sum_{i=r+1}^{n} \ln(1-\hat{\lambda}_i) \tag{15-10}$$

$$\lambda_{\max}(r, r+1) = -T\ln(1-\hat{\lambda}_{i+1}) \tag{15-11}$$

式中，$\hat{\lambda}_i$ 是从估计矩阵 π 而得到的特征根的值；T 是有效的样本观测数。当省略 r 后，这些统计量简称为 λ_{trace} 和 $\lambda_{\max}$。

式 (15-10) 给出的统计量用于检验原假设：不同协整向量的个数小于等于 r。式 (15-11) 给出的统计量用于检验原假设：协整向量个数等于 r。它们的备择假设都是协整向量的个数等于 $r+1$。从 $r=0$ 开始检验，若 $r=0$ 被拒绝，则检验 $r \leqslant 1$，$r \leqslant 2$，直至 $r \leqslant r^*$ 不能被拒绝，这样就可以得出 X_t 中存在 r^* 个协整向量。

3. 协整方程的形式

与单变量时间序列分析一样，协整方程可以包含截距和确定性趋势。于是，模型 (15-9) 就可能出现如下情况。

(1) 序列 X_t 没有确定性趋势，协整方程不含截距项。
(2) 序列 X_t 没有确定性趋势，协整方程包含截距项。
(3) 序列 X_t 有确定性线性趋势，协整方程只包含截距项。
(4) 序列 X_t 和协整方程都具有线性趋势。
(5) 序列 X_t 有二次趋势，协整方程只有线性趋势。

JJ 检验可在 EViews 中直接实现，下面我们用 EViews 来实现表 3-1 中的 X 和 Y 的协整关系。由于在平稳性检验中，发现变量 X 和 Y 都是 2 阶单整，不适用于 JJ 检验，因此我们考虑采用 JJ 检验验证变量 X 和 Y 的对数序列的协整关系。选中变量 X，点击 "Quick/Generate series"，键入 "lgX=log(X)"，生成变量 X 的对数序列，再按照相同的方法生成变量 Y 的对数序列 lgY。平稳性检验发现，变量 X 和 Y 的对数序列都是 1 阶单整序列，可以采用 JJ 检验进行验证。

在工作文件窗口下，选中变量 lgY 和 lgX，点击 "Open/as Group/View/Cointegration Test/Johansen System Cointegration Test"，将会出现如图 15-1 的对话框。在图 15-1 中有 6 个选择框，其中情形 1：No intercept or trend in CE or test VAR 指协整方程或者 VAR 模型方程 (15-9) 中没有常数项；情形 2：Intercept (no trend) in CE-no intercept in VAR 指协整方程中有常数项（没有趋势项），VAR 模型中没有常数项；情形 3：Intercept (no trend) in CE and test VAR 指协整方程和 VAR 模型中有常数项，但协整方程中没有趋势项；情形 4：Intercept and trend in CE-no trend in VAR 指协整方程中含有常数项和线性趋势项，VAR 模型中没有趋势项；情形 5：Intercept and trend in CE-linear trend in VAR 指协整方程中有常数项和趋势项，VAR 模型有二次趋势项；Summarize all 5 sets of assumptions 指评价以上 5 种情形。系统默认的是情形 3。

Exog variables 对应的窗口中要求填写外生变量（不包含常数项和趋势项）。Lag intervals 要求设定 VAR 的滞后区间。

关于以上 5 种情形的选择，除了采用 Summarize all 5 sets 之外，还可按照以下方法进行选择。

所有序列都不含有时间趋势项，在情

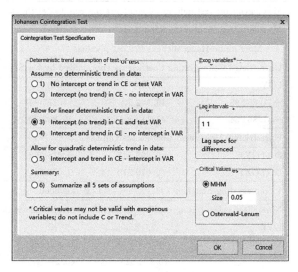

图 15-1 JJ 检验对话框

形 1 和情形 2 中选择。如果所有的经济变量的均值为零，采用情形 1，否则选择情形 2。所有或者部分序列含有时间（线性）趋势项，在情形 3 和情形 4 中选择。如果所有的序列都含有常数项，采用情形 4，否则采用情形 3。情形 5 一般不使用。

关于滞后期的选择，通常是先选择"Summarize all 5 sets of assumptions"，采用 AIC 统计量和 SC 统计量进行判别，还可借助 LogL 统计量来综合判别。

在单位根检验中发现，lgY 和 lgX 只有常数项而没有时间趋势项，因此适用情形 2，经反复试验发现，最佳滞后期为 4 期，完成相关设置后，点击"OK"，便得到 JJ 检验的结果，如表 15-3 所示。

表 15-3 JJ 检验的结果

Sample (adjusted)：1995 2016
Included observations：22 after adjustments
Trend assumption：No deterministic trend (restricted constant)
Series：LGY LGX
Lags interval (in first differences)：1 to 4
Unrestricted Cointegration Rank Test (Trace)

Hypothesized No. of CE（s）	Eigenvalue	Trace Statistic	0.05 Critical Value	Prob.＊＊
None ＊	0.674 432	36.305 65	20.261 84	0.000 1
At most 1 ＊	0.410 259	11.617 59	9.164 546	0.016 8

Trace test indicates 2 cointegrating eqn（s）at the 0.05 level

＊ denotes rejection of the hypothesis at the 0.05 level

＊＊MacKinnon-Haug-Michelis (1999) p-values

Unrestricted Cointegration Rank Test (Maximum Eigenvalue)

Hypothesized No. of CE（s）	Eigenvalue	Max-Eigen Statistic	0.05 Critical Value	Prob.＊＊
None ＊	0.674 432	24.688 06	15.892 10	0.001 6
At most 1 ＊	0.410 259	11.617 59	9.164 546	0.016 8

(续)

Max-eigenvalue test indicates 2 cointegrating eqn (s) at the 0.05 level		
* denotes rejection of the hypothesis at the 0.05 level		
** MacKinnon-Haug-Michelis (1999) p-values		
Unrestricted Cointegrating Coefficients (normalized by b'*S11*b=I):		
LGY	LGX	C
−11.858 93	10.802 00	−3.325 843
−51.361 34	45.118 91	18.805 22
Unrestricted Adjustment Coefficients (alpha):		
D (LGY)	−0.005 148	0.016 062
D (LGX)	−0.019 519	0.010 314
1 Cointegrating Equation (s):	Log likelihood	117.348 0
Normalized cointegrating coefficients (standard error in parentheses)		
LGY	LGX	C
1.000 000	−0.910 874	0.280 450
	(0.024 52)	(0.270 47)
Adjustment coefficients (standard error in parentheses)		
D (LGY)	0.061 049	
	(0.083 32)	
D (LGX)	0.231 470	
	(0.069 24)	

表 15-3 报告了采用最大特征值统计量评判的 JJ 检验结果，由于迹统计量（trace statistic）24.688 大于临界值 15.892，即在 5% 的显著水平下拒绝没有协整方程的原假设，说明至少有一个协整方程；由于 9.165 小于 11.618，即在 5% 的显著水平下接受最多一个协整方程的原假设，说明至多存在一个协整方程。综合判断，存在一个协整方程。标准化的协整方程为

$$\lg Y = 0.280 - 0.911 \lg X$$

15.2 误差修正模型

假设两个变量的长期均衡关系表现为

$$Y_t = \beta_0 + \beta_1 X_t + \mu_t \tag{15-12}$$

由于在现实经济中常常有某种冲击导致在短期内偏离长期均衡，呈现非均衡关系，假定变量 X 和 Y 都是 1 阶单整的、具有动态特征的 (1, 1) 阶分布滞后模型

$$Y_t = \beta_0 + \beta_1 X_t + \beta_2 X_{t-1} + \beta_3 Y_{t-1} + \mu_t \tag{15-13}$$

因为变量是非平稳的，因此，不能直接采用普通最小二乘法对方程 (15-13) 进行估计。于是对方程 (15-13) 进行适当变换，在方程 (15-13) 的两边减去 Y_{t-1}，同时，在方程的右边加一项 $\beta_1 X_{t-1}$，然后再减去该项 $\beta_1 X_{t-1}$，得到

$$\Delta Y_t = \beta_0 + \beta_1 \Delta X_t + (\beta_1 + \beta_2) X_{t-1} - (1-\beta_3) Y_{t-1} + \mu_t$$

$$= \beta_1 \Delta X_t - (1-\beta_3)\left(Y_{t-1} - \frac{\beta_0}{1-\beta_3} - \frac{\beta_1+\beta_2}{1-\beta_3} X_{t-1}\right) + \mu_t \tag{15-14}$$

或

$$\Delta Y_t = \beta_1 \Delta X_t - \lambda(Y_{t-1} - \alpha_0 - \alpha_1 X_{t-1}) + \mu_t \tag{15-15}$$

式中，$\lambda = (1-\beta_3)$，$\alpha_0 = \beta_0/(1-\beta_3)$，$\alpha_1 = (\beta_1+\beta_2)/(1-\beta_3)$。

如果方程（15-15）括号中的 $Y_{t-1} - \alpha_0 - \alpha_1 X_{t-1}$ 与方程（15-12）相同，则括号内的 $Y_{t-1} - \alpha_0 - \alpha_1 X_{t-1}$ 就是 $t-1$ 期时的非均衡误差。因此，变量 Y 的短期变化取决于变量 X 的短期变化和上一期的偏离均衡的程度，Y 的值对前期的非均衡程度做出了一定的修正。模型（15-15）被称为**误差修正模型**（Error Correction Model，ECM）。

一般地，误差修正模型写成

$$\Delta Y_t = \beta_1 \Delta X_t - \lambda ecm_{t-1} + \mu_t \tag{15-16}$$

式中，ecm 表示误差修正项。由于模型（14-13）中的 $|\beta_3| < 1$，否则 Y_t 将发散，系统不会收敛，所以，$0 < \lambda < 1$。由此，我们可以看出误差修正模型中的 ecm 所起到的修正作用，如果 $t-1$ 期的实际值大于长期均衡 $\alpha_0 + \alpha_1 X_{t-1}$，则 ecm_{t-1} 为正，$-\lambda ecm_{t-1}$ 为负，使得 ΔY_t 减少，向长期均衡 $\alpha_0 + \alpha_1 X_{t-1}$ 趋近；反之，如果 $t-1$ 期的实际值小于长期均衡 $\alpha_0 + \alpha_1 X_{t-1}$，则 ecm_{t-1} 为负，$-\lambda ecm_{t-1}$ 为正，使得 ΔY_t 增加，向长期均衡 $\alpha_0 + \alpha_1 X_{t-1}$ 趋近。不难看出，趋近的快慢取决于参数 λ 的大小。无论哪种情况，都体现了非均衡误差对 Y_t 的调控。事实上，要想回复到均衡水平，一是靠时间，二是靠强度。调整系数的绝对值越大，时间越短。

多变量的误差修正模型可类似地建立，假设三个变量之间存在长期稳定的均衡关系

$$Y_t = \beta_0 + \beta_1 X_t + \beta_2 Z_t + \mu_t \tag{15-17}$$

其误差修正模型可写为

$$\Delta Y_t = \beta_1 \Delta X_t + \beta_2 \Delta Z_t - \lambda ecm_{t-1} + \mu_t \tag{15-18}$$

式中，$ecm_{t-1} = Y_{t-1} - \beta_0 - \beta_1 X_{t-1} - \beta_2 Z_{t-1}$。

关于误差修正模型的建立，Engle 和 Granger 在 1987 年提出了著名的 **Granger 表述定理**，即如果变量 X 和 Y 是协整的，则它们间的短期非均衡关系总能由一个误差修正项来表述，即

$$\Delta Y_t = \sum_{i=1}^{p} \alpha_i \Delta Y_{t-i} + \sum_{i=0}^{q} \beta_i \Delta X_{t-i} - \lambda ecm_{t-1} + \mu_t \tag{15-19}$$

ΔX 允许有非滞后差分项 ΔX_t。滞后期的选择主要依据 ACI 和 SC 统计量以及相应滞后期的系数的显著水平。

15.2.1 误差修正模型的估计

Engle 和 Granger 在 1987 年指出：如果 X 和 Y 是协整的，则它们的短期非均衡关系总可以由误差修正模型描述。

很显然，如果变量 X 和 Y 都是 1 阶单整的，则 1 阶差分序列 ΔX_t 和 ΔY_t 是平稳序列，因此，对于误差修正模型（15-15）或模型（15-16），只有当变量 X 和 Y 之间存在协整时，即均衡误差项平稳时，才能保证 ΔY_t 是平稳的。

因此，在建立和估计误差修正模型前，首先需要对变量进行协整分析，以确定变量间是否存在协整关系。如果存在协整关系，就以这种关系构成误差修正项，把误差修正项作为一个解释变量，与其他影响短期波动的变量一起，构成形如方程（15-15）或方程（15-16）的误差修正模型。

误差修正模型的优点在于不再单纯地使用原始序列和变量的差分序列构造模型，而是把两者有机地结合在一起，充分利用两者所提供的有效信息。从短期来看，被解释变量的变动是由偏离长期均衡的离差和短期波动所引起的，也就是说，短期内系统偏离均衡状态的程度大小决定了短期波动程度的大小。从长期看，协整关系起到了反向修正的作用，使非均衡状态逐步回复到均衡状态。

最常用的误差修正模型的估计方法是 Engle-Granger 两步法，基本步骤如下。

第 1 步：用普通最小二乘法估计方程

$$Y_t = \beta_0 + \beta_1 X_t + \mu_t \tag{15-20}$$

又称协整回归，检验变量间的协整关系，估计长期均衡关系参数，得到残差序列。如果存在协整关系，则进行第 2 步。

第 2 步：将第 1 步得到的残差，即非均衡误差项加入到误差修正模型中，用普通最小二乘法直接估计相应的参数。

需要说明的是，在实际的操作过程中，变量常以对数形式出现，其原因是变量对数的差分近似等于相应变量的变化率，而经济变量的变化率常常是平稳序列，适合包含在经典回归方程中。

15.2.2 误差修正模型估计在 EViews 中的实现

下面我们用 EViews 来实现构建基于表 14-3 的我国能源消费量与国内生产总值的误差修正模型。

第 1 步：建立长期均衡方程。

$$\ln EN_t = \beta_0 + \beta_1 \ln GDP_t + \mu_t$$

首先，进行单整期数检验。选中变量 GDP，点击"Quick/Generate series"，键入"logGDP=log(GDP)"生成变量 GDP 的对数序列，再按照相同的方法生成变量 EN 的对数序列。容易验证，$\ln GDP_t$ 和 $\ln EN_t$ 都是 2 阶单整的。然后，采用最小二乘法得到以上长期均衡方程的估计结果，如表 15-4 所示。

表 15-4　协整回归的估计结果

Dependent Variable：LOGEN
Method：Least Squares
Sample：1978 2015
Included observations：38

(续)

Variable	Coefficient	Std. Error	t-Statistic	Prob.
C	7.643 748	0.135 29	56.499 03	0.000 0
LOGGDP	0.390 344	0.012 268	31.817 49	0.000 0
R-squared	0.965 66	Mean dependent var		11.900 05
Adjusted R-squared	0.964 707	S.D. dependent var		0.663 037
S.E. of regression	0.124 562	Akaike info criterion		−1.276 83
Sum squared resid	0.558 562	Schwarz criterion		−1.190 65
Log likelihood	26.259 86	Hannan-Quinn criter.		−1.246 17
F-statistic	1 012.353	Durbin-Watson stat		0.081 522
Prob(F-statistic)	5.92E-28			

点击"Quick/Generate series",键入"ecm=resid",这样便得到了协整回归的残差。接着检验残差序列 *ecm* 的协整性,检验结果发现 *ecm* 是平稳序列(检验输出结果略去,作者可自行验证),说明长期均衡方程是协整的,可进入构建误差修正模型的第2步。

第2步:建立误差修正模型。将第1步中的 *ecm* 作为误差修正项,代入如下方程

$$\Delta \ln EN_t = \sum \alpha_p \Delta \ln EN_{t-p} + \sum \beta_p \Delta \ln GDP_{t-p} - \lambda ecm_{t-1} + \mu_t$$

经反复试验利用 AIC 和 SC 统计量以及相应滞后期的系数的显著性判断后发现,最佳滞后期为1期。因此,在工作文件下点击"Quick/Estimate Equation",键入"d(logEN) d(logGDP) −ecm(−1) d(logEN(−1)) d(logGDP(−1))",点击"OK"便得到误差修正模型的估计结果,如表15-5所示。

表15-5 误差修正模型的估计结果

Dependent Variable:D(LOGEN)
Method:Least Squares
Sample(adjusted):1980 2015
Included observations:36 after adjustments

Variable	Coefficient	Std. Error	t-Statistic	Prob.
D(LOGGDP)	0.350 517	0.083 261	4.209 874	0.000 19
−ECM(−1)	0.074 508	0.030 343	2.455 493	0.019 69
D(LOGEN(−1))	0.804 383	0.107 777	7.463 41	0.000 00
D(LOGGDP(−1))	−0.288 83	0.084 097	−3.434 52	0.001 66
R-squared	0.690 221	Mean dependent var		0.055 368
Adjusted R-squared	0.661 179	S.D. dependent var		0.037 918
S.E. of regression	0.022 071	Akaike info criterion		−4.684 63
Sum squared resid	0.015 589	Schwarz criterion		−4.508 68
Log likelihood	88.323 29	Hannan-Quinn criter.		−4.623 22
Durbin-Watson stat	1.863 86			

由表15-5我们可以写出误差修正模型的估计结果

$$\Delta \ln EN_t = 0.351 \Delta \ln GDP_t + 0.804 \Delta \ln EN_{t-1} - 0.289 \Delta \ln GDP_{t-1} - 0.075 ecm_{t-1}$$

从上面的估计结果可以看出,误差修正项的系数为0.075,表示当短期波动偏离长期均

衡时，误差修正项将以 0.075 的力度做反向调整，将非均衡状态拉回到均衡状态。

15.3 向量误差修正模型

在第 14 章中，我们已经看到双变量的标准型 VAR 模型为

$$Y_t = a_{10} + a_{11}Y_{t-1} + a_{12}Z_{t-1} + e_{1t} \tag{15-21}$$

$$Z_t = a_{20} + a_{21}Y_{t-1} + a_{22}Z_{t-1} + e_{2t} \tag{15-22}$$

e_{1t} 和 e_{2t} 都是均值为零、方差恒定的随机干扰项，它们相互之间可以是相关的。为叙述方便，假定 $a_{10} = a_{20} = 0$。如果在方程（15-21）的两端都减去 Y_{t-1}，方程（15-22）的两端都减去 Z_{t-1}，则方程（15-21）和方程（15-22）分别改写为方程（15-23）和方程（15-24）所表示的差分方程

$$\Delta Y_t = (a_{11} - 1)Y_{t-1} + a_{12}Z_{t-1} + e_{1t} \tag{15-23}$$

$$\Delta Z_t = a_{21}Y_{t-1} + (a_{22} - 1)Z_{t-1} + e_{2t} \tag{15-24}$$

为了保证变量 Y 和 Z 是 $CI(1,1)$，系数必须满足 $a_{11} - 1 = -a_{12}a_{21}/(1 - a_{22})$[①]。于是，方程（15-23）和方程（15-24）就可以写为

$$\Delta Y_t = [-a_{12}a_{21}/(1 - a_{22})]Y_{t-1} + a_{12}Z_{t-1} + e_{1t} \tag{15-25}$$

$$\Delta Z_t = a_{21}Y_{t-1} + (a_{22} - 1)Z_{t-1} + e_{2t} \tag{15-26}$$

方程（15-25）和方程（15-26）就构成了向量误差修正模型。如果 $a_{12} \neq 0$ 且 $a_{21} \neq 0$，则可以相对于一个变量对协整向量进行标准化。假定相对于 Y_t 进行标准化，就可以得到

$$\Delta Y_t = \alpha_y(Y_{t-1} - \beta Z_{t-1}) + e_{1t} \tag{15-27}$$

$$\Delta Z_t = \alpha_z(Y_{t-1} - \beta Z_{t-1}) + e_{2t} \tag{15-28}$$

式中，$\alpha_y = -a_{12}a_{21}/(1 - a_{22})$；$\alpha_z = a_{21}$；$\beta = (1 - a_{22})/a_{21}$。$\alpha_y$ 和 α_z 为速度调整系数，协整向量为 $(1, \beta)$。

很明显，变量 Y_t 和 Z_t 的变化是受到了前期相对于长期均衡离差 $Y_{t-1} - \beta Z_{t-1}$ 的影响，如果 $Y_{t-1} = \beta Z_{t-1}$，则 Y_t 和 Z_t 的变化只受到了随机干扰项的影响。当 $\alpha_y < 0$ 且 $\alpha_z > 0$ 时，随着相对于长期均衡的正向离差的增大，Y_t 才会减小，Z_t 才会增大，趋向于长期均衡。较大的 α_z 意味着变量 Z_t 对上期相对于长期均衡的离差的响应比较大。如果 α_y 和 α_z 都等于零，则不可能出现长期均衡，并且模型也不会是误差修正模型，或者说，不存在协整关系。

如果变量 Y 和 Z 都是 1 阶单整的，协整方程为

$$Y_t = \beta_0 + \beta_1 Z_t \tag{15-29}$$

则向量自回归模型变为

$$\Delta Y_t = \alpha_y(Y_{t-1} - \beta_0 - \beta_1 Z_{t-1}) + e_{1t} \tag{15-30}$$

[①] 恩德斯. 应用计量经济学：时间序列分析（原书第2版）[M]. 杜江，谢志超，译. 北京：高等教育出版社，2006.

$$\Delta Z_t = \alpha_z(Y_{t-1} - \beta_0 - \beta_1 Z_{t-1}) + e_{2t} \tag{15-31}$$

更一般地，向量自回归模型可以表述为

$$\Delta Y_t = \delta_1 + \alpha_y(Y_{t-1} - \beta_0 - \beta_1 Z_{t-1}) + e_{1t} \tag{15-32}$$

$$\Delta Z_t = \delta_2 + \alpha_z(Y_{t-1} - \beta_0 - \beta_1 Z_{t-1}) + e_{2t} \tag{15-33}$$

在这个向量误差修正模型（VECM）的方程中，在括号外有一个截距项，反映了原始序列的随机性趋势。

对于两个变量 Y_t 和 Z_t 的更加一般的向量误差修正模型为

$$\Delta Y_t = \delta_1 + \alpha_y(Y_{t-1} - \beta_0 - \beta_1 Z_{t-1}) + \sum_{i=1}^{p} a_{1i}\Delta Y_{t-i} + \sum_{i=1}^{q} b_{1i}\Delta Z_{t-i} + e_{1t} \tag{15-34}$$

$$\Delta Z_t = \delta_2 + \alpha_z(Y_{t-1} - \beta_0 - \beta_1 Z_{t-1}) + \sum_{i=1}^{p} a_{2i}\Delta Y_{t-i} + \sum_{i=1}^{q} b_{2i}\Delta Z_{t-i} + e_{2t} \tag{15-35}$$

向量误差修正模型的估计可以在 EViews 中直接实现，在工作文件窗口下，我们采用表 14-3 的数据对数序列 logEN 和 logGDP 来构建向量误差修正模型。选中变量 logEN 和 logGDP，点击"Open/as VAR"，此时将会弹出如图 14-1 的对话框，选择"Vector Error Correction"，将出现如图 15-2 的对话框。与估计 VAR 模型类似，在估计 VEC 模型时也要求给出内生变量、外生变量和滞后区间，但截距项与趋势项的设置应该与 JJ 检验时的设置一致。

由于我们针对相同数据做 JJ 检验的时候，选择的是情形 2，结果发现只有 1 个协整方程，通过

图 15-2　向量误差修正模型对话框

AIC 和 SC 统计量判断最佳滞后期是 1 期。因此，在滞后期处设置为 1，协整方程个数设置为 1。完成所有设置后，点击"OK"便得到向量误差修正模型的估计结果，如表 15-6 所示。

表 15-6　向量误差修正模型的估计结果

Vector Error Correction Estimates	
Sample（adjusted）：1981 2015	
Included observations：35 after adjustments	
Standard errors in () & t-statistics in []	
Cointegrating Eq：	CointEq1
LOGEN(−1)	1
LOGGDP(−1)	−0.413 93
	0.039 926
	[−10.367 5]
C	−7.376 67

(续)

Error Correction:	D(LOGEN)	D(LOGGDP)
CointEq1	−0.041 14	0.057 624
	0.037 771	0.062 014
	[−1.089 15]	[0.929 20]
D(LOGEN(−1))	0.892 3	0.220 235
	0.206 755	0.339 463
	[4.315 73]	[0.648 78]
D(LOGEN(−2))	−0.159 69	−0.212 91
	0.208 229	0.341 883
	[−0.766 92]	[−0.622 75]
D(LOGGDP(−1))	−0.048 24	0.870 362
	0.122 755	0.201 546
	[−0.392 98]	[4.318 43]
D(LOGGDP(−2))	−0.081 62	−0.282 73
	0.128 885	0.211 61
	[−0.633 27]	[−1.336 09]
C	0.033 505	0.058 257
	0.013 837	0.022 718
	[2.421 39]	[2.564 32]
R-squared	0.594 147	0.563 112
Adj. R-squared	0.524 172	0.487 787
Sum sq. resids	0.020 119	0.054 236
S. E. equation	0.026 34	0.043 246
F-statistic	8.490 89	7.475 72
Log likelihood	80.911 91	63.557 88
Akaike AIC	−4.280 68	−3.289 02
Schwarz SC	−4.014 05	−3.022 39
Mean dependent	0.056 139	0.143 462
S. D. dependent	0.038 184	0.060 425
Determinant resid covariance (dof adj.)		9.52E-07
Determinant resid covariance		6.54E-07
Log likelihood		149.886 4
Akaike information criterion		−7.764 94
Schwarz criterion		−7.142 8

表 15-6 的输出结果分为四个部分,第一部分为协整向量,它将作为误差修正项进入 VAR 模型的两个方程;第二部分为向量误差修正模型的估计结果,CointEq 对应的值便是调整速度系数的值,分别为 −0.041 1 和 0.057 6,其余各项分别为内生变量差分项的参数估计值;第三部分给出的是向量误差修正模型中每个方程的评价统计量;最后一个部分给

出的是向量误差修正模型的 4 个总体评价统计量。

15.4 案例分析

案例 15-1

为了研究税收收入的影响因素，我们用包含中央和地方税收的各项收入作为解释变量，以反映税收水平；以反映经常增长水平的国内生产总值和反映公共财政需求的财政支出作为解释变量，表 15-7 给出了相关数据。以下我们通过协整与误差修正模型来研究税收收入的影响因素。

表 15-7　1978～2016 年税收及相关收入数据　　　　　　　　（单位：亿元）

年份	各项税收	国内生产总值	财政支出	年份	各项税收	国内生产总值	财政支出
1978	519.28	3 645.21	1 122.09	1998	9 262.80	84 402.27	10 798.18
1979	537.82	4 062.57	1 281.79	1999	10 682.58	89 677.05	13 187.67
1980	571.70	4 545.62	1 228.83	2000	12 581.51	99 214.55	15 886.50
1981	629.89	4 891.56	1 138.41	2001	15 301.38	109 655.17	18 902.58
1982	700.02	5 323.35	1 229.98	2002	17 636.45	120 332.68	22 053.15
1983	775.59	5 962.65	1 409.52	2003	20 017.31	135 822.75	24 649.95
1984	947.35	7 208.05	1 701.02	2004	24 165.68	159 878.33	28 486.89
1985	2 040.79	9 016.03	2 004.25	2005	28 778.54	183 217.40	33 930.28
1986	2 090.73	10 275.17	2 204.91	2006	34 804.35	211 923.50	40 422.73
1987	2 140.36	12 058.61	2 262.18	2007	45 621.97	257 305.60	49 781.35
1988	2 390.47	15 042.82	2 491.21	2008	54 223.79	300 670.00	62 592.66
1989	2 727.40	16 992.31	2 823.78	2009	59 521.59	349 081.40	76 299.93
1990	2 821.86	18 667.82	3 083.59	2010	73 210.79	413 030.30	89 874.16
1991	2 990.17	21 781.49	3 386.62	2011	89 738.39	489 300.60	109 247.79
1992	3 296.91	26 923.47	3 742.20	2012	100 614.30	540 367.40	125 952.97
1993	4 255.30	35 333.92	4 642.30	2013	110 530.70	595 244.40	140 212.10
1994	5 126.88	48 197.85	5 792.62	2014	119 175.31	643 974.00	151 785.56
1995	6 038.04	60 793.72	6 823.72	2015	124 922.20	689 052.10	175 877.77
1996	6 909.82	71 176.59	7 937.55	2016	130 360.73	744 127.20	187 755.21
1997	8 234.04	78 973.03	9 233.56				

资料来源：国泰安信息技术有限公司开发的《中国宏观经济数据库》。

1. 变量的平稳性检验

我们分别用 $\ln TAX$、$\ln GDP$、$\ln EP$ 表示税收收入、国内生产总值、财政支出的对数。在 EViews 中，点击"Quick/Generate series"，键入"lntax＝log(tax)"，点击"OK"，便得到 $\ln TAX$ 序列。相同方法，可检验 $\ln GDP$、$\ln EP$。经平稳性检验发现，$\ln TAX$、$\ln GDP$、$\ln EP$ 都是 1 阶单整序列，且 3 个变量都含有常数项而没有时间趋势项。可以采用 E-G 两步法和 JJ 检验来进行协整检验。

2. E-G 两步法

估计方程

$$\ln TAX_t = \beta_0 + \beta_1 \ln GDP_t + \beta_2 \ln EP_t + \mu_t \tag{15-36}$$

在工作文件下点击"Quick/Estimate Equation",键入"lnTAX lnGDP lnEP",点击"OK"后,得到回归结果,此时点击"Quick/Generate series",键入"e1=resid",将得到残差序列。用另外一个变量 e1,返回到工作文件窗口下,点击打开序列 e1 后,出现序列对话窗口,点击"View/Unit Root Test",在检验形式上选择"none",反复试验后发现最佳滞后期为 0 期,完成相关设置之后点击"OK"就得到残差的平稳性检验结果,如表 15-8 所示。

表 15-8 残差的平稳性检验结果

Null Hypothesis: E1 has a unit root
Exogenous: None
Lag Length: 0 (Automatic-based on SIC, maxlag=9)

		t-Statistic	Prob. *
Augmented Dickey-Fuller test statistic		−2.712 161	0.008 021
Test critical values:	1% level	−2.627 238	
	5% level	−1.949 856	
	10% level	−1.611 469	

*MacKinnon (1996) one-sided p-values.

Augmented Dickey-Fuller Test Equation
Dependent Variable: D (E1)
Method: Least Squares
Sample (adjusted): 1979 2016
Included observations: 38 after adjustments

Variable	Coefficient	Std. Error	t-Statistic	Prob.
E1(−1)	−0.189 060	0.069 708	−2.712 161	0.010 082
R-squared	0.151 198	Mean dependent var		0.014 535
Adjusted R-squared	0.151 198	S. D. dependent var		0.111 197
S. E. of regression	0.102 446	Akaike info criterion		−1.692 998
Sum squared resid	0.388 322	Schwarz criterion		−1.649 904
Log likelihood	33.166 961	Hannan-Quinn criter.		−1.677 665
Durbin-Watson stat	2.039 231			

从表 15-8 中可以看出,ADF 统计量为 −2.712,小于 1% 显著水平下的临界值 −2.627,说明残差序列是平稳的,进而说明 $\ln TAX$、$\ln GDP$、$\ln EP$ 之间存在协整关系。

3. JJ 检验

在工作文件下,选中变量 $\ln TAX$、$\ln GDP$、$\ln EP$,点击右键"Open/as Group/View/Cointegration Test",由于在平稳性检验的时候发现 $\ln TAX$、$\ln GDP$、$\ln EP$ 都含有常数项,没有时间趋势项。因此在 JJ 检验时选择情形 2,经反复试验最佳滞后期为 2,完成相关设置点击"OK"就得到 JJ 检验的结果,如表 15-9 所示。

表 15-9　JJ检验的结果

Sample (adjusted): 1981 2016
Included observations: 36 after adjustments
Trend assumption: No deterministic trend (restricted constant)
Series: LNEP LNGDP LNTAX
Lags interval (in first differences): 1 to 2
Unrestricted Cointegration Rank Test (Trace)

Hypothesized No. of CE (s)	Eigenvalue	Trace Statistic	0.05 Critical Value
None *	0.488 157	49.920 65	35.192 75
At most 1 *	0.367 312	25.810 1	20.261 84
At most 2 *	0.228 308	9.330 107	9.164 546

Trace test indicates 3 cointegrating eqn (s) at the 0.05 level
* denotes rejection of the hypothesis at the 0.05 level
* * MacKinnon-Haug-Michelis (1999) p-values

Unrestricted Cointegration Rank Test (Maximum Eigenvalue)

Hypothesized No. of CE (s)	Eigenvalue	Max-Eigen Statistic	0.05 Critical Value
None *	0.488 157	24.110 54	22.299 62
At most 1 *	0.367 312	16.48	15.892 1
At most 2 *	0.228 308	9.330 107	9.164 546

Max-eigenvalue test indicates 3 cointegrating eqn (s) at the 0.05 level
* denotes rejection of the hypothesis at the 0.05 level
* * MacKinnon-Haug-Michelis (1999) p-values

Unrestricted Cointegrating Coefficients(normalized by b'*S11*b=I):

LNEP	LNGDP	LNTAX	C
4.519 162	−3.911 86	−1.361 87	10.794 98
−0.033 27	1.154 772	−1.279 85	2.074 328
4.322 778	4.880 782	−8.515 98	−17.462 3

Unrestricted Adjustment Coefficients (alpha):

D(LNEP)	−0.016 35	0.022 734	0.003 053
D(LNGDP)	0.004 904	0.019 025	−0.011 08
D(LNTAX)	0.043 643	0.041 309	0.024 681

1 Cointegrating Equation(s):　　Log likelihood　　175.228 5

Normalized cointegrating coefficients (standard error in parentheses)

LNEP	LNGDP	LNTAX	C
1	−0.865 62	−0.301 35	2.388 713
	(0.295 779)	(0.267 956)	(0.864 884)

Adjustment coefficients (standard error in parentheses)

D(LNEP)	−0.073 9
	(0.034 887)
D(LNGDP)	0.022 162
	(0.033 02)
D(LNTAX)	0.197 23
	(0.080 976)

2 Cointegrating Equation (s):　　Log likelihood　　183.468 5

Normalized cointegrating coefficients (standard error in parentheses)

LNEP	LNGDP	LNTAX	C
1	0	−1.292 97	4.044 484
		(0.159 58)	(1.440 295)
0	1	−1.145 56	1.912 822
		(0.179 654)	(1.621 471)

Adjustment coefficients (standard error in parentheses)

（续）

D(LNEP)	−0.074 66	0.090 221
	(0.029 209)	(0.026 362)
D(LNGDP)	0.021 529	0.002 786
	(0.028 905)	(0.026 087)
D(LNTAX)	0.195 856	−0.123 02
	(0.073 182)	(0.066 049)

从表 15-9 可知，Trace 统计量的值为 49.92 大于 5% 显著水平下的临界值 35.19，拒绝没有协整方程的原假设，认为至少存在一个协整方程；Trace 统计量的值为 25.81 大于 5% 显著水平下的临界值 20.26，拒绝至多有一个协整方程的原假设，认为至少存在两个协整方程；Trace 统计量的值为 9.33 大于 5% 显著水平下的临界值 9.16，接受至多两个协整方程的原假设。综合判断可知，序列 lnTAX、lnGDP、lnEP 之间存在两个协整方程。

标准化的协整方程如下

$$\ln EP = -4.044 + 1.293 \ln TAX$$
$$\ln GDP = -1.913 + 1.146 \ln TAX$$

4. 误差修正模型

在本案例的第 2 部分中，我们已经估计了方程 (15-36)，并获取了方程 (15-36) 的残差 $e1$。为了构建误差修正模型，我们将 $e1$ 作为误差修正项，估计方程

$$\Delta \ln TAX_t = \Sigma \alpha_p \Delta \ln TAX_{t-p} + \Sigma \beta_p \Delta \ln GDP_{t-p} + \Sigma \gamma_p \Delta \ln EP_{t-p} - \lambda e1_{t-1} + \mu_t$$

在工作文件下点击 "Quick/Estimate Equation"，经反复试验并通过 ACI 和 SC 统计量结合相关滞后期的显著水平，发现最佳滞后期为 0 期，因此，键入 "d(lnTAX) d(lnGDP) d(lnEP) e1(−1)"，点击 "OK" 便得到误差修正模型的估计结果，如表 15-10 所示。

表 15-10　误差修正模型的估计结果

Dependent Variable: D(LNTAX)
Method: Least Squares
Sample (adjusted): 1979 2016
Included observations: 38 after adjustments

Variable	Coefficient	Std. Error	t-Statistic	Prob.
D(LNGDP)	0.447 231	0.249 919	1.789 503	0.082 190
D(LNEP)	0.642 156	0.254 823	2.520 008	0.016 450
−E1(−1)	0.160 694	0.071 922	2.234 275	0.031 951
R-squared	0.353 636	Mean dependent var		0.145 411
Adjusted R-squared	0.316 701	S. D. dependent var		0.121 599
S. E. of regression	0.100 516	Akaike info criterion		−1.681 34
Sum squared resid	0.353 621	Schwarz criterion		−1.552 06
Log likelihood	34.945 546	Hannan-Quinn criter.		−1.635 34
Durbin-Watson stat	2.061 541			

由表 15-10 我们可以写出误差修正模型的估计结果

$$\Delta \ln TAX_t = 0.447 \Delta \ln GDP_t + 0.642 \Delta \ln EP_t - 0.161 e1_{t-1}$$

从上面的估计结果可以看出，误差修正项的系数为 0.161，表示当短期波动偏离长期均衡时，误差修正项将以 0.161 的力度做反向调整，将非均衡状态回复到均衡状态。

5. 向量误差修正模型

在工作文件窗口下，选中 $\ln TAX$、$\ln GDP$、$\ln EP$，点击右键"Open/as VAR"，选择"Vector Error Correction"，经反复试验发现最佳滞后期为 3 期，根据 JJ 检验的设置，应该选择情形 2，协整方程个数为 2 个。设置完毕后，点击"OK"便得到向量误差修正模型的估计结果，如表 15-11 所示。

表 15-11 向量误差修正模型的估计结果

Vector Error Correction Estimates
Sample (adjusted): 1982 2016
Included observations: 35 after adjustments
Standard errors in ( ) & t-statistics in [ ]

Cointegrating Eq:	CointEq1	CointEq2	
LNTAX(−1)	1.000 000	0.000 000	
LNGDP(−1)	0.000 000	1.000 000	
LNEP(−1)	−0.916 686	−0.836 250	
	0.036 899	0.039 901	
	[−24.843 0]	[−20.958 4]	
C	−0.686 393	−2.253 779	
	0.342 389	0.370 239	
	[−2.004 72]	[−6.087 36]	
Error Correction:	D(LNTAX)	D(LNGDP)	D(LNEP)
CointEq1	−0.386 031	−0.085 470	−0.091 914
	0.078 751	0.033 699	0.032 412
	[−4.901 89]	[−2.536 27]	[−2.835 82]
CointEq2	−0.150 706	0.047 883	0.118 167
	0.085 143	0.036 434	0.035 042
	[−1.770 04]	[1.314 23]	[3.372 11]
D(LNTAX(−1))	−0.376 977	−0.102 749	0.036 760
	0.161 815	0.069 243	0.066 599
	[−2.329 67]	[−1.483 88]	[0.551 96]
D(LNTAX(−2))	−0.336 919	0.103 346	−0.022 650
	0.175 188	0.074 966	0.072 103
	[−1.923 18]	[1.378 57]	[−0.314 14]
D(LNTAX(−3))	−0.114 916	0.130 085	0.062 958
	0.167 222	0.071 557	0.068 824
	[−0.687 21]	[1.817 93]	[0.914 77]

(续)

Error Correction：	D(LNTAX)	D(LNGDP)	D(LNEP)
D(LNGDP(−1))	0.914 050	1.161 395	0.268 575
	0.452 171	0.193 491	0.186 101
	[2.021 47]	[6.002 33]	[1.443 17]
D(LNGDP(−2))	−0.570 545	−0.450 889	−0.158 856
	0.659 782	0.282 331	0.271 548
	[−0.864 75]	[−1.597 03]	[−0.585 00]
D(LNGDP(−3))	−0.062 239	−0.057 908	−0.181 195
	0.503 119	0.215 292	0.207 070
	[−0.123 71]	[−0.268 97]	[−0.875 04]
D(LNEP(−1))	1.077 872	−0.122 802	0.293 368
	0.546 367	0.233 799	0.224 870
	[1.972 80]	[−0.525 24]	[1.304 61]
D(LNEP(−2))	0.666 204	0.194 424	−0.050 581
	0.513 901	0.219 906	0.211 507
	[1.296 37]	[0.884 13]	[−0.239 15]
D(LNEP(−3))	0.782 023	−0.263 505	−0.124 805
	0.434 760	0.186 040	0.178 935
	[1.798 75]	[−1.416 38]	[−0.697 48]
R-squared	0.643 859	0.723 777	0.619 154
Adj. R-squared	0.495 466	0.608 684	0.460 469
Sum sq. resids	0.186 536	0.034 157	0.031 598
S. E. equation	0.088 161	0.037 725	0.036 285
F-statistic	4.338 897	6.288 624	3.901 768
Log likelihood	41.940 502	71.649 594	73.012 464
Akaike AIC	−1.768 029	−3.465 691	−3.543 569
Schwarz SC	−1.279 205	−2.976 867	−3.054 746
Mean dependent	0.152 358	0.143 563	0.145 872
S. D. dependent	0.124 117	0.060 307	0.049 399
Determinant resid covariance (dof adj.)		0.000 000	
Determinant resid covariance		0.000 000	
Log likelihood		190.067 009	
Akaike information criterion		−8.518 115	
Schwarz criterion		−6.696 136	

如表 15-11 所示，CointEq1 和 CointEq2 对应的值便是调整速度系数的值，表示当短期波动偏离长期均衡时，误差修正项将以 CointEq1 和 CointEq2 对应参数估计值的力度将其回复长期均衡状态。

案例 15-2

利率期限结构是指在某一时点上，不同期限资金的收益率与到期期限之间的关系。利率的期限结构反映了不同期限的资金供求关系，揭示了市场利率的总体水平和变化方向。

短期利率和较长期利率之间相互影响，我们研究美国 3 个月和 10 个月利率间的协整关系。数据见表 15-12。

表 15-12　美国 3 个月和 10 个月利率数据

Date	R3	R10	Date	R3	R10	Date	R3	R10
1960：1	4.67	4.49	1969：3	7.46	6.86	1979：1	9.39	9.11
1960：2	4.25	4.26	1969：4	7.77	7.30	1979：2	9.27	9.11
1960：3	3.49	3.83	1970：1	7.73	7.37	1979：3	9.26	9.10
1960：4	3.52	3.89	1970：2	7.72	7.71	1979：4	10.95	10.45
1961：1	3.40	3.79	1970：3	7.38	7.46	1980：1	12.59	11.99
1961：2	3.40	3.79	1970：4	6.32	6.85	1980：2	10.12	10.48
1961：3	3.69	3.98	1971：1	5.06	6.02	1980：3	10.49	10.95
1961：4	3.65	3.97	1971：2	5.84	6.25	1980：4	12.99	12.42
1962：1	3.63	4.02	1971：3	6.33	6.48	1981：1	13.39	12.96
1962：2	3.39	3.87	1971：4	5.39	5.89	1981：2	14.49	13.75
1962：3	3.50	3.99	1972：1	5.32	6.03	1981：3	15.79	14.85
1962：4	3.37	3.90	1972：2	5.69	6.14	1981：4	14.09	14.09
1963：1	3.40	3.89	1972：3	5.88	6.29	1982：1	14.50	14.29
1963：2	3.55	3.96	1972：4	6.00	6.37	1982：2	14.14	13.93
1963：3	3.78	4.03	1973：1	6.57	6.60	1982：3	12.88	13.11
1963：4	3.94	4.12	1973：2	6.82	6.81	1982：4	10.16	10.67
1964：1	4.05	4.18	1973：3	7.56	7.21	1983：1	9.80	10.56
1964：2	4.07	4.20	1973：4	6.87	6.75	1983：2	9.91	10.54
1964：3	3.96	4.19	1974：1	7.02	7.05	1983：3	11.09	11.63
1964：4	4.05	4.17	1974：2	8.16	7.54	1983：4	10.99	11.69
1965：1	4.08	4.20	1974：3	8.49	7.96	1984：1	11.19	11.94
1965：2	4.10	4.21	1974：4	7.62	7.67	1984：2	12.64	13.20
1965：3	4.16	4.25	1975：1	6.90	7.54	1984：3	12.64	12.87
1965：4	4.52	4.47	1975：2	7.44	8.05	1984：4	11.10	11.74
1966：1	4.96	4.77	1975：3	8.06	8.30	1985：1	10.68	11.58
1966：2	4.98	4.78	1975：4	7.57	8.06	1985：2	9.76	10.81
1966：3	5.58	5.14	1976：1	7.06	7.75	1985：3	9.29	10.34
1966：4	5.40	5.00	1976：2	7.14	7.77	1985：4	8.84	9.76
1967：1	4.65	4.58	1976：3	6.88	7.73	1986：1	7.94	8.56
1967：2	4.63	4.82	1976：4	6.00	7.19	1986：2	7.18	7.60
1967：3	5.23	5.25	1977：1	6.38	7.35	1986：3	6.66	7.31
1967：4	5.65	5.64	1977：2	6.42	7.37	1986：4	6.48	7.26
1968：1	5.65	5.61	1977：3	6.71	7.36	1987：1	6.52	7.19
1968：2	5.89	5.74	1977：4	7.24	7.60	1987：2	7.72	8.34
1968：3	5.45	5.46	1978：1	7.66	8.01	1987：3	8.15	8.88
1968：4	5.75	5.77	1978：2	8.07	8.32	1987：4	8.29	9.12
1969：1	6.31	6.18	1978：3	8.43	8.49	1988：1	7.58	8.42
1969：2	6.53	6.35	1978：4	9.00	8.82	1988：2	8.10	8.91

(续)

Date	R3	R10	Date	R3	R10	Date	R3	R10
1988：3	8.59	9.10	1995：2	6.25	6.62	2002：1	3.75	5.08
1988：4	8.75	8.96	1995：3	5.96	6.32	2002：2	3.77	5.10
1989：1	9.38	9.21	1995：4	5.58	5.89	2002：3	2.62	4.26
1989：2	8.92	8.77	1996：1	5.38	5.91	2002：4	2.27	4.01
1989：3	8.07	8.11	1996：2	6.29	6.72	2003：1	2.07	3.92
1989：4	7.86	7.91	1996：3	6.36	6.78	2003：2	1.77	3.62
1990：1	8.38	8.42	1996：4	5.94	6.34	2003：3	2.20	4.23
1990：2	8.62	8.68	1997：1	6.19	6.56	2003：4	2.38	4.29
1990：3	8.25	8.70	1997：2	6.42	6.70	2004：1	2.17	4.02
1990：4	7.76	8.40	1997：3	6.01	6.24	2004：2	2.98	4.60
1991：1	7.27	8.02	1997：4	5.78	5.91	2004：3	2.92	4.30
1991：2	7.25	8.13	1998：1	5.46	5.59	2004：4	3.05	4.17
1991：3	6.89	7.94	1998：2	5.57	5.60	2005：1	3.61	4.30
1991：4	5.84	7.35	1998：3	5.11	5.20	2005：2	3.73	4.16
1992：1	5.77	7.30	1998：4	4.41	4.67	2005：3	3.98	4.21
1992：2	5.78	7.38	1999：1	4.87	4.98	2005：4	4.37	4.49
1992：3	4.68	6.62	1999：2	5.35	5.54	2006：1	4.58	4.57
1992：4	5.00	6.74	1999：3	5.71	5.88	2006：2	4.98	5.07
1993：1	4.64	6.28	1999：4	6.00	6.14	2006：3	4.87	4.90
1993：2	4.41	5.99	2000：1	6.56	6.48	2006：4	4.65	4.63
1993：3	4.32	5.62	2000：2	6.52	6.18	2007：1	4.68	4.68
1993：4	4.41	5.61	2000：3	6.16	5.89	2007：2	4.76	4.85
1994：1	4.90	6.07	2000：4	5.63	5.57	2007：3	4.41	4.73
1994：2	6.20	7.08	2001：1	4.64	5.05	2007：4	3.50	4.26
1994：3	6.56	7.33	2001：2	4.43	5.27	2008：1	2.17	3.66
1994：4	7.40	7.84	2001：3	3.93	4.98			
1995：1	7.27	7.48	2001：4	3.33	4.77			

资料来源：沃尔特·恩格斯. 应用计量经济学：时间序列分析（原书第3版）[M]. 杜江，袁景安，译. 北京：机械工业出版社，2012.

1. 单位根检验

设 Y 为3个月利率，X 为10个月利率。按照第12章的方法对变量 Y 和 X 进行单位根检验，结果发现 Y 和 X 都是1阶单整的。

2. JJ检验

在工作文件下，选中 Y 和 X，点击右键"Open/as Group/View/Cointegration Test"，由于在平稳性检验的时候发现 Y 和 X 都含有常数项，没有时间趋势项。因此在JJ检验时选择情形2，经反复试验最佳滞后期为3，完成相关设置点击"OK"就得到JJ检验的结果，如表15-13所示。

表 15-13　JJ检验的结果

Sample (adjusted): 5 193				
Included observations: 189 after adjustments				
Trend assumption: No deterministic trend (restricted constant)				
Series: Y X				
Lags interval (in first differences): 1 to 3				
Unrestricted Cointegration Rank Test (Trace)				
Hypothesized No. of CE (s)	Eigenvalue	Trace Statistic	0.05 Critical Value	Prob.**
None*	0.104 011	24.282 08	20.261 84	0.013 2
At most 1	0.018 476	3.524 689	9.164 546	0.487 5
Trace test indicates 1cointegrating eqn (s) at the 0.05 level				
* denotes rejection of the hypothesis at the 0.05 level				
** MacKinnon-Haug-Michelis (1999) p-values				
Unrestricted Cointegration Rank Test (Maximum Eigenvalue)				
Hypothesized No. of CE (s)	Eigenvalue	Max-Eigen Statistic	0.05 Critical Value	Prob.**
None*	0.104 011	20.757 39	15.892 10	0.007 9
At most 1	0.018 476	3.524 689	9.164 546	0.487 5
Max-eigenvalue test indicates 1cointegrating eqn (s) at the 0.05 level				
* denotes rejection of the hypothesis at the 0.05 level				
** MacKinnon-Haug-Michelis (1999) p-values				
Unrestricted Cointegrating Coefficients (normalized by b'*S11*b=I):				
Y	X	C		
1.961 048	−2.011 901	1.246 367		
−0.155 338	0.566 155	−2.877 424		
Unrestricted Adjustment Coefficients (alpha):				
D(Y)	−0.052 356	−0.080 974		
D(X)	0.010 108	−0.063 620		
1Cointegrating Equation(s): Log likelihood		−80.406 13		
Normalized cointegrating coefficients (standard error in parentheses)				
Y	X	C		
1.000 000	−1.025 931	0.635 562		
	(0.045 04)	(0.332 19)		
Adjustment coefficients (standard error in parentheses)				
D(Y)	−0.102 673			
	(0.089 43)			
D(X)	0.019 823			
	(0.068 17)			

从表 15-13 可知，Trace 统计量的值为 24.28，大于 5% 显著水平下的临界值 20.26，拒绝没有协整方程的原假设，认为至少存在一个协整方程；3.52 小于 5% 显著水平下的临界值 9.16，接受至多有一个协整方程的原假设。因此可以判定，序列 Y 和 X 之间存在一个协整方程。

标准化的协整方程为

$$Y = -0.636 + 1.026X$$

3. 向量误差修正模型

因为长短期利率是相互影响的，因而建立向量误差修正模型更符合实际情况。在工作文件窗口下，选中 Y 和 X，点击右键"Open/as VAR"，选择"Vector Error Correction"，经反复试验发现最佳滞后期为 3 期，根据 JJ 检验的设置，应该选择情形 2，协整方程个数为 1 个。设置完毕后，点击"OK"便得到向量误差修正模型的估计结果，如表 15-14 所示。

表 15-14　向量误差修正模型的估计结果

Vector Error Correction Estimates
Date: 01/20/15　Time: 16:42
Sample (adjusted): 5 193
Included observations: 189 after adjustments
Standard errors in ( ) & t-statistics in [ ]

Cointegrating Eq:	CointEq1	
Y(−1)	1.000 000	
X(−1)	−1.025 931	
	(0.045 04)	
	[−22.777 2]	
C	0.635 562	
	(0.332 19)	
	[1.913 24]	
Error Correction:	D(Y)	D(X)
CointEq1	−0.102 673	0.019 823
	(0.089 43)	(0.068 17)
	[−1.148 09]	[0.290 77]
D(Y(−1))	0.311 258	9.04E-05
	(0.226 54)	(0.172 69)
	[1.373 98]	[0.000 52]
D(Y(−2))	−0.359 587	−0.303 504
	(0.226 02)	(0.172 30)
	[−1.590 97]	[−1.761 53]
D(Y(−3))	0.406 226	0.226 205
	(0.224 13)	(0.170 86)
	[1.812 47]	[1.323 96]
D(X(−1))	−0.002 691	0.268 713
	(0.297 20)	(0.226 56)
	[−0.009 05]	[1.186 07]
D(X(−2))	0.230 934	0.276 433
	(0.299 85)	(0.228 58)
	[0.770 16]	[1.209 35]
D(X(−3))	−0.236 222	−0.160 710
	(0.294 95)	(0.224 84)
	[−0.800 88]	[−0.714 76]
R-squared	0.126 327	0.101 646
Adj. R-squared	0.097 525	0.072 030
Sum sq. resids	71.534 10	41.569 55
S. E. equation	0.626 933	0.477 916

	D(Y)	D(X)
Error Correction：		
F-statistic	4.385 998	3.432 125
Log likelihood	−176.365 8	−125.070 6
Akaike AIC	1.940 378	1.397 572
Schwarz SC	2.060 443	1.517 637
Mean dependent	−0.007 143	−0.001 217
S. D. dependent	0.659 938	0.496 118
Determinant resid covariance（dof adj.）		0.008 657
Determinant resid covariance		0.008 027
Log likelihood		−80.406 13
Akaike information criterion		1.030 753
Schwarz criterion		1.322 338

如表 15-14 所示，CointEq1 正是前面估计出的协整方程，Error Correction 表示的是向量误差修正模型，CointEq1 系数对应的值便是调整速度系数的值。于是，写出对应的向量误差方程

$$\Delta Y_t = -0.103 ecm_t + 0.311 \Delta Y_{t-1} - 0.360 \Delta Y_{t-2} + 0.406 \Delta Y_{t-3}$$
$$- 0.003 \Delta X_{t-1} + 0.231 \Delta X_{t-2} - 0.236 \Delta X_{t-3}$$
$$\Delta X_t = 0.020 ecm_t + (9.04E-05) \Delta Y_{t-1} - 0.304 \Delta Y_{t-2} + 0.226 \Delta Y_{t-3}$$
$$+ 0.269 \Delta X_{t-1} + 0.276 \Delta X_{t-2} - 0.161 \Delta X_{t-3}$$

其中，第 1 个方程中误差修正项的系数 −0.103 表示当误差修正项大于 0 时，Y 以每期 0.103 单位的速度减小，直到回复到长期均衡水平 $Y = -0.636 + 1.026X$；第 2 个方程中误差修正项的系数 0.020 表示当误差修正项小于 0 时，X 以 0.020 的速度增大，直到回复到长期均衡水平。这表明它们都符合反向修正机制。

案例 15-3

将案例 15-1 采用 Stata 软件进行协整检验和误差修正模型的建立。

1. 平稳性检验

同样地，我们分别用 $\ln TAX$、$\ln GDP$、$\ln EP$ 表示税收收入、国内生产总值、财政支出的对数。经 Stata 平稳性检验发现，$\ln TAX$、$\ln GDP$、$\ln EP$ 都是 1 阶单整序列。

2. JJ 检验

接下来，进行 JJ 检验，结果如图 15-3 所示，命令如下

```
- varsoc lnTAX lnGDP lnEP          // 滞后项检测，结果显示最佳滞后项为 2 期
- vecrank lnTAX lnGDP lnEP,lag(2)   // JJ 检验
```

结果显示，序列 $\ln TAX$、$\ln GDP$、$\ln EP$ 存在一个协整方程（图中带星号的那一项）。

3. 向量误差修正模型

经过反复试验，通过 AIC 和 SC 统计量结合相关滞后项的显著性水平分析，发现最佳滞后项为 2。于是建立误差修正模型，结果如图 15-4 所示，命令如下

```
. vecrank lntax lngdp lnep,lag(2)

                    Johansen tests for cointegration
Trend: constant                                          Number of obs =      37
Sample:  1980 - 2016                                              Lags =       2
                                                         5%
maximum                                       trace      critical
   rank    parms        LL        eigenvalue  statistic  value
      0      12       158.05845        .       36.6410   29.68
      1      17       171.01249   0.50352      10.7329*  15.41
      2      20       175.93775   0.23374       0.8824    3.76
      3      21       176.37893   0.02357
```

图 15-3　JJ 检验结果

- vec lnTAX lnGDP lnEP,lag(2)

```
. vec lnTAX lnGDP lnEP,lag(2)

Vector error-correction model

Sample:  1980 - 2016                        No. of obs    =         37
                                            AIC           =  -8.324999
Log likelihood =   171.0125                 HQIC          =  -8.064061
Det(Sigma_ml)  =   1.94e-08                 SBIC          =  -7.584848

Equation         Parms     RMSE      R-sq       chi2      P>chi2

D_lnTAX            5      .116987   0.6754    66.59421    0.0000
D_lnGDP            5      .041076   0.9374   479.5032     0.0000
D_lnEP             5      .049428   0.9064   309.9137     0.0000


                  Coef.    Std. Err.     z     P>|z|    [95% Conf. Interval]

D_lnTAX
   _ce1
     L1.       -.0096367    .006344   -1.52    0.129    -.0220706    .0027973

  lnTAX
     LD.       -.1809544   .1880529   -0.96    0.336    -.5495312    .1876225

  lnGDP
     LD.        .4943187   .3747876    1.32    0.187    -.2402514   1.228889

  lnEP
     LD.        .7918926   .3953211    2.00    0.045     .0170774   1.566708

   _cons        .0270353   .0568973    0.48    0.635    -.0844814    .1385519
```

图 15-4　向量误差修正模型结果

	Coef.	Std. Err.	z	P>|z|	[95% Conf. Interval]	
D_lnGDP						
_ce1						
L1.	-.003298	.0022275	-1.48	0.139	-.0076637	.0010678
lnTAX						
LD.	-.1577662	.0660283	-2.39	0.017	-.2871792	-.0283532
lnGDP						
LD.	.8220247	.1315937	6.25	0.000	.5641058	1.079944
lnEP						
LD.	.1635629	.1388033	1.18	0.239	-.1084866	.4356124
_cons	.035678	.0199775	1.79	0.074	-.0034772	.0748332
D_lnEP						
_ce1						
L1.	.0079732	.0026804	2.97	0.003	.0027198	.0132267
lnTAX						
LD.	.045553	.0794541	0.57	0.566	-.1101743	.2012802
lnGDP						
LD.	.0895548	.1583514	0.57	0.572	-.2208082	.3999177
lnEP						
LD.	.3151685	.167027	1.89	0.059	-.0121983	.6425354
_cons	.047433	.0240397	1.97	0.048	.0003162	.0945499

Cointegrating equations

Equation	Parms	chi2	P>chi2
_ce1	2	20.99674	0.0000

Identification: beta is exactly identified

Johansen normalization restriction imposed

beta	Coef.	Std. Err.	z	P>|z|	[95% Conf. Interval]	
_ce1						
lnTAX	1	.	.	.	.	.
lnGDP	10.64638	2.33824	4.55	0.000	6.063517	15.22925
lnEP	-10.07534	2.293979	-4.39	0.000	-14.57146	-5.579224
_cons	-29.19696	.	.	.	.	.

图 15-4 （续）

于是我们可以得出估计的向量误差模型为

$$\Delta \ln TAX_t = -0.009 ecm_{t-1} - 0.181 \Delta \ln TAX_{t-1} + 0.494 \Delta \ln GDP_{t-1} + 0.792 \Delta \ln EP_{t-1}$$

$$\Delta \ln GDP_t = -0.003 ecm_{t-1} - 0.158 \Delta \ln TAX_{t-1} + 0.822 \Delta \ln GDP_{t-1} + 0.164 \Delta \ln EP_{t-1}$$

$$\Delta \ln EP_t = 0.008 ecm_{t-1} + 0.046 \Delta \ln TAX_{t-1} + 0.090 \Delta \ln GDP_{t-1} + 0.315 \ln EP_{t-1}$$

思考与练习

1. 请解释下列名词：协整　误差修正模型　Granger 表述定理　向量误差修正模型　E-G 两步法　JJ 检验
2. 在采用 E-G 两步法进行协整检验的时候，对残差的检验有没有特殊要求？
3. 简述误差修正机制，这种机制有什么特点？
4. 简述 E-G 两步法的思路和步骤。
5. 简述 JJ 检验的基本思路和步骤。
6. 在固定资产存量模型

   $$K_t = \beta_0 + \beta_1 K_{t-1} + \beta_2 I_t + \beta_3 I_{t-1} + \mu_t$$

   式中，经过检验 K_t 为 2 阶单整，I_t 为 1 阶单整。请写出由模型导出的误差修正模型的表达式。
7. 表 15-15 给出的是某城市人均实物年支出、人均年生活费收入和职工生活费用定基价格指数的相关数据，试根据这些数据构建误差修正模型并进行估计。
8. 为研究 1978～2015 年我国农村居民消费情况，根据 1978～2015 年我国农村居民年人均消费支出（Y）和农村居民年人均收入（X）数据（如表 15-16 所示）建立消费模型。分别对 Y 和 X 取对数，则有 $\ln Y$ 和 $\ln X$。试完成如下要求：
   (1) 对 $\ln X$ 和 $\ln Y$ 进行平稳性检验。
   (2) 对 $\ln X$ 和 $\ln Y$ 进行协整性检验并建立误差修正模型，并分析该模型的经济意义。

表 15-15　某城市 1970～1990 年人均食物年支出以及相关数据

年份	人均食物年支出（元）	人均年生活费收入（元）	职工生活费用定基价格指数（1950=1）
1970	144.60	261.48	1.274 516
1971	151.20	274.08	1.271 967
1972	163.20	286.68	1.271 967
1973	165.00	288.00	1.277 055
1974	170.52	293.52	1.273 224
1975	170.16	301.92	1.274 497
1976	177.36	313.80	1.274 497
1977	181.56	330.12	1.278 321
1978	200.40	361.44	1.278 321
1979	219.60	398.76	1.291 104
1980	260.76	491.76	1.356 950
1981	271.08	501.00	1.374 591
1982	290.28	529.20	1.381 464
1983	318.48	552.72	1.388 371
1984	365.40	671.16	1.413 362
1985	418.92	811.80	1.598 512
1986	517.56	988.44	1.707 211
1987	577.92	1 094.64	1.823 301
1988	665.76	1 231.80	2.131 439
1989	756.24	1 374.60	2.444 760
1990	833.76	1 522.20	2.518 103

表 15-16 我国 1978～2015 年农村居民消费及人均收入数据

年份	Y（元）	X（元）	年份	Y（元）	X（元）
1978	138	133.6	1997	1722	2 090.1
1979	159	160.2	1998	1730	2 162.0
1980	178	191.3	1999	1766	2 210.3
1981	201	223.4	2000	1860	2 253.4
1982	223	270.1	2001	1969	2 366.4
1983	250	309.8	2002	2062	2 475.6
1984	287	355.3	2003	2103	2 622.2
1985	349	397.6	2004	2319	2 936.4
1986	378	423.8	2005	2657	3 254.9
1987	421	462.6	2006	2950	3 587.0
1988	509	544.9	2007	3347	4 140.4
1989	549	601.5	2008	3901	4 760.6
1990	560	686.3	2009	4163	5 153.2
1991	602	708.6	2010	4700	5 919.0
1992	688	784.0	2011	5870	6 977.3
1993	805	921.6	2012	6631	7 916.6
1994	1 038	1 221.0	2013	7485	9 429.6
1995	1 313	1 577.7	2014	8383	10 488.9
1996	1 626	1 926.1	2015	9223	11 421.7

资料来源：中华人民共和国国家统计局，《中国统计年鉴——2016》，中国统计出版社，2016。

PART 5 第五篇

计量经济学高级应用

第16章　虚拟被解释变量模型
第17章　面板数据模型

第16章
虚拟被解释变量模型

在现实生活中,人们会面临各种选择。例如,上班的时候是利用公共交通工具车还是驾车,当利用公共交通工具时,是乘地铁还是坐公共汽车。还比如,想喝饮料时是喝咖啡还是茶,购房时是一次性付款还是按揭,本科毕业后是考研还是找工作等。事实上,人们做出的恰当选择都是建立在各种因素影响之上的。面对诸如此类的问题,我们都可以采用计量经济学进行研究。研究这类问题的计量经济模型有个显著的特点是被解释变量往往是虚拟变量,取值仅为 0 或 1,这类模型通常称为**虚拟被解释变量模型**。本章主要介绍两种最常见的虚拟被解释变量模型,即线性概率模型和二元 logit 模型。

16.1 线性概率模型

16.1.1 什么是线性概率模型

线性概率模型(linear probability model)是最直观的虚拟被解释变量模型,它和一般计量经济学模型唯一的区别在于被解释变量的取值只有 0 和 1。和一般计量经济学模型一样,线性概率模型也采用 OLS 法估计。

线性概率模型用参数线性方程来解释虚拟被解释变量。例如,某研究者想知道为什么有些大学生毕业后直接找工作,而另外一些大学生则继续深造,因此构建了线性概率模型

$$D_i = \beta_0 + \beta_1 X_{1i} + \beta_2 X_{2i} + \mu_i \tag{16-1}$$

式中,D 是虚拟变量,当第 i 个大学毕业生选择找工作时,取值为 1,否则取值为 0;X_1 和 X_2 是解释变量,分别表示家庭收入和父母受教育年限;β_0、β_1 和 β_2 为回归参数,μ 为随机干扰项。

术语"线性概率模型"意思是方程的右边是线性的,而左边刻画的是 $D_i=1$ 的概率。假设家庭收入较高、父母受教育年限较长的大学毕业生倾向于继续深造,那么,D 的值可能接近于 0。假设我们估计出了式(16-1)的方程,得到某个特定大学毕业生的 $\hat{D}_i$ 值为 0.10。这是什么意思呢?既然 $D_i=1$ 表示直接就业,$D_i=0$ 表示继续深造,那么,某毕业

生的 $\hat{D}_i$ 值为 0.10 就表示该生直接就业的可能性为 10%，它取决于该生的家庭收入和父母的受教育年限这两个解释变量的取值。因此，$\hat{D}_i$ 刻画的是 D 的第 i 个观测值为 1 的概率，也就是说，用表达式可表示为

$$\hat{D}_i = \Pr(D_i = 1) = \beta_0 + \beta_1 X_{1i} + \beta_2 X_{2i} \tag{16-2}$$

式中，$\Pr(D_i=1)$ 表示第 i 个观测值为 $D_i=1$ 的概率。

那么，又如何解释方程 (16-2) 的参数呢？由于 $\hat{D}_i$ 刻画的是 $D_i=1$ 的概率，因此，线性概率模型参数的经济意义为：当方程中其他解释变量不变时，1 单位某解释变量的变动引起的 $D_i=1$ 的概率变动的百分比。真实的概率是无法观察的，因为它反映的是离散选择发生之前的情况。选择发生后，只能观察到选择的结果，所有被解释变量 D_i 的取值只能为 0 或 1。因此，虽然被解释变量 D_i 的期望值可以是 0~1 的任意值，但能够观察到的仅仅是两个极端值 0 和 1。

16.1.2 线性概率模型存在的问题

线性概率模型的优点在于简单、直观，然而，采用 OLS 估计线性概率模型的参数会产生两个严重的问题。

(1) 调整的判定系数 $\overline{R}^2$ 不能准确度量模型的拟合优度。对于线性概率模型而言，调整的判定系数 $\overline{R}^2$ 很难反映解释变量对被解释变量的解释程度。由于 D_i 只能等于 1 或 0，而 $\hat{D}_i$ 的取值却在 0 和 1 这两个极端值之间连续变化，这意味着在 X_i 的一定范围内，$\hat{D}_i$ 与 D_i 之间存在明显的差别。因此，即便模型很好地解释了所涉及的选择，调整的判定系数 $\overline{R}^2$ 也会远小于 1。其结果是，不能依赖调整的判定系数 $\overline{R}^2$（或判定系数 R^2）来度量虚拟被解释变量模型的整体拟合优度。

(2) $\hat{D}_i$ 不以 0 和 1 为界。因为 D_i 是虚拟变量，所以，既然 $\hat{D}_i$ 是概率值，取值就应该介于 0~1。概率的预测值大于 1（或小于 0）是没有意义的。然而，再次观察式 (16-2)，根据 X 和 β 的值，方程左边的取值可能会超出有意义的范围。例如，如果式 (16-2) 中所有的 X 和 β 都取 1，则 $\hat{D}_i$ 等于 3，远大于 1。

以上两个问题，第一个是可以解决的，因为对于虚拟被解释变量方程来说，调整的判定系数 $\overline{R}^2$ 并非是衡量拟合优度的唯一指标。最常用的方法是构造新统计量 $\overline{R}_p^2$，它等于 1 和 0 分别被正确预测的百分比的均值。为了应用这种方法，一般假设 $\hat{D}_i>0.5$ 意味着 $D_i=1$，而 $\hat{D}_i \leqslant 0.5$ 意味着 $D_i=0$，此时比较预测值与真实 D_i，就能计算出观测值被正确解释的百分比。

第二个可采用的方法是令所有大于 1 的 $\hat{D}_i$ 等于 1，所有小于 1 的 $\hat{D}_i$ 等于 0。这种处理方法忽略了无界性，因为对于线性概率模型来说，有理由相信预测概率为 2 的观测值比预测概率为 1 的观测值更有可能令 $\hat{D}_i$ 等于 1。

16.2 二元 logit 模型

16.2.1 什么是二元 logit

线性概率模型存在无界限问题，为了解决这一问题，其中一种方法是采用一种平滑且有意义的方法，将 $\hat{D}_i$ 的值限制在 $0\sim1$ 的范围内，二元 logit 模型就可以做到这一点。**二元 logit**（binomial logit）模型采用累积 logistic 函数的变形来回避线性概率模型的无界性问题。累积 logistic 函数的变形为

$$D_i = \frac{1}{1+e^{-(\beta_0+\beta_1 X_{1i}+\beta_2 X_{2i}+\mu_i)}} \tag{16-3}$$

仔细观察式 (16-3) 可知，$\hat{D}_i$ 的值被限制在 $0\sim1$。当 $\beta_0+\beta_1 X_{1i}+\beta_2 X_{2i}+\mu_i$ 为正无穷时，因为 e 的负无穷次方为 0，有

$$D_i = \frac{1}{1+e^{-\infty}} = \frac{1}{1} = 1 \tag{16-4}$$

当 $\beta_0+\beta_1 X_{1i}+\beta_2 X_{2i}+\mu_i$ 为负无穷时，有

$$D_i = \frac{1}{1+e^{\infty}} = \frac{1}{\infty} = 0 \tag{16-5}$$

因此，$\hat{D}_i$ 的取值介于 $0\sim1$。$\hat{D}_i$ 逐渐接近 1 和 0。因此，二元 logit 模型避免了线性概率模型在处理虚拟被解释变量时产生的概率值超出概率取值范围的无界限问题。此外，多数研究者之所以偏爱 logit 模型，是因为现实数据经常呈现"S"形。

Logit 模型不能采用 OLS 估计，而应该采用**最大似然法**（maximum likelihood，ML）。与 OLS 估计不同的是，最大似然估计是通过最大化样本数据被观察到的概率来确定参数估计值的。OLS 估计与 ML 估计的结果并非完全不同，对线性方程来说，在古典假设（包括正态性假设）满足的情况下，ML 估计结果与 OLS 估计结果完全相同。

使用最大似然法的原因之一是最大似然法具有很多可取的大样本特性。最大似然估计量具有一致性和渐进有效性（在大样本下具有无偏性和最小方差性）。在大样本下，最大似然法还有另外一些优点，诸如生成正态分布的参数估计值，适用于典型的假设检验方法。因此，logit 模型需要的样本容量远大于线性回归需要的样本容量。

还有一点值得注意的是，logit 样本中两种选择（如直接就业或继续深造）的观测值都应该足够多。例如，假设 98% 的样本观测值为选择直接就业，2% 的样本观测值为选择继续深造，那么，在一个样本容量为 500 的随机样本中，选择继续深造的观测值只有 10 个。在这种情况下，参数估计值将非常依赖于这 10 个观测值的特性。

尽管采用最大似然法可以估计式 (16-3)，但式 (16-3) 的函数形式过于复杂，需要简化。首先，采用数学变换可以将式 (16-3) 变换为

$$\ln\left(\frac{D_i}{1-D_i}\right) = \beta_0 + \beta_1 X_{1i} + \beta_2 X_{2i} + \mu_i \tag{16-6}$$

式中，D_i 是虚拟变量。式（16-6）看起来也有些复杂，因为方程左边包含了 $D_i/(1-D_i)$ 的自然对数。为简便起见，可以令

$$L : \Pr(D_i = 1) = \ln\left(\frac{D_i}{(1-D_i)}\right) \tag{16-7}$$

L 表示 logit 函数形式，"$\Pr(D_i=1)$" 表示被解释变量为虚拟变量，由估计出的 logit 方程计算出的 $\hat{D}_i$ 表示 $D_i=1$ 的概率。将式（16-7）带入式（16-6），有

$$L : \Pr(D_i = 1) = \beta_0 + \beta_1 X_{1i} + \beta_2 X_{2i} + \mu_i \tag{16-8}$$

式（16-8）是被估 logit 模型的标准格式。Logit 模型可以采用 EViews 直接估计，在 EViews 主菜单下，点击"Quick/Estimate Equation"，在"Equation specification"中写入各变量名，然后在"Method"下拉菜单中选择"Binary Choice"，点击"OK"即可，如图 16-1 所示。

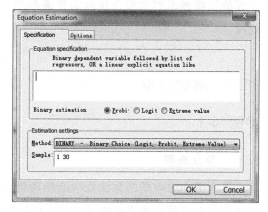

图 16-1 logit 模型的估计窗口

16.2.2 解释 logit 模型的参数估计值

Logit 模型也需要进行假设检验，这里用到的假设检验方法和前面章节采用的方法相同。Logit 模型与线性概率模型的参数估计值的符号具有相同的经济意义。在这里，需要着重强调如何解释 logit 模型的参数的经济意义。对于相同的样本，在模型设定一致的情况下，logit 模型的参数估计值的绝对值与线性概率模型的参数估计值的绝对值之间具有很大的区别。原因在于，第一，由 logit 模型和线性概率模型的设定形式可知，logit 方程中的被解释变量与线性概率模型中的被解释变量不同。被解释变量不同，参数估计值自然也就不同；第二，logit 模型的参数估计值更富有动态性。logit 曲线的斜率随 D_i 在 0~1 变动而变动。因此，1 单位某解释变量的变动引起 $D_i=1$ 的概率的变动（方程中其他解释变量保持不变），将随着 D_i 由 0 变化到 1 而变化。

那么，该怎么解释 logit 模型的参数估计值呢？有 3 种方法可供选择。

（1）改变平均观测值。将所有解释变量的平均值带入估计出的 logit 方程，计算出"平均"$\hat{D}_i$，即构造出平均观测值。然后，增加 1 单位解释变量，重新计算 $\hat{D}_i$。前后两次计算出的 $\hat{D}_i$ 之差便是 1 单位解释变量变动引起 $D_i=1$ 的概率的平均变动量（保持其他解释变量不变）。

（2）使用偏导数。对 logit 模型求导，可以发现：在其他解释变量不变时，X_{1i} 每增加 1 单位，$\hat{D}_i$ 的变动量为 $\hat{\beta}_1 \hat{D}_i (1-\hat{D}_i)$。在运用这个公式时，只需将 β_1 和 D_i 的参数估计值代入

即可。从公式中可以看出，X 的边际影响 β_1 确实决定 $\hat{D}_i$ 的值。

（3）采用 0.25 的粗略估计。以上两种方法都比较精确，但操作起来很不方便，最简便的方法是将 logit 模型的参数估计值乘以 0.25，这样得到的参数相当于线性概率模型的参数。

具体应该采用哪种方法应该视研究情况而定，然而，在精度要求不是太苛刻的情况下，本书倾向于第 3 种方法。只需乘以 0.25（或除以 4）就可以近似得到 logit 模型参数的经济意义。

与线性概率模型一样，调整的判断系数 $\overline{R}^2$ 也不能用于评价 logit 模型的拟合优度，用于评价线性概率模型拟合优度的正确预测平均百分比 $\overline{R}_p^2$ 也可以用来评价 logit 模型的拟合优度。

16.3 案例分析

案例 16-1

1. 建立模型

进入劳动力市场的女性是指已经找到工作或正在找工作的女性。因此，女性参与劳动力市场的专题研究的模型应该具有虚拟被解释变量。

$$D_i = \begin{cases} 1 & \text{第 } i \text{ 位女性找到了工作或正在找工作} \\ 0 & \text{其他} \end{cases} \tag{16-9}$$

从理论上讲，尽管存在很多潜在解释变量影响女性的就业选择，但其中最重要的两个变量为女性的婚姻状况和受教育年限。一般来说，相较于受教育年限较短的女性，受教育年限长的更容易进入劳动力市场。

假设：M_i 为虚拟变量，若第 i 位女性已婚则为 1，否则为 0；S_i 表示第 i 位女性的受教育年限。表 16-1 列出了样本数据，这些数据将在案例 16-2 中继续使用。

表 16-1　女性参与劳动力市场的数据及其估计结果

样本序号	D_i	M_i	S_i	$\hat{D}_i$
1	1	0	16	1.2
2	1	1	14	0.63
3	1	1	16	0.82
4	0	0	9	0.55
5	1	0	12	0.83
6	0	1	12	0.45
7	1	0	14	1.01
8	1	0	10	0.64
9	0	0	12	0.83
10	1	0	8	0.45

(续)

样本序号	D_i	M_i	S_i	$\hat{D}_i$
11	1	0	11	0.73
12	1	0	14	1.01
13	0	1	12	0.45
14	1	1	13	0.54
15	0	1	9	0.17
16	1	0	10	0.64
17	1	1	14	0.63
18	0	1	10	0.26
19	0	1	12	0.45
20	1	0	13	0.92
21	1	0	14	1.01
22	1	1	12	0.45
23	0	1	7	−0.01
24	0	1	11	0.35
25	0	1	12	0.45
26	1	1	10	0.26
27	1	0	15	1.11
28	1	1	10	0.26
29	0	1	11	0.35
30	1	1	12	0.45

资料来源：施图德蒙德．应用计量经济学 [M]．杜江，李恒，译．北京：机械工业出版社，2011．

假设两个解释变量对女性就业选择的影响都是线性的，那么，线性概率模型可以设定为

$$D_i = \beta_0 + \beta_1 M_i + \beta_2 S_i + \mu_i \qquad (16\text{-}10)$$

2. 估计模型

线性概率模型与一般计量经济学模型一样，采用 OLS 估计，对于模型（16-10），变量 D、M、S 分别命名为 DI、M、S。在工作文件下，点击"Quick/Estimate Equation"，键入"DI M S C"，点击"OK"就得到如表 16-2 所示的结果。

表 16-2　线性概率模型的估计结果

Dependent Variable：DI
Method：Least Squares
Date：12/27/17　Time：23:26
Sample：1 30
Included observations：30

Variable	Coefficient	Std. Error	t-Statistic	Prob.
M	−0.381 78	0.153 053	−2.494 43	0.019 034
S	0.093 012	0.034 598	2.688 402	0.012 149
C	−0.284 3	0.435 743	−0.652 45	0.519 627
R-squared	0.363 455	Mean dependent var		0.6
Adjusted R-squared	0.316 304	S. D. dependent var		0.498 273
S. E. of regression	0.412 001	Akaike info criterion		1.159 06
Sum squared resid	4.583 121	Schwarz criterion		1.299 18
Log likelihood	−14.385 9	Hannan-Quinn criter.		1.203 885
F-statistic	7.708 257	Durbin-Watson stat		2.550 725
Prob（F-statistic）	0.002 247			

3. 解释

从表 16-2 可以看出，尽管样本容量很小且可能存在设定偏误（遗漏变量所致），但两个解释变量的参数估计值依然是显著的，其符号也符合经济意义。此外，对线性概率模型来说，调整的判定系数 $\overline{R}^2$ 约为 0.32，算是非常高的了。原因在于，D_i 等于 0 或 1，调整的判定系数大于 0.7 几乎是不可能的。

下面我们来计算 $\overline{R}_p^2$。由模型（16-10）可知，$\hat{D}_i = D_i - \varepsilon$。在模型（16-10）对应的工作文件下点击"Quick/Generate Series"，键入"dii＝di－resid"（dii 即为 $\hat{D}_i$），就可以得到被解释变量的估计值 $\hat{D}_i$，如表 16-1 最后一列所示。从表 16-1 可以看出，被解释变量观察值为"1"的有 18 个，而被解释变量估计值大于 0.5 的有 14 个，正确解释的百分比为 14/18＝0.78；被解释变量观测值为"0"的有 12 个，而被解释变量估计值小于 0.5 的有 10 个，正确解释的百分比为 10/12＝0.83。对 0.78 和 0.83 求均值的结果就是 $\overline{R}_p^2$，为 0.81。可见，式（16-10）的线性概率模型的拟合程度较高，表明被式（16-10）"正确"解释的选择的百分比均值为 81%。

值得注意的是，在解释式（16-10）的参数估计值时必须十分谨慎。线性概率模型的斜率参数是指在方程中其他解释变量不变的情况下，1 单位某解释变量的变动引起的 $D_i = 1$ 的概率变动的百分比。参数估计值是否具有经济意义呢？答案是肯定的。式（16-10）显示受教育年限相同的情况下，已婚女性参与劳动力市场的概率比未婚女性参与劳动力市场的概率低 38 个百分点。在婚姻状况相同的情况下，受教育年限每增加 1 年，女性参与劳动力市场的概率上升 9 个百分点。此外，从表 16-1 还可以看出 $\hat{D}_i$ 经常超出有意义的范围（0～1），即存在 $\hat{D}_i$ 的无界限问题。

案例 16-2

为了解决线性概率模型的无界限问题，可以采用 logit 模型来估计参数。沿用前文女性参与劳动力市场的案例。

1. 建立模型

$$L: \Pr(D_i = 1) = \beta_0 + \beta_1 M_i + \beta_2 S_i + \mu_i \tag{16-11}$$

式中，各变量的含义与案例 16-1 相同。

2. 估计模型

对于模型（16-11），在工作文档下，点击"Quick/Estimate Equation"，键入"DI M S C"，然后在"Method"下拉菜单中选择"Binary Choice"，点击"OK"就出现如图 16-2 所示的界面。

在图 16-2 中的"Binary estimation"中选择"logit"，点击"OK"，就可以得到如

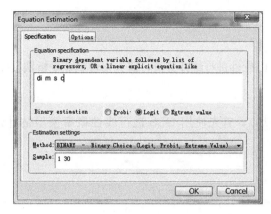

图 16-2　logit 模型估计窗口选项

表 16-3 的估计结果。

表 16-3　logit 模型的估计结果

Dependent Variable：DI
Method：ML-Binary Logit（Quadratic hill climbing）
Sample：1 30
Included observations：30
Convergence achieved after 5 iterations
Covariance matrix computed using second derivatives

Variable	Coefficient	Std. Error	z-Statistic	Prob.
M	−2.586 110	1.180 162	−2.191 318	0.028 4
S	0.690 368	0.315 828	2.185 899	0.028 8
C	−5.895 933	3.324 731	−1.773 356	0.076 2
Mean dependent var	0.600 000	S. D. dependent var		0.498 273
S. E. of regression	0.399 177	Akaike info criterion		1.085 128
Sum squared resid	4.302 237	Schwarz criterion		1.225 248
Log likelihood	−13.276 93	Hannan-Quinn criter.		1.129 954
Restr. log likelihood	−20.190 35	Avg. log likelihood		−0.442 564
LR statistic (2 df)	13.826 85	McFadden R-squared		0.342 412
Probability (LR stat)	0.000 994			
Obs with Dep=0	12	Total obs		30
Obs with Dep=1	18			

　　如表 16-3 所示，比较模型（16-11）和模型（16-10），斜率参数的符号和显著性都相同。即便如前面建议的那样，将 logit 模型的参数估计值除以 4，logit 模型的参数估计值仍大于线性概率模型的参数估计值。尽管存在差别，特别是被解释变量不同，估计方法不同，但两个模型的整体拟合优度大致相同（本案例中，logit 模型的 $\overline{R}_p^2$ 与线性概率模型的 $\overline{R}_p^2$ 非常接近，两者的计算方法完全相同，不再赘述）。在本案例中，两种估计方法的不同主要在于 logit 模型不会产生超出 0~1 的范围。

案例 16-3

将案例 16-1 采用 Stata 软件进行统计分析，研究女性就业受婚姻状况和受教育年限的影响。

1. 线性概率模型

采用上述模型（16-10），首先使用 OLS 进行线性概率模型估计，结果如图 16-3 所示，命令如下

- regress DI M S,r

```
. regress DI M S,r

Linear regression                              Number of obs =       30
                                               F(  2,    27) =    16.30
                                               Prob > F      =   0.0000
                                               R-squared     =   0.3635
                                               Root MSE      =     .412
```

DI	Coef.	Robust Std. Err.	t	P>|t|	[95% Conf. Interval]	
M	-.3817805	.1566592	-2.44	0.022	-.7032186	-.0603424
S	.0930121	.0286807	3.24	0.003	.0341642	.1518601
_cons	-.2843012	.4150763	-0.68	0.499	-1.135967	.567365

图 16-3　线性概率模型估计结果

其结果和 EViews 软件进行统计分析的结果一致。

2. logit 模型

接下来，使用 logit 模型进行估计，结果如图 16-4 所示，命令如下

- logit DI M S,nolog

```
. logit DI M S,nolog

Logistic regression                            Number of obs =       30
                                               LR chi2(2)    =    13.83
                                               Prob > chi2   =   0.0010
Log likelihood = -13.276927                    Pseudo R2     =   0.3424
```

DI	Coef.	Std. Err.	z	P>|z|	[95% Conf. Interval]	
M	-2.58611	1.180162	-2.19	0.028	-4.899186	-.2730346
S	.6903679	.315828	2.19	0.029	.0713563	1.309379
_cons	-5.895933	3.324732	-1.77	0.076	-12.41229	.6204226

图 16-4　logit 模型估计结果

其结果和 EViews 软件进行统计分析的结果一致。

 思考与练习

1. 解释以下名词：线性概率模型　二元 logit 模型
2. 线性概率模型的优缺点是什么？
3. logit 模型的优点是什么？
4. 应采用什么方法估计 logit 模型的参数？
5. logit 模型参数的经济学含义是什么？
6. 表 16-4 给出了 2016 年上市公司每股收益与是否分红情况。要求：
   (1) 估计每股收益对分红情况的线性概率模型。
   (2) 估计对应的 logit 模型。

表 16-4　2016 年部分上市公司每股收益与是否分红情况

股票代码	是否分红	每股收益	股票代码	是否分红	每股收益
000038	1	0.74	002084	1	0.19
000065	1	1.03	002107	1	0.17
000155	1	0.68	002113	1	0.07
000159	1	0.07	600887	0	0.93
000166	1	0.28	002120	1	1.17
000413	1	0.27	002153	1	0.38
000572	1	0.01	002161	1	0.05
000598	1	0.29	002182	1	0.54
000619	1	0.24	002202	1	1.14
600664	0	0.33	002249	1	0.23
000725	1	0.06	002331	1	0.24
000851	1	0.20	600707	0	−0.42
002030	1	0.19	600686	0	−3.12
002053	1	0.47	601028	0	−0.82
002074	1	1.18	002122	0	−0.22

资料来源：国泰安 CSMAR 数据库（http://www.gtarsc.com）。

第17章
面板数据模型

对一些经济变量进行研究时，研究者经常会遇到模型涉及的数据既不是时间序列数据也不是截面数据，而是两者结合的情况。例如

$$C_{it} = \beta_i + \beta_1 X_{it} + \mu_{it} \tag{17-1}$$

式中，C_{it} 表示我国 31 个省、市、自治区 1978~2011 年的居民家庭平均消费额，下标 "i" 表示不同的省份，"t" 表示不同的年份。与经典计量经济学模型不同的是，该模型同时涉及截面、时间和指标三个方面的信息，在分析的过程中即能考察截面关系又能考察时间序列关系，比单纯的截面数据模型或时间序列模型的分析更加深入。

17.1 什么是面板数据模型

假设被解释变量与 $k \times 1$ 维的解释变量向量之间满足线性关系

$$y_{it} = \alpha_{it} + \boldsymbol{\beta}_{it} \boldsymbol{x}_{it} + \mu_{it} \quad i = 1, 2, \cdots, N \quad t = 1, 2, \cdots, T \tag{17-2}$$

式（17-2）表示 k 个经济指标在 N 个个体以及 T 个时间点上的变动关系。其中，N 表示每个时间点的截面个数，T 表示每个截面的时间点个数；α_{it} 为模型的常数项；$\boldsymbol{\beta}_{it}$ 表示解释变量向量对应的系数向量；μ_{it} 为随机干扰项，且每个随机干扰项之间相互独立、零均值、同方差。这样的模型称为**面板数据模型**（panel data model）。

观察模型（17-2）可知，常数项 α_{it} 和系数向量 $\boldsymbol{\beta}_{it}$ 的性质决定了面板数据模型的性质。一般来说，可以根据常数项 α_{it} 和系数向量 $\boldsymbol{\beta}_{it}$ 的不同限制要求，将面板数据模型划分为三种类型，即混合回归模型（也称无个体影响的不变系数模型）、变截距模型和变系数模型。

17.1.1 混合回归模型

混合回归模型表述为

$$y_{it} = \alpha + \boldsymbol{\beta} \boldsymbol{x}_{it} + \mu_{it} \quad i = 1, 2, \cdots, N \quad t = 1, 2, \cdots, T \tag{17-3}$$

该模型称为混合回归模型。在混合回归模型中，对任何个体和截面，回归系数 α 和

系数向量 $\boldsymbol{\beta}$ 都相同，表示既不受个体影响也不存在结构变化。在不存在模型设定偏误的前提下，解释变量与随机干扰项不相关，即 $\mathrm{Cov}(x_{it}, \mu_{it})=0$，将个体的时间序列数据按序堆积起来作为样本数据，模型参数的混合最小二乘估计量（Pooled OLS）是一致有效估计量。

17.1.2 变截距模型

变截距模型表述为

$$y_{it} = \alpha_i + \boldsymbol{\beta} x_{it} + \mu_{it} \quad i=1,2,\cdots,N \quad t=1,2,\cdots,T \tag{17-4}$$

式中，α_i 为个体影响，反映了混合回归模型中被忽略的个体差异，但与模型（17-2）所有个体的系数向量 $\boldsymbol{\beta}_i$ 相比较，在模型（17-4）中的系数都相同，为 $\boldsymbol{\beta}$。这说明变截距模型的每个个体都存在差异。μ_{it} 为随机干扰项。该模型称为**变截距模型**，是应用最广泛的面板数据模型之一。

在变截距模型（17-4）中，若个体影响 α_i 为固定（未知）常数，则模型（17-4）称为**个体固定效应变截距模型**；若个体影响 α_i 是一个随机变量，不是固定的常数，则模型（17-4）称为**个体随机效应变截距模型**。

与式（17-4）类似，时点固定效应变截距模型表述为

$$y_{it} = \gamma_t + \boldsymbol{\beta} x_{it} + \mu_{it} \quad i=1,2,\cdots,N \quad t=1,2,\cdots,T \tag{17-5}$$

式中，若 γ_t 表示固定的（未知）常数，换句话说，表示 T 个时点有 T 个不同的截距项，因此，截距项刻画出了随不同时点变化，但不随个体变化的难以观测的变量的影响，我们就把模型（17-5）称为**时点固定效应变截距模型**；若 γ_t 为随机变量，则模型（17-5）为**时点随机效应变截距模型**。

同样地，在变截距模型中，还有个体时点双固定效应模型、个体时点双随机效应模型。

17.1.3 变系数模型

在变截距模型中，模型的截距会随着个体的变化而变化，反映了未纳入模型的变量对被解释变量的影响。然而，在某些情况下，不同个体的解释变量对应的参数并不相同。例如，个体之间的经济结构不同或者面临的经济背景不同。此时的面板数据模型为

$$y_{it} = \alpha_i + \boldsymbol{\beta}_i x_{it} + \mu_{it} \quad i=1,2,\cdots,N \quad t=1,2,\cdots,T \tag{17-6}$$

我们把这种模型称为**变系数模型**（又称无约束模型）。在这种模型中，被解释变量既受个体影响，又随横截面变化而变化。与变截距模型类似，变系数模型也可以分为固定效应和随机效应两种。

17.1.4 面板数据模型设定检验方法

尽管面板数据模型有多种设定方法，但如果模型设定产生偏误，那么，估计结果就会

与真实情况相去甚远。因此，建立面板数据模型的第一步是正确地设定模型形式，究竟是采用混合回归模型、变截距模型还是变系数模型；第二步是确定是固定效应模型还是随机效应模型。

对于模型的设定，常用的检验方法为协变分析检验，该检验建立在以下两个假设的基础上

$$H_1: \boldsymbol{\beta}_1 = \boldsymbol{\beta}_2 = \cdots = \boldsymbol{\beta}_N$$
$$H_2: \alpha_1 = \alpha_2 = \cdots = \alpha_N$$
$$\boldsymbol{\beta}_1 = \boldsymbol{\beta}_2 = \cdots = \boldsymbol{\beta}_N$$

如果不能拒绝 H_2，那么，应该选择混合回归模型，检验到此结束，不需要继续检验。如果拒绝假设 H_2，那么，需要检验 H_1。在此基础上，如果接受 H_1，那么模型为变截距模型；如果拒绝 H_1，则为变系数模型。

协变分析检验建立在 F 统计量的基础上，记检验 H_2 的 F 统计量为 F_2，则有

$$F_2 = \frac{(S_3 - S_1)/[(NT - k - 1) - (NT - N - k)]}{S_1/[NT - N(k+1)]}$$
$$\sim F[(N-1)(k+1), N(T-k-1)] \tag{17-7}$$

式中，S_3 表示模型（17-3）的残差平方和；S_1 表示模型（17-6）的残差平方和；N 表示每个时间点的截面个数，T 表示每个截面的时间点个数，k 表示解释变量个数。如果计算出的 F 统计量小于给定显著水平下的 F 分布临界值，则不能拒绝原假设，即认定真实的模型为混合模型；反之，应该继续检验 H_1。记检验 H_1 的 F 统计量为 F_1，则有

$$F_1 = \frac{(S_2 - S_1)/[(N-1)k]}{S_1/[NT - N(k+1)]} \sim F[(N-1)k, N(T-k-1)] \tag{17-8}$$

式中，S_2 表示模型（17-4）的残差平方和；S_1 表示模型（17-6）的残差平方和；N 表示每个时间点的截面个数，T 表示每个截面的时间点个数。如果计算出的 F 统计量大于给定显著水平下 F 分布的临界值，则拒绝 H_1，认为模型为变系数模型；反之，为变截距模型。

17.2 固定效应模型

在面板数据中，如果不同的截面或不同的时间序列，模型的截距不同，则可以采用在模型中加虚拟变量的方法估计回归参数，这种模型称为**固定效应模型**（fixed effects regression model）。固定效应模型分为三种类型，即个体固定效应模型、时点固定效应模型和时点个体固定效应模型。

17.2.1 个体固定效应模型

个体固定效应模型（entity fixed effects regression model）就是不同的个体有不同截距的模型。如果不同时间序列（个体）的截距不同，但对于不同的截面，模型的截距没有显

著变化,那么,就应该建立个体固定效应模型,记为

$$y_{it} = \boldsymbol{\beta x}_{it} + \alpha_1 W_{1it} + \alpha_2 W_{2it} + \cdots + \alpha_N W_{N_t it} + \mu_{it} \quad t=1,2,\cdots,T \quad i=1,2,\cdots,N \quad (17\text{-}9)$$

式中,$W_j(j=1, 2, \cdots, N)$ 为个体虚拟变量。在任意时刻 t,第 j 个虚拟变量定义为

$$W_j = \begin{cases} 1 & j=t \\ 0 & \text{其他} \end{cases}$$

μ_{it} 表示随机干扰项,y_{it}、$\boldsymbol{x}_{it}$ 分别表示被解释变量和解释变量。

模型 (17-9) 可以更加直观地表示为

$$\begin{cases} y_{1t} = \alpha_1 + \boldsymbol{\beta x}_{1t} + \mu_{1t} & (\text{针对第 1 个个体}), t=1,2,\cdots,T \\ y_{2t} = \alpha_2 + \boldsymbol{\beta x}_{2t} + \mu_{2t} & (\text{针对第 2 个个体}), t=1,2,\cdots,T \\ \qquad\qquad \vdots \\ y_{Nt} = \alpha_{N1} + \boldsymbol{\beta x}_{Nt} + \mu_{Nt} & (\text{针对第 N 个个体}), t=1,2,\cdots,T \end{cases}$$

17.2.2 时点固定效应模型

时点固定效应模型(time fixed effects regression model)是指不同截面(时点)有不同截距的模型。如果不同截面的截距显著不同,而时间序列(个体)截距是相同的,那么,应该建立时点固定效应模型,记为

$$y_{it} = \boldsymbol{\beta x}_{it} + \gamma_1 D_{1it} + \gamma_2 D_{2it} + \cdots + \gamma_T D_{Tit} + \mu_{it} \quad t=1,2\cdots,T \quad i=1,2,\cdots,N \quad (17\text{-}10)$$

式中,$D_j(j=1, 2, \cdots, T)$ 为时点虚拟变量。对任意个体 i,第 j 个虚拟变量定义为

$$D_j = \begin{cases} 1 & j=t \\ 0 & \text{其他} \end{cases}$$

μ_{it} 表示随机干扰项,y_{it}、$\boldsymbol{x}_{it}$ 分别表示被解释变量和解释变量。

模型 (17-10) 可以更加直观地表示为

$$\begin{cases} y_{i1} = \gamma_1 + \boldsymbol{\beta x}_{i1} + \mu_{i1} & (\text{针对第 1 个截面}), i=1,2,\cdots,N \\ y_{i2} = \gamma_2 + \boldsymbol{\beta x}_{i2} + \mu_{i2} & (\text{针对第 2 个截面}), i=1,2,\cdots,N \\ \qquad\qquad \vdots \\ y_{iT} = \gamma_T + \boldsymbol{\beta x}_{iT} + \mu_{iT} & (\text{针对第 T 个截面}), i=1,2,\cdots,N \end{cases}$$

17.2.3 时点个体固定效应模型

时点个体固定效应模型(time and entity fixed effects regression model),顾名思义,就是不同的截面,不同的时间序列都有不同截距项的模型。如果不同的截面、不同的时间序列的截距都显著不相同,那么应该建立时点个体效应模型,记为

$$\begin{aligned} y_{it} = {} & \boldsymbol{\beta x}_{it} + \alpha_1 W_{1it} + \alpha_2 W_{2it} + \cdots + \alpha_N W_{Nit} + \gamma_1 D_{1it} + \gamma_2 D_{2it} \\ & + \cdots + \gamma_T D_{Tit} + \mu_{it} \quad t=1,2,\cdots,T \quad i=1,2,\cdots,N \end{aligned} \quad (17\text{-}11)$$

式中，$W_j(j=1, 2, \cdots, N)$ 为个体虚拟变量，$D_j(j=1, 2, \cdots, T)$ 为时点虚拟变量，其定义与前面相同。μ_{it} 表示随机干扰项，y_{it}、x_{it} 分别表示被解释变量和解释变量。

模型（17-11）可以更加直观地表示为

$$\begin{cases} y_{11} = \alpha_1 + \gamma_1 + \boldsymbol{\beta} x_{11} + \mu_{11}, & t=1, i=1 \quad （第1个截面、第1个个体）\\ y_{21} = \alpha_1 + \gamma_2 + \boldsymbol{\beta} x_{21} + \mu_{21}, & t=1, i=2 \quad （第1个截面、第2个个体）\\ \quad\vdots \\ y_{N1} = \alpha_1 + \gamma_N + \boldsymbol{\beta} x_{N1} + \mu_{N1}, & t=1, i=N \quad （第1个截面、第N个个体）\end{cases}$$

$$\begin{cases} y_{12} = \alpha_2 + \gamma_1 + \boldsymbol{\beta} x_{12} + \mu_{12}, & t=2, i=1 \quad （第2个截面、第1个个体）\\ y_{22} = \alpha_2 + \gamma_2 + \boldsymbol{\beta} x_{22} + \mu_{22}, & t=2, i=2 \quad （第2个截面、第2个个体）\\ \quad\vdots \\ y_{N2} = \alpha_2 + \gamma_N + \boldsymbol{\beta} x_{N2} + \mu_{N2}, & t=2, i=N \quad （第2个截面、第N个个体）\end{cases}$$

$$\vdots$$

$$\begin{cases} y_{1T} = \alpha_T + \gamma_1 + \boldsymbol{\beta} x_{1T} + \mu_{1T}, & t=T, i=1 \quad （第T个截面、第1个个体）\\ y_{2T} = \alpha_T + \gamma_2 + \boldsymbol{\beta} x_{2T} + \mu_{2T}, & t=T, i=2 \quad （第T个截面、第2个个体）\\ \quad\vdots \\ y_{NT} = \alpha_T + \gamma_N + \boldsymbol{\beta} x_{NT} + \mu_{NT}, & t=T, i=N \quad （第T个截面、第N个个体）\end{cases}$$

17.3 随机效应模型

固定效应模型是采用虚拟变量来解释没有纳入模型的变量对被解释变量的影响的模型，然而，这并非是唯一的解决办法。本书第 3 章曾指出随机干扰项可以代表未知的影响因素和模型的众多次要变量等。因此，也可以通过对随机干扰项的分解来描述缺失的信息。

假设面板数据模型为

$$y_{it} = \alpha + \boldsymbol{\beta} x_{it} + \mu_{it} \tag{17-12}$$

式中，随机干扰项在时间上和截面上都是相关的，可以用 3 个分量表示为

$$\mu_{it} = u_i + v_t + \omega_{it} \tag{17-13}$$

式中，$u_i \sim N(0, \sigma_u^2)$ 表示截面的随机干扰项；$v_t \sim N(0, \sigma_v^2)$ 表示时间（个体）的随机干扰项；$\omega_{it} \sim N(0, \sigma_\omega^2)$ 表示混合随机干扰项。与此同时，假定 u_i、v_t、ω_{it} 之间互不相关，各自之间分别不存在截面自相关、时间自相关和混合自相关。这样的模型称为**随机效应模型**。

相对于固定效应模型来说，随机效应模型只是将固定效应模型中的截距项看作两个随机变量，即截面随机误差项（u_i）和时间随机误差项（v_t）。与上节类似，随机效应模型也分为**个体随机效应模型、时点随机效应模型和个体时点随机效应模型**。

17.4 Hausman 检验

如 17.1.4 所述，协变分析检验可以确定采用混合模型、变截距模型还是变系数模型。然而，变截距模型和变系数模型都有固定效应和随机效应之分。那么，应该如何来确定是固定效应还是随机效应呢？Hausman 检验能够回答这个问题。该检验的原假设是：随机效应模型中个体影响与解释变量之间不相关。

$$H_0: 个体影响与解释变量无关$$
$$H_1: 个体影响与解释变量相关$$

该检验统计量为

$$H = (\hat{\boldsymbol{\beta}}_w - \tilde{\boldsymbol{\beta}}_{RE})[\operatorname{Var}(\tilde{\boldsymbol{\beta}}_{RE}) - \operatorname{Var}(\hat{\boldsymbol{\beta}}_w)]^{-1}(\hat{\boldsymbol{\beta}}_w - \tilde{\boldsymbol{\beta}}_{RE})' \sim \chi^2(k) \quad (17\text{-}14)$$

式中，$\hat{\boldsymbol{\beta}}_w$ 表示 $\boldsymbol{\beta}$ 的离差 OLS 估计量；$\tilde{\boldsymbol{\beta}}_{RE}$ 表示 $\boldsymbol{\beta}$ 的随机 GLS 法估计量；k 表示待估参数向量 $\boldsymbol{\beta}$ 的维数。

在给定的显著水平下，如果计算出的 H 统计量小于卡方分布临界值，则不能拒绝原假设，即认定真实的模型为随机效应模型；反之，如果计算出的 H 统计量大于卡方分布临界值，则拒绝原假设，即认定真实的模型为固定效应模型。

17.5 案例分析

案例 17-1

通常农村人口转化为城镇人口的过程称为城镇化。反映城镇化水平高低的一个重要指标为城镇化率，即一个地区常住在城镇的人口占该地区总人口的比例。城镇化是人口持续向城镇集聚的过程，是世界各国工业化进程中必然经历的历史阶段。本案例主要针对影响城镇化的人均 GDP 这个因素，分析人均 GDP 与城镇化率之间的关系。为此，本案例选择了北京、天津、河北、黑龙江、江苏、浙江等省市 2006~2015 年的人均 GDP 和城镇化率作为样本数据（见表 17-1）。

表 17-1 人均 GDP 与城镇化率数据

	时间	北京	天津	河北	黑龙江	江苏	浙江
	2006	49 505	40 961	16 894	16 268	28 685	31 684
	2007	60 096	47 970	19 662	18 580	33 837	36 676
	2008	64 491	58 656	22 986	21 740	40 014	41 405
	2009	66 940	62 574	24 581	22 447	44 253	43 842
人均 GDP（元）	2010	73 856	72 994	28 668	27 076	52 840	51 711
	2011	81 658	85 213	33 969	32 819	62 290	59 249
	2012	87 475	93 173	36 584	35 711	68 347	63 374
	2013	94 648	100 105	38 909	37 697	75 354	68 805
	2014	99 995	105 231	39 984	39 226	81 874	73 002
	2015	106 497	107 960	40 255	39 462	87 995	77 644

（续）

	时间	北京	天津	河北	黑龙江	江苏	浙江
城镇化率（%）	2006	84.33	75.73	38.44	53.50	51.90	56.50
	2007	84.50	76.31	40.25	53.90	53.20	57.20
	2008	84.90	77.23	41.90	55.40	54.30	57.60
	2009	85.00	78.01	43.00	55.50	55.60	57.90
	2010	85.93	79.60	44.50	55.67	60.58	61.61
	2011	86.18	80.44	45.60	56.49	61.89	62.29
	2012	86.23	81.53	46.80	56.91	63.01	63.19
	2013	86.29	82.00	48.11	57.39	64.11	64.01
	2014	86.34	82.27	49.32	58.02	65.21	64.87
	2015	86.46	82.61	51.33	58.79	66.52	65.81

资料来源：中华人民共和国国家统计局，《中国统计年鉴——2016》，中国统计出版社，2016。

1. 建立混合数据库

首先建立工作文档，建立工作文档的时候在"Workfile structure type"的下拉菜单中选择"Dated-regular frequency"，在"Date specification"中填入时间跨度（如图 17-1 所示），点击"OK"。进入工作文档后，点击"Objects"，选择"New Object"，在"Type of Object"选择区选择"Pool"，并在"Name of Object"选择区为混合数据库命名（初始显示为 Untitled），点击"OK"键，从而打开混合数据库（Pool）窗口，在里面写上表示各个省市的符号，bj（北京）、tj（天津）等，如图 17-2 所示。

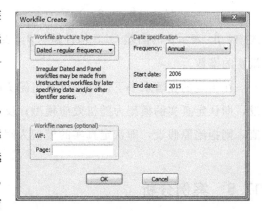

图 17-1

2. 定义序列名并输入数据

在新建的混合数据库（Pool）窗口的工具栏中点击"Sheet"键，从而打开"Series List"（列写序列名）窗口，在空白区域写入变量名，值得注意的是每个变量名后必须加上"?"，变量之间以空格隔开，如图 17-3 所示。点击

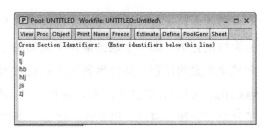

图 17-2

"OK"键，然后，点击"Edit＋－"键，输入数据，输入完成后的情形如图 17-4 所示。

图 17-3

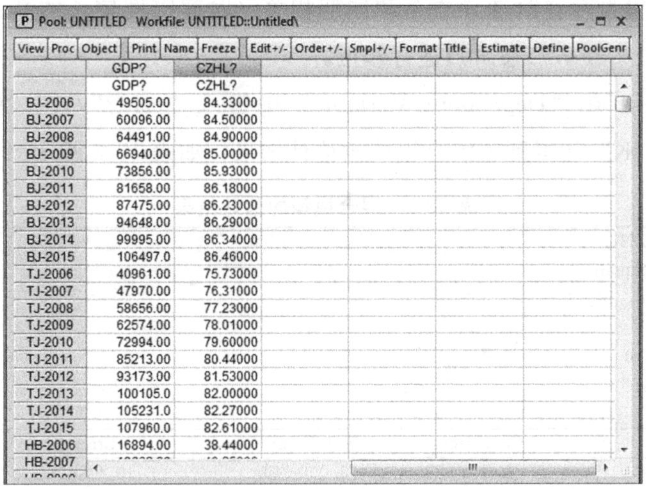

	GDP?	CZHL?
	GDP?	CZHL?
BJ-2006	49505.00	84.33000
BJ-2007	60096.00	84.50000
BJ-2008	64491.00	84.90000
BJ-2009	66940.00	85.00000
BJ-2010	73856.00	85.93000
BJ-2011	81658.00	86.18000
BJ-2012	87475.00	86.23000
BJ-2013	94648.00	86.29000
BJ-2014	99995.00	86.34000
BJ-2015	106497.0	86.46000
TJ-2006	40961.00	75.73000
TJ-2007	47970.00	76.31000
TJ-2008	58656.00	77.23000
TJ-2009	62574.00	78.01000
TJ-2010	72994.00	79.60000
TJ-2011	85213.00	80.44000
TJ-2012	93173.00	81.53000
TJ-2013	100105.0	82.00000
TJ-2014	105231.0	82.27000
TJ-2015	107960.0	82.61000
HB-2006	16894.00	38.44000
HB-2007	[illegible]	[illegible]

图 17-4

值得注意的是，点击“Order＋－”键，还可以变换为以时间为序的阵列式排列。

3. 估计模型

用 EViwes 可以估计固定效应模型（包括个体固定效应模型、时点固定效应模型和时点个体固定效应模型 3 种）、随机效应模型、带有 AR(1) 参数的模型、截面不同回归系数也不同的面板数据模型。点击图 17-2 中的“Estimation”键，随后弹出 Pooled Estimation（混合估计）对话窗，如图 17-5 所示。

图 17-5

如图 17-5 所示，Dependent variable 用于填写被解释变量；Common 表示所有截面成员的系数相同，而各变量的系数不同；Cross-section specific 表示每个截面的系数不同。Period specific 表示每个时期的系数不同。Estimation method 对应的是各界面单位或各时期的影响，下拉菜单有 None、Fixed、Random 三个选项。None 为初始状态，EViews 默认的是没有影响；Fixed 对应的是固定效应；Random 对应的是随机效应。（值得注意的是，截面影响和时期影响都可以表现为固定效应和随机效应两种。）weights 下拉菜单中有 5 个选项，分别为 No weighting、Cross-section weights、Cross-section SUR、Period weights、Period SUR，依次表示：所有观测值的权重相等；假定模型出现截面异方差（截面较多、时间跨度较短时容易出现这种情况），对模型进行相应的广义最小二乘回归；假定模型出现截面异方差和同期相关（截面较多、时间跨度较长时），对模型进行相应的广义最小二乘回归；假定模型出现时期异方差（高频数据时容易出现这种情况），对模型进行相应的广义最

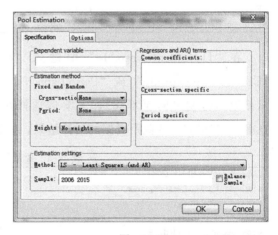

小二乘回归；假定模型存在时期异方差和同期相关（时间跨度较长的高频数据容易出现这种情况），可采用广义最小二乘回归进行修正。

如图 17-5 所示，在"Dependent Variable"中键入"czhl?"，在"Common"中键入"gdp? c"，点击"OK"就得到了混合模型的估计结果，如表 17-2 所示。

表 17-2　混合模型的估计结果

Dependent Variable：CZHL?
Method：Pooled Least Squares
Date：12/28/17　Time：15:50
Sample：2006 2015
Included observations：10
Cross-sections included：6
Total pool (balanced) observations：60

Variable	Coefficient	Std. Error	t-Statistic	Prob.
GDP?	0.000 452	0.000 043	10.640 286	0.000 000
C	39.805 142	2.564 524	15.521 452	0.000 000
R-squared	0.661 246	Mean dependent var		64.500 167
Adjusted R-squared	0.655 405	S. D. dependent var		14.395 742
S. E. of regression	8.450 615	Akaike info criterion		7.139 121
Sum squared resid	4 141.947 375	Schwarz criterion		7.208 932
Log likelihood	−212.173 615	Hannan-Quinn criter.		7.166 428
F-statistic	113.215 679	Durbin-Watson stat		0.054 102
Prob (F-statistic)	0.000 000			

在"Dependent variable"中键入"czhl?"，在"Common"中键入"gdp?"，在"Cross-section specific"或"Period specific"中键入"c"（截距随截面不同而不同，后者表示截面随时期不同而不同），本案例选择在"Cross-section specific"中键入"c"，点击"OK"，就得到了变截距模型的估计结果，如表 17-3 所示。

表 17-3　变截距模型的估计结果

Dependent Variable：CZHL?
Method：Pooled Least Squares
Sample：2006 2015
Included observations：10
Cross-sections included：6
Total pool (balanced) observations：60

Variable	Coefficient	Std. Error	t-Statistic	Prob.
GDP?	0.000 16	0.000 01	11.154 29	0.000 00
BJ——C	72.742 06	1.295 80	56.136 77	0.000 00
TJ——C	66.868 33	1.282 30	52.147 11	0.000 00
HB——C	39.965 17	0.738 05	54.150 04	0.000 00
HLJ——C	51.385 17	0.728 01	70.582 60	0.000 00
JS——C	50.195 96	1.030 84	48.694 18	0.000 00
ZJ——C	52.122 65	0.997 23	52.267 64	0.000 00
R-squared	0.984 96	Mean dependent var		64.500 17
Adjusted R-squared	0.983 26	S. D. dependent var		14.395 74
S. E. of regression	1.862 77	Akaike info criterion		4.191 29
Sum squared resid	183.905 16	Schwarz criterion		4.435 63
Log likelihood	−118.738 58	Hannan-Quinn criter.		4.286 86
F-statistic	578.454 26	Durbin-Watson stat		0.258 06
Prob (F-statistic)	0.000 00			

值得注意的是，变截距模型没有固定的截距项，从表 17-3 可以看出，随着地区的不同，截距项也不同。在"Dependent variable"中键入"czhl?"，在"Cross-section specific"或"Period specific"中键入"gdp? c"（系数和截距随截面不同而不同，后者表示系数和截距随时期不同而不同），本案例选择在"Cross-section specific"中键入"gdp? c"，点击"OK"，就得到了变系数模型的估计结果，如表 17-4 所示。

表 17-4 变系数模型的估计结果

Dependent Variable：CZHL?
Method：Pooled Least Squares
Sample：2006 2015
Included observations：10
Cross-sections included：6
Total pool (balanced) observations：60

Variable	Coefficient	Std. Error	t-Statistic	Prob.
BJ——GDPBJ	0.000 042	1.199E-05	3.489 933	0.001 046
TJ——GDPTJ	0.000 106	9.195E-06	11.526 134	0.000 000
HB——GDPHB	0.000 454	2.531E-05	17.930 670	0.000 000
HLJ——GDPHLJ	0.000 183	2.5E-05	7.325 123	0.000 000
JS——GDPJS	0.000 256	1.077E-05	23.727 263	0.000 000
ZJ——GDPZJ	0.000 215	1.394E-05	15.423 724	0.000 000
BJ——C	82.330 615	0.964 976 7	85.318 757	0.000 000
TJ——C	71.360 888	0.743 364 6	95.997 156	0.000 000
HB——C	31.194 460	0.794 575 8	39.259 262	0.000 000
HLJ——C	50.826 554	0.757 960 9	67.056 961	0.000 000
JS——C	44.925 640	0.655 079 5	68.580 437	0.000 000
ZJ——C	49.329 825	0.791 911	62.292 134	0.000 000
R-squared	0.998 235	Mean dependent var		64.500 167
Adjusted R-squared	0.997 830	S. D. dependent var		14.395 742
S. E. of regression	0.670 571	Akaike info criterion		2.215 483
Sum squared resid	21.583 957	Schwarz criterion		2.634 352
Log likelihood	−54.464 485	Hannan-Quinn criter.		2.379 325
F-statistic	2 467.574 479	Durbin-Watson stat		1.313 302
Prob(F-statistic)	0.000 000			

表 17-2 至表 17-4 中的"Sum squared resid"给出了相应的残差平方和，据此就可以计算出用于协变分析检验的 F 统计量。根据式（17-7）和式（17-8）有 $F_2 = 916.317$，$F_1 = 72.196$。在显著性水平为 5% 的条件下，F_2 的临界值介于 1.99～2.08，表明应该拒绝 H_2；在显著性水平为 5% 的条件下，F_1 的临界值介于 2.37～2.45，表明应该拒绝 H_1，认为模型是变系数模型。

在"Dependent variable"中键入"czhl?"，在"Common"中键入"gdp?"，在"Cross-section specific"中选择"Fixed"，点击"OK"，就得到了个体固定效应模型的估计结果，如表 17-5 所示。

表 17-5　固定效应模型的估计结果

Sample：2006 2015
Included observations：10
Cross-sections included：6
Total pool (balanced) observations：60

Variable	Coefficient	Std. Error	t-Statistic	Prob.
C	55.546 56	0.837 955	66.288 26	0.000 00
GDP?	0.000 164	1.47E-05	11.154 29	0.000 00
Fixed Effects (Cross)				
BJ——C	17.195 50			
TJ——C	11.321 78			
HB——C	−15.581 40			
HLJ——C	−4.161 38			
JS——C	−5.350 60			
ZJ——C	−3.423 91			

Effects Specification

Cross-section fixed (dummy variables)

R-squared	0.984 96	Mean dependent var	64.500 17
Adjusted R-squared	0.983 26	S.D. dependent var	14.395 74
S.E. of regression	1.862 77	Akaike info criterion	4.191 286
Sum squared resid	183.905 20	Schwarz criterion	4.435 626
Log likelihood	−118.739 00	Hannan-Quinn criter.	4.286 861
F-statistic	578.454 30	Durbin-Watson stat	0.258 061
Prob(F-statistic)	0.000 00		

如模型 (17-9) 所示，个体固定效应模型不带有常数项，然而，表 17-5 的估计结果中却有常数项。原因在于在 EViews 输出结果中，γ_i[模型 (17-9) 中的参数]，即是以一个不变的常数部分和随个体变化的部分相加而成的。在 "Dependent variable" 中键入 "czhl?"，在 "Common" 中键入 "gdp?"，在 "Cross-section specific" 中选择 "Random"，点击 "OK"，就得到了个体随机效应模型的估计结果，如表 17-6 所示。

表 17-6　个体随机效应的估计结果

Dependent Variable：CZHL?
Sample：2006 2015
Included observations：10
Cross-sections included：6
Total pool (balanced) observations：60

Variable	Coefficient	Std. Error	t-Statistic	Prob.
C	55.235 84	2.786 581	19.822 08	0.000 0
GDP?	0.000 17	1.46E-05	11.609 62	0.000 0
Random Effects (Cross)				
BJ——C	0.984 96			
TJ——C	0.983 26			
HB——C	1.862 77			
HLJ——C	183.905 20			
JS——C	−118.739 00			
ZJ——C	578.454 30			

(续)

	Effects Specification		
		S. D.	Rho
Cross-section random		6.513 257	0.924 39
Idiosyncratic random		1.862 769	0.075 61
	Weighted Statistics		
R-squared	0.658 871	Mean dependent var	5.809 687
Adjusted R-squared	0.652 989	S. D. dependent var	3.468 572
S. E. of regression	2.043 253	Sum squared resid	242.143 2
F-statistic	112.023 6	Durbin-Watson stat	0.197 226
Prob(F-statistic)	3.63E-15		
	Unweighted Statistics		
R-squared	0.403 07	Mean dependent var	64.500 17
Sum squared resid	7 298.662	Durbin-Watson stat	0.006 543

在表 17-6 对应的工作文档下，点击"View/Fixed/Random Effects Testing/Correlated Random Effects-Hausman Tests"，就可以自动实现 Hausman 检验。值得注意的是，进行 Hausman 检验的时候必须首先估计出一个随机效应模型，然后，在此基础上通过前述按钮进行检验。检验结果如表 17-7 所示。

表 17-7　Hausman 检验的输出结果

Correlated Random Effects-Hausman Test
Pool：Untitled
Test cross-section random effects

Test Summary	Chi-Sq. Statistic	Chi-Sq. d. f.	Prob.
Cross-section random	12.783 74	1	0.000 35

Cross-section random effects test comparisons：

Variable	Fixed	Random	Var（Diff.）	Prob.
GDP?	0.000 164	0.000 17	2.53E-12	0.000 35

Cross-section random effects test equation：
Dependent Variable：CZHL?
Method：Panel Least Squares
Sample：2006 2015
Included observations：10
Cross-sections included：6
Total pool (balanced) observations：60

Variable	Coefficient	Std. Error	t-Statistic	Prob.
C	55.546 56	0.837 955	66.288 26	0.000 0
GDP?	0.000 164	1.47E-05	11.154 29	0.000 0
	Effects Specification			

Cross-section fixed (dummy variables)

R-squared	0.984 959	Mean dependent var	64.500 17
Adjusted R-squared	0.983 256	S. D. dependent var	14.395 74
S. E. of regression	1.862 769	Akaike info criterion	4.191 286
Sum squared resid	183.905 2	Schwarz criterion	4.435 626
Log likelihood	−118.739	Hannan-Quinn criter.	4.286 861
F-statistic	578.454 3	Durbin-Watson stat	0.258 061
Prob(F-statistic)	1.90E-46		

从表 17-7 可以看出，Hausman 统计量对应的卡方值为 12.784，相伴概率为 0.000 4，远小于 0.05，因此，应该拒绝随机效应模型中个体影响与解释变量之间不相关的原假设，选择固定效应模型。其实，有时候未必需要 Hausman 检验来判断选择固定效应模型还是随机效应模型，只要灵活运用前面章节学到的知识就可以协助判断。比较表 17-5 和表 17-6 可知，固定效应模型下调整后的判定系数 $\bar{R}^2$ 为 0.983 3，而个体随机效应模型下调整后的判定系数 $\bar{R}^2$ 为 0.653，可见前者的拟合效果好于后者。通过比较 EViews 的输出结果还可以协助选择混合模型、变截距模型和变系数模型，有兴趣的读者可以比较表 17-2、表 17-3、表 17-4 中的调整后的判定系数 $\bar{R}^2$、AIC 统计量、SC 统计量，并将比较的结果和协变分析检验的结果进行印证。

固定效应和随机效应都可以分别表现在截面和时期上，表 17-5 和表 17-6 为了演示仅仅给出了个体固定效应模型和个体随机效应模型的估计结果，而没有给出在设定模型的时候如何选择。应该选择个体固定（随机），还是时点固定（随机）效应呢？这一点可以通过检验个体固定（随机）效应或时点固定（随机）效应的显著性来实现。下面我们以固定效应模型为例，来判断应该选择个体固定效应还是时点固定效应。在"Dependent variable"中键入"czhl?"，在"Common"中键入"gdp?"，在"Cross-section specific"中选择"Fixed"，在"period"中选择"Fixed"，点击"OK"，就得到了个体时点固定效应模型的估计结果。然后，点击"View/Fixed/Random Effects Testing/Redundant Fixed Effects-Likelihood Ratio"，点击"OK"就得到固定效应检验的结果，如表 17-8 所示。

表 17-8 固定效应检验的结果

Redundant Fixed Effects Tests
Pool：Untitled
Test cross-section and period fixed effects

Effects Test	Statistic	d. f.	Prob.
Cross-section F	160.781 4	(5, 44)	0.000 00
Cross-section Chi-square	177.514 9	5	0.000 00
Period F	1.930 204	(9, 44)	0.072 26
Period Chi-square	19.965 69	9	0.018 13
Cross-Section/Period F	95.587 74	(14, 44)	0.000 00
Cross-Section/Period Chi-square	206.835 8	14	0.000 00

从表 17-8 可以看出，F 统计量在 5% 的显著性水平下接受个体固定效应不显著的原假设，卡方统计量在 5% 的显著性水平下拒绝时点固定效应不显著的原假设，认为不存在个体固定效应，但存在时点固定效应。

案例 17-2

将案例 17-1 采用 Stata 软件进行统计分析，判断固定效应模型是否更合适，先看一看数据中有哪些变量并且它们代表了什么，数据描述如图 17-6 所示。

```
. describ
Contains data from E:\计量经济学\17-2.dta
  obs:            60
 vars:             5                          25 Dec 2017 00:20
 size:         1,440

              storage   display    value
variable name  type     format     label      variable label

region         str6     %9s                   地区
year           int      %10.0g                年份
gdp            long     %10.0g                人均gdp（元）
urban_rate     double   %10.0g                城镇化率（%）
regioncode     float    %9.0g                 地区编码

Sorted by: regioncode
```

图 17-6　数据描述

对于面板数据，必须指示 Stata 我们有一个面板数据集。输入 tsset 指令

- tsset regioncode year

其中，regioncode 是一个用来区分数据样本的变量，year 是一个区分时间的变量。

1. 估计固定效应模型

要做 Hausman 检验，需要先估计固定效应模型，结果如图 17-7 所示。命令如下

- xtreg urban_rate gdp,fe

```
. xtreg urban_rate gdp,fe
Fixed-effects (within) regression          Number of obs      =         60
Group variable: regioncode                 Number of groups   =          6

R-sq:  within  = 0.7013                    Obs per group: min =         10
       between = 0.8527                                   avg =       10.0
       overall = 0.6612                                   max =         10

                                           F(1,53)            =     124.42
corr(u_i, Xb)  = 0.6735                    Prob > F           =     0.0000
```

urban_rate	Coef.	Std. Err.	t	P>|t|	[95% Conf. Interval]
gdp	.000164	.0000147	11.15	0.000	.0001345 .0001934
_cons	55.54656	.8379547	66.29	0.000	53.86583 57.22728

```
sigma_u   | 12.035918
sigma_e   |  1.8627691
rho       |  .97660734   (fraction of variance due to u_i)

F test that all u_i=0:     F(5, 53) =    228.14              Prob > F = 0.0000
```

图 17-7　固定效应模型结果

然后将该结果存储。命令如下

- estimates store fixed

2. 估计随机效应模型

估计随机效应模型，结果如图 17-8 所示。命令如下

- xtreg urban_rate gdp,re

```
. xtreg urban_rate gdp,re

Random-effects GLS regression              Number of obs     =        60
Group variable: regioncode                 Number of groups  =         6

R-sq:  within  = 0.7013                    Obs per group: min =       10
       between = 0.8527                                   avg =     10.0
       overall = 0.6612                                   max =       10

                                           Wald chi2(1)      =   112.02
corr(u_i, X)   = 0 (assumed)               Prob > chi2       =   0.0000

------------------------------------------------------------------------
  urban_rate |      Coef.   Std. Err.      z    P>|z|   [95% Conf. Interval]
-------------+----------------------------------------------------------
         gdp |   .0001697    .000016    10.58   0.000    .0001382   .0002011
       _cons |   55.23584   3.056573    18.07   0.000    49.24507   61.22661
-------------+----------------------------------------------------------
     sigma_u |  6.5132569
     sigma_e |  1.8627691
         rho |   .92439038   (fraction of variance due to u_i)
------------------------------------------------------------------------
```

图 17-8 随机效应模型结果

然后将该结果存储。命令如下

- estimates store random

3. Hausman 检验

进行 Hausman 检验，结果如图 17-9 所示。命令如下

- hausman fixed random,sigmamore

Prob 值等于 0.001 1＜0.05，这表明我们可以拒绝固定效应不显著的原假设，认为是固定效应模型。

```
. hausman fixed random ,sigmamore

              ―― Coefficients ――
              (b)          (B)          (b-B)        sqrt(diag(V_b-V_B))
             fixed        random      Difference           S.E.

    gdp     .000164      .0001697      -5.69e-06        1.75e-06

                  b = consistent under Ho and Ha; obtained from xtreg
         B = inconsistent under Ha, efficient under Ho; obtained from xtreg

    Test:  Ho:  difference in coefficients not systematic

              chi2(1) = (b-B)'[(V_b-V_B)^(-1)](b-B)
                      =    10.63
            Prob>chi2 =    0.0011
```

图 17-9 Hausman 检验结果

思考与练习

1. 什么是面板数据，它和截面数据与时间序列数据相比有什么优点？
2. 混合效应模型、变截距模型和变系数模型的差别是什么？如何判断哪个模型？
3. 固定效应与随机效应的含义是什么？如何判断用哪个模型？
4. Hausman 检验的原理是什么？
5. 表 17-9 给出了中国四个直辖市 2001～2015 年的进出口总额和 GDP 数据。求：

(1) 它们属于哪种数据类型，应该采用什么模型估计其关系？
(2) 试确定应该选用混合模型、变截距模型还是变系数模型，并给出理由。
(3) 试确定应该选用固定效应还是随机效应。
(4) 估计该模型并根据估计结果解释其经济学含义。

表 17-9 中国四个直辖市进出口总额和 GDP

	时间	北京	天津	上海	重庆
进出口总额（单位：万元）	2001	51 541 310	18 172 090	60 893 150	1 833 910
	2002	52 505 290	22 811 400	72 627 110	1 793 070
	2003	68 500 170	29 342 440	112 339 550	2 594 760
	2004	94 575 725	42 028 606	160 009 920	3 857 147
	2005	125 506 425	53 276 804	186 336 738	4 292 842
	2006	158 036 628	64 461 940	227 524 196	5 469 679
	2007	192 999 761	71 449 733	282 853 878	7 437 944
	2008	271 692 899	80 400 836	322 055 310	9 521 394
	2009	214 733 053	63 831 234	277 713 611	7 712 521
	2010	301 721 548	82 100 050	368 950 652	12 427 074
	2011	389 555 977	103 376 166	437 548 615	29 207 634
	2012	408 107 320	115 634 270	436 586 950	53 203 580
	2013	428 995 812	128 501 788	441 268 216	68 692 163
	2014	415 518 593	133 886 075	466 399 838	95 431 578
	2015	319 440 570	114 282 803	44 924 0723	74 466 845

(续)

	时间	北京	天津	上海	重庆
GDP（单位：亿元）	2001	3 707.96	1 919.09	5 210.12	1 976.86
	2002	4 315.00	2 150.76	5 741.03	2 232.86
	2003	5 007.21	2 578.03	6 694.23	2 555.72
	2004	6 033.21	3 110.97	8 072.83	3 034.58
	2005	6 969.52	3 905.64	9 247.66	3 467.72
	2006	8 117.78	4 462.74	10 572.24	3 907.23
	2007	9 846.81	5 252.76	12 494.01	4 676.13
	2008	11 115.00	6 719.01	14 069.86	5 793.66
	2009	12 153.03	7 521.85	15 046.45	6 530.01
	2010	14 113.58	9 224.46	17 165.98	7 925.58
	2011	16 251.93	11 307.28	19 195.69	10 011.37
	2012	17 879.40	12 893.88	20 181.72	11 409.6
	2013	19 800.81	14 442.01	21 818.15	12 783.26
	2014	21 330.83	15 726.93	23 567.70	14 262.6
	2015	23 014.59	16 538.19	25 123.45	15 717.27

资料来源：中华人民共和国国家统计局，《中国统计年鉴——2016》，中国统计出版社，2016。

附录A　常用年鉴
附录B　标准正态分布表
附录C　t分布表
附录D　χ^2分布百分位数表
附录E　F分布百分位数表
附录F　杜宾-沃森检验临界值表
附录G　ADF分布临界值表
附录H　ϕ的经验分布表

附录A
常用年鉴

《中国统计年鉴》
《中国海关统计年鉴》
《中国商务年鉴》
《中国商业年鉴》
《世界经济年鉴》
《中国经济贸易年鉴》
《中国——东盟商务年鉴》
《中国非公有制经济年鉴》
《中国欧洲商务年鉴》
《中国第三产业统计年鉴》
《中国建筑业统计年鉴》
《中国工业经济统计年鉴》
《中国国土资源统计年鉴》
《中国人口和就业统计年鉴》
《中国高技术产业统计年鉴》
《中国科技统计年鉴》
《中国房地产统计年鉴》
《中国农村住户调查年鉴》
《中国农产品价格调查年鉴》
《中国教育经费统计年鉴》
《中国大型工业企业年鉴》
《中国环境统计年鉴》
《中国人口统计年鉴》
《中国城市统计年鉴》
《中国能源统计年鉴》

《中国固定资产投资统计年鉴》
《中国保险年鉴》
《上海证券交易所统计年鉴》
《上海期货交易所交易统计年鉴》
《中国农业发展银行统计年鉴》
《中国财政年鉴》
《中国会计年鉴》
《中国风险投资年鉴》
《中国能源统计年鉴》
《中国证券业年鉴》
《中国金融年鉴》
《中国信托业年鉴》
《中国劳动和社会保障年鉴》
《中国中小企业年鉴》
《中国产权市场年鉴》
《中国审计年鉴》
《中国经济年鉴》
《世界军事年鉴》
《中国物价年鉴》
《中国农村统计年鉴》
《中国社会统计年鉴》
《中国政府采购年鉴》
《中国企业并购年鉴》
《中国投资年鉴》
《中国轻工业年鉴》

《中国纺织工业年鉴》　　　　　　　　　《中国农业机械工业年鉴》
《中国工业年鉴》　　　　　　　　　　　《中国电器工业年鉴》
《中国汽车工业年鉴》　　　　　　　　　《中国国有资产监督管理年鉴》
《中国橡胶工业年鉴》　　　　　　　　　《中国汽车市场年鉴》

附录B
标准正态分布表

$$\Phi_0 = \frac{1}{\sqrt{2\pi}}\int_{-\infty}^{u} e^{-\frac{x^2}{2}} dx \, (u \geqslant 0)$$

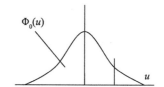

Z	0.00	0.01	0.02	0.03	0.04	0.05	0.06	0.07	0.08	0.09
0.0	0.0000	0.0040	0.0080	0.0120	0.0160	0.0199	0.0239	0.0279	0.0319	0.0359
0.1	0.0398	0.0438	0.0478	0.0517	0.0557	0.0596	0.0636	0.0675	0.0714	0.0753
0.2	0.0793	0.0832	0.0871	0.0910	0.0948	0.0987	0.1026	0.1064	0.1103	0.1141
0.3	0.1179	0.1217	0.1255	0.1293	0.1331	0.1368	0.1406	0.1443	0.1480	0.1517
0.4	0.1554	0.1591	0.1628	0.1664	0.1700	0.1736	0.1772	0.1808	0.1844	0.1879
0.5	0.1915	0.1950	0.1985	0.2019	0.2054	0.2088	0.2123	0.2157	0.2190	0.2224
0.6	0.2257	0.2291	0.2324	0.2357	0.2389	0.2422	0.2454	0.2486	0.2517	0.2549
0.7	0.2580	0.2611	0.2642	0.2673	0.2704	0.2734	0.2764	0.2794	0.2823	0.2852
0.8	0.2881	0.2910	0.2939	0.2967	0.2995	0.3023	0.3051	0.3078	0.3106	0.3133
0.9	0.3159	0.3186	0.3212	0.3238	0.3264	0.3289	0.3315	0.3340	0.3365	0.3389
1.0	0.3413	0.3438	0.3461	0.3485	0.3508	0.3531	0.3554	0.3577	0.3599	0.3621
1.1	0.3643	0.3665	0.3686	0.3708	0.3729	0.3749	0.3770	0.3790	0.3810	0.3830
1.2	0.3849	0.3869	0.3888	0.3907	0.3925	0.3944	0.3962	0.3980	0.3997	0.4015
1.3	0.4032	0.4049	0.4066	0.4082	0.4099	0.4115	0.4131	0.4147	0.4162	0.4177
1.4	0.4192	0.4207	0.4222	0.4236	0.4251	0.4265	0.4279	0.4292	0.4306	0.4319
1.5	0.4332	0.4345	0.4357	0.4370	0.4382	0.4394	0.4406	0.4418	0.4429	0.4441
1.6	0.4452	0.4463	0.4474	0.4484	0.4495	0.4505	0.4515	0.4525	0.4535	0.4545
1.7	0.4454	0.4564	0.4573	0.4582	0.4591	0.4599	0.4608	0.4616	0.4625	0.4633
1.8	0.4641	0.4649	0.4656	0.4664	0.4671	0.4678	0.4686	0.4693	0.4699	0.4706
1.9	0.4713	0.4719	0.4726	0.4732	0.4738	0.4744	0.4750	0.4756	0.4761	0.4767
2.0	0.4772	0.4778	0.4783	0.4788	0.4793	0.4798	0.4803	0.4808	0.4812	0.4817
2.1	0.4821	0.4826	0.4830	0.4834	0.4838	0.4842	0.4846	0.4850	0.4854	0.4857
2.2	0.4861	0.4864	0.4868	0.4871	0.4875	0.4878	0.4881	0.4884	0.4887	0.4890
2.3	0.4893	0.4896	0.4898	0.4901	0.4904	0.4906	0.4909	0.4911	0.4913	0.4916
2.4	0.4918	0.4920	0.4922	0.4925	0.4927	0.4929	0.4931	0.4932	0.4934	0.4936
2.5	0.4938	0.4940	0.4941	0.4943	0.4945	0.4946	0.4948	0.4949	0.4951	0.4952
2.6	0.4953	0.4955	0.4956	0.4957	0.4959	0.4960	0.4961	0.4962	0.4963	0.4964
2.7	0.4965	0.4966	0.4967	0.4968	0.4969	0.4970	0.4971	0.4972	0.4973	0.4974
2.8	0.4974	0.4975	0.4976	0.4977	0.4977	0.4978	0.4979	0.4979	0.4980	0.4981
2.9	0.4981	0.4982	0.4982	0.4983	0.4984	0.4984	0.4985	0.4985	0.4986	0.4986
3.0	0.4987	0.4987	0.4987	0.4988	0.4988	0.4989	0.4989	0.4989	0.4990	0.4990

附录C
t 分布表

$p\{t > t_{\alpha/2}\} = \alpha$

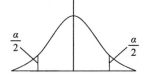

v	α						
	0.25	0.10	0.05	0.025	0.01	0.005	0.001
1	1.000	3.078	6.314	12.706	31.821	63.657	318.31
2	0.816	1.886	2.920	4.303	6.965	9.925	22.327
3	0.765	1.638	2.353	3.182	4.541	5.841	10.214
4	0.741	1.533	2.132	2.776	3.747	4.604	7.173
5	0.727	1.476	2.015	2.571	3.365	4.032	5.893
6	0.718	1.440	1.943	2.447	3.143	3.707	5.208
7	0.711	1.415	1.895	2.365	2.998	3.499	4.785
8	0.706	1.397	1.860	2.306	2.896	3.355	4.501
9	0.703	1.383	1.833	2.262	2.821	3.250	4.297
10	0.700	1.372	1.812	2.228	2.764	3.169	4.144
11	0.697	1.363	1.796	2.201	2.718	3.106	4.025
12	0.695	1.356	1.782	2.179	2.681	3.055	3.930
13	0.694	1.350	1.771	2.160	2.650	3.012	3.852
14	0.692	1.345	1.761	2.145	2.624	2.977	3.787
15	0.691	1.341	1.753	2.131	2.602	2.947	3.733
16	0.690	1.337	1.746	2.120	2.583	2.921	3.686
17	0.689	1.333	1.740	2.110	2.567	2.898	3.646
18	0.688	1.330	1.734	2.101	2.552	2.878	3.610
19	0.688	1.328	1.729	2.093	2.539	2.861	3.579
20	0.687	1.325	1.725	2.086	2.528	2.845	3.552
21	0.686	1.323	1.721	2.080	2.518	2.831	3.527
22	0.686	1.321	1.717	2.074	2.508	2.819	3.505
23	0.685	1.319	1.714	2.069	2.500	2.807	3.485
24	0.685	1.318	1.711	2.064	2.492	2.797	3.467
25	0.684	1.316	1.708	2.060	2.485	2.787	3.450
26	0.684	1.315	1.706	2.056	2.479	2.779	3.435
27	0.684	1.314	1.703	2.052	2.473	2.771	3.421
28	0.683	1.313	1.701	2.048	2.467	2.763	3.408
29	0.683	1.311	1.699	2.045	2.462	2.756	3.396
30	0.683	1.310	1.697	2.042	2.457	2.750	3.385
40	0.681	1.303	1.684	2.021	2.423	2.704	3.307
60	0.679	1.296	1.671	2.000	2.390	2.660	3.232
120	0.677	1.289	1.658	1.980	2.358	2.617	3.160
∞	0.674	1.282	1.645	1.960	2.326	2.576	3.090

附录D
χ^2分布百分位数表

$P\{\chi^2 > \chi^2_{\alpha(f)}\} = \alpha$

式中，α表示概率，f表示自由度

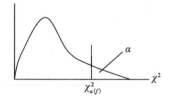

f	α								
	0.99	0.975	0.95	0.9	0.1	0.05	0.025	0.01	0.005
1	—	0.001	0.004	0.016	2.706	3.841	5.024	6.635	7.879
2	0.02	0.051	0.103	0.211	4.605	5.991	7.378	9.21	10.597
3	0.115	0.216	0.352	0.584	6.251	7.815	9.348	11.345	12.838
4	0.297	0.484	0.711	1.064	7.779	9.488	11.143	13.277	14.86
5	0.554	0.831	1.145	1.61	9.236	11.071	12.833	15.086	16.75
6	0.872	1.237	1.635	2.204	10.645	12.592	14.449	16.812	18.548
7	1.239	1.69	2.167	2.833	12.017	14.067	16.013	18.475	20.278
8	1.646	2.18	2.733	3.49	13.362	15.507	17.535	20.09	21.955
9	2.088	2.7	3.325	4.168	14.684	16.919	19.023	21.666	23.589
10	2.558	3.247	3.94	4.865	15.987	18.307	20.483	23.209	25.188
11	3.053	3.816	4.575	5.578	17.275	19.675	21.92	24.725	26.757
12	3.571	4.404	5.226	6.304	18.549	21.026	23.337	26.217	28.299
13	4.107	5.009	5.892	7.042	19.812	22.362	24.736	27.688	29.819
14	4.66	5.629	6.571	7.79	21.064	23.685	26.119	29.141	31.319
15	5.229	6.262	7.261	8.547	22.307	24.966	27.488	30.578	32.801
16	5.812	6.908	7.962	9.312	23.542	26.296	28.845	32	34.267
17	6.408	7.564	8.672	10.085	24.769	27.587	30.191	33.409	35.718
18	7.015	8.231	9.39	10.865	25.989	28.869	31.526	34.805	37.156
19	7.633	8.907	10.117	11.651	27.204	30.144	32.852	36.191	38.582
20	8.26	9.591	10.851	12.443	28.412	31.41	34.17	37.566	39.997
21	8.897	10.283	11.591	13.24	29.615	32.671	35.479	38.932	41.401
22	9.542	10.982	12.338	14.042	30.813	33.924	36.781	40.289	42.796
23	10.196	11.689	13.091	14.848	32.007	35.172	38.076	41.638	44.181
24	10.856	12.401	13.848	15.659	33.196	36.415	39.364	42.98	45.559

(续)

f	α								
	0.99	0.975	0.95	0.9	0.1	0.05	0.025	0.01	0.005
25	11.524	13.12	14.611	16.473	34.382	37.652	40.646	44.314	46.928
26	12.198	13.844	15.379	17.292	35.563	38.885	41.923	45.642	48.29
27	12.879	14.573	16.151	18.114	36.741	40.113	43.194	46.963	49.645
28	13.565	15.308	16.928	18.939	37.916	41.337	44.461	48.278	50.993
29	14.257	16.047	17.708	19.768	39.087	42.557	45.722	49.588	52.336
30	14.954	16.791	18.493	20.599	40.256	43.773	46.979	50.892	53.672
31	15.655	17.539	19.281	21.434	41.422	44.985	48.232	52.191	55.003
32	16.362	18.291	20.072	22.271	42.585	46.194	49.48	53.486	56.328
33	17.074	19.047	20.867	23.11	43.745	47.4	50.725	54.776	57.648
34	17.789	19.806	21.664	23.952	44.903	48.602	51.966	56.061	58.964
35	18.509	20.569	22.465	24.797	46.059	49.802	53.203	57.342	60.275
36	19.233	21.336	23.269	25.643	47.212	50.998	54.437	58.619	61.581
37	19.96	22.106	24.075	26.492	48.363	52.192	55.668	59.892	62.883
38	20.691	22.878	24.884	27.343	49.513	53.384	56.896	61.162	64.181
38	21.426	23.654	25.695	28.196	50.66	54.572	58.12	62.428	65.476
40	22.164	24.433	26.509	29.051	51.805	55.758	59.342	63.691	66.766
50	29.707	32.357	34.764	37.689	63.167	67.505	71.420	76.154	79.490
60	37.485	48.482	43.188	46.459	74.397	79.082	83.298	88.379	91.952
70	45.442	48.758	51.739	55.329	85.527	90.531	95.023	100.425	104.215
80	53.540	57.513	60.392	64.278	96.578	101.879	106.629	112.329	116.321
90	61.754	65.647	69.126	73.291	107.565	113.145	118.136	124.116	128.299
100	70.065	74.222	77.930	83.358	118.498	124.342	129.561	135.807	140.169

附录E
F分布百分位数表

$P\{F > F_{0.05}(f_1, f_2)\} = 0.05$

其中 f_1 表示分子自由度，f_2 表示分母自由度

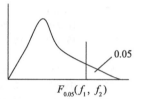

分母自由度	Pr	1	2	3	4	5	6	7	8	9	10	11	分子自 12
1	0.25	5.83	7.50	8.20	8.58	8.82	8.98	9.10	9.19	9.26	9.32	9.36	9.41
	0.10	39.9	49.5	53.6	55.8	57.2	58.2	58.9	59.4	59.9	60.2	60.5	60.7
	0.05	161	200	216	225	230	234	237	239	241	242	243	244
2	0.25	2.57	3.00	3.15	3.23	3.28	3.31	3.34	3.35	3.37	3.38	3.39	3.39
	0.10	8.53	9.00	9.16	9.24	9.29	9.33	9.35	9.37	9.38	9.39	9.40	9.41
	0.05	18.5	19.0	19.2	19.2	19.3	19.3	19.4	19.4	19.4	19.4	19.4	19.4
	0.01	98.5	99.0	99.2	99.2	99.3	99.3	99.4	99.4	99.4	99.4	99.4	99.4
3	0.25	2.02	2.28	2.36	2.39	2.41	2.42	2.43	2.44	2.44	2.44	2.45	2.45
	0.10	5.54	5.46	5.39	5.34	5.31	5.28	5.27	5.25	5.24	5.23	5.22	5.22
	0.05	10.1	9.55	9.28	9.12	9.01	8.94	8.89	8.85	8.81	8.79	8.76	8.74
	0.01	34.1	30.8	29.5	28.7	28.2	27.9	27.7	27.5	27.3	27.2	27.1	27.1
4	0.25	1.81	2.00	2.05	2.06	2.07	2.08	2.08	2.08	2.08	2.08	2.08	2.08
	0.10	4.54	4.32	4.19	4.11	4.05	4.01	3.98	3.95	3.94	3.92	3.91	3.90
	0.05	7.71	6.94	6.59	6.39	6.26	6.16	6.09	6.04	6.00	5.96	5.94	5.91
	0.01	21.2	18.0	16.7	16.0	15.5	15.2	15.0	14.8	14.7	14.5	14.4	14.4
5	0.25	1.69	1.85	1.88	1.89	1.89	1.89	1.89	1.89	1.89	1.89	1.89	1.89
	0.10	4.06	3.78	3.62	3.52	3.45	3.40	3.37	3.34	3.32	3.30	3.28	3.27
	0.05	6.61	5.79	5.41	5.19	5.05	4.95	4.88	4.82	4.77	4.74	4.71	4.68
	0.01	16.3	13.3	12.1	11.4	11.0	10.7	10.5	10.3	10.2	10.1	9.96	9.89
6	0.25	1.62	1.76	1.78	1.79	1.79	1.78	1.78	1.78	1.77	1.77	1.77	1.77
	0.10	3.78	3.46	3.29	3.18	3.11	3.05	3.01	2.98	2.96	2.94	2.92	2.90
	0.05	5.99	5.14	4.76	4.53	4.39	4.28	4.21	4.15	4.10	4.06	4.03	4.00
	0.01	13.7	10.9	9.78	9.15	8.75	8.47	8.26	8.10	7.98	7.87	7.79	7.72
7	0.25	1.57	1.70	1.72	1.72	1.71	1.71	1.70	1.70	1.69	1.69	1.69	1.68
	0.10	3.59	3.26	3.07	2.96	2.88	2.83	2.78	2.75	2.72	2.70	2.68	2.67
	0.05	5.59	4.74	4.35	4.12	3.97	3.87	3.79	3.73	3.68	3.64	3.60	3.57
	0.01	12.2	9.55	8.45	7.85	7.46	7.19	6.99	6.84	6.72	6.62	6.54	6.47
8	0.25	1.54	1.66	1.67	1.66	1.66	1.65	1.64	1.64	1.63	1.63	1.63	1.62
	0.10	3.46	3.11	2.92	2.81	2.73	2.67	2.62	2.59	2.56	2.54	2.52	2.50
	0.05	5.32	4.46	4.07	3.84	3.69	3.58	3.50	3.44	3.39	3.35	3.31	3.28
	0.01	11.3	8.65	7.59	7.01	6.63	6.37	6.18	6.03	5.91	5.81	5.73	5.67
9	0.25	1.51	1.62	1.63	1.63	1.62	1.61	1.60	1.60	1.59	1.59	1.58	1.58
	0.10	3.36	3.01	2.81	2.69	2.61	2.55	2.51	2.47	2.44	2.42	2.40	2.38
	0.05	5.12	4.26	3.86	3.63	3.48	3.37	3.29	3.23	3.18	3.14	3.10	3.07
	0.01	10.6	8.02	6.99	6.42	6.06	5.80	5.61	5.47	5.35	5.26	5.18	5.11

分子自由度											Pr	分母自由度
15	20	24	30	40	50	60	100	120	200	500	∞	Pr	
9.49	9.58	9.63	9.67	9.71	9.74	9.76	9.78	9.80	9.82	9.84	9.85	0.25	
61.2	61.7	62.0	62.3	62.5	62.7	62.8	63.0	63.1	63.2	63.3	63.3	0.10	1
246	248	249	250	251	252	252	253	253	254	254	254	0.05	
3.41	3.43	3.43	3.44	3.45	3.45	3.46	3.47	3.47	3.48	3.48	3.48	0.25	
9.42	9.44	9.45	9.46	9.47	9.47	9.47	9.48	9.48	9.49	9.49	9.49	0.10	2
19.4	19.4	19.5	19.5	19.5	19.5	19.5	19.5	19.5	19.5	19.5	19.5	0.05	
99.4	99.4	99.5	99.5	99.5	99.5	99.5	99.5	99.5	99.5	99.5	99.5	0.01	
2.46	2.46	2.46	2.47	2.47	2.47	2.47	2.47	2.47	2.47	2.47	2.47	0.25	
5.20	5.18	5.18	5.17	5.16	5.15	5.15	5.14	5.14	5.14	5.14	5.13	0.10	3
8.70	8.66	8.64	8.62	8.59	8.58	8.57	8.55	8.55	8.54	8.53	8.53	0.05	
26.9	26.7	26.6	26.5	26.4	26.4	26.3	26.2	26.2	26.2	26.1	26.1	0.01	
2.08	2.08	2.08	2.08	2.08	2.08	2.08	2.08	2.08	2.08	2.08	2.08	0.25	
3.87	3.84	3.83	3.82	3.80	3.80	3.79	3.78	3.78	3.77	3.76	3.76	0.10	4
5.86	5.80	5.77	5.75	5.72	5.70	5.69	5.66	5.66	5.65	5.64	5.63	0.05	
14.2	14.0	13.9	13.8	13.7	13.7	13.7	13.6	13.6	13.5	13.5	13.5	0.01	
1.89	1.88	1.88	1.88	1.88	1.88	1.87	1.87	1.87	1.87	1.87	1.87	0.25	
3.24	3.21	3.19	3.17	3.16	3.15	3.14	3.13	3.12	3.12	3.11	3.10	0.10	5
4.62	4.56	4.53	4.50	4.46	4.44	4.43	4.41	4.40	4.39	4.37	4.36	0.05	
9.72	9.55	9.47	9.38	9.29	9.24	9.20	9.13	9.11	9.08	9.04	9.02	0.01	
1.76	1.76	1.75	1.75	1.75	1.75	1.74	1.74	1.74	1.74	1.74	1.74	0.25	
2.87	2.84	2.82	2.80	2.78	2.77	2.76	2.75	2.74	2.73	2.73	2.72	0.10	6
3.94	3.87	3.84	3.81	3.77	3.75	3.74	3.71	3.70	3.69	3.68	3.67	0.05	
7.56	7.40	7.31	7.23	7.14	7.09	7.06	6.99	6.97	6.93	6.90	6.88	0.01	
1.68	1.67	1.67	1.66	1.66	1.66	1.65	1.65	1.65	1.65	1.65	1.65	0.25	
2.63	2.59	2.58	2.56	2.54	2.52	2.51	2.50	2.49	2.48	2.48	2.47	0.10	7
3.51	3.44	3.41	3.38	3.34	3.32	3.30	3.27	3.27	3.25	3.24	3.23	0.05	
6.31	6.16	6.07	5.99	5.91	5.86	5.82	5.75	5.74	5.70	5.67	5.65	0.01	
1.62	1.61	1.60	1.60	1.59	1.59	1.59	1.58	1.58	1.58	1.58	1.58	0.25	
2.46	2.42	2.40	2.38	2.36	2.35	2.34	2.32	2.32	2.31	2.30	2.29	0.10	8
3.22	3.15	3.12	3.08	3.04	2.02	3.01	2.97	2.97	2.95	2.94	2.93	0.05	
5.52	5.36	5.28	5.20	5.12	5.07	5.03	4.96	4.95	4.91	4.88	4.86	0.01	
1.57	1.56	1.56	1.55	1.55	1.54	1.54	1.53	1.53	1.53	1.53	1.53	0.25	
2.34	2.30	2.28	2.25	2.23	2.22	2.21	2.19	2.18	2.17	2.17	2.16	0.10	9
3.01	2.94	2.90	2.86	2.83	2.80	2.79	2.76	2.75	2.73	2.72	2.71	0.05	
4.96	4.81	4.73	4.65	4.57	4.52	4.48	4.42	4.40	4.36	4.33	4.31	0.01	

分母自由度	Pr	分子自由度											
		1	2	3	4	5	6	7	8	9	10	11	12
10	0.25	1.49	1.60	1.60	1.59	1.59	1.58	1.57	1.56	1.56	1.55	1.55	1.54
	0.10	3.29	2.92	2.73	2.61	2.52	2.46	2.41	2.38	2.35	2.32	2.30	2.28
	0.05	4.96	4.10	3.71	3.48	3.33	3.22	3.14	3.07	3.02	2.98	2.94	2.91
	0.01	10.0	7.56	6.55	5.99	5.64	5.39	5.20	5.06	4.94	4.85	4.77	4.71
11	0.25	1.47	1.58	1.58	1.57	1.56	1.55	1.54	1.53	1.53	1.52	1.52	1.51
	0.10	3.23	2.86	2.66	2.54	2.45	2.39	2.34	2.30	2.27	2.25	2.23	2.21
	0.05	4.84	3.98	3.59	3.36	3.20	3.09	3.01	2.95	2.90	2.85	2.82	2.79
	0.01	9.65	7.21	6.22	5.67	5.32	5.07	4.89	4.74	4.63	4.54	4.46	4.40
12	0.25	1.46	1.56	1.56	1.55	1.54	1.53	1.52	1.51	1.51	1.50	1.50	1.49
	0.10	3.18	2.81	2.61	2.48	2.39	2.33	2.28	2.24	2.21	2.19	2.17	2.15
	0.05	4.75	3.89	3.49	3.26	3.11	3.00	2.91	2.85	2.80	2.75	2.72	2.69
	0.01	9.33	6.93	5.95	5.41	5.06	4.82	4.64	4.50	4.39	4.30	4.22	4.16
13	0.25	1.45	1.55	1.55	1.53	1.52	1.51	1.50	1.49	1.49	1.48	1.47	1.47
	0.10	3.14	2.76	2.56	2.43	2.35	2.28	2.23	2.20	2.16	2.14	2.12	2.10
	0.05	4.67	3.81	3.41	3.18	3.03	2.92	2.83	2.77	2.71	2.67	2.63	2.60
	0.01	9.07	6.70	5.74	5.21	4.86	4.62	4.44	4.30	4.19	4.10	4.02	3.96
14	0.25	1.44	1.53	1.53	1.52	1.51	1.50	1.49	1.48	1.47	1.46	1.46	1.45
	0.10	3.10	2.73	2.52	2.39	2.31	2.24	2.19	2.15	2.12	2.10	2.08	2.05
	0.05	4.60	3.74	3.34	3.11	2.96	2.85	2.76	2.70	2.65	2.60	2.57	2.53
	0.01	8.86	6.51	5.56	5.04	4.69	4.46	4.28	4.14	4.03	3.94	3.86	3.80
15	0.25	1.43	1.52	1.52	1.51	1.49	1.48	1.47	1.46	1.46	1.45	1.44	1.44
	0.10	3.07	2.70	2.49	2.36	2.27	2.21	2.16	2.12	2.09	2.06	2.04	2.02
	0.05	4.54	3.68	3.29	3.06	2.90	2.79	2.71	2.64	2.59	2.54	2.51	2.48
	0.01	8.68	6.36	5.42	4.89	4.56	4.32	4.14	4.00	3.89	3.80	3.73	3.67
16	0.25	1.42	1.51	1.51	1.50	1.48	1.47	1.46	1.45	1.44	1.44	1.44	1.43
	0.10	3.05	2.67	2.46	2.33	2.24	2.18	2.13	2.09	2.06	2.03	2.01	1.99
	0.05	4.49	3.63	3.24	3.01	2.85	2.74	2.66	2.59	2.54	2.49	2.46	2.42
	0.01	8.53	6.23	5.29	4.77	4.44	4.20	4.03	3.89	3.78	3.69	3.62	3.55
17	0.25	1.42	1.51	1.50	1.49	1.47	1.46	1.45	1.44	1.43	1.43	1.42	1.41
	0.10	3.03	2.64	2.44	2.31	2.22	2.15	2.10	2.06	2.03	2.00	1.98	1.96
	0.05	4.45	3.59	3.20	2.96	2.81	2.70	2.61	2.55	2.49	2.45	2.41	2.38
	0.01	8.40	6.11	5.18	4.67	4.34	4.10	3.93	3.79	3.68	3.59	3.52	3.46
18	0.25	1.41	1.50	1.49	1.48	1.46	1.45	1.44	1.43	1.42	1.42	1.41	1.40
	0.10	3.01	2.62	2.42	2.29	2.20	2.13	2.08	2.04	2.00	1.98	1.96	1.93
	0.05	4.41	3.55	3.16	2.93	2.77	2.66	2.58	2.51	2.46	2.41	2.37	2.34
	0.01	8.29	6.01	5.09	4.58	4.25	4.01	3.84	3.71	3.60	3.51	3.43	3.37
19	0.25	1.41	1.49	1.49	1.47	1.46	1.44	1.43	1.42	1.41	1.41	1.40	1.40
	0.10	2.99	2.61	2.40	2.27	2.18	2.11	2.06	2.02	1.98	1.96	1.94	1.91
	0.05	4.38	3.52	3.13	2.90	2.74	2.63	2.54	2.48	2.42	2.38	2.34	2.31
	0.01	8.18	5.93	5.01	4.50	4.17	3.94	3.77	3.63	3.52	3.43	3.36	3.30
20	0.25	1.40	1.49	1.48	1.46	1.45	1.44	1.43	1.42	1.41	1.40	1.39	1.39
	0.10	2.97	2.59	2.38	2.25	2.16	2.09	2.04	2.00	1.96	1.94	1.92	1.89
	0.05	4.35	3.49	3.10	2.87	2.71	2.60	2.51	2.45	2.39	2.35	2.31	2.28
	0.01	8.10	5.85	4.94	4.43	4.10	3.87	3.70	3.56	3.46	3.37	3.29	3.23

(续)

由度												Pr	分母自由度
15	20	24	30	40	50	60	100	120	200	500	∞		
1.53	1.52	1.52	1.51	1.51	1.50	1.50	1.49	1.49	1.49	1.48	1.48	0.25	
2.24	2.20	2.18	2.16	2.13	2.12	2.11	2.09	2.08	2.07	2.06	2.06	0.10	10
2.85	2.77	2.74	2.70	2.66	2.64	2.62	2.59	2.58	2.56	2.55	2.54	0.05	
4.56	4.41	4.33	4.25	4.17	4.12	4.08	4.01	4.00	3.96	3.93	3.91	0.01	
1.50	1.49	1.49	1.48	1.47	1.47	1.47	1.46	1.46	1.46	1.45	1.45	0.25	
2.17	2.12	2.10	2.08	2.05	2.04	2.03	2.00	2.00	1.99	1.98	1.97	0.10	11
2.72	2.65	2.61	2.57	2.53	2.51	2.49	2.46	2.45	2.43	2.42	2.40	0.05	
4.25	4.10	4.02	3.94	3.86	3.81	3.78	3.71	3.69	3.66	3.62	3.60	0.01	
1.48	1.47	1.46	1.45	1.45	1.44	1.44	1.43	1.43	1.43	1.42	1.42	0.25	
2.10	2.06	2.04	2.01	1.99	1.97	1.96	1.94	1.93	1.92	1.91	1.90	0.10	12
2.62	2.54	2.51	2.47	2.43	2.40	2.38	2.35	2.34	2.32	2.31	2.30	0.05	
4.01	3.86	3.78	3.70	3.62	3.57	3.54	3.47	3.45	3.41	3.38	3.36	0.01	
1.46	1.45	1.44	1.43	1.42	1.42	1.42	1.41	1.41	1.40	1.40	1.40	0.25	
2.05	2.01	1.98	1.96	1.93	1.92	1.90	1.88	1.88	1.86	1.85	1.85	0.10	13
2.53	2.46	2.42	2.38	2.34	2.31	2.30	2.26	2.25	2.23	2.22	2.21	0.05	
3.82	3.66	3.59	3.51	3.43	3.38	3.34	3.27	3.25	3.22	3.19	3.17	0.01	
1.44	1.43	1.42	1.41	1.41	1.40	1.40	1.39	1.39	1.39	1.38	1.38	0.25	
2.01	1.96	1.94	1.91	1.89	1.87	1.86	1.83	1.83	1.82	1.80	1.80	0.10	14
2.46	2.39	2.35	2.31	2.27	2.24	2.22	2.19	2.18	2.16	2.14	2.13	0.05	
3.66	3.51	3.43	3.35	3.27	3.22	3.18	3.11	3.09	3.06	3.03	3.00	0.01	
1.43	1.41	1.41	1.40	1.39	1.39	1.38	1.38	1.37	1.37	1.36	1.36	0.25	
1.97	1.92	1.90	1.87	1.85	1.83	1.82	1.79	1.79	1.77	1.76	1.76	0.10	15
2.40	2.33	2.29	2.25	2.20	2.18	2.16	2.12	2.11	2.10	2.08	2.07	0.05	
3.52	3.37	3.29	3.21	3.13	3.08	3.05	2.98	2.96	2.92	2.89	2.87	0.01	
1.41	1.40	1.39	1.38	1.37	1.37	1.36	1.36	1.35	1.35	1.34	1.34	0.25	
1.94	1.89	1.87	1.84	1.81	1.79	1.78	1.76	1.75	1.74	1.73	1.72	0.10	16
2.35	2.28	2.24	2.19	2.15	2.12	2.11	2.07	2.06	2.04	2.02	2.01	0.05	
3.41	3.26	3.18	3.10	3.02	2.97	2.93	2.86	2.84	2.81	2.78	2.75	0.01	
1.40	1.39	1.38	1.37	1.36	1.35	1.35	1.34	1.34	1.34	1.33	1.33	0.25	
1.91	1.86	1.84	1.81	1.78	1.76	1.75	1.73	1.72	1.71	1.69	1.69	0.10	17
2.31	2.23	2.19	2.15	2.10	2.08	2.06	2.02	2.01	1.99	1.97	1.96	0.05	
3.31	3.16	3.08	3.00	2.92	2.87	2.83	2.76	2.75	2.71	2.68	2.65	0.01	
1.39	1.38	1.37	1.36	1.35	1.34	1.34	1.33	1.33	1.32	1.32	1.32	0.25	
1.89	1.84	1.81	1.78	1.75	1.74	1.72	1.70	1.69	1.68	1.67	1.66	0.10	18
2.27	2.19	2.15	2.11	2.06	2.04	2.02	1.98	1.97	1.95	1.93	1.92	0.05	
3.23	3.08	3.00	2.92	2.84	2.78	2.75	2.68	2.66	2.62	2.59	2.57	0.01	
1.38	1.37	1.36	1.35	1.34	1.33	1.33	1.32	1.32	1.31	1.31	1.30	0.25	
1.86	1.81	1.79	1.76	1.73	1.71	1.70	1.67	1.67	1.65	1.64	1.63	0.10	19
2.23	2.16	2.11	2.07	2.03	2.00	1.98	1.94	1.93	1.91	1.89	1.88	0.05	
3.15	3.00	2.92	2.84	2.76	2.71	2.67	2.60	2.58	2.55	2.51	2.49	0.01	
1.37	1.36	1.35	1.34	1.33	1.33	1.32	1.31	1.31	1.30	1.30	1.29	0.25	
1.84	1.79	1.77	1.74	1.71	1.69	1.68	1.65	1.64	1.63	1.62	1.61	0.10	20
2.20	2.12	2.08	2.04	1.99	1.97	1.95	1.91	1.90	1.88	1.86	1.84	0.05	
3.09	2.94	2.86	2.78	2.69	2.64	2.61	2.54	2.52	2.48	2.44	2.42	0.01	

分母自由度	Pr	1	2	3	4	5	6	7	8	9	10	11	分子自由度 12
22	0.25	1.40	1.48	1.47	1.45	1.44	1.42	1.41	1.40	1.39	1.39	1.38	1.37
	0.10	2.95	2.56	2.35	2.22	2.13	2.06	2.01	1.97	1.93	1.90	1.88	1.86
	0.05	4.30	3.44	3.05	2.82	2.66	2.55	2.46	2.40	2.34	2.30	2.26	2.23
	0.01	7.95	5.72	4.82	4.31	3.99	3.76	3.59	3.45	3.35	3.26	3.18	3.12
24	0.25	1.39	1.47	1.46	1.44	1.43	1.41	1.40	1.39	1.38	1.38	1.37	1.36
	0.10	2.93	2.54	2.33	2.19	2.10	2.04	1.98	1.94	1.91	1.88	1.85	1.83
	0.05	4.26	3.40	3.01	2.78	2.62	2.51	2.42	2.36	2.30	2.25	2.21	2.18
	0.01	7.82	5.61	4.72	4.22	3.90	3.67	3.50	3.36	3.26	3.17	3.09	3.03
26	0.25	1.38	1.46	1.45	1.44	1.42	1.41	1.39	1.38	1.37	1.37	1.36	1.35
	0.10	2.91	2.52	2.31	2.17	2.08	2.01	1.96	1.92	1.88	1.86	1.84	1.81
	0.05	4.23	3.37	2.98	2.74	2.59	2.47	2.39	2.32	2.27	2.22	2.18	2.15
	0.01	7.72	5.53	4.64	4.14	3.82	3.59	3.42	3.29	3.18	3.09	3.02	2.96
28	0.25	1.38	1.46	1.45	1.43	1.41	1.40	1.39	1.38	1.37	1.36	1.35	1.34
	0.10	2.89	2.50	2.29	2.16	2.06	2.00	1.94	1.90	1.87	1.84	1.81	1.79
	0.05	4.20	3.34	2.95	2.71	2.56	2.45	2.36	2.29	2.24	2.19	2.15	2.12
	0.01	7.64	5.45	4.57	4.07	3.75	3.53	3.36	3.23	3.12	3.03	2.96	2.90
30	0.25	1.38	1.45	1.44	1.42	1.41	1.39	1.38	1.37	1.36	1.35	1.35	1.34
	0.10	2.88	2.49	2.28	2.14	2.05	1.98	1.93	1.88	1.85	1.82	1.79	1.77
	0.05	4.17	3.32	2.92	2.69	2.53	2.42	2.33	2.27	2.21	2.16	2.13	2.09
	0.01	7.56	5.39	4.51	4.02	3.70	3.47	3.30	3.17	3.07	2.98	2.91	2.84
40	0.25	1.36	1.44	1.42	1.40	1.39	1.37	1.36	1.35	1.34	1.33	1.32	1.31
	0.10	2.84	2.44	2.23	2.09	2.00	1.93	1.87	1.83	1.79	1.76	1.73	1.71
	0.05	4.08	3.23	2.84	2.61	2.45	2.34	2.25	2.18	2.12	2.08	2.04	2.00
	0.01	7.31	5.18	4.31	3.83	3.51	3.29	3.12	2.99	2.89	2.80	2.73	2.66
60	0.25	1.35	1.42	1.41	1.38	1.37	1.35	1.33	1.32	1.31	1.30	1.29	1.29
	0.10	2.79	2.39	2.18	2.04	1.95	1.87	1.82	1.77	1.74	1.71	1.68	1.66
	0.05	4.00	3.15	2.76	2.53	2.37	2.25	2.17	2.10	2.04	1.99	1.95	1.92
	0.01	7.08	4.98	4.13	3.65	3.34	3.12	2.95	2.82	2.72	2.63	2.56	2.50
120	0.25	1.34	1.40	1.39	1.37	1.35	1.33	1.31	1.30	1.29	1.28	1.27	1.26
	0.10	2.75	2.35	2.13	1.99	1.90	1.82	1.77	1.72	1.68	1.65	1.62	1.60
	0.05	3.92	3.07	2.68	2.45	2.29	2.17	2.09	2.02	1.96	1.91	1.87	1.83
	0.01	6.85	4.79	3.95	3.48	3.17	2.96	2.79	2.66	2.56	2.47	2.40	2.34
200	0.25	1.33	1.39	1.38	1.36	1.34	1.32	1.31	1.29	1.28	1.27	1.26	1.25
	0.10	2.73	2.33	2.11	1.97	1.88	1.80	1.75	1.70	1.66	1.63	1.60	1.57
	0.05	3.89	3.04	2.65	2.42	2.26	2.14	2.06	1.98	1.93	1.88	1.84	1.80
	0.01	6.76	4.71	3.88	3.41	3.11	2.89	2.73	2.60	2.50	2.41	2.34	2.27
∞	0.25	1.32	1.39	1.37	1.35	1.33	1.31	1.29	1.28	1.27	1.25	1.24	1.24
	0.10	2.71	2.30	2.08	1.94	1.85	1.77	1.72	1.67	1.63	1.60	1.57	1.55
	0.05	3.84	3.00	2.60	2.37	2.21	2.10	2.01	1.94	1.88	1.83	1.79	1.75
	0.01	6.63	4.61	3.78	3.32	3.02	2.80	2.64	2.51	2.41	2.32	2.25	2.18

（续）

由度												Pr	分母自由度
15	20	24	30	40	50	60	100	120	200	500	∞		
1.36	1.34	1.33	1.32	1.31	1.31	1.30	1.30	1.30	1.29	1.29	1.28	0.25	
1.81	1.76	1.73	1.70	1.67	1.65	1.64	1.61	1.60	1.59	1.58	1.57	0.10	22
2.15	2.07	2.03	1.98	1.94	1.91	1.89	1.85	1.84	1.82	1.80	1.78	0.05	
2.98	2.83	2.75	2.67	2.58	2.53	2.50	2.42	2.40	2.36	2.33	2.31	0.01	
1.35	1.33	1.32	1.31	1.30	1.29	1.29	1.28	1.28	1.27	1.27	1.26	0.25	
1.78	1.73	1.70	1.67	1.64	1.62	1.61	1.58	1.57	1.56	1.54	1.53	0.10	24
2.11	2.03	1.98	1.94	1.89	1.86	1.84	1.80	1.79	1.77	1.75	1.73	0.05	
2.89	2.74	2.66	2.58	2.49	2.44	2.40	2.33	2.31	2.27	2.24	2.21	0.01	
1.34	1.32	1.31	1.30	1.29	1.28	1.28	1.26	1.26	1.26	1.25	1.25	0.25	
1.76	1.71	1.68	1.65	1.61	1.59	1.58	1.55	1.54	1.53	1.51	1.50	0.10	26
2.07	1.99	1.95	1.90	1.85	1.82	1.80	1.76	1.75	1.73	1.71	1.69	0.05	
2.81	2.66	2.58	2.50	2.42	2.36	2.33	2.25	2.23	2.19	2.16	2.13	0.01	
1.33	1.31	1.30	1.29	1.28	1.27	1.27	1.26	1.25	1.25	1.24	1.24	0.25	
1.74	1.69	1.66	1.63	1.59	1.57	1.56	1.53	1.52	1.50	1.49	1.48	0.10	28
2.04	1.96	1.91	1.87	1.82	1.79	1.77	1.73	1.71	1.69	1.67	1.65	0.05	
2.75	2.60	2.52	2.44	2.35	2.30	2.26	2.19	2.17	2.13	2.09	2.06	0.01	
1.32	1.30	1.29	1.28	1.27	1.26	1.26	1.25	1.24	1.24	1.23	1.23	0.25	
1.72	1.67	1.64	1.61	1.57	1.55	1.54	1.51	1.50	1.48	1.47	1.46	0.10	30
2.01	1.93	1.89	1.84	1.79	1.76	1.74	1.70	1.68	1.66	1.64	1.62	0.05	
2.70	2.55	2.47	2.39	2.30	2.25	2.21	2.13	2.11	2.07	2.03	2.01	0.01	
1.30	1.28	1.26	1.25	1.24	1.23	1.22	1.21	1.21	1.20	1.19	1.19	0.25	
1.66	1.61	1.57	1.54	1.51	1.48	1.47	1.43	1.42	1.41	1.39	1.38	0.10	40
1.92	1.84	1.79	1.74	1.69	1.66	1.64	1.59	1.58	1.55	1.53	1.51	0.05	
2.52	2.37	2.29	2.20	2.11	2.06	2.02	1.94	1.92	1.87	1.83	1.80	0.01	
1.27	1.25	1.24	1.22	1.21	1.20	1.19	1.17	1.17	1.16	1.15	1.15	0.25	
1.60	1.54	1.51	1.48	1.44	1.41	1.40	1.36	1.35	1.33	1.31	1.29	0.10	60
1.84	1.75	1.70	1.65	1.59	1.56	1.53	1.48	1.47	1.44	1.41	1.39	0.05	
2.35	2.20	2.12	2.03	1.94	1.88	1.84	1.75	1.73	1.68	1.63	1.60	0.01	
1.24	1.22	1.21	1.19	1.18	1.17	1.16	1.14	1.13	1.12	1.11	1.10	0.25	
1.55	1.48	1.45	1.41	1.37	1.34	1.32	1.27	1.26	1.24	1.21	1.19	0.10	120
1.75	1.66	1.61	1.55	1.50	1.46	1.43	1.37	1.35	1.32	1.28	1.25	0.05	
2.19	2.03	1.95	1.86	1.76	1.70	1.66	1.56	1.53	1.48	1.42	1.38	0.01	
1.23	1.21	1.20	1.18	1.16	1.14	1.12	1.11	1.10	1.09	1.08	1.06	0.25	
1.52	1.46	1.42	1.38	1.34	1.31	1.28	1.24	1.22	1.20	1.17	1.14	0.10	200
1.72	1.62	1.57	1.52	1.46	1.41	1.39	1.32	1.29	1.26	1.22	1.19	0.05	
2.13	1.97	1.89	1.79	1.69	1.63	1.58	1.48	1.44	1.39	1.33	1.28	0.01	
1.22	1.19	1.18	1.16	1.14	1.13	1.12	1.09	1.08	1.07	1.04	1.00	0.25	
1.49	1.42	1.38	1.34	1.30	1.26	1.24	1.18	1.17	1.13	1.08	1.00	0.10	∞
1.67	1.57	1.52	1.46	1.39	1.35	1.32	1.24	1.22	1.17	1.11	1.00	0.05	
2.04	1.88	1.79	1.70	1.59	1.52	1.47	1.36	1.32	1.25	1.15	1.00	0.01	

附录F
杜宾-沃森检验临界值表

5%的上下界

n	k=2		k=3		k=4		k=5		k=6	
	d_L	d_U	d_L	d_U	d_L	d_U	d_L	d_U	d_L	d_U
15	1.08	1.36	0.95	1.54	0.82	1.75	0.69	1.97	0.56	2.21
16	1.10	1.37	0.98	1.54	0.86	1.73	0.74	1.93	0.62	2.15
17	1.13	1.38	1.02	1.54	0.90	1.71	0.78	1.90	0.67	2.10
18	1.16	1.39	1.05	1.53	0.93	1.69	0.82	1.87	0.71	2.06
19	1.18	1.40	1.08	1.53	0.97	1.68	0.86	1.85	0.75	2.02
20	1.20	1.41	1.10	1.54	1.00	1.68	0.90	1.83	0.79	1.99
21	1.22	1.42	1.13	1.54	1.03	1.67	0.93	1.81	0.83	1.96
22	1.24	1.43	1.15	1.54	1.05	1.66	0.96	1.80	0.86	1.94
23	1.26	1.44	1.17	1.54	1.08	1.66	0.99	1.79	0.90	1.92
24	1.27	1.45	1.19	1.55	1.10	1.66	1.01	1.78	0.93	1.90
25	1.29	1.45	1.21	1.55	1.12	1.66	1.04	1.77	0.95	1.89
26	1.30	1.46	1.22	1.55	1.14	1.65	1.06	1.76	0.98	1.88
27	1.32	1.47	1.24	1.56	1.16	1.65	1.08	1.76	1.01	1.86
28	1.33	1.48	1.26	1.56	1.18	1.65	1.10	1.75	1.03	1.85
29	1.34	1.48	1.27	1.56	1.20	1.65	1.12	1.74	1.05	1.84
30	1.35	1.49	1.28	1.57	1.21	1.65	1.14	1.74	1.07	1.83
31	1.36	1.50	1.30	1.57	1.23	1.65	1.16	1.74	1.09	1.83
32	1.37	1.50	1.31	1.57	1.24	1.65	1.18	1.73	1.11	1.82
33	1.38	1.51	1.32	1.58	1.26	1.65	1.19	1.73	1.13	1.81
34	1.39	1.51	1.33	1.58	1.27	1.65	1.21	1.73	1.15	1.81
35	1.40	1.52	1.34	1.58	1.28	1.65	1.22	1.73	1.16	1.80
36	1.41	1.52	1.35	1.59	1.29	1.65	1.24	1.73	1.18	1.80
37	1.42	1.53	1.36	1.59	1.31	1.66	1.25	1.72	1.19	1.80
38	1.43	1.54	1.37	1.59	1.32	1.66	1.26	1.72	1.21	1.79
39	1.43	1.54	1.38	1.60	1.33	1.66	1.27	1.72	1.22	1.79
40	1.44	1.54	1.39	1.60	1.34	1.66	1.29	1.72	1.23	1.79
45	1.48	1.57	1.43	1.62	1.38	1.67	1.34	1.72	1.29	1.78
50	1.50	1.59	1.46	1.63	1.42	1.67	1.38	1.72	1.34	1.77
55	1.53	1.60	1.49	1.64	1.45	1.68	1.41	1.72	1.38	1.77
60	1.55	1.62	1.51	1.65	1.48	1.69	1.44	1.73	1.41	1.77
65	1.57	1.63	1.54	1.66	1.50	1.70	1.47	1.73	1.44	1.77
70	1.58	1.64	1.55	1.67	1.52	1.70	1.49	1.74	1.46	1.77
75	1.60	1.65	1.57	1.68	1.54	1.71	1.51	1.74	1.49	1.77
80	1.61	1.66	1.59	1.69	1.56	1.72	1.53	1.74	1.51	1.77
85	1.62	1.67	1.60	1.70	1.57	1.72	1.55	1.75	1.52	1.77
90	1.63	1.68	1.61	1.70	1.59	1.73	1.57	1.75	1.54	1.78
95	1.64	1.69	1.62	1.71	1.60	1.73	1.58	1.75	1.56	1.78
100	1.65	1.69	1.63	1.72	1.61	1.74	1.59	1.76	1.57	1.78

附录 F 杜宾-沃森检验临界值表

1%的上下界

n	$k=2$		$k=3$		$k=4$		$k=5$		$k=6$	
	d_L	d_U	d_L	d_U	d_L	d_U	d_L	d_U	d_L	d_U
15	0.81	1.07	0.70	1.25	0.59	1.46	0.49	1.70	0.39	1.96
16	0.84	1.09	0.74	1.25	0.63	1.44	0.53	1.66	0.44	1.90
17	0.87	1.10	0.77	1.25	0.67	1.43	0.57	1.63	0.48	1.85
18	0.90	1.12	0.80	1.26	0.71	1.42	0.61	1.60	0.52	1.80
19	0.93	1.13	0.83	1.26	0.74	1.41	0.65	1.58	0.56	1.77
20	0.95	1.15	0.86	1.27	0.77	1.41	0.68	1.57	0.60	1.74
21	0.97	1.16	0.89	1.27	0.80	1.41	0.72	1.55	0.63	1.71
22	1.00	1.17	0.91	1.28	0.83	1.40	0.75	1.54	0.66	1.69
23	1.02	1.19	0.94	1.29	0.86	1.40	0.77	1.53	0.70	1.67
24	1.04	1.20	0.96	1.30	0.88	1.41	0.80	1.53	0.72	1.66
25	1.05	1.21	0.98	1.30	0.90	1.41	0.83	1.52	0.75	1.65
26	1.07	1.22	1.00	1.31	0.93	1.41	0.85	1.52	0.78	1.64
27	1.09	1.23	1.02	1.32	0.95	1.41	0.88	1.51	0.81	1.63
28	1.10	1.24	1.04	1.32	0.97	1.41	0.90	1.51	0.83	1.62
29	1.12	1.25	1.05	1.33	0.99	1.42	0.92	1.51	0.85	1.61
30	1.13	1.26	1.07	1.34	1.01	1.42	0.94	1.51	0.88	1.61
31	1.15	1.27	1.08	1.34	1.02	1.42	0.96	1.51	0.90	1.60
32	1.16	1.28	1.10	1.35	1.04	1.43	0.98	1.51	0.92	1.60
33	1.17	1.29	1.11	1.36	1.05	1.43	1.00	1.51	0.94	1.59
34	1.18	1.30	1.13	1.36	1.07	1.43	1.01	1.51	0.95	1.59
35	1.19	1.31	1.14	1.37	1.08	1.44	1.03	1.51	0.97	1.59
36	1.21	1.32	1.15	1.38	1.10	1.44	1.04	1.51	0.99	1.59
37	1.22	1.32	1.16	1.38	1.11	1.45	1.06	1.51	1.00	1.59
38	1.23	1.33	1.18	1.39	1.12	1.45	1.07	1.52	1.02	1.58
39	1.24	1.34	1.19	1.39	1.14	1.45	1.09	1.52	1.03	1.58
40	1.25	1.34	1.20	1.40	1.15	1.46	1.10	1.52	1.05	1.58
45	1.29	1.38	1.24	1.42	1.20	1.48	1.16	1.53	1.11	1.58
50	1.32	1.40	1.28	1.45	1.24	1.49	1.20	1.54	1.16	1.59
55	1.36	1.43	1.32	1.47	1.28	1.51	1.25	1.55	1.21	1.59
60	1.38	1.45	1.35	1.48	1.32	1.52	1.28	1.56	1.25	1.60
65	1.41	1.47	1.38	1.50	1.35	1.53	1.31	1.57	1.28	1.61
70	1.43	1.49	1.40	1.52	1.37	1.55	1.34	1.58	1.31	1.61
75	1.45	1.50	1.42	1.53	1.39	1.56	1.37	1.59	1.34	1.62
80	1.47	1.52	1.44	1.54	1.42	1.57	1.39	1.60	1.36	1.62
85	1.48	1.53	1.46	1.55	1.43	1.58	1.41	1.60	1.39	1.63
90	1.50	1.54	1.47	1.56	1.45	1.59	1.43	1.61	1.41	1.64
95	1.51	1.55	1.49	1.57	1.47	1.60	1.45	1.62	1.42	1.64
100	1.52	1.56	1.50	1.58	1.48	1.60	1.46	1.63	1.44	1.65

注：n是观察值的数目；k是解释变量的数目，包含常数项。

附录G
ADF分布临界值表

模型形式	样 本 数	显著性水平			
		0.01	0.025	0.05	0.10
无常数项和趋势项	25	−2.66	−2.26	−1.95	−1.60
	50	−2.62	−2.25	−1.95	−1.61
	100	−2.60	−2.24	−1.95	−1.61
	250	−2.58	−2.23	−1.95	−1.62
	300	−2.58	−2.23	−1.95	−1.62
	∞	−2.58	−2.23	−1.95	−1.62
有常数项但无趋势项	25	−3.75	−3.33	−3.00	−2.62
	50	−3.58	−3.22	−2.93	−2.60
	100	−3.51	−3.17	−2.89	−2.58
	250	−3.46	−3.14	−2.88	−2.57
	300	−3.44	−3.13	−2.87	−2.57
	∞	−3.43	−3.12	−2.86	−2.57
有常数项和趋势项	25	−4.38	−3.95	−3.60	−3.24
	50	−4.15	−3.80	−3.50	−3.18
	100	−4.04	−3.73	−3.45	−3.15
	250	−3.99	−3.69	−3.43	−3.13
	300	−3.98	−3.68	−3.42	−3.13
	∞	−3.96	−3.66	−3.41	−3.12

附录H
ϕ 的经验分布表

模型形式		显著性水平			
	样本数	0.10	0.05	0.025	0.01
ϕ_1	25	4.12	5.18	6.30	7.88
	50	3.94	4.86	5.80	7.06
	100	3.86	4.71	5.57	6.70
	250	3.81	4.63	5.45	6.52
	300	3.79	4.61	5.41	6.47
	∞	3.78	4.59	5.38	6.43
ϕ_2	25	4.67	5.68	6.75	8.21
	50	4.31	5.13	5.94	7.02
	100	4.16	4.88	5.59	6.50
	250	4.07	4.75	5.40	6.22
	300	4.05	4.71	5.35	6.15
	∞	4.03	4.68	5.31	6.09
ϕ_3	25	5.91	7.24	8.65	10.61
	50	5.61	6.73	7.81	9.31
	100	5.47	6.49	7.44	8.73
	250	5.39	6.34	7.25	8.43
	300	5.36	6.30	7.20	8.34
	∞	5.34	6.25	7.16	8.27

参 考 文 献

［1］ 陈强.高级计量经济学及Stata应用［M］.2版.北京：高等教育出版社，2014.
［2］ 道格拉斯A林德，威廉G马歇尔，塞缪尔A沃森.商务与经济统计方法：全球数据集［M］.冯燕奇，叶光，聂巧平，译.北京：机械工业出版社，2009.
［3］ 达摩达尔N古扎拉蒂.计量经济学基础（原书第4版）［M］.费剑平，孙春霞，等译.北京：中国人民大学出版社，2005.
［4］ 邓翔，杜江，张蕊.计量经济学［M］.成都：四川大学出版社，2002.
［5］ 弗朗西斯X迪博尔德.经济预测基础教程［M］.杜江，李恒，译.北京：机械工业出版社，2012.
［6］ 高铁梅.计量经济分析方法与建模：EViews应用及实例［M］.2版.北京：清华大学出版社，2009.
［7］ 李宝仁.计量经济学［M］.北京：机械工业出版社，2008.
［8］ 李子奈，潘文卿.计量经济学［M］.2版.北京：高等教育出版社，2005.
［9］ 罗伯特S平狄克，丹尼尔L鲁宾菲尔德.计量经济模型与经济预测［M］.钱小军，等译.北京：机械工业出版社，1999.
［10］ 潘文卿，李子奈，高吉丽.计量经济学习题集［M］.北京：高等教育出版社，2005.
［11］ 庞皓.计量经济学［M］.北京：科学出版社，2007.
［12］ 施图德蒙德.应用计量经济学（原书第6版）［M］.杜江，李恒，译.北京：机械工业出版社，2011.
［13］ 沃尔特·恩格斯.应用计量经济学：时间序列分析（原书第3版）［M］.杜江，袁景安，译.北京：机械工业出版社，2012.
［14］ 张晓峒.EViews使用指南与案例［M］.北京：机械工业出版社，2008.
［15］ 蓑谷千凰彦.计量经济学大全［M］.东京：东洋经济新报社，2007.
［16］ 滝川好夫，前田洋树.EViews计量经济学入门［M］.2版.东京：日本评论社，2006.